Hartmut Rupp
Kurt Konstandin

Was ist der Mensch?

Oberstufe Religion
Herausgegeben von Eckhart Marggraf und Eberhard Röhm
Lehrerheft 6

Calwer Verlag Stuttgart

Der Calwer Verlag ist Mitglied im Verlagsring
Religionsunterricht (VRU)

ISBN 3-7668-3623-4

Umschlagentwurf: Hans-Eduard Franke, Stuttgart
Satz und Repro: SatzTeam Berger, Ellenberg
Layout und Herstellung: Kurt Thönnes, die Werkstatt, CH-Liebefeld-Bern
Druck: Druckhaus Beltz, Hemsbach

Inhalt

Didaktische Grundentscheidungen

Anthropologische Grundthemen	**Identität**	**Partnerschaft**	**Egoismus Altruismus**	**Böses**	**Freiheit**	**Arbeit Feier**	**Sterben Tod**	**Leib Seele**
A. Alltag	1 Mein Typ	2 Partnerwahl	3 Kinder	4 Warum?	5 Sucht	6 Arbeit	7 Sterben	
B. Philosophie	11 Mirandola, Pascal	13 Buber	13 Smith	11 Hobbes Rousseau	12 Sartre Skinner Foucault	16 Marx	8 Plato Epikur	9 Descartes Lammetrie 8 Plato
C. Theologie	9 Ps 8 14 Geschöpf und Ebenbild Gen 1, 26–28 19 Zuhause Lk 15, 11–32 20 Jesus 23 Menschenrechte 35 Gott wollte den Menschen	17 Mann Frau Gen 2, 18–25	18 Sünde Gen 3–11 32 Barmherziger Samariter Lk 10, 25ff.	18 Sünde Gen 3–11 33 Apokalyptischer Reiter Offb 6, 1–8 34 Kain Gen 4, 8–9	21 Luther Erasmus Röm 7, 21–23 22 Luther 23 Menschenrechte	9 Ps 104 16 Auftrag Gen 9, 1–7	15 Seele Ps 42, 2–6 Gen 2, 46ff.	15 Seele Ps 42,2–6 Gen 2,46ff
D. Humanwissenschaften	24 Lethmate 26 Fowler	24 Vogel, Mann Frau	24 Vogel, Soziobiologie 25 Etzioni	24 Eibl-Eibesfeld	26 Wendt; 26 Fowler; 26 Packard	24 Lethmate		27 Roth Neurologie
E. Entscheiden	28 Singer, Abtreibung	30 Trauung Scheidung	33 Konziliarer Prozeß	34 Strafe	31 Biotechnologie		32 Organspende	32 Organspende

Einleitung

Das Materialheft »Was ist der Mensch?« eignet sich für den Religions- wie auch für den Philosophie- und Ethikunterricht.

Aufbau

Das Heft nimmt zum einen die Inhalte der herkömmlichen Lehrpläne für den evangelischen Religionsunterricht an allgemeinbildenden und beruflichen Gymnasien auf.
Nach einer Entdeckung von Menschenbildern im Alltag (A) bietet es einen kursartigen Durchgang durch die spannungsreiche Geschichte der philosophischen Anthropologie (B). Dabei sind die philosophischen Positionen einander »polar« zugeordnet. So soll die Offenheit philosophischer Anthropologie angezeigt und grundsätzliche Fragen vorbereitet werden.
In der Mitte des Heftes steht die Besinnung auf den »Menschen vor Gott« und damit auf eine Betrachtung des Menschen im Lichte der biblisch-christlichen Tradition (C). Dabei wird auch die katholische Theologie aufgenommen (S. 44). Das Lehrerheft bietet darüber hinaus auch Möglichkeiten, das Gespräch mit dem Judentum und dem Islam zu führen.
Ganz bewusst wird dann das Gespräch mit den Humanwissenschaften gesucht (D), allen voran die Biologie. Hier geht es darum, den gegenwärtigen Diskussionsstand wahrzunehmen, die Diskussion in anderen Schulfächern aufzunehmen und die Relevanz der theologischen Anthropologie an aktuell bedeutsamen Entwürfen aufzuzeigen.
In einem abschließenden Schritt (E) werden aktuelle ethische Probleme aufgegriffen, deren Lösung in besonderer Weise von anthropologischen Grundüberzeugungen abhängig ist. Anthropologische Sichtweisen arbeiten meist auf der Ebene von Begründungen, haben aber weitreichende praktische Folgen.

Durch die breite Aufnahme der Philosophie u. a. von Descartes, Adam Smith, Peter Singer, den Humanwissenschaften sowie aktueller ethischer Fragen wie z. B. der Gendiagnostik, des Klonens oder der Organspende, eignet sich das Heft auch für den Philosophie- und den Ethikunterricht.

Didaktische Grundentscheidungen

Leitend ist das Interesse an einer lebensgeschichtlich orientierten Anthropologie. Ausgangspunkt für die Auswahl der Texte und Bilder sind anthropologisch bedeutsame Themen und Fragen der Schülerinnen und Schüler in der Oberstufe.

Das Heft geht von sieben Leitfragen aus, die in den ersten sieben Themen angeboten werden:

1) Wer bin ich? Wer möchte ich sein? Thema: Identität
2) Wer passt zu mir? Was ist eine gute Beziehung? Thema: Partnerschaft
3) Sind alle Menschen Egoisten? Thema: Altruismus
4) Warum gibt es Gewalt? Thema: Das Böse
5) Kann ich tun und lassen, was ich will? Thema: Freiheit
6) Kann man auch ohne Arbeit mit Spaß leben? Thema: Arbeit und Feier
7) Warum müssen Menschen sterben? Thema: Krankheit, Sterben, Tod

Diese sieben Fragenkomplexe strukturieren die Auswahl der Texte und Bilder.
Hinzu kommt die Frage nach dem Verhältnis von Leib und Seele (vgl. S. 4). Sie führen auch zu einem Katalog elementarer Fragen (M Wh), die schon vorhanden sein mögen, sich aber im Zuge der Auseinandersetzung auf jeden Fall ergeben. Sie werden hier in Form von Fragekarten dargestellt, die immer wieder ausgegeben und gemeinsam beantwortet werden können. Dabei wird von der Überlegung ausgegangen, dass die jungen Erwachsenen auf dem Weg von einem »synthetisch-konventionellen« zu einem »individuierend-reflektierenden« Glauben sind (vgl. S. 63). Indem sie herausgefordert werden, eigene anthropologische Überzeugungen zu formulieren, mit anderen zu vergleichen und den Zusammenhang systematisch zu reflektieren, erhalten sie Hilfestellung, sich von unreflektierten Anlehnungen zu befreien und »Autor des eigenen Lebens« zu werden.

Bildende Kunst und elementare Symbole

Zwei weitere Entscheidungen bestimmen den Charakter des Heftes: zum einen das Angebot von Bildern aus der Kunst, zum anderen die Herausforderung, sich mit elementaren Symbolen zu beschäftigen.
Die Auswahl der Bilder orientiert sich weitgehend an der »klassischen Moderne« (Magritte, Dalí, Picasso, Chagall, Lichtenstein, Warhol, Haring, Polke, Grosz, Immendorf, Léger u. a.).

Folgende Symbole sollen zur Erschließung herausfordern:
- König und Königin (29)
- Garten (31)
- Paar (35)
- Chaosdrachenkampf (37)
- Haus (39)
- Jesus (41)
- Weg (43)
- Hand (45ff.)
- Kind (51)

Aktuelle Fragen anthropologischer Diskussion

Das Heft reagiert auf gegenwärtige Tendenzen der anthropologischen Diskussion. Zum einen sucht es intensiv die Auseinandersetzung mit der Evolutionsbiologie, die sich als Leitwissenschaft für die »Anthropologie heute« versteht und darin philosophische und theologische Einsichten weitgehend ignoriert. Dies zeigt sich vor allem am Beispiel des Funkkollegs »Der Mensch« (1992), aber auch an populärwissenschaftlichen Magazinen (GEO, Psychologie heute, Spektrum der Wissenschaften). Die Frage muss sein, ob dieser Verzicht angemessen ist.
Zum anderen greift das Heft heute besonders herausfordernde anthropologische Themen auf. Diese sind vor allem die Themen:
1) Egoismus und Altruismus
2) Personalität und Menschenwürde
3) Freiheit und Bestimmung
4) Gewalt und Böses
5) Bewusstsein und Materie

Zur Kursplanung

Wer in der Kursplanung von den Interessen der Schülerinnen und Schüler ausgehen will, könnte sie auffordern, in den ersten sieben Themen ihren eigenen Schwerpunkt zu suchen. Die Matrix S. 4 erlaubt dann den Aufbau eines Kurses. Man könnte jedoch auch von den elementaren Fragen M Wh ausgehen, diese als Karten verteilen und nach Interesse ordnen lassen. Diese Karten eigen sich auch zur Wiederholung.

0. Zu den Umschlagbildern

0.1 Titelbild: Magritte, La reproduction interdite, Die verbotene Reproduktion (oder: Reproduktion verboten)

Der belgische Maler René Magritte (1898–1967) beginnt in den zwanziger Jahren mit surrealistischen Werken in Anlehnung an Giorgio de Chirico und Max Ernst. In den 30er Jahren löst er sich davon und malt rationale Bilder mit vertrauten Gegenständen, die jedoch verfremdet werden. Magritte will mit diesen Bildern irritieren und Denkgewohnheiten in Frage stellen und verborgene, fast unergründliche Zusammenhänge zur Erkenntnis bringen. Magrittes Bilder wollen zu denken geben. Dennoch enthalten sie keine Ideen oder Botschaften. Er hätte ja sonst schreiben können, wie er einmal selbst betont. Magritte denkt in Bildern. Es sind für ihn »Bilder unbekannten Inhalts«. Ihre Wirkung erzielen sie erst im Betrachter, in der Interaktion mit dessen Gefühlen, Ideen und Gedanken.
Das Bild »La reproduction interdite« entstand 1937. Man sieht einen korrekt gekleideten, eher steif wirkenden Mann vor einem Spiegel. Man sieht seinen Hinterkopf, seinen Rücken. Doch das Spiegelbild zeigt nicht das Gesicht des Mannes, wie zu erwarten wäre, sondern noch einmal seinen Hinterkopf sowie einen Hintergrund in Graurosé. Auf der Konsole liegt ein Buch, die französische Ausgabe der Novelle von Edgar Allen Poe »The narrative of Arthur Gordon Pym« aus dem Jahr 1838. Das Buch enthält die wunderlichen Berichte des Seemanns Gordon Pym aus der Südsee, die dieser anfänglich gar nicht veröffentlichen wollte. Er fürchtete, dass sie als Erfindungen abgetan würden. Als Poe einige Episoden herausgab und damit großen Anklang fand, war Pym bereit, alle Berichte zu erzählen. Doch bevor Pym das Manuskript abschließen konnte, starb er.
Die Berichte erzählen von grauenhaften Ereignissen, apokalyptisch anmutenden Visionen und ganz zum Schluss vom Erscheinen einer übermenschlich wirkenden Menschengestalt. Das Buch könnte sagen, dass das Leben noch viel dramatischer ist, als bürgerliche Lebensstile zum Ausdruck bringen.
Als Titelbild soll das Bild daran erinnern, dass jede Anthropologie als Selbstbetrachtung des Menschen in einem Spiegel zu verstehen ist (vgl. auch das Bild von Picasso, S. 3). Die Frage ist immer wieder, welche Art von Spiegel Menschen zu ihrer Selbsterkenntnis nutzen. Sind es Tiere oder frühmenschliche Zeugnisse? Sind es die Gedanken früherer Denker oder die Beobachtungen von Menschen an ihresgleichen? Ist es das Zeugnis anderer Religionen oder das biblisch bezeugte Wort Gottes? Spiegel können sehr unterschiedlich sein – und je nach ihrer Machart sehr Unterschiedliches spiegeln.
Das Bild von Magritte mag darauf hinweisen, dass Menschen sich selbst gar nicht so recht erkennen können. Sie brauchen ein lebendiges Gegenüber, das in seiner eigenen, freien Antwort die zugewandte Person spiegelt und so Gele-

genheit zur Selbsterkenntnis gibt. Das Bild von Magritte erzählte dann davon, dass in der Einsamkeit der Mensch sich selbst nicht recht zu Gesicht kommt. Menschen sind personale Wesen. Sie sind ein Ich, zu dem ein Du, ein Du, zu dem ein Ich gehört.

0.2 Unterrichtsideen zum Bild von René Magritte

1. Hinführung
Sch aus dem LK Kunst referiert über Magritte

2. Bildbetrachtung
Sch betrachten das Titelbild, beschreiben und assoziieren: »Ich sehe, Ich empfinde, Mir fällt dazu ein« usw. Was soll das Bild unter der Überschrift »Was ist der Mensch?«

0.3 Umschlagrückseite: Sigmar Polke, Die Dinge sehen wie sie sind, 1992

Sigmar Polke, 1941 in Poels/Niederschlesien geboren und mit 12 Jahren nach Westdeutschland übergesiedelt, wurde in den sechziger Jahren als Mitbegründer des Kapitalistischen Realismus bekannt. Ausgehend von der alltagsbezogenen Bildsprache der Pop Art grenzte er sich vom Sozialistischen Realismus der DDR und der im Westen vorherrschenden Abstraktion ab. Charakteristisch erscheint die ironisch gebrochene Verwendung fremder Bildvorlagen sowie das Spiel mit unterschiedlichen Materialien. Neben Alltagsthemen bearbeitet Polke gesellschaftspolitische Aspekte wie den Umgang mit RAF-Häftlingen. Zur Biennale 1986 in Venedig schuf er ein Wandgemälde, das auf Luftfeuchtigkeit und damit auf die Zahl der Besucher reagierte. Mal schimmerte es rosa, mal himmelblau. Polke ist ein Gegner jeder Eindeutigkeit. »Höhere Wesen befahlen: rechte obere Ecke schwarz malen!« so die Inschrift eines weißen Bildes aus dem Jahr 1966, dessen obere rechte Ecke schwarz ist.
Mit seiner Arbeit »Die Dinge sehen wie sie sind« spielt Polke mit der Fähigkeit des Menschen, Wirklichkeit wahrzunehmen. Das Schriftband DIE DINGE SEHEN WIE SIE SIND erscheint in Spiegelschrift einmal unter einem durchsichtigen Stoff liegend, dann auf einer durch waagrechte, senkrechte und diagonale Linien gekennzeichneten Fläche. Diese ist mit skizzenhaften perspektivischen Darstellungen von Quadern übermalt. Verschiedene Schichten liegen fast nicht rekonstruierbar übereinander. Die Betrachter werden beim Versuch, die Bildinhalte zu erschließen, bewusst in die Irre geführt. Wir können die Dinge eben nicht sehen, wie sie sind, sondern wir müssen uns die Wirklichkeit aus verschiedenen übereinander liegenden Schichten von Wahrgenommenem konstruieren. Wir nähern uns der Wirklichkeit assoziativ: Gespiegelte Schrift wird in lesbare Schrift übersetzt, Skizzen erinnern an Gegenstände, diagonale Linien täuschen Perspektivität vor.
Im Kontext dieses Anthropologieheftes soll das Bild von Polke entdecken lassen, dass die Beschreibung des Menschen aus ganz verschiedenen Perspektiven erfolgt und erfolgen muss. Auch danach stellt sich die Frage, ob man den Menschen tatsächlich ganz erkannt hat. Auch nach dem Durchgang des Heftes wird noch einiges unklar bleiben.

0.4 Unterrichtsideen zum Bild von Sigmar Polke

1. Bildbetrachtung
Ein/e Sch beschreibt den für die anderen verborgenen Bildinhalt. Die anderen versuchen das Bild nachzuzeichnen. Anschließendes Gespräch: Warum war es schwierig, das Bild zu beschreiben? Weshalb wählt der Maler den Bildaufbau mit verschiedenen Schichten, um den Satz »Die Dinge sehen wie sie sind« ins Bild zu setzen?

2. Reflexion I
Wie wirklich ist das, was wir sehen? Können wir die Dinge sehen wie sie sind? Ist das Prädikat »sind« treffend gewählt? Welche anderen Prädikate könnten oder müssten da stehen (Die Dinge sehen, wie sie »scheinen«, »wie wir sie uns vorstellen« ...)? Sch suchen mögliche Fortsetzungen des Satzes.

3. Reflexion II (Abschluss der Einheit)
Auf welchen Ebenen wurde das Thema »Der Mensch« behandelt? Welche Perspektiven erwiesen sich als hilfreich? Wo gibt es »Schleier« ungelöster oder gar unlösbarer Fragen?

1 Mein Typ ist gefragt

1.1 Der Zusammenhang

Junge Erwachsene sind geprägt von dem Bedürfnis, in ihrer Einmaligkeit, Originalität und Besonderheit ernst genommen zu werden. Psychologische Tests in Zeitschriften und Illustrierten üben eine große Anziehungskraft auch auf Menschen dieser Altersgruppe aus. Eine Typologie wie die des Enneagramms schafft darüber hinaus die Möglichkeit, das Verhalten anderer einzuordnen und zu erklären. Weshalb sich Menschen ineinander verlieben (vgl. S. 6), ob Menschen Kinder haben wollen und wie viele (vgl. S. 7), welche Einstellung sie zu Gewalt gegen die Umwelt und sich haben (vgl. S. 8f.), welche Bedeutung sie der Arbeit beimessen und welchen Stellenwert die Freizeitgestaltung einnimmt (vgl. S. 10) – bei all diesen Themen gibt es unterschiedliche und doch typische Haltungen. In der Schwebe bleibt bei der typologischen Betrachtung des Menschen die Frage, ob genetisch bedingte oder von der Umwelt erworbene Verhaltensweisen dazu beitragen, ob Menschen sich egoistisch oder altruistisch (vgl. Adam Smith S. 26; Soziobiologie S. 57f.) verhalten, ob sie von Natur aus gut oder böse sind (vgl. Hobbes, Rousseau S. 20–22, Verhaltensforschung S. 55f.).

1.2 Das Enneagramm (S. 3–5)

Das Enneagramm antwortet auf die Frage »Wer bin ich?« mit einer Typologie, bestehend aus neun unterschiedlichen Sichtweisen des Menschen. Das Enneagramm teilt das Bemühen aller Typologien, der Erfahrung zu entsprechen, dass zwar alle Menschen verschieden sind, aber es trotzdem Menschen gibt, die sich auffallend ähneln.
Als Landkarte der Seele teilt sie Stärken und Schwächen aller Modelle: sie vereinfacht, vernachlässigt Einmaligkeit, Originalität und Besonderheit jedes Menschen, sie stellt nicht die Sache selbst dar. Trotzdem üben Typologien einen besonderen Reiz auf junge Erwachsene aus, weil sie aufgrund einiger bekannter Angaben Rückschlüsse auf noch nicht Bekanntes erlauben.

Das Enneagramm (»Neuner-Figur«) wurde über Jahrhunderte mündlich tradiert. Es gibt Vermutungen, dass bereits die Chaldäer vor 3000 Jahren damit arbeiteten. Sicher erscheint, dass das System von Sufis weiterentwickelt wurde. Diese islamische Gruppierung, die sich etwa 100 Jahre nach Mohammeds Tod bildete, versucht – auch unter Einfluss des christlichen Mönchtums – ein einfaches und an Gebet und Meditation orientiertes Leben zu führen. Anfang unseres Jahrhunderts gelangte das Enneagramm durch den aus dem Kaukasus stammenden spirituellen Lehrer Georg Iwanowitsch Gurdjieff (um 1870–1949) in den Westen. Die heutige Form erhielt es von dem Bolivianer Oscar Ichazo, der spirituelle und psychologische Elemente vermischte. Ichazo beeinflusste den amerikanischen Psychiater Claudio Naranjo und den Jesuitenpater Robert Ochs, der das Enneagramm in der christlichen Seelsorge einsetzte. Nach Deutschland kam die Neuner-Figur zunächst über die Exerzitienarbeit der Jesuiten, populär wurde es durch Vorträge, Workshops und das Buch »Das Enneagramm – die neun Gesichter der Seele« von Richard Rohr und Andreas Ebert.

Das Enneagramm-Symbol setzt sich zusammen aus einem gleichseitigen Dreieck und einem Hexagramm. So kommen neun Punkte zusammen, von denen jeder einen der neun Charaktermuster symbolisiert und mit jeweils zwei anderen verbunden ist.

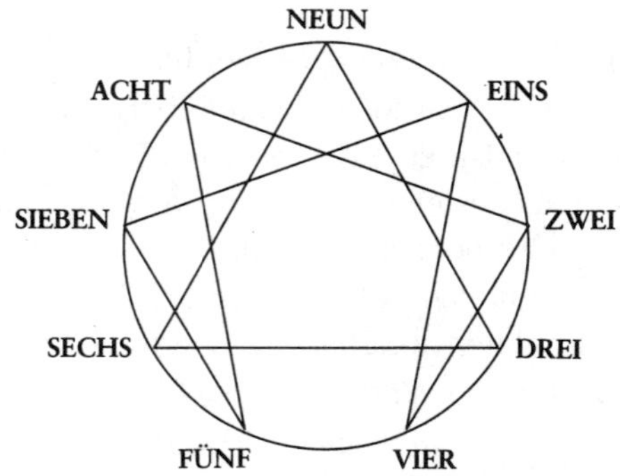

Das Enneagramm geht von drei elementaren Grundbedürfnissen aus, deren angemessene Befriedigung für die menschliche Entwicklung wichtig ist:
- das Autonomiebedürfnis, d. h. ein Ich-Gefühl haben, sich behaupten und durchsetzen, sich wehren gegen Übergriffe auf das eigene Territorium
- das Bedürfnis nach Beziehung (Liebe), d. h. sich geliebt fühlen und lieben, Freundschaft, Fürsorge und Mitmenschlichkeit pflegen
- das Bedürfnis nach Orientierung und Sicherheit, d. h. sich sicher fühlen an dem Ort, an dem man sich befindet, sich auskennen, Klarheit und Verlässlichkeit bekommen.

Diesen drei Bedürfnissen entsprechen beim Enneagramm drei Grundenergien: Bauch, Herz und Kopf.

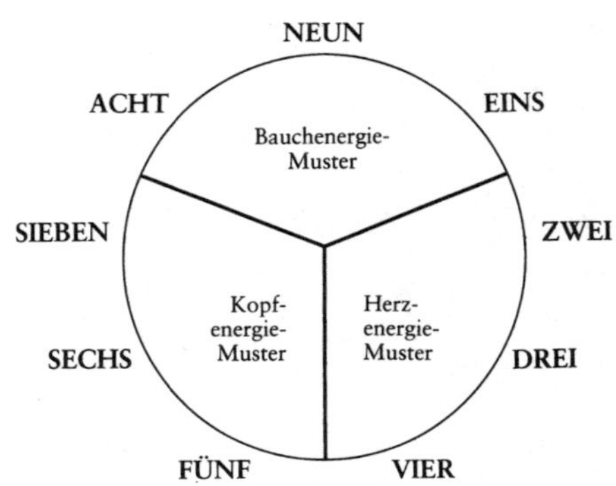

Einer der interessantesten Aspekte des Enneagramms besteht in der Beziehung der neun Typen zueinander. Die Muster ändern sich unter bestimmten Bedingungen, so wie es das folgende Diagramm verdeutlicht. Das Umschalten in Pfeilrichtung ist so vorzustellen: Je stärker jemand mit der seinem Typ entsprechenden Not konfrontiert wird, je mehr er unter Stress gerät, desto stärker nähert er sich dem Modell, das in Pfeilrichtung liegt. Die Bewegungsrichtung gegen die Pfeilrichtung erleben wir in Phasen, in denen es uns gut geht. Dann können wir uns dem Trostpunkt zuwenden: So wird die EINS loslassen, entspannen und bei der Lebensfreude und dem Optimismus der Sieben Zuflucht finden.

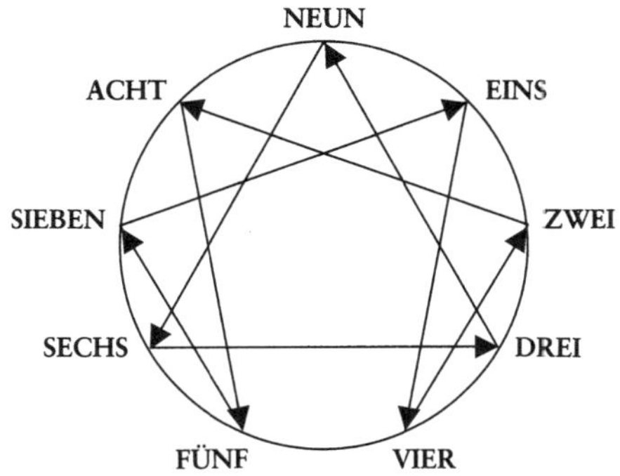

Eine Übersicht über das Lebensskript-Programm, charakteristische Sätze zur Selbstbeschreibung, charakteristische Arten des Redens und mögliche psychologische Störungen bietet M 1.3 »Enneagramm-Persönlichkeiten auf einen Blick«.

Typologien versuchen der Tatsache Rechnung zu tragen, dass wir komplexe Einheiten wie das System »Mensch« nicht ohne vereinfachende Modelle wahrnehmen und beschreiben können. Typologien arbeiten phänomenologisch, d. h. sie versuchen in äußeren Gegebenheiten das Wesen zu schauen. Von der äußeren Gestalt, dem Phänomen, wird abstrahiert, d. h. es werden verschiedene Filter angelegt, um das Wesentliche zu erfassen. Die Typen bilden Eckpfeiler eines Systems, in dem Menschen sich einordnen lassen. Alle klassischen Typologien, auch die des Hippokrates, von Kretschmer und Riemann (vgl. M 1.2) verfolgen im Wesentlichen zwei Ziele:
- Sie helfen, sich Ordnung zu verschaffen und einen Überblick zu gewinnen.
- Sie nehmen für sich in Anspruch, Erklärungen zu geben, verursachende Faktoren zu benennen und Veränderungen zu ermöglichen.

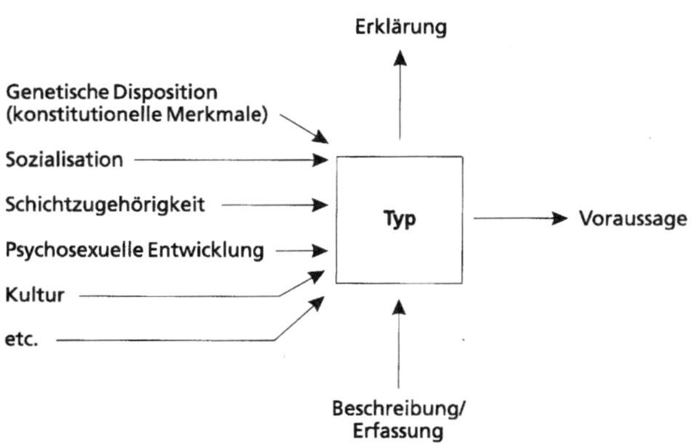

Markus Becker, Empirische Untersuchungen zum Enneagramm, in: Ebert/Rohr, Erfahrungen mit dem Enneagramm, S. 79

An dieser Stelle ist auf die Grenzen der Typologie einzugehen. Der Psychologe Hellpach beschreibt einmal das Dilemma der Typenschau-Regel so:
»Lebewesengruppen gehen für unsere Wahrnehmung desto mehr in einem Typen auf, je ferner sie uns stehen oder je fremder sie uns sind – und lösen sich für unsere Wahrnehmung desto mehr in Individuen auf, je näher sie uns stehen oder je vertrauter sie uns sind.«
Typologien gelangen an ihre Grenze, wo es um die Individualität von Menschen geht in ihrer Entfaltung. Max Frischs Tagebucheintrag mit der Übertragung des biblischen Bilderverbots auf unsere Mitmenschen markiert diese Grenze (M 1.4).

1.3 Bild: Picasso, Frau vor dem Spiegel (S. 3)

Pablo Picasso, eigentlich Pablo Ruiz y Picasso (1881–1973), malte dieses Bild im Jahr 1937, dem gleichen Jahr, in dem er, schockiert durch das blutige Massaker in der spanischen Kleinstadt sein Bild »Guernica« schuf. Die Frau vor dem Spiegel gehört zu der Gruppe der »Sitzenden«, eine »ebenso abstoßende wie faszinierende Serie«, deren verquälte Anatomie und verzerrte Glieder als Anschlag auf die menschliche Gestalt durch die kriegerischen Ereignisse jener Tage Zeugnis ablegen. Auffällig ist die Gestaltung des auf dem Boden stehenden Spiegels. Die Frau entdeckt darin kantige, geometrische Formen, die im Gegensatz zu den runden Körperproportionen stehen.

Das Gesicht der Frau zeigt die Simultanität verschiedener Ansichten. Die Frau kommt mal von vorne, mal von der Seite in den Blick. Hinter der Frau ist die Balkontür geöffnet. Neben dem Spiegel steht eine Vase mit drei grünen Blättern. Vor der Frau liegt ein beschriftetes Blatt Papier. Offenbar scheint durch das Fenster die Sonne. Der Spiegel scheint dieses Sonnenlicht zu spiegeln.
Der Blick in den Spiegel gehört zu den Alltagshandlungen der meisten Menschen. Jeden Morgen betrachten sie sich dort, studieren sich mal genauer, mal weniger genau und versuchen sich so zu gestalten, dass sie sich gerne anschauen und von anderen gesehen werden wollen.

Der Blick in den Spiegel ist am Anfang des Heftes (vgl. auch das Bild von Magritte) bewusst gewählt. Wenn Menschen über sich selbst nachdenken und Bilder des Menschen entwerfen, so betrachten sie sich selbst wie in einem Spiegel und beschreiben dann ihr eigenes Spiegelbild. Wie dieses ausfällt, ist einmal durch die Absicht geprägt, mit der man sich selbst im Spiegel betrachtet. Was mag diese Frau in dem Spiegel suchen? Das Ergebnis ist sodann durch die Eigenart des Spiegels geprägt. Spiegel können verzerren und bringen meist nur einen Teilaspekt zum Vorschein. Was findet die Frau in dem Spiegel? Ihre Formen fallen auf einmal kantig aus.

Auch das Enneagramm ist ein solches Spiegelbild des Menschen. Es zeigt, dass Menschen weniger individuell sind, als sie gerne meinen. Andererseits erlaubt es, das eigene Angesicht im Spiegel dieser Typologie wiederzufinden und sogar besser zu verstehen.

1.4 Literatur

Andreas Ebert und Marion Küstenmacher (Hg.), Erfahrungen mit dem Enneagramm: sich selbst und Gott begegnen, München 1991
Margaret Frings-Keyes, Enneagramm und Partnerschaft, München 1993
Maria-Anne Gallen/ Hans Neidhardt, Das Enneagramm unserer Beziehungen, Reinbek 1994
Richard Rohr/Andreas Ebert, Das Enneagramm: Die 9 Gesichter der Seele, München 1996

1.5 Unterrichtsideen

1. Bildbetrachtung Picasso
Sch erhalten eine Kopie mit einem Ausschnitt aus dem Bild von Picasso: Frau vor dem Spiegel M 1.1. Auf der Kopie ist die Frau zu sehen und der Rahmen des Spiegels. Impuls: »Picasso nannte sein Bild ›Frau vor dem Spiegel‹. Was sieht die Frau im Spiegel? Zeichnet bitte den Inhalt des Spiegels, so wie ihr ihn euch vorstellt.« Die Bilder werden verglichen mit dem Originalbild im Heft. Vergleich und Deutung des Bildes Picassos. Was sagt der Spiegel der Frau über sich selbst?

2. Übung
Sch schreiben in einer Schreibmeditation für sich auf, was ihnen gefällt bzw. nicht gefällt, wenn sie in den Spiegel schauen. Warum haben so viele Menschen Probleme mit ihren Spiegelbildern?
Oder: »Versucht, euch mit geometrischen Formen zu zeichnen: Dreieck, Kreis, Quadrat. Was sagt dieses Bild über euch selbst?«

3. Hinführung
Impuls: »Menschen sind unterschiedlich. Aber Menschen sind einander auch ähnlich. Gibt es Kriterien, Menschen einzuteilen? Darf man Menschen in Typen einteilen?«
Sammeln der Kriterien an der Tafel – etwa: äußerliche Ähnlichkeiten, Charakter, Verhalten in bestimmten Situationen, Temperament.
Erscheint es sinnvoll, Typologien zu entwickeln mit Menschen, die in verschiedenen Bereichen Ähnlichkeiten aufweisen?

4. Vertiefung und Ergänzung
Vorstellen von Typologien: Hippokrates, Riemann, Kretschmar (vgl. M 1.2).

5. Textarbeit I
L gibt eine Einführung in die Geschichte des Enneagramms (Einführungstext Arbeitsheft). L stellt die Systematik mittels der Skizzen dar (Enneagramm-Stern; die drei Ordnungskriterien Herz – Kopf – Bauch).
Erste Erschließung des Enneagramms durch Betrachten der Bilder S. 4: Wer ist bekannt, was ist »typisch« für die abgebildeten Personen: (1) Martin Luther, (2) Mutter Theresa, (3) John F. Kennedy, (4) Henri Matisse, (5) Dietrich Bonhoeffer, (6) Woody Allen, (7) Wolfgang Amadeus Mozart, (8) Jeanne d'Arc, (9) Papst Johannes XXIII. Informationen zu den weniger bekannten Personen.

6. Textarbeit II
Sch beschäftigen sich in Partnerarbeit mit einem Typ und stellen ihn anschließend vor: »Ich bin Typ … und für mich ist charakteristisch …« Eine Hilfe ist, sich zu überlegen, wie sich der entsprechende Typ bei unterschiedlichen Problemfeldern verhält: wie gehe ich mit Geld um – welche Rolle spielt ein Beruf für mich – wie stelle ich mir eine geglückte Partnerschaft vor – welche Beziehung habe ich zu meinen Eltern.
Anschließend überlegen sie, wer zu dem von ihnen vorgestellten Typ als Lebenspartner passt, und begründen ihre Wahl.

7. Beurteilende Auseinandersetzung
Abschließendes Gespräch mit Tafelanschrieb: Der Reiz der Typologien – Gefahren.
Dabei Einbeziehen des Textes von Max Frisch »Du sollst dir kein Bildnis machen« (M 1.4).

2 Warum gerade wir beide? Partnerwahl

2.1 Der Zusammenhang

Partnerschaft ist eines der zentralen Lebensthemen von jungen Erwachsenen. Mit Partnerschaft verbinden sich eigene Erfahrungen, Sehnsüchte, Ängste und Fragen. Im Rahmen eines Anthropologie-Kurses kann dieses Lebensthema unter psychologischen (S. 6), philosophischen (S. 26f.), theologischen (S. 33–34;80) , literarischen (S. 33), biologischen (S. 54–56), juristischen (S. 71) und kunstgeschichtlichen (S. 35; 29; 80; 71) Perspektiven bearbeitet werden.
Leitfragen sind: Warum suchen sich Menschen einen Partner? Was macht einen Menschen zu einem Partner? Können Menschen alleine leben? Ist Partnerschaft auch unter Gleichgeschlechtlichen möglich? Wann sind Menschen wirklich glücklich? Wie finden sich Menschen, die einander entsprechen? Wie kommt es eigentlich zu Fehlern in der Partnerwahl?
Immer wieder geht es um die Frage, was Partnerschaft und Partnerwahl über das Wesen und die Bestimmung des Menschen aussagen.
Das Thema findet in der Frage, warum Menschen Kinder haben (S. 7) und in dem Bericht über Gewalt in der Ehe (S. 8) seine Fortsetzung.

2.2 Mit welchem Mann ist diese Frau wohl verheiratet? (S. 6)

Der Text aus »Psychologie heute« referiert Ergebnisse der empirischen Psychologie, wie sie in Experimenten und Studien herausgearbeitet worden sind. Die Zuordnungsaufgabe will diesen Ansatz verdeutlichen. Die Ergebnisse bestätigen literarisch formulierte Lebensweisheiten (Shakespeare) und beziehen sich auf alltägliche Erfahrungen:

- »Wir fühlen uns zu Menschen hingezogen, dessen Familiensituation der unseren ähnelt.«
- »Die meisten Paare gleichen sich in Körperstatur und Lebengröße.«
- »Ehepaare gleichen sich in ihren sprachlichen Fähigkeiten, ihrem Erinnerungs- und Vorstellungsvermögen.«
- »Außengeleitete Menschen achten auf äußere Attraktivität, innengeleitete stärker auf die Persönlichkeit.«

Diese Hypothesen fordern auf, sie an Eltern oder bekannten Paaren zu überprüfen. Zur Frage wird dann, wie ich bin und wer zu mir passt. Bin ich eher innen- oder mehr außengeleitet? Hier zeigt sich eine Brücke zum Enneagramm.

Die Ergebnisse werden einmal genetisch, zum anderen soziologisch und psychologisch interpretiert: Die Ähnlichkeit garantiert

1) einen Selektionsvorteil,
2) die Stabilität der Beziehung,
3) mehr Glück.

Damit werden Fragen ausgelöst und Grundlagen menschlichen Lebens angesprochen. Zur Frage wird, was Glück und Stabilität meint. Offenbar ist das Bedürfnis an Stabilität und die Sehnsucht nach Glück sowie das Interesse an dem Erhalt der eigenen Gene unbewusst leitend für menschliches Verhalten. Ist das so? Warum ist das so? Welche Rolle spielt in der Partnerwahl Nachdenken und eigene Entscheidung? Die Einsichten des Textes führen zu weiteren Fragen, die z.T. explizit gestellt sind: Wie erkennen sich ähnliche Menschen? Wie kommt es eigentlich zu Fehlern in der Partnerwahl? Und warum suchen Menschen nach Partnern, die ihnen entsprechen? Der Selektionsvorteil genügt als Erklärung nicht, oder sollte man daraus folgern, dass gleichgeschlechtliche Partnerschaften unnatürlich sind?

2.3 Unterrichtsideen

1. Bildbetrachtung
Mit wem ist diese Frau verheiratet? (Mit dem mittleren Mann. Beide sind seit 13 Jahren verheiratet.) Woran kann man dies überhaupt erkennen? Nach welchen Kriterien treffen Menschen ihre Partnerwahl?

2. Klassengespräch
Tafelanschrieb »Gleich und gleich gesellt sich gern«, »Gegensätze ziehen sich an«. Welche Weisheit stimmt? Gibt es Erfahrungen, die die eine oder die andere Lebensweisheit belegen?

3. Textanalyse
Lehrer schreibt in die Mitte der Tafel: »Wir verlieben uns in Menschen, die uns ähnlich sind.« Schüler erstellen ein Mind-map mit der Vorgabe in M 2.1.

4. Diskussion
Sammlung weitergehender Fragen und Aufnotieren im Heft.

3 Warum Menschen Kinder haben

3.1 Der Zusammenhang

Die Entscheidung für Kinder wird schon bei jungen Erwachsenen reflektiert unter der Fragestellung, wie man sich das zukünftige Leben vorstellt. Schüler und Schülerinnen sind aber zugleich selber Kinder und verdanken sich in der Regel einer bewussten Entscheidung. Damit stellt sich die fundamentale Frage, die in der Bibel, in der neuzeitlichen Anthropologie und in den Menschenrechten eine große Rolle spielt: Sind Menschen Mittel zum Zweck oder ein Zweck an sich? Die Entscheidung für Kinder stellt die Frage, ob Partnerschaft Kinder braucht. Die leitende Idee einer ökonomischen Güterabwägung verknüpft diese Frage nach den Kindern mit dem Thema Egoismus, das u. a. von Adam Smith (vgl. S. 26) und der Soziobiologie (S. 57f.) bearbeitet wird.

3.2 Karl Homann, Warum Menschen Kinder haben (S. 7)

Den Überlegungen des katholischen Wirtschaftsethikers Karl Homann liegt die Sicht des Menschen als »Homo oeconomicus« zugrunde. Geburtenzahlen verdanken sich danach nicht einem anthropologisch verankerten Kinderwunsch und sind, wenn sie sinken, nicht Ausdruck eines zu beklagenden Werteverfalls, sondern einer rationalen Kosten-Nutzen-Analyse. Wie auch in anderen Lebensbereichen (z. B. beim Umweltverhalten) ist das generative Verhalten von einem Interesse an Gewinn und Vorteilen bestimmt. Da der Verzicht auf Kindererziehung das mögliche Markteinkommen mindert, hat sich die Geburtenzahl auf niedrigerem Niveau eingependelt. Eine differenzierte Theorie des Homo oeconomicus wird den Nutzen nicht bloß materiell als Einkommen bestimmen, sondern auch immaterielle Werte wie z. B. mehr Freizeit, Zeit füreinander, aber auch Prestige und Selbständigkeit einbeziehen.

Betrachtet man diese anthropologische Leittheorie näher, so entsteht das Bild eines Menschen, das

1) sich über seine Wünsche im Klaren ist,
2) Folgen abschätzen kann,
3) alle wichtigen Informationen zur Verfügung hat,
4) ganz auf sich bezogen, emotionsfrei Vorteile und Nachteile gegeneinander abwägt, und
5) sich dann für jene Handlung entscheidet, die die größten Vorteile bringt.

Dieses Bild ist jedoch Fiktion: Menschen sind sich ihrer Wünsche oft unsicher, machen Fehler, überblicken die Folgen nie ganz, denken auch an andere, handeln nicht nur nach ihrem Nutzen. Der offene Nutzenbegriff macht die geforderte Kalkulation problematisch: Wie kann man die Liebe zu einem Kind quantifizieren und mit einem Einkommen vergleichen?

Wirtschaftswissenschaftler sehen im Bild des »Homo oeconomicus« jedoch keine Abbildung, sondern ein Modell, das seine Leistungsfähigkeit in der Bestimmung der Konsequenzen zeigt.
Bezogen auf dieses Beispiel heißt dies: Es geht nicht darum, Frauen wegen falscher Einstellungen Vorwürfe zu machen, auch nicht darum, ein neues Fach an der Schule einzurichten, sondern Bedingungen zu schaffen, die die Entscheidung für ein Kind »wertvoller« machen. Dieses Modell hat aber darüber hinaus den denkbaren Vorzug, dass es die individuelle Entscheidungsfreiheit nicht nur erhält, sondern sogar fördert und somit dem autonomen Willen des Einzelnen unterstellt. Dies wird offenbar von der Psychologie in der Partnerwahl, aber auch z. B. auch in der Werbepsychologie (vgl. S. 64 f.) anders gesehen. Das Modell des »Homo oeconomicus« ist deshalb kein zureichendes Beschreibungsmodell, wohl aber ein vernünftiges Handlungsmodell.

Das Modell des »Homo oeconomicus« geht zurück auf den schottischen Ökonomen und Moralphilosophen Adam Smith (vgl. S. 26). Es gehört zu den Grundbausteinen einer liberalen Marktwirtschaft. Hintergründig läuft die Überzeugung der »invisible hand« mit. Wenn alle Menschen ihrem Eigennutz folgen und eine uneingeschränkte Konkurrenz gegeben ist, dient dies letztlich dem Gemeinwohl. Homann modifiziert diesen Ansatz, indem er den gesellschaftlichen Bedingungen Veränderbarkeit zuschreibt. Wer mehr Kinder will, muss auch so etwas wie eine Jugendrente aussetzen.

3.3 Bild: Mutter mit Sohn (S. 7)

Das Bild zeigt eine junge Mutter mit ihrem Sohn am Straßenrand. Sie haben offenbar gerade den Einkauf hinter sich, der Sohn hat etwas von den an den Ausgängen aufgebauten Lockangeboten für Kinder bekommen – ein Eis. Es hat gerade geregnet, die Straße ist nass. Die beiden wollen über die Straße. Ist die Mutter gestresst? Ob die Frau allein erziehend oder verheiratet ist? Die Frage, ob es sich lohnt, Kinder zu haben, stellt sich für Alleinerziehende noch einmal anders.

3.4 Literatur

Bernd Privert, Vom Beerensammeln zum Aktienmarkt, in: DIFF (Hg.), Funkkolleg Der Mensch. Neue Anthroplogie, 1993, Studienbrief 6, STE 17

3.5 Unterrichtsideen

1. Bildbetrachtung
Sch rekonstruieren die Lebensumstände: Wie sieht das Leben dieser Frau aus? Was geht in ihrem Kopf vor? (Eventuell Denkblasen zeichnen). Wie ändern sich die Gedanken, wenn die Frau allein erziehend ist?

2. Rundgespräch
Warum hat diese Frau einen Sohn?

3. Textarbeit
Ersten Abschnitt lesen. Dann die Frage diskutieren: »Warum?«
Fortsetzung lesen: bedenken, welche der eigenen Erklärungen abgelehnt, welche als zutreffend angesehen werden.

4. Reflexion I
L zeichnet einen Umriss-Menschen an die Tafel. Sch füllen Bauch und vor allem den Kopf mit Begriffen, die bezeichnen, was darin nach Auffassung des Autors vorgeht. Wie ist der Mensch nach der ökonomischen Theorie des generativen Verhaltens zu sehen? Bedenken, ob wir so sind und so verstanden werden wollen.

5. Reflexion II
Prüfen der Theorie durch Vergleich mit der Werteverfall-Theorie. Welche Handlungsaufforderungen ergeben sich jeweils? Wie sind diese zu beurteilen?
Nachdenken über den Modellcharakter humanwissenschaftlicher Aussagen.

4 Warum nur, warum?

4.1 Der Zusammenhang

Die einem Song von Tic-Tac-Toe über den Tod einer heroinsüchtigen Freundin entnommene Überschrift bezieht sich auf Phänomene der Gewalt: Gewalt in Ehe und Partnerschaft sowie Gewalt im Umgang mit der Natur. Bei all dem geht es um Hintergründe einer solchen Form der Gewaltanwendung.
Die Gewalt zwischen Menschen wird mehrfach aufgenommen: bei Hobbes und Rousseau, (S. 20–22), bei Andy Warhols Bild »Elektrischer Stuhl« (S. 22), in der biologischen Aggressionsforschung (S. 55–56), in dem Fall von Gary und Tommy (S. 78), bei Kain und Abel (S. 78), unter dem Thema »Sünde« (S. 36f.), aber auch bei den vier apokalyptischen Reitern (S. 77) und den Fragen des Konziliaren Prozesses (S. 76). Die Geschichte von Heidi S. (S. 9) ergänzt die zwischenmenschliche Gewalt um das Thema »Gewalt gegen sich selbst«.
Nicht repräsentiert sind weitere Formen der Gewalt, wie Gewalt im Straßenverkehr, Gewalt gegen Kinder, Alltagsgewalt (z. B. schon beim Wegschnappen eines Parkplatzes), Überfälle, Kidnapping und Bandenkriminalität sowie Krieg. Von diesen Formen personaler Gewalt ist strukturelle Gewalt (vgl. Erbsünde S. 37) und die Darstellung der Gewalt in Medien zu unterscheiden.

Das Thema Gewalt im Umgang mit der Natur steht in Bezug zum biblischen Herrschaftsauftrag, wie er in Ps 8 (S. 15), Gen 1,26–28 (S. 28) Gen 9,1–7 (S. 32) zum Ausdruck kommt und von Christian Link zusammenfassend dargestellt wird (S. 31f.). Es kann dessen Bearbeitung vorbereiten. Die »ökologische Gewalt« muss jedoch auch in Bezug zum Selbstverständnis des neuzeitlichen Menschen gesehen werden, wie es z. B. Pico della Mirandola (vgl. S. 15) paradigmatisch formuliert hat und wie es im Bild von Salvador Dalí »Geburt einer Gottheit« (S. 17), in Michelangelos »Erschaffung Adams« (S. 70) und in der Anlage des französischen Gartens (S. 31) zum Ausdruck kommt. Manche Entwicklung, die von Carl Amery u. a. der Wirkungsgeschichte des biblischen Schöpfungsauftrages zugeschrieben wird, erweist sich als Folge des neuzeitlichen Autonomiestrebens.

Die leitende anthropologische Grundfrage ist: Warum gibt es Gewalt? Warum können Menschen sich selbst, anderen und sogar Menschen, die sie lieben, Gewalt antun?

4.2 Sabine und Bernhard L. (S. 8)

Gewalt in Partnerschaft und Ehe gehört zu den befremdendsten Formen personaler Gewalt: Zwei Menschen, die einmal aus Liebe geheiratet haben, leben in Gewalt und Angst miteinander und können diese Beziehung offenbar weder ändern noch beenden.
Wie in diesem Fall geht die Gewalt meistens vom Mann aus. Diese Gewalt ist

1) körperlich manifest (Ohrfeigen, Tritte in den Unterleib),
2) psychisch (Erzeugen von Angst: »ein falsches Wort, und er schlägt zu«) und
3) strukturell (Verbot, den Kontakt zu den Freunden aufzunehmen).

Diese fast alltägliche Zeitungsmeldung löst mehrere Fragen aus:

- Wie kommt es zu Gewalt in Beziehungen?
- Warum werden vor allem Männer gewalttätig?
- Warum erdulden Frauen oft so lange die Gewalttätigkeiten des Partners? Sabine ist seit zwölf Jahren verheiratet und wird seit zwölf Jahren geschlagen!

Zu konstatieren ist, dass Gewalt in Beziehungen in unserer Gesellschaft fast ausschließlich vom Mann ausgeht. Dabei kommt Gewalt in den besten Familien vor. Hier gibt es keine Schichtunterschiede, selbst Gewalterfahrungen in der eigenen Sozialisation sind nicht zwingende Voraussetzung. Anzunehmen sind zunächst geschlechtsspezifische Sozialisationsprozesse. Zwar sind bei den Geschlechtern aggressive Potentiale vorhanden, doch während Mädchen sie eher nach innen und auf sich selbst anwenden (vgl. Heidi, S. 9), wenden sie Jungen nach außen und so von sich weg. Dies ist nicht nur erlaubt, sondern wird auch gesellschaftlich erwartet! Es gehört also zur sozialen Konstruktion von Männlichkeit, aggressiv gegen andere zu sein, während Weiblichkeit eher mit Hinnahme verbunden wird. Der Mann soll stark und durchsetzungsfähig sein. Die Frau hingegen soll gefühlsbetont und für Beziehungen verantwortlich sein. Diesen Konstruktionen entsprechen traditionelle Rollenverteilungen, insbesondere auch in der Ehe.
Zu bedenken ist weiter eine Traumatisierung von Jungen in ihrem Entwicklungsprozess. Da sie fast ausschließlich von Frauen aufgezogen werden, können sie die Ablösung nur durch Abgrenzung gegenüber Frauen vollziehen.

Neben diesen gesellschaftlichen sind jedoch auch situative Faktoren zu bedenken: Isolation, Stress, Alkohol. Bernd L. könnte beruflich überfordert sein oder mit seinem Selbstbild als starker Mann in der Gesellschaft nicht klar kommen. Denkbar sind jedoch auch soziale oder emotionale Isolation. Weil man zu wenig Kontakte pflegt und mit den eigenen Gefühlen nicht umgehen kann, fehlt es an einem normalen Umgang mit anderen, und es kommt zu Eifersucht und Wutausbrüchen. Gewalttätige Männer sind meist unauffällig und fast überangepasst, zeigen aber darin häufig Gefühls-, Wahrnehmungs- und Kommunikationsdefizite sowie ein geringes Selbstwertgefühl und Abhängigkeitsgefühle.

Die zwölfjährige Misshandlungsgeschichte von Sabine könnte als Folge ihres traditionellen Frauenbildes, der Angst vor den finanziellen Folgen einer Trennung sowie der Angst vor weiterer Gewalt verstanden werden. Gewalt und Gewalterdulden können jedoch auch auf einer verhängnisvollen Arbeitsteilung beruhen. Gewalt kann für den Mann den Wunsch nach Nähe und Intimität und gleichzeitig seine Ohnmacht ausdrücken. Weil er im Gegensatz zu seinem Männlichkeitsbild ohnmächtig ist, schlägt er. Die Frau spürt seine Ohnmacht und merkt, wie wichtig sie für ihn ist und wieviel Macht sie über ihn hat. So mag sich erklären, warum die Geschichte schon so lange währt, und es ruhig war, als die Polizei eintraf. Nicht auszuschließen ist, dass Sabine gegenüber der Polizei zu ihrem Mann hält, ihn verteidigt und entschuldigt.

Bedenkt man Studien zur Gewalt in Ehe und Partnerschaft, so ergeben sich zusammenfassend vier Einsichten:

1) Alle Menschen haben aggressive Potentiale.
2) Gewaltanwendung wurzelt in der allzu selbstverständlichen Übernahme sozialer Konstruktionen, die es nicht erlauben, elementare Gefühle wie Ängste (bei Männern) und Aggressionen (bei Frauen) vor sich selbst und anderen einzuräumen, und die Menschen auf einseitige Verhaltenstendenzen festlegen wie Durchsetzungsvermögen (bei Männern) und Erdulden (bei Frauen).
3) Gewaltanwendungen gründen häufig in mangelndem Selbstwertgefühl (z.B. bei Männern in Unterlegenheits- und Versagensängsten), tiefen Ängsten (z.B. verlassen zu werden oder allein nicht leben zu können) und haben mit Machtwünschen und Ohnmachtsgefühlen zu tun.
4) Gewaltanwendung ist begleitet von Wahrnehmungs- und Kommunikationsdefiziten.

4.3 Bild: Ölverpesteter Vogel auf einem Steinstrand (S. 8)

Der ölverpestete und verendete Vogel kann als ein Symbol für Gewalt angesehen werden, das differenziertere und hintergründige Zusammenhänge erschließen kann. Das Bild löst bei den meisten Erschrecken und Mitleid aus. Warum eigentlich? Offenbar können Menschen die Schrecklichkeit eines solchen Sterbens nachempfinden und bei sich selbst wiederfinden (Albert Schweitzer). Das Bild erinnert an Tankerunfälle wie die der Exon Valdez vor Alaska, der Amoco Cadiz in der Bretagne oder der Pallas im Wattenmeer vor Amrum. Schon wenige Tonnen Öl können viele Tiere töten, das ökologische Gleichgewicht stören und das wirtschaftliche Überleben von Menschen bedrohen.
Das Bild erzählt von der Fehlerhaftigkeit menschlichen Handelns und wirft die Frage auf, ob Menschen bei ihrem Handeln ausreichend einbeziehen, dass sie versagen können und nicht alles im Griff haben. Hinter einer solchen Ölpest kann jedoch auch skrupelloses Gewinnstreben stehen, das Sicherheitsvorgaben ignoriert.
Über diese noch sehr anthropozentrische Betrachtungsweise hinausgehend erzählt dieses Bild von der Gewalt von Menschen gegen Tiere, Pflanzen, Wasser und Strand. Eine ähnliche Gewalt erfahren Tiere und Menschen im Straßenverkehr.
Es lässt sich fragen, was Tiere fühlen, wenn sie von Öl verschmiert werden. Tiere sind pathische Wesen, die wie Menschen Schmerz und Freude empfinden können. Eine pathozentrische Moral leitet daraus das Recht auf unversehrtes Leben ab (Höffe, Singer).

Das Bild löst weitere Fragen aus:

- Wer ist daran schuld? Wie kann so etwas vermieden werden? Sind das einfach die Begleitumstände menschlichen Fortschrittes? Handelt es sich hier um den Konkurrenzkampf zweier Arten, um zu überleben und damit den Kampf ums Dasein?
- Wer sind eigentlich Tiere? Haben Tiere Rechte? Dürfen Menschen dies den Tieren antun? Wo liegen überhaupt die Grenzen? Menschen verfügen über Tiere. Ist das Unrecht?
- Was bedeutet es für das Selbstverständnis des Menschen, dass er in der Lage ist, die Schmerzen von Tieren nachzuempfinden und daraufhin sein Handeln einzurichten?

Die Assoziationen, Erinnerungen, Gefühle und Fragen weisen auf mehrere anthropologische Grundphänomene:

- die Fehlerhaftigkeit und die Gewalttätigkeit menschlichen Handelns
- die Nähe von Mensch und Tier in der Empfindungsfähigkeit und der Sterblichkeit
- die Verantwortung des Menschen für die mitmenschliche Natur
- den Arten-Egoismus des Menschen
- den Sachverhalt, dass Menschen die Empfindungen anderer Lebewesen nachempfinden und ihr Handeln so einrichten können, dass es Schmerz verringert.

So gesehen verweist dieses Bild auf die Rolle des Menschen in der Schöpfung und seinen Auftrag.

Die spannende Frage ist, wie sich die Gewalt zwischen Menschen und die Gewalt gegen die außermenschliche Natur zueinander verhalten. Haben diese Formen der Gewalt eine gemeinsame Wurzel? Dieser Frage geht das Thema »Sünde« nach.

4.4 Literatur

Bundesministerium für Familie, Senioren, Frauen und Jugend (Hg.), Gewalt in Ehe und Partnerschaft, Bonn 1996 (Rochusstr. 8–10, 53123 Bonn)

4.5 Unterrichtsideen

1. Textarbeit
Sch lesen den Zeitungsbericht und überlegen sich, warum Bernd L. schlägt, warum Sabine L. dies hinnimmt und warum es überhaupt Gewalt unter Menschen gibt, insbesondere wenn sie sich lieben.

2. Bündelung

Die grundlegenden Fragen, aber auch Einsichten, werden in einem vorbereiteten Mind-map gesammelt (M 4.1).

3. Bildbetrachtung

L zeichnet an die Tafel den Umriss des Vogels. Sch notieren an der Tafel stumm ihre Gefühle, Erinnerungen, Assoziationen und Fragen mit unterschiedlicher Farbe.

4. Auswertung

L zeichnet den Umriss eines Menschen an die Tafel. Sch tragen ihre Einsichten zum Menschen ein. Was sagt der ölverpestete Vogel über den Menschen? Gibt es Gemeinsamkeiten zu der Geschichte von Sabine und Bernd? Haben diese beiden Formen der Gewalt eine gemeinsame Wurzel?

5 Ich bin alt genug, um zu wissen, was ich tue

5.1 Der Zusammenhang

Sucht in ihren verschiedenen Formen und die Neigung zu Sucht gehören zu den Alltagserfahrungen der Schülerinnen und Schüler. Sie wissen um Alkoholismus, Zigarettenabhängigkeit, Arbeitssucht, aber in besonderer Weise auch um Tabletten- und Heroinsucht.
Anthropologisch bedeutsam ist zum einen die Frage, warum Menschen süchtig werden, zum anderen aber, ob Menschen die Kraft haben, mit Drogen aufzuhören und ihr eigenes Leben mit Einsicht und Willen zu steuern. Es geht hier also um das Thema Freiheit, näherhin um das Thema Willensfreiheit. Unterstellt wird, dass die Schüler und Schülerinnen dieses Alters sehr viel von Autonomie halten, diese für sich einfordern bzw. sich selbst als autonom sehen und deshalb eher von der Beherrschbarkeit von Sucht ausgehen.

Die hier deutlich werdende Frage nach Willensfreiheit ist ein theologisches Schlüsselproblem und begegnet zentral in Röm 7 und in der Auseinandersetzung von Melanchthon, Luther und Erasmus (vgl. S. 42 »Wie frei sind wir?«). Das Tagebuch von Heidi S. soll deshalb auch Hilfestellung geben, Sünde bei Paulus und Luther zu verstehen.
Philosophisch wird die Frage der Willensfreiheit in der Gegenüberstellung von Sartre einerseits sowie Skinner und Foucault andererseits thematisiert (vgl. S. 23 ff).
Humanwissenschaftlich gesehen geht es um die Frage einer Abhängigkeit des Menschen, z.B. von seiner Umwelt (vgl. S. 62), von seinen Genen (vgl. S. 57), von stammesgeschichtlichen Anpassungen (vgl. S. 55f.) oder um die Abhängigkeit des Bewusstseins von materiellen Prozessen im Gehirn (S. 66).
Das Nebeneinander von S. 8 und S. 9 will die Frage aufwerfen, warum Menschen nicht nur Gewalt gegen die Natur und gegen andere anwenden, sondern Gewalt auch gegen sich selbst richten. Könnte es sein, dass Menschen sich gar nicht so sehr lieben, wie Egoismustheorien unterstellen?

5.2 Aus dem Tagebuch der Fixerin Heidi S. (S. 9)

Die Tagebucheinträge von Heidi S. stammen aus den Jahren 1972 bis 1976. Am 12. Juli 1978 schreibt sie als Bilanz ihres Lebens: »20 Jahre alt, 15 Monate Knast, sechs Jahre Drogensucht, Anschaffen gegangen, Überfälle gemacht, animiert, Striptease.« Heidi S.' Mutter ist im Delirium gestorben, den Vater hat sie nie recht gekannt. Sie ist bei Pflegeeltern aufgewachsen, hat die Hauptschule besucht und eine Verkäuferinnenlehre gemacht.

Die Tagebucheinträge geben Hinweise auf körperliche und seelische Abhängigkeiten. Die körperliche meint, dass der Körper bei Wegfall der Drogen mit Entzugserscheinungen reagiert (27.5.; 8.6.) und nach höheren Dosen verlangt (22.10.; 2.7.). Seelische Abhängigkeit meint das unersättliche Verlangen, mit der Einnahme von Drogen immer weiter fortzufahren.
Die Tagebucheintragungen zeigen die Rauschwirkung (Euphorie und Niedergeschlagenheit 27.5.; 22.10.), die Wirkung von Überdosen (Bewusstlosigkeit 27.5.; Krämpfe 8.6.) und von Entzugserscheinungen (2.7. Panik)

Das Beispiel von Heidi S. zeigt, dass Sucht (oder besser: Abhängigkeit)
- in einem aktiven Handeln besteht (13.5. Ich liebe Drogen, Ich nehme Shit, Trips)
- in der Sehn-Sucht nach Liebe und dem Wunsch nach einem glücklichen Leben wurzelt (28.11.; 22.10.)
- in der Unfähigkeit besteht, sein Leben selbst zu ändern (17.1.; 2.7. »Wenn ich nur aufhören könnte«; »Bitte helft mir...«) und sich selbst zu verstehen (»Ich weiß nicht mehr, wer ich bin« 12.6)
- begleitet ist von der Leugnung von Abhängigkeit und der Überzeugung, es selber schaffen zu können (noch dreimal ... 27.9.)
- den Körper, die körperliche Leistungsfähigkeit und die Gesundheit (27.5.; 2.7.; 8.6.), schließlich sogar das eigene Leben zerstört (28.11.; 5.7.)
- das ersehnte »Glück« verspricht (selig, wunderschön, genießen, Paradies), aber nicht dauerhaft garantiert (»heute morgen war alles schrecklich« 27.5.; »glücklich werde ich nie mehr« 22.10.)
- immer wieder erkannt wird, aber daraus keine tiefgreifenden Veränderung resultiert
- isoliert (von Klasse und Lehrer 17.1., von Familie 28.11.) und einsam macht (27.5.)
- echte Beziehungen verhindert (auf den Strich gehen 27.9.)
- klein und beherrschbar beginnt und sich zu einer überwältigenden Macht entwickelt, die einen Menschen total beherrschen und ohne Hilfe nicht besiegt werden kann. Im Bild gesprochen: Die Sucht ist eine Untermieterin, der man anfänglich ein kleines Zimmer vermietet, die aber dann nach und nach die Herrschaft über das ganze Haus erobert (Klaus Berger).

Sucht erweist sich als überwältigende Macht, die den Menschen immer mehr beherrscht, bis sie entgegen der Selbsteinschätzung Körper, Wille und Geist, aber auch das soziale Miteinander vollständig beherrscht und zerstört. Paulus hat in Röm 7 eine solche Macht vor Augen, wenn er von Sünde spricht.

Sucht hat verschiedene Erscheinungsformen. Es gibt Spielsucht, Kleptomanie, Fresssucht, Magersucht, Putzsucht, Arbeitssucht, Tablettensucht, Geltungssucht u.a. Während die einen gesellschaftlich abgelehnt werden, was zu abweichendem Verhalten führt, werden andere gesellschaftlich akzeptiert (Arbeitssucht), was zu einem aufbauenden Verhalten führt.

Die Therapie eines Suchtkranken ist ein langwieriger Prozess, der in der Regel erst einsetzen kann, wenn die Abhängigkeit eingestanden und der Weg in die Therapie freiwillig gegangen wird. Der Prozess beginnt mit einer Entgiftung und der Entwöhnung. Dann aber kommt es darauf an, Sinn und Inhalt des Lebens neu zu finden und die Fähigkeit zu gewinnen, ohne Drogen ein menschenwürdiges und befriedigendes Leben zu führen. Es gilt also, Schritt für Schritt sich selbst realistisch einzuschätzen, Gefühle, Ängste, Grenzen und Schwächen zu akzeptieren, das Selbstwertgefühl zu stärken sowie Eigenverantwortung und Verantwortung für andere zu entwickeln. Dabei ist über die stationäre Therapie hinaus eine weiterführende Betreuung und Nachfolge verbunden. Oftmals bedarf es der Veränderung des Lebensumfeldes (z.B. durch eine berufliche Rehabilitation).
Dieser Prozess hat seine theologische Parallele im altkirchlichen Taufkatechumenat, das ja die Aufgabe hatte, den Menschen von der Sünde zu »entgiften« (Exorzismus), eine neue Identität zu entwickeln (Sein in Christus) und in einer neuen Gemeinschaft (Gemeinde) einzuführen.

5.3 Bild: Drogensüchtige Frau (S. 9)

Das Foto zeigt eine Fixerin bei ihrem »Schuss« mit den bekannten Utensilien. Bemerkenswert ist die äußere Unordnung und der Schmutz, die Anzahl der Stiche.

5.4 Literatur

DIFF (Hg.), Zeitungskolleg Drogen, Tübingen 1982
Standpunkte. Im Netz der Sucht, 9/97, 6–20

5.5 Unterrichtsideen

1. Bildbetrachtung
Impulsfragen: »Was geschieht hier? Was kennzeichnet diese Person? Was geht dieser Szene voraus? Was wird ihr voraussichtlich folgen? Was gehört noch dazu? Warum fixt ein Mensch? Warum wird jemand süchtig? Wie wird das Fixen von den Fixern kommentiert und begründet?«
Die Ergebnisse werden in einem Netzbild bzw. Mind-map (M 5.1) an der Tafel festgehalten und schrittweise vervollständigt.

2. Reflexion I
Sch entwickeln eine Minitheorie über Sucht. Was ist das: »Sucht«? Das Ergebnis wird an der Tafel festgehalten (Kern von M 5.1).

3. Textarbeit
L bittet vier Sch nacheinander die Tagebucheinträge zu lesen:
1) 29.12.–27.05. Kiffen
2) 16.06.–13.05. Fixen und Glück
3) 08.06.–10.04. Fixen und der Wunsch nach Hilfe
4) 02.07.–27.09. Fixen und Krankenhaus sowie Strich
Sch überlegen, ob die Aufteilung stimmig ist.
Sch bedenken, woran man erkennen kann, dass Heidi S. süchtig ist. Zusammenfassender Tafelanschrieb. Sch überlegen, welche andere Formen der Sucht es gibt, wie sie sich zeigen und wie man von Sucht befreit werden kann. Als Hilfestellung dient M 5.1.

4. Reflexion II
L. schreibt an Tafel: »Was sagt die Geschichte von Heidi S. über Menschen und menschliches Leben?« Sch schreiben stumm ihre Antworten mit verschiedenfarbiger Kreide an die Tafel. Anschl. Rundgespräch.

6 Ich will mich für meine Arbeit nicht kaputt machen

6.1 Der Zusammenhang

Die drei biographischen Aussagen aus Ost und West wollen das Lebensgefühl von jungen Erwachsenen ansprechen. Sie geben Raum, über die Bedeutung von Arbeit und Leistung, von Spaß und Feiern für das menschliche Leben zu sprechen sowie die Bedeutung von Gemeinschaft, aber auch das Verhältnis der Generationen zueinander zu klären. Dabei geht es um elementare Deutungen menschlichen Lebens, die das Leben des Einzelnen und das Zusammenleben vieler grundlegend bestimmen.
Anthropologische Leitfragen sind:
- Kann man auch ohne Arbeit gut leben?
- Warum feiern und spielen Menschen?
- Was heißt wahrhaft menschlich zu leben?
- Sind Menschen und auch ganze Generationen von Natur aus egoistisch?
- Sind Menschen ganz auf sich allein gestellt?
- Haben alle Menschen irgendwie Angst?

Das Thema »Arbeit« wird angesprochen in Ps 8 (S. 15), Gen 1 (S. 28), Ps 104 (S. 16) sowie bei Pico della Mirandola (S.15), im Schöpfungsauftrag, (S. 31f.), bei Marx (S. 32) sowie in Artikel 23 der Menschenrechte (S. 48).
Über Spaß kann nachgedacht wird bei Epikur (S. 14) und bei Henatsch (S. 14).
Das Thema »Gemeinschaft« begegnet im Kommunitarismus (S. 59 f.) sowie bei Luther in der Schrift »Von der Freiheit eines Christenmenschen« (S. 45–47).

6.2 Die Aussagen junger Erwachsener (S. 10)

Die drei Aussagen stammen aus 60 Interviews, die im Herbst 1996 im Rahmen der Studie »Jugend '97« durchgeführt wurden. Thema war im Wesentlichen das Verhältnis zur Politik, jedoch war entscheidend, was die Jugendlichen von sich selbst aus ansprachen. Die Aussagen gelten im Rahmen der Studie als durchaus repräsentativ, wie auch die quantitativen Befragungen zeigen. Hier geht es jedoch nicht um möglichst repräsentative Aussagen, sondern darum, dass das Lebensgefühl von Schülerinnen und Schülern angesprochen werden soll.

Im ersten Text geht es um die Wahrnehmung und Beurteilung der Leistungsgesellschaft und der Erwerbstätigkeit. Negativ beurteilt wird eine Gesellschaft, in der die Anerkennung eines Menschen an das Leistungsvermögen gekoppelt ist. Dahinter dürfte eine Sicht stehen, die Menschen menschlicher, freundlicher, hilfsbereiter wahrnehmen will (vgl. »Jugend '97«, S. 65 ff.). Abgewertet wird Arbeit, die kaputt macht. Erwünscht ist Arbeit, die Spaß macht. Die Frage ist, was »Spaß« meint. Aspekte dürften »mitbestimmen können«, »meine Fähigkeiten einbringen können«, aber auch »Anregung« und »Zeit für Freunde« und »Freizeit« sein. Hintergründig schwingt die Angst mit, mit dem eigenen Lebenskonzept »unten durchzufallen«.

Der zweite Text vermittelt den Eindruck, dass sich berufliches und politisches Engagement nicht lohnt, weil es zwischen den Generationen keine Solidarität gibt. Die Frage ist, wie man diesen Generationenkonflikt erklären kann. Ist die ältere Generation egoistisch? Wie aber ist dann die Klage zu deuten, »warum sollen sie sich engagieren, wenn sie nichts zu erwarten haben«? Ist das nicht auch selber egoistisch? Der Generationenvertrag meint, dass die Älteren für die Jüngeren Bedingungen des Aufwachsens bereitstellen, die Jüngeren aber für die Älteren dann im Alter sorgen. Die weitergehende Frage ist, wie Solidarität zwischen den Generationen entstehen kann. Hintergründig klingt in diesem Text die Angst vor der Zukunft mit.

Dem dritten Text liegt das Gefühl zugrunde, ganz auf sich selbst gestellt zu sein und von den anderen als Gegner bekämpft zu werden. Die Frage ist, ob dies normal oder natürlich ist, oder handelt es sich hier um eine Deformation der ursprünglich guten Natur des Menschen? Ist die Freiheit des Einzelnen letztlich Reflex des Kampfes ums Dasein? Hintergründig klingt die Angst an, entlassen und arbeitslos zu werden.

6.3 Bild: Lachende Jugendliche (S. 10)

Das Foto der drei lachenden Jugendlichen könnte aus einer Party bzw. Fete stammen und soll zum Ausdruck bringen, dass Jugendliche, ja Menschen insgesamt, gerne lachen und feiern. Der Mensch ist auch ein feierndes und spielendes Wesen. Arbeit ist bestenfalls das halbe Leben. Spaß, Spiel, Humor und Feiern gehören dazu.
Die Frage ist einmal, warum Menschen (wie die Primaten) den Mund öffnen, die Zähne zeigen und lachen. Die Frage ist zum anderen, warum und wozu Menschen Feste feiern (vgl. auch S. 57f. Verhaltensforschung, Feiern als kontaktstiftende Gesten).
Offenbar ist das Lachen eine angeborene Disposition. Auch taubblinde Menschen lachen. Lachen lockert offenkundig auf, baut innere Spannungen ab, stellt eine Art Belohnung dar, verbindet deshalb Menschen und bringt gestörte Gleichgewichte wieder in eine Balance. Das Lachen zeigt bei Witzen die erfolgreiche Bewältigung geistiger Herausforderungen. Man hat ja das Unerwartete in den Griff bekommen. Feste werden bei Lebensübergängen (wie Prüfun-

gen, Hochzeiten, Geburtstagen, Bundeswehrende), bei Einschnitten im Naturjahr (1. Mai, Fastnacht, Silvester) oder anlässlich der Wiederholung kulturell-politischer Ereignisse (3. Oktober), zum Auftakt und Ende von Ereignissen (Olympische Spiele, Fußball-WM, Sommerferien) oder zur Erinnerung an das Leben von Religionsstiftern, von Heiligen oder Göttern, begangen (Weihnachten, Ostern).
Zu den Festen gehört ein passender Raum, Gäste, Essen, Musik, Gesänge und Tanz. Sie haben meist einen erkennbaren Ablauf, was ihnen den Charakter eines Rituals verleiht.
Feste unterbrechen die Alltagszeit und dienen dazu, elementare Lebensenergien wieder neu zu gewinnen. Religiöse Feste wollen immer wieder an göttlichen Kräften Anteil geben. Feste können deshalb verjüngen, erfrischen und verwandeln. Sie schaffen Gemeinschaft und vermitteln Lebensfreude. Feste und Rituale dienen der Neugewinnung von Lebenskräften.

Jugendliche können spontan Feste feiern und dabei kochen, tanzen, Musik hören, definieren dazu aber auch andere Anlässe.
Feste weisen darauf hin, dass Menschen immer wieder neu Zeit und Raum brauchen, um sich nach grundlegenden Lebenskräften auszustrecken und Energie für den Alltag zu gewinnen.

6.4 Literatur

Volker Sommer, Homo ludens. Spiel und Humor, Funkkolleg Der Mensch, 1993, STE 22

6.5 Unterrichtsideen

1. Bildbetrachtung
Sch überlegen, was alles zu dem Bild gehört. Raum, Musik, Essen, Trinken, Anlass, Dauer? Sch erzählen von ihren Feten und bedenken, warum Menschen Feste brauchen.

2. Text-Bild-Vergleich
Sch vergleichen Text 1 mit dem Bild. Könnte die Person »männlich, 22 Jahre, West« hier abgebildet sein? Was ist das für ein Typ? Was kennzeichnet Arbeit, die Spaß macht? Hat Henatsch (S. 19) dazu die richtigen Überlegungen? Soll man überhaupt arbeiten?

3. Textvergleiche
Was unterscheidet »w, 20 Jahre, Ost« und »m, 20 Jahre, Ost« von »m, 22 Jahre, West«? Warum haben alle drei Angst?

4. Reflexion
Grundlegende anthropologische Fragen werden auf Textkarten geschrieben und in Paaren bearbeitet:
- Kann man auch ohne Arbeit gut leben?
- Warum feiern und spielen Menschen?
- Was heißt wahrhaft menschlich zu leben?
- Sind Menschen und auch ganze Generationen von Natur aus egoistisch?
- Sind Menschen ganz auf sich alleine gestellt?
- Haben alle Menschen irgendwie Angst?

Die Antworten werden im Heft notiert.

5. Vertiefung und Ergänzung
Impuls: »Wie würde Rousseau (S. 21f.) den Generationenkonflikt beurteilen? Wie versteht Marx (S. 32) Arbeit?«
Einen Lebensfahrplan entwerfen, wie man sich für Arbeit nicht kaputt macht. Ist Opaschowski M 6.1 dazu eine Hilfe?

7 Ich möchte noch nicht sterben

7.1 Der Zusammenhang

Der Mensch ist ein sterbliches Wesen. Der Tod gehört zur Geschöpflichkeit hinzu. Auch im Leben der Schüler und Schülerinnen ist der Tod präsent. Immer wieder kommt es auch zum Tod von Mitschülern, z. B. durch Unfall oder Krankheit.
Das Lebens- und Menschheitsthema Tod wird im Heft von Platon und Epikur (S. 12–17), Pascal (S. 16), Lamettrie (S. 19), in Gen 2,7; 3,19; Ps 90, von Baldermann (S. 30) sowie in den Bildern von Ferdinand Hodler (S. 12f.) angesprochen.

7.2 Tagebuch von Isabell Zachert (S. 11)

Die beiden Tagebuchauszüge von Isabell Zachert werden zwei Tage vor ihrem Tod am 17. November 1982 niedergeschrieben. Isabell versteht sich als Christin. In den zwölf Monaten im Krankenhaus wird sie liebevoll von ihren Eltern, aber auch vom Krankenhauspersonal begleitet. Isabell stirbt an Lungenkrebs. Sie hat deshalb immer wieder unter Erstickungsanfällen und Schleim zu leiden. Ihre Tagebucheinträge und Briefe werden zehn Jahre später von ihrer Mutter, Christel Zachert, veröffentlicht.
Für Isabell ist der in Angst erwartete, abgelehnte und letztlich doch akzeptierte Tod der Weg in ihr Paradies, das Wiedertreffen mit den Menschen, die zu ihrem Leben gehört haben, und die weitere Gemeinsamkeit mit den Zurückgelassenen im Geist. »Wir versprachen uns, jeden Abend um 22 Uhr aneinander zu denken und so vereinigt zu werden.«

Die biographischen Texte führen zu elementaren Fragen des Menschseins:
- Warum müssen Menschen sterben?
- Was geschieht im Tod? Wie kann man damit fertig werden?
- Warum werden Menschen krank?
- Was ist Krankheit? Was ist Gesundheit? Was ist Krebs? Kann der Wille darauf einwirken? (»Da ich mich noch kräftig genug fühle, solange zu leben wie ich will«)
- Warum kümmern sich Menschen um Kranke und um Sterbende?
- Warum gibt es Krankenhäuser?
- Warum müssen manche Menschen so früh sterben?
- Was kommt nach dem Tod?

Alle diese Fragen haben eine »objektive« Seite. So lässt sich feststellen, dass alles Leben an den Tod gebunden ist. Individuen leben in der Regel so lange, wie sie Zeit brauchen, um die eigenen Nachkommen großzuziehen. Wenn die Lebensspannen der Menschen länger sind, dann hat dies evolutionsbiologisch gesehen mit besonderen Aufgaben zu tun. Offenbar resultieren Altern und Tod aus dem Sachverhalt, dass die ständig im Körper ablaufenden Reparaturen auftretender Fehler, Mutationen im Laufe der Zeit weniger gut funktionieren. Vermutlich haben Stoffwechselprozesse eine Obergrenze, so dass eine Lebenserwartung von mehr als 80 Jahren unwahrscheinlich, mehr als 100 oder gar 120 Jahre fast unmöglich ist.

Sicherlich lässt sich Krankheit nicht technisch als Versagen eines Organs beschreiben, wie dies im mechanistischen Weltbild geschah (vgl. Lamettrie S. 19; Bild S. 19 »Der Mensch als Industriepalast«). Eine systemische Betrachtung des menschlichen Körpers sieht den Menschen als ein hochdifferenziertes Netzwerk an, das ständig auf Einflüsse und Veränderungen reagiert und durch Schutzmechanismen seine Funktion aufrecht erhält. Zu einer Krankheit kommt es, wenn diese Mechanismen ihre Aufgaben nicht mehr ausreichend bewältigen können. Dabei sind jedoch auch seelische Faktoren wirksam. Viele Menschen, die es »am Kreuz haben«, sind orthopädisch gesehen gesund, während solche, die Probleme haben, oft nicht klagen. Dies zeigt, dass Krankheit und Gesundheit auch mit inneren Einstellungen zu tun haben und nicht einfach objektiv beschrieben werden können.
Alle die oben genannten Fragen haben deshalb auch mit Deutungen zu tun. Krebserkrankung kann als Fehlprogrammierung von Zellen verstanden werden, als mörderischer Angriff, der auf leisen Sohlen daherkommt oder als Lebenskrise, die der Bewältigung bedarf. Jedesmal ändert sich die Art des Umganges mit der Krankheit. Der Tod kann als geschöpfliche Grenze angesehen werden, als Abreise in das Paradies (so Isabell), als endgültiges Aus oder als letzte Kränkung. Auch dies hat Auswirkungen auf die Art und Weise, wie der herannahende Tod erlebt wird (vgl. den Tod des Sokrates, S. 12f.).

Der frühe Tod einer jungen Frau kann z. B. als Versagen innerer Kontrollorgane verstanden werden, als Niederlage ärztlicher Kunst, als Sieg bösartiger Mächte (Tumor), als Ungerechtigkeit oder als Heimholen Gottes. Es deutet vieles darauf hin, dass unterschiedliche Deutungen nicht nur Fakten in verschiedenem Licht erscheinen lassen, sondern auf Körperprozesse direkt einwirken. Die psychosomatische Medizin macht dies deutlich.

Die Einrichtung von Krankenhäusern und damit die planmäßige Sorge für Kranke ist historisch gesehen »als Gabe Christi an die Welt« zu bezeichnen. Wohl gibt es Ansätze im Hinduismus und Islam sowie Wallfahrtsorte in der Antike, doch die systematische Pflege von Kranken entstand im

Christentum. Sie verdankt sich dem Gebot der Nächstenliebe (vgl. S. 75) und dem Auftrag Jesu, Kranke zu besuchen und ihnen die Hände aufzulegen (vgl. Mt 25,36; Mk 16,18). Erst im ausgehenden Mittelalter gingen die Spitale in die Leitung der Städte und Laien über. In den Krankenhäusern handelt es sich also um eine institutionelle Form der Liebe, die jedem Menschen einen unendlichen Wert zuschreibt.

Soziobiologie könnte eine solche Institution als reziproken Altruismus beschreiben und damit als einen differenzierten und aufgeklärten Egoismus, der für andere Barmherzigkeit entwickelt, um einmal selbst davon profitieren zu können. Müsste es dann aber nicht schon immer in allen Kulturen Krankenhäuser gegeben haben?

7.3 Bild: Isabell Zachert (S. 11)

Das Foto zeigt Isabell Zachert nach Beginn der Chemotherapie im November 1981. Sie führte zu einem starken Rückgang des Tumors.

7.4 Literatur

K. Jansson, Art. Krankenpflege, RGG 3. Aufl., Bd. IV 1960, Sp. 33–35
Lieselotte Katscher, Art. Krankenpflege, TRE Bd. 19, 1990, 659–664
Wulf Schiefenkövel, Krankheit, Sterben, Tod, in: DIFF (Hg.), Funkkolleg Der Mensch, STE 24
Isabell und Christel Zachert: Wir treffen uns wieder in meinem Paradies, 1992

7.5 Unterrichtsideen

1. Bildbetrachtung
Was ist hier – äußerlich und innerlich – passiert? Die Gedanken von Isabell zu dem Bild in Ich-Form artikulieren.

2. Reflexion I
Was sagen diese Gedanken über den Menschen?

3. Textarbeit
L weist darauf hin, dass die Texte zwei Tage vor dem Tod von Isabell geschrieben worden sind. Sch lesen die Texte und vergleichen ihre Vermutungen mit dem Text. Was ist anders? Was bedeutet für Isabell der Tod?

4. Reflexion II
Sch erhalten zu zweit oder in Kleingruppen eine der o.g. Fragen. Die Paare oder Gruppen bereiten sich auf die Antwort vor und stellen diese dann im Plenum den anderen vor.

5. Vertiefung und Ergänzung
Wie würden Platon, Epikur (S. 12ff.) und Pascal (S. 16) diese Fragen beantworten? Wie würde die Bibel auf dem Hintergrund von Gen 2,7 (vgl. S. 30) antworten?

8 Tod: eine Erlösung oder das Ende der Empfindung?

8.1 Zusammenhang

Was passiert mit den Menschen im Tod? Trennt sich die unsterbliche Seele vom Leib und existiert weiter? Oder ist auch die Seele der Menschen sterblich? Und was bedeutet das Wissen um den eigenen Tod für das Leben vor dem Tod? Bei der Beantwortung dieser Fragen werden nicht nur Alltagserfahrungen reflektiert (S. 11). Neben den biblischen Gedanken zur Seele der Menschen (S. 30) treten Überlegungen der griechischen Philosophie, in deren Horizont die Frage verhandelt wird, was mit den Menschen im Tod passiert.

8.2 Platons Lehre von der Unsterblichkeit der Seele (S. 12f.)

Platons Lehre von der Unsterblichkeit der Seele wird nicht verständlich ohne seine Erkenntnislehre. Diese entfaltet er im Dialog Menon. Sokrates führt einen Dialog mit Menons Sklaven, um einen Satz des Pythagoras zu erklären. Ohne mathematische Vorkenntnisse versteht der Sklave den Beweisgang. Wie ist das möglich? Platon erklärt es damit, dass er vom Erkennen als vom »Wiedererinnern« spricht. Jedes Wissen erkennt den Gegenstand als das, was er ist. Jedes Wissen ist Erkennen von etwas als etwas. Der Dialog mit Menon gipfelt in dem Satz: »Immer ist uns die Wahrheit des Seienden in der Seele.« Platon spricht vom Urbild und Abbild. Er sagt: Unsere unsterbliche Seele hat Anteil an der Welt der Ideen. Hier finden wir die unveränderlichen Musterbilder, die Urbilder hinter den verschiedenen Phänomenen der sinnlich wahrnehmbaren Welt.

Platons Seelenlehre greift die Vorstellung auf, dass die Seelen als Daimon (geistige Wesen) aus einer eigenen Welt stammen. Die Seelen folgen dem Prinzip des Lebendigen, das bewegt und bewegt wird. Demnach gehören die Seelen zur vergänglichen Welt. Durch die wahre Erkenntnis der Ideen hat sie jedoch Anteil an der höheren Wirklichkeit des bleibenden Seins. Der Seele kommt in der Lehre des Platon eine Zwischenstellung zu: sie gehört nicht ganz zur Welt der unveränderlichen Ideen, trägt aber Unsterblichkeit in sich. Platon entwickelt ein Modell der Seele aus den drei Teilen Vernunft – Willenskraft (Mut) – Begehren, die einander wie folgt zugeordnet sind:

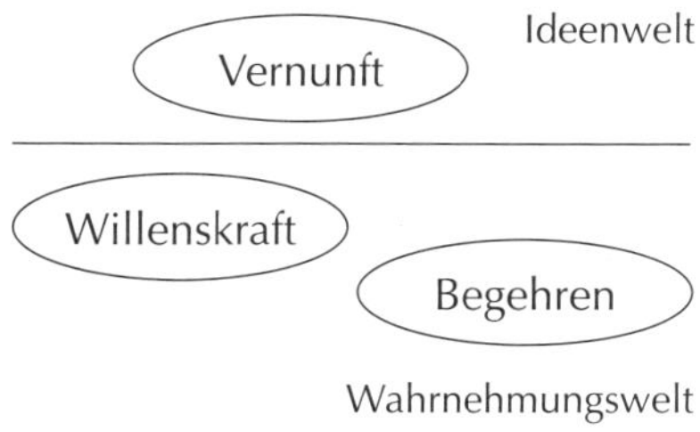

Die Vernunft gehört zur Ideenwelt.

Willenskraft und Begehren zur Wahrnehmungswelt.
Für das menschliche Leben ist entscheidend, wie stark sich sein Wille zur Erkenntnis der Wahrheit stark macht bzw. wie stark sich die Seele vom körperlichen Begehren in Anspruch nehmen lässt.

Im Phaidon beschreibt Platon in einem erzählten Dialog zwischen Sokrates und den Schülern Kebes und Simmias die letzten Stunden des Philosophen, bevor dieser den Schierlingsbecher zu sich nehmen muss. Im Prolog, aus dem der ausgewählte Textabschnitt stammt, beschreibt Sokrates die Philosophie als Einübung in den Tod. Im Tod wird die Seele vom Körper befreit, um in einem besseren Jenseits weiter zu existieren. Seine Argumente lauten:

1) Unser Körper ist nur äußeres Gewand und hindert die Seele, sich frei zu bewegen, solange wir leben.
2) Der Körper zwingt der Seele seine Gesetze auf, die Seele ist im Körper eingeengt wie in einer Zwangsjacke oder einem Gefängnis.
3) Da Seele und Körper zwei verschiedenen Welten angehören, kann der Tod nicht die Zerstörung der Seele bedeuten, so wenig ein Kunstwerk zerstört wird, wenn ein Instrument zerstört wird.

Kebes fordert nun einen Beweis dafür, dass die Seele den Leib überlebt und ihre Kraft und Intelligenz erhält. Sokrates erbringt diesen Beweis in drei Argumentationsreihen:

1) Die Prozesse in der Welt bewegen sich zwischen Gegensätzen (Tag – Nacht, Feuer – Schnee usw.). Auch Leben und Tod bilden solch ein Gegensatzpaar. Zwischen Leben und Tod verläuft ein doppelter Prozess: Vom Leben zum Tod (= Sterben) und vom Tod zum Leben (= Wiedergeboren werden). Gäbe es nicht die Möglichkeit der Rückkehr vom Tod zum Leben, würde irgendwann alles im Zustand des Todes enden, aufhören zu sein – ein unvorstellbarer Gedanke.
2) Die Menschenseele ist in der Lage, unveränderliche und ewige Gegenstände zu erkennen. Ausgehend von der Prämisse, dass nur Ähnliches Ähnliches erkennen kann, muss die Seele selbst auch Anteil an der Unsterblichkeit haben.
3) Die Dinge, die in sich Gegensätze als kennzeichnende Merkmale tragen, können nicht ineinander fallen. Wendet man diesen Gedanken auf die Seele an, lassen sich

folgende Schlüsse ziehen: Die Seele trägt wesenhaft das Leben in sich, weil sie das Leben in den Körper bringt. Sie kann deshalb den Tod nicht in sich aufnehmen, weil Leben und Tod unvereinbare Gegensätze sind.

Der Dialog Phaidros gehört zu den späteren Schriften Platons. Wie im Symposion wird der Gott Eros beschworen, die Macht der Liebe gerät zum beherrschenden Thema der Diskussion. Sokrates trifft am Stadtrand den jungen Phaidros, der beeindruckt ist von einer Rede des Lysis, die er gerade gehört hat. Sokrates bittet Phaidros, diese Rede vorzutragen und antwortet dann. Aus dieser Antwort stammt unser Textabschnitt. In einem Gleichnis beschreibt Sokrates die Seele als geflügeltes Wagengespann. Die Liebe ist ein von Göttern den Menschen geschenkter Wahnsinn, der helfen soll, die verlorene Unsterblichkeit wiederzufinden.

8.3 Epikur: Philosophie der Freude (S. 14)

Epikur wurde einerseits geprägt von den ionischen Naturphilosophen. Mit ihnen beginnt die europäische Philosophiegeschichte. Auf die Frage nach der Entstehung der Welt antwortet Thales mit der Lehre, dass Wasser der Urstoff sei, Empedokles geht von den vier Elementen Wasser, Luft, Feuer und Erde aus und der 460 in Abdera geborene Demokrit entwickelt die Atomlehre. Nach Demokrit besteht das All aus kleinsten, nicht mehr wahrnehmbaren und nicht mehr teilbaren (= atomos) Körpern, die sich in Ewigkeit im unermesslichen Raum bewegen und durch ihre unterschiedliche Zusammenballung auch die Erde mit ihren Erscheinungen, den Himmel, die Luft, Pflanzen, Tiere und Menschen bilden. Der in Süditalien lebende Philosoph Pythagoras fand in der Zahl das Grundprinzip alles Seienden und der Harmonie. Er erkannte, dass sich die Himmelskörper umeinander drehen und lehrte als erster, die menschliche Seele sei ein selbständiges und persönliches Geistwesen. Am meisten überzeugten Epikur die Lehren des Demokrit. Wenn der Mensch Teil eines ewigen Naturkreislaufs ist, wenn er Naturkräften und -gesetzen gehorcht, dann ist er befreit von göttlichem Einfluss und verliert jede Angst vor den Göttern, dem Dasein und auch jede Furcht vor dem Tod.
Ziel seiner Philosophie ist es, dass die Menschen möglichst ohne Furcht leben und ihr Dasein als dauerhaftes Glück empfinden. Eine Ursache der Furcht besteht in der Angst vor den Göttern. Uralte Mythen halten das Denken der Menschen in Bann. Mit Opfern versuchen die Menschen, die Götter zu beeinflussen. Die Furcht vor den Göttern ist unbegründet. Alle Prozesse laufen nach ewigen Gesetzen, auch der Körper, ja sogar die Seele des Menschen bestehen aus Atomen, und beim Tod des Menschen lösen sich die Atome auf und gehen danach neue Verbindungen ein. Demnach gibt es kein Weiterleben nach dem Tod und ebenso auch keine Angst vor dem Hades und seinen Schrecken. Epikur leugnet zwar nicht das Dasein von Göttern, da die Natur ihre Vorstellung in die Seelen eingepflanzt habe. Aber vor diesen Göttern brauche niemand Angst zu haben. Die Götter leben nämlich ungestört und unbeeinflusst von den Menschen in Intermundien, leeren Räumen zwischen den Welten.
In seiner Ethik geht Epikur von den beiden elementaren Empfindungen aus, die der ins Leben tretende Mensch erfährt: Freude und Schmerz. Generell versucht jeder Mensch, die Freude zu mehren und die Schmerzen zu mindern bzw. zu vermeiden. Doch nicht jede Freude ist zu suchen (wenn sie Schmerz nach sich zieht) und nicht jeder Schmerz zu meiden (wenn er Übergang ist zur Freude). Das Denken reguliert das Streben nach Freude und das Vermeiden des Schmerzes. Wer beides schafft, führt ein von unerschütterlicher Ruhe geprägtes Leben. Epikur preist zwar die Freude, er lehrt aber auch die Genügsamkeit und Einfachheit. Höher als die leibliche Freude wertet er die geistige, die etwa mit einer dauerhaften Freundschaft verbunden ist. Verbunden mit der Selbstgenügsamkeit ist eine Abkehr von der Außenwelt. »Lebe im Verborgenen« wird zum Leitspruch, Epikur lehnt das Streben nach Ämtern und Ehren ab, da die Politik mit zu viel Unlust verbunden ist.

8.4 Andreas Henatsch, Hauptsache, es macht Spaß (S. 14)

Andreas Henatsch ermutigt in seinem Text zu einer eudämonistisch-hedonistischen Lebensführung. Das Streben nach Glück (Eudämonismus) und das Verfolgen des Lustprinzips (Hedonismus) bestimmen das menschliche Handeln. Darin greift er Gedanken Epikurs auf, der ebenfalls der Lebensfreude den höchsten Stellenwert für den Menschen zumisst. Während jedoch bei Epikur der Vernunft die Aufgabe zukommt, die Erfüllung der Lust zu filtern und zu erhöhen, vertritt Henatsch die Vorstellung, es sei sinnvoll, allein auf die Signale des Körpers zu hören.

8.5 Bild: Ferdinand Hodler, Sterbende Valentine Gaudé-Darel (S. 12f.)

Von Ferdinand Hodler (geb. 1853 in Bern, gest. 1918 in Genf) gibt es nicht weniger als 115 Selbstbildnisse, in denen er alle Phasen seines Lebens zwischen dem 19. und 65. Lebensjahr reflektierte. Sie stellen den Ausdruck seines Überlebenswilles dar. Als 14-jähriger wurde Hodler, Sohn eines Berner Tischlers, bereits Waise, nachdem die Tuberkulose seine Eltern und seine 5 Geschwister hinweggerafft hatte. Bei seinem Stiefvater, der selbst Maler war, fand er die Möglichkeit, sich mit der Kunst mit den traumatischen Verlusten der Kindheit auseinanderzusetzen. Es dauerte lange, bis er Anerkennung als Künstler fand. Erst bei der Weltausstellung in Paris (1900) und einer Ausstellung Wiener Sezession 1904 erfolgte der internationale Durchbruch. Doch bald sah er seine Existenz wieder in Frage gestellt. Sein Sohn Hector erkrankte 1912 ebenfalls an Tuberkulose. Die Geliebte Valentine Gaudé-Darel, die ihm 1913 eine Tochter gebar, musste sich 1914 einer Krebsoperation unterziehen. Nach dem Beschuss der Kathedrale von Reims durch die deutsche Artillerie unterschrieb Hodler eine Erklärung Gen-

fer Intellektueller und Künstler, die ihm in Deutschland viel Feindschaft einbrachte. Wegen eines Streites um Geld sah er die schwer kranke Valentine monatelang nicht. Im November 1914 fasste Hodler sich ein Herz, Valentine in Vevey zu besuchen. Es entstand ein Zyklus mit Bildern der sterbenden Geliebten. Wöchentlich, oft täglich fuhr Hodler mit dem Zug von Genf nach Vevey und brachte Valentine Rosen, versuchte malend den Schmerz zu überwinden. Wie eine geknickte Blume hat sich ihr Haupt zur Seite geneigt, ist in einen Schlaf versunken, der dem Tod gleicht. Das Bild S. 12 entstand am Neujahrstag 1915. Am 15. Januar 1915 starb Valentine. Hodler malte von ihrem Totenbett aus den Sonnenuntergang am Genfer See. Erst am nächsten Morgen brachte er es übers Herz, Valentine auf dem Totenbett zu malen, in der Art der Darstellung und Linienführung in deutlicher Parallelisierung zur abends zuvor gemalten Landschaft am Genfer See.
Beim linken Bild steht die Erschöpfung der Kranken im Vordergrund. Deutlich wirkt der Kontrast zwischen ihr und dem weißen Bettlaken. Beim mittleren Bild verschwimmen die Kontraste zwischen der Kranken und dem Bett. Ihr Gesichtsausdruck ist geprägt vom Kampf. Der leicht geöffnete Mund lässt auf quälende Schmerzen schließen. Beim Bild der Toten spielt die Umgebung keine Rolle mehr. Die Umrisse des Bettes sind nur angedeutet. Der Tod hat den Körper ausgemergelt und entstellt.

8.6 Literatur

Peter Kunzmann/Franz-Peter Burkard/Franz Wiedmann, dtv-Atlas zur Philosophie, München 1991
Willi Oelmüller, Ruth Dölle-Oelmüller, Carl-Friedrich Geyer, Diskurs Mensch, Paderborn/München/Wien/Zürich, 3. Aufl. 1993
Willi Oelmüller, Ruth Dölle-Oelmüller, Grundkurs Philosophische Anthropologie, München 1996
Platon: Die grossen Dialoge Phaidon, Symposion, Phaidros, Einf. v. Szlezák, Thomas A., aus d. Griech. v. Rufener, Rudolf, München/Zürich 1991
Epikur, Philosophie der Freude, Frankfurt a. M. 1988
Gunnar Skirbekk/Nils Gilje, Geschichte der Philosophie, Band 1 und 2, Frankfurt a. M., 1993

8.7 Unterrichtsideen

1. Rundgespräch
Was geschieht mit den Menschen im Tod? Sammeln und Ordnen der Ergebnisse an der Tafel. Wie sieht dies Isabell Zachert? (S.11)

2. Bildbetrachtung
Sch sprechen darüber, welche Schritte die sterbende Valentine Godé-Darel bei den stufenartig angeordneten Bildern von Ferdinand Hodler zurücklegt. Was geschieht außen? Was geschieht innen? Wie verändert der Tod die Beziehung des Malers zur Geliebten?

3. Textarbeit I
Sch lesen abschnittsweise die beiden Texte von Platon, stellen an der Tafel jeweils die Argumentationsfigur dar und überprüfen die einzelnen Schritte
z. B. 1. Abschnitt:

(verhindern uns die Wahrheit zu erjagen)
Schlussfolgerung C 1
Stimmt diese Folgerung?

(so dass recht in Wahrheit … wir nicht einmal dazu kommen, auch nur irgendetwas einzusehen)
Schlussfolgerung C 2
Stimmt diese Folgerung?

Behauptung A (Der Leib macht uns tausenderlei zu schaffen) *Stimmt das?*

Begründung B 1
(wegen … dann auch)
Ist diese Begründung einleuchtend?

Begründung B 2
(und auch mit Gelüsten … erfüllt er uns)
Ist diese Begründung einleuchtend?

Anschließend zusammenfassendes Gespräch: Was ist überzeugend? Was nicht?

4. Textarbeit II
Sch bearbeiten den Text von Epikur mit einem halbfertigen Mind-map und ergänzen dieses (M 8.1). Anschließend Vergleich mit Henatsch. Meinen beide das gleiche?

5. Prüfende Auseinandersetzung
Ist der Mensch so?

9 Der Mensch: sein eigener Bildhauer oder ein zerbrechliches Schilfrohr?

9.1 Der Zusammenhang

Welcher Platz steht den Menschen in der Welt zu? Wird das Wesen des Menschen bestimmt durch seine unendlichen Möglichkeiten oder seine Grenzen?
In biblischen Texten wird die Größe des Menschen betont, als Ebenbild Gottes (S. 28), als Geschöpf, das nur wenig geringer ist als Gott (Psalm 8) und seinen festen Platz in der Schöpfungsordnung Gottes besitzt (Psalm 104).
Diese Aussagen veranlassten den Renaissance-Denker Pico della Mirandola zur Betonung der Sonderstellung des Menschen, dessen Platz in der Mitte der Welt ohne Festlegung Raum zur freien Entfaltung gibt. Dem entsprechen Hoffnungen des Machbaren etwa in der modernen Biotechnologie (S. 72) oder bei der Lösung von Problemen des Zusammenlebens (S. 76).
Der optimistischen Sicht stehen Erfahrungen des Scheiterns gegenüber, die Blaise Pascal veranlassten, die Ohnmacht des Menschen in den Blick zu nehmen.
Menschen erfahren ihre Endlichkeit (S. 11), sie erfahren die zerstörerischen Kräfte der Gewalt gegen die Umwelt, ihre Mitmenschen (S. 8) und gegen sich selbst (S. 9).
Gerade für junge Erwachsene, die zu Omnipotenzgefühlen neigen können, dürfte die Auseinandersetzung mit Mirandola und Pascal lebensgeschichtlich gesehen hilfreich sein.

9.2 Pico della Mirandola, »De dignitate hominis« (S. 15)

Pico lud 1486 zu einem philosophischen Kongress nach Rom ein, zu dem er die 900 Thesen »Conclusiones philosophicae, cabalisticae et theologicae« aushängte. Die Rede »De dignitate hominis« sollte das Eingangsreferat zu dem Kongress mit der Diskussion über die Thesen bilden. Doch Papst Innozenz VIII. verbot den Disput über die Thesen, welche sich mit der Kabbala befassten. Er hielt Picos Thesen für ketzerisch und belegte ihn mit Sanktionen. Pico floh nach Frankreich. Erst nach dem Tod Picos erschien die Rede »De dignitate hominis« im Jahr 1496.
Weshalb ist der Mensch das vollkommenste Wesen in Gottes Schöpfung und steht fast über den Engeln? Picos Antwort: Gott schuf den Menschen, ohne ihm eine Lebensordnung vorzuschreiben und Gott machte dem Menschen alles andere untertan. Der Mensch besitzt die Freiheit, zum Engel aufzusteigen oder auf die Stufe von Dämonen abzusinken. Symbol für den Lebensweg des Menschen ist die Himmelsleiter Jakobs (Gen 28). Durch kontemplatives und aktives Leben steigt der Mensch empor, nachdem er sich Füße (Symbol der Begierde) und Hände (Symbol des Zorns) gereinigt hat. Aufzusteigen bedeutet, von der Vielfalt zur Einheit zu kommen, Abstieg kommt einem Verzetteln in der Vielfalt gleich. Pico sieht auch in der Philosophie einen Weg himmlischen Ruhm zu erlangen, denn sie vereinigt das Vielfache. Pico entwickelt im Folgenden eine Art Zahlenmystik (ars numerandi), die er aus der Auseinandersetzung mit der Philosophie des Pythagoras und Platons gewinnt.
Der Mensch erscheint als das letzte Werk, die »Krone« der Schöpfung, dazu bestimmt, die Schönheit und Größe des Werkes Gottes zu bewundern. Vom Menschen gibt es kein fertiges Bild. Während die anderen Wesen der Schöpfung festgelegt wurden, was Gestalt und Lebensmöglichkeit betrifft, erhält der Mensch den freien Willen, seine Natur zu bestimmen. Als Bildhauer und Dichter seiner selbst entscheidet der Mensch über die Form seiner Existenz, er lebt in der Schwebe zwischen Irdischem und Himmlischem, Sterblichem und Unsterblichem.

9.3 Blaise Pascal, Pensées (S. 16)

Blaise Pascal (geb. 1623 in Clermont-Ferrand, gest. 1662) galt als mathematisches Wunderkind. Mit 16 Jahren formulierte er Lehrsätze zur projektiven Geometrie, 1642 erfand er die mechanische Addiermaschine, 1648 bewies er experimentell, dass die Quecksilbersäule im Barometer vom Luftdruck abhängig ist. Nach einem Bekehrungserlebnis am 23.11.1654 trat er in das Jansseniten-Kloster Port-Royal ein.
Das Werk »Pensées« (Gedanken) ist im Zusammenhang mit Pascals Bekehrungserlebnis zu sehen. Schon vor dem Erlebnis stellte er Überlegungen an, eine Verteidigungsschrift der christlichen Religion zu verfassen. Ende 1658 trug er dann den Plan der Pensées einem Gremium vor. Nur den ersten Teil arbeitete Pascal aus. Die Fragmente des zweiten Teils sind wegen ihrer Unleserlichkeit und Kürze nur schwer zu erfassen.
Das Werk orientiert sich an vier Hauptgedanken:
1) Elend des Menschen ohne Gott
2) Glückseligkeit des Menschen mit Gott
3) Dass unsere Natur verderbt ist, anhand der Natur selber
4) Dass es einen Heiland gibt anhand der Schrift.

Die Pensées bestehen aus Aphorismen und Dialogen mit einem fiktiven ungläubigen Gesprächspartner, der überzeugt werden soll. Dem freidenkerischen Gegenüber, in dem Interpreten Pascal vor seiner Bekehrung vermuten, führt Pascal vor Augen, dass weder Philosophie noch Naturwissenschaft die Frage nach dem Wesen des Menschen lösen können. Dies liegt in der Schwäche der Vernunft begründet. Sie kann sich nicht selbst begründen, sie kann sich keinen Anfang geben, sie ist darüber hinaus abhängig vom Leben, von dessen Kräften sie genarrt wird. Darüber hinaus scheitert sie an der Komplexität ihrer Gegenstände. Zwischen unendlich

Kleinem und unendlich Großem erscheint es nicht möglich, ein angemessenes Koordinatennetz zu entwickeln. In diesen Zusammenhang gehört die Reflexion des Problems der Unendlichkeit. Was ist der Mensch im Unendlichen (Pensées 199/179)? Ein Nichts im Vergleich zum Unendlichen, ein All im Vergleich zum Nichts.
Mit seiner Relativierung der Vernunft will Pascal nicht als Vernunftverächter erscheinen. Er will zwei Maßlosigkeiten verhindern: auf der einen Seite die Vernunft auszuschließen, auf der anderen nur die Vernunft anzuerkennen (Pensées 183/253).
Die Vernunft ist auf das Herz angewiesen. Das Herz besitzt für Pascal zwei Bedeutungen: Zum einen erschüttert es das Selbstvertrauen des neuzeitlichen Wissenschaftsverständnisses, im Besitz einer sicheren und umfassenden Wahrheit zu sein. Zum anderen verkörpert es die Offenheit des Menschen für Gott. Was damit gemeint ist, verdeutlicht Pascal in seiner »Wette«. Der Glaube erscheint als intuitive Kraft, die es ermöglicht, einen Entschluss über die Existenz Gottes zu treffen: »Man muss auf eines setzen … Was werden Sie also wählen … Zwei Dinge haben Sie zu verlieren: die Wahrheit und das höchste Gut. Und zwei Dinge haben Sie einzubringen: Ihre Vernunft und Ihren Willen, Ihr Wissen und Ihre Seligkeit, und zweierlei haben Sie von Natur zu meiden: den Irrtum und das Elend … Schätzen Sie diese beiden Möglichkeiten ab: Wenn Sie gewinnen, gewinnen Sie alles, wenn Sie verlieren, verlieren Sie nichts. Setzen Sie also ohne zu zögern darauf, dass er [Gott] existiert.«

9.4 Psalm 8 (S. 15)

Bei Psalm 8 handelt es sich um einen Hymnus eines Einzelnen, der vom Chorvers (V. 2.10) der Gemeinde eingerahmt ist. Die rhetorische Frage V. 5 »Was ist der Mensch?« bildet die inhaltliche Mitte.
Möglicherweise wurde der Psalm bei einem nächtlichen Fest gesungen. Zeitlich ist der Psalm spät anzusetzen, zumindest nach der Abfassung von Genesis 1.
Der Psalm hat ein Gefälle:
- Staunen über die Größe Gottes, sichtbar darin, dass er der Herr der ganzen Welt ist und sich ein Lob aus dem Mund der Kinder bereitet
- Staunen über die Größe der Welt (Sterne, …)
- Staunen über die Größe des Menschen: obwohl der Mensch im Ganzen der Welt so klein und unbedeutend ist, gedenkt Gott seiner, nimmt sich Gott seiner an. Gott vertraut dem Menschen die Aufgabe an, die Herrschaft über seiner Hände Werk auszuüben.

9.5 Psalm 104 (S. 16)

Bei Psalm 104 handelt es sich um einen Schöpfungshymnus, der in betörend schönen Bildern das machtvolle Tun Jahwes preist. Wie ein Baumeister schafft Jahwe die Welt, wie ein Familienvater spannt er das Zeltdach, wie ein Feldherr bezähmt er die Urwasser, wie ein Techniker versorgt er die Felder mit Wasser, wie ein Hausvater verteilt er seine Gaben.
Und wo ist der Platz des Menschen? Anders als in Psalm 8, der von der herausgehobenen Bedeutung des Menschen spricht, wird das Tun des Menschen eingebettet in das Wirken Jahwes. Dieser hat die Nacht bestimmt für das Auftreten der wilden Tiere und den Tag für die Arbeit der Menschen. Die profane Sicht des Tuns der Menschen fällt auch im Vergleich zum in El-Amarna gefundenen Sonnenhymnus Echnatons (Amenophis IV.) auf: Während dort die Menschen lobpreisend die Arme zur Sonne erheben, beschränkt sich Psalm 104 auf den nüchternen Hinweis auf die Arbeit des Menschen – innerhalb des grandiosen Schöpfungshandelns Jahwes.

9.6 Salvador Dalí, Geburt einer Gottheit (S. 17)

Dalí malte das Ölbild 1960. Es verbindet traumhaft-assoziative mit rational-konkreten Motiven. Man erkennt einen See inmitten einer baumlosen Gebirgslandschaft. Aus der Mitte des Sees ragt ein Felsen heraus. Die Wasseroberfläche ist vollkommen glatt, fast gläsern-hart. Es ist Morgen, die Sonne geht bald auf. Es ist eher Sommer, die Blütezeit des Jahres. Über dem See und über der Erde erhebt sich der transparente, fast in Auflösung begriffene Kopf einer antiken Skulptur, der Venus von Milo. Der Kopf mit den leeren Augen ist leicht nach unten gesenkt. Fast andächtig, gleichzeitig aber distanziert schaut das Gesicht auf das gläserne Wasser, den Felsen und die umringenden Berge. Der Kopf ist nur schwach mit der Mutter Erde, der Materie verbunden, er steht erhaben und unbeschwert über ihr.
Dalí kommentierte das Bild so: »Der Traum der Renaissance bestand darin, das Ideal der klassischen Skulptur der Griechen in der Malerei vielfarbig nachzubilden.« In Erinnerung der Renaissance, der Zeit Mirandolas und des neuen Selbstbewusstseins des Menschen als gottähnlicher Baumeister und Prometheus schaut Dalí die Geburt der Venus, die nach dem Mythos als schaumgeborene Aphrodite (aphro = Schaum) dem Meer entstieg.

Dalís Bild eignet sich zur Interpretation des Menschenbildes von Pico della Mirandola, aber auch von Psalm 8. Entspricht das Lebensgefühl des gottähnlichen Baumeisters der Gottheit in Dalís Bild? Wie groß ist die Differenz zwischen Dalis erhabenem Menschenkopf zu dem Menschen in Psalm 8? Wie groß ist der Unterschied gar zu Pascals Bild vom Menschen als Schilfrohr?

9.7 Zusammenfassung und Vergleich

»Der Mensch zwischen Größe und Elend«, lautet das Thema dieser Sequenz. Pico und Pascal nehmen unterschiedliche Perspektiven ein:
Pico redet von den Möglichkeiten des Aufstiegs: der Mensch ist frei, nicht festgelegt im Sinne von begrenzt (etwa im Gegensatz zu den Lebensmöglichkeiten der Tiere). Der Mensch als eigener Bildhauer und Dichter entwirft ein Bild, dem Einzelne nacheifern können.

Die Menschen können auf diese Weise Gott sehr nahe kommen.
Pascal spricht von der Gefahr des Absturzes. Wer den Engel will, erhält das Tier: Im Versuch, zur Größe zu gelangen, stürzen Menschen ab ins Unmenschliche. Der Mensch weiß um seine Begrenztheit: Den Tod vor Augen, mit Krankheit und Gebrechlichkeit geschlagen (ein schwankendes Schilfrohr), zerbricht der Traum von der Größe. Im Nachdenken über die Größe des Universums und die unendlich kleinen Bausteine des Daseins fällt eine Bestimmung des Menschen schwer.
In Psalm 8 wird die Größe des Menschen vor dem Fall reflektiert. Die »dunkle« Seite des Menschen fehlt.
Das Bild von Dalí drückt auch den Traum von der Größe des Menschen aus.

9.8 Literatur

Hans-Joachim Kraus, Psalmen, Neukirchen-Vluyn (1961), 5. Aufl. 1978
Hans Küng, Existiert Gott?, München 1978, S. 64–118
Giovanni Pico della Mirandola, Über die Würde des Menschen, Zürich 1988
Blaise Pascal, Gedanken, Stuttgart 1979
Eduard Zwierlein, Blaise Pascal zur Einführung, Hamburg 1996

9.9 Unterrichtsideen

1. Bildbetrachtung
Sch beschreiben das Bild. Sie achten auf die Tageszeit, die Landschaft, den durchsichtigen Kopf. Wie mag sich die abgebildete Person fühlen?
L gibt einige Erläuterungen zu dem Bild.

Alternativ: Es wird erzählt, Salvador Dalí habe einen Traum gehabt und am Tag danach mit dem Bild »Geburt einer Gottheit« begonnen. Das Bild stelle eine Momentaufnahme aus dem Traum dar. Der Traum Dalís sei nicht überliefert. Versuch der Sch, den Traum ausgehend von dem Bild zu rekonstruieren.

2. Textarbeit I
L gibt vor: Gott, die Welt, Mensch, die übrigen Geschöpfe. Sch zeichnen ein (Fenster-)Bild, das die Begriffe aufnimmt und dem Text entspricht. Sch stellen ihre Zeichnungen einander vor. Wie kommt Pico zu einer solchen Sicht des Menschen?
Sch vergleichen dann ihre Zeichnung mit dem Bild Dalís. Gibt es Gemeinsamkeiten zwischen Pico und der von Dalí geschauten Gottheit? Evtl. Vergleich mit Michelangelos Erschaffung Adams (S. 70).

3. Textarbeit II
Sch entwerfen zu Pascal ebenfalls eine Zeichnung, die die Aussagen des Textes aufnimmt. Was ist ganz anders? Wie kommt Pascal zu seiner Sichtweise?

4. Textarbeit III
Sch überlegen sich, mit wie vielen Sprechern sie Ps 8 sprechen können. Sie bilden dann einen Chor, der den Psalm interpretierend spricht. Sind alle Nuancen beachtet? Wer ist der Mensch? Worin unterscheidet sich Psalm 104?

5. Zusammenfassende Klärung
L hängt vier Textkarten an die Tafel:

Die Sch ordnen die Kreise einander zu und zeigen so Nähe und Distanz.

6. Ergänzende Reflexion
L erklärt, dass Pico gerne das Bild von der Himmelsleiter verwendet, um die Aufstiegsmöglichkeiten des Menschen und seine Stellung zu Gott auszudrücken (vgl. auch Keith Haring S. 63). L zeichnet Himmelsleiter an die Tafel (M 9.1). Sch überlegen, wo nach Pico der Mensch steht und wo nach Pascal. Wo würde ihn der Psalmbeter einordnen? L ergänzt das Tafelbild nach M 9.1. Was könnten Pico und Pascal sowie Psalm 8 den Menschen heute empfehlen? Z.B. Pico: »Du hast alle Möglichkeiten. Nutze sie.«
Pascal: »Achte darauf, dass du die negativen Seiten nicht vergisst. Wer zu hoch hinaus will, wird abstürzen.«
Dazu kann überlegt werden: Wenn ihr euer Leben als Treppe begreift, an welcher Stelle der Treppe steht ihr? In welcher Richtung bewegt ihr euch? Wie muss die Treppe beschriftet werden, was steht oben, was unten?

10 Der Mensch: denkendes Wesen oder komplizierte Maschine?

10.1 Der Zusammenhang

Seit Jahrtausenden ringen Menschen um die Frage nach dem menschlichen Wesen. Auf der einen Seite grenzen sich Menschen von Tieren ab. In dem Bedürfnis, sich die besseren Eigenschaften zuzuschreiben, verstanden sich Menschen als besondere Schöpfung (S.15 Pico della Mirandola). Auf der anderen Seite schufen Menschen Maschinen, und diese neuen »Geschöpfe« ließen die Frage aufkommen, ob Tiere vielleicht nur eine andere Form von Maschinen sind und ob die Maschinen sich irgendwann gegen ihre Schöpfer, die Menschen wenden. Und wenn Tiere nur Maschinen sind, sind Menschen nicht dann das Entsprechende: Menschenmaschinen? Manche medizinischen Begriffe deuten noch immer darauf hin, z. B. Herzklappen, der seelische Apparat. Oder gibt es etwas am Menschen, das sich über sein Maschinen-Dasein erhebt? Das Modell des Menschen als Maschine hat Folgen für viele praktische Entscheidungen, die anstehen: Dürfen Embryonen abgetrieben werden (S. 68), dürfen von Menschen Abbilder erstellt werden (S. 72), kann der menschliche Körper als Ersatzteillager für andere verwendet werden (S. 74)?

10.2 Das Maschinen-Modell zur Beschreibung des Menschen

Mit der Zeit der Renaissance beginnt sich das Maschinen-Modell zur Beschreibung von Menschen und Tieren durchzusetzen. Wichtige Vorarbeiten leistete dazu Leonardo da Vinci, der das Flugverhalten von Vögeln untersuchte und danach Flugmaschinen ersann, die nach dem Prinzip auf- und abschwingender Flügel funktionierten. Als Leonardo Tiere und Maschinen unter funktionellen Gesichtspunkten untersuchte, entdeckte er zuvor nicht vermutete Ähnlichkeiten. Einen Schritt weiter ging der Arzt Ambroise Paré (1510–1590). Er machte sich darüber Gedanken, wie man eine menschliche Hand durch mechanische Vorrichtungen ersetzen kann, die nach denselben Mechanismen und Hebelgesetzen arbeitet. Menschen und Maschinen funktionieren nach den gleichen Prinzipien und sind möglicherweise in bestimmten Bereichen austauschbar. Die damals perfekteste Maschine, die Uhr, begeisterte im 17. Jh. die Menschen in ähnlicher Weise wie heute der Computer. Nachdem Galilei das Pendel beschrieben hatte, zeigte im Jahr 1657 der Holländische Physiker Huygens, wie das Pendel zur Regulierung des Uhrwerks benutzt werden kann. Minuten- und Sekundenzeiger sowie Uhrgläser zum Schutz des Zeigers und des Zifferblattes kamen im 17. Jh. auf. Sowohl Descartes als auch Lamettrie benutzen das Bild des reibungslos funktionierenden Uhrwerkes, um den menschlichen Körper zu beschreiben. Parallel zur Übertragung des Maschinenmodells auf den Menschen gab es erste Versuche, »Maschinenmenschen« herzustellen: neben dem im Text von Lamettrie erwähnten Flötenspieler Vaucausons (1709–1782) sind der Schreiber von Pierre Jaquet-Droz (1721–1790) und der Schachspieler von van Kempelen (1734–1804) zu nennen (vgl. auch M 10.1).
In unserem Jahrhundert sind zwei atemberaubende Entwicklungen im Mensch-Maschinen-Verhältnis zu beobachten. Auf der einen Seite wurde in der Folge der biogenetischen Revolution das Biologische mechanisiert. Die Gentechnik bedeutet den größten willentlichen Eingriff in die tierische und pflanzliche Natur. Auf der anderen Seite beschrieb der englische Mathematiker Alan Turing 1936/37 in dem berühmt gewordenen Artikel »Computing Machinery an Intelligence« die Möglichkeiten einer an der Berechenbarkeit der Welt orientierten Maschine, der sog. Turing-Maschine, dem Prototyp des Computers. Wie weit können Maschinen, Computer in den Rechenprozessen menschliches Denken simulieren?

10.3 René Descartes: Meditationes (S. 18)

Descartes' Äußerungen sind im Zusammenhang zu verstehen mit der vom Philosophen Michel A. de Montaigne provozierten Diskussion, ob Tiere den Menschen teilweise durch Intelligenz und Gefühlsleben überlegen sind. Für Descartes ist die von Montaignes Anhängern beschworene Überlegenheit der Tiere an Ausdauer, Geschicklichkeit und Schnelligkeit jedoch ein Hinweis auf ihre mechanische Natur und ihre fehlende Vernunft. Demgegenüber sind Menschen von Natur aus nicht vollkommen, können aber mittels der Vernunft zur Vollkommenheit gelangen.
Wie ist das Zusammenspiel zwischen Körper und Geist zu verstehen? Descartes entwickelte zur Frage des Zusammenspiels zwischen Materiellem und Immateriellem ein eigenes Modell, das in der 1664 posthum herausgegebenen Schrift »L'Homme« erläutert wird: Nach den Prinzipien des mechanischen Zuges und des Blasebalges laufen nach Descartes die Prozesse der Wahrnehmung (Sehen, Hören, Schmecken) in der Zirbeldrüse (Epiphyse) des Gehirns zusammen. Dort treten sie mit der immateriellen Seele in Wechselwirkung. Auch nimmt der Geist über die Zirbeldrüse Einfluss auf das Verhalten.

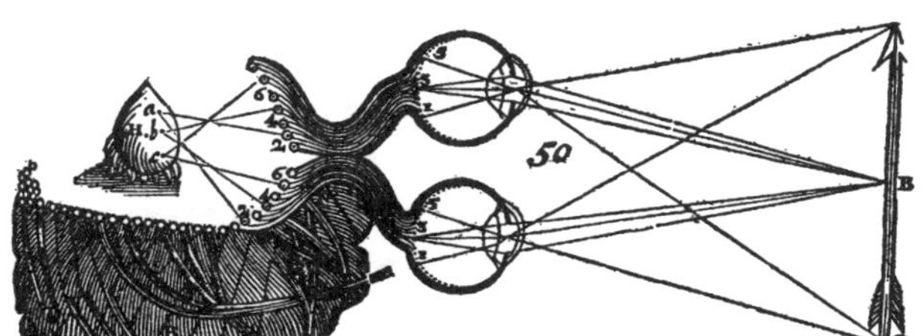

Der Text beschreibt in zwei Argumentationsgängen die grundsätzliche Differenz zwischen Körper und Geist.

1) Das Zusammenspiel Geist – Körper: ein Regelmechanismus

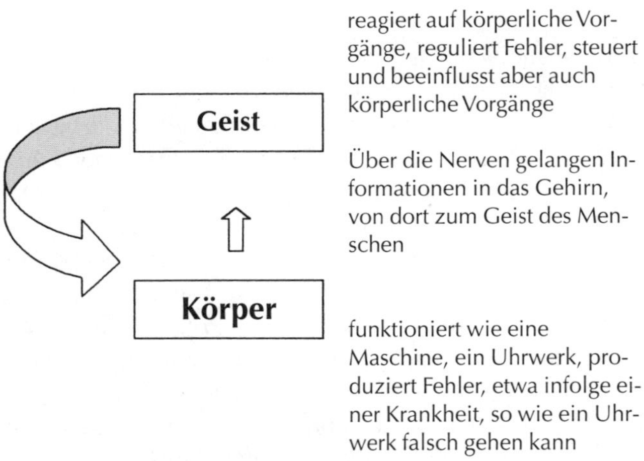

Der Körper kann dem im Gehirn angesiedelten Geist falsche Informationen liefern.
Das geschieht ausnahmsweise, etwa infolge von Krankheiten.
Die falschen Informationen sind deshalb nicht schlimm, weil der Geist mit Hilfe von Gedächtnis und Verstand die Fehler überprüfen und korrigieren kann.

2) Der fundamentale Unterschied zwischen Geist und Körper

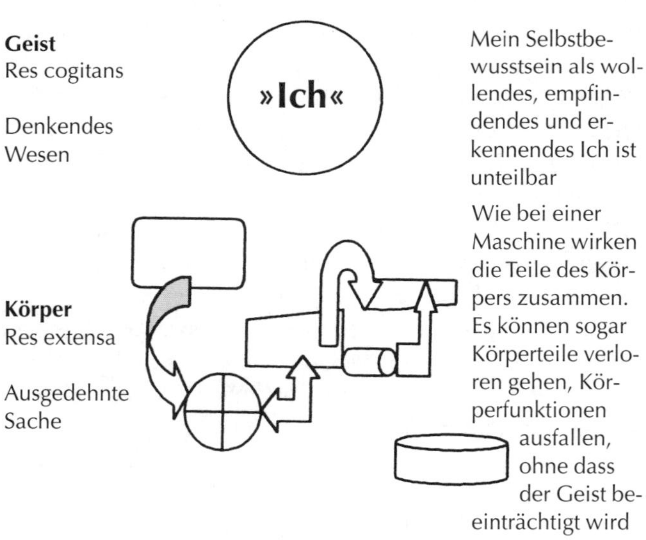

10.4 J. O. de Lamettrie: Der Mensch eine Maschine (S. 18f.)

Von 1743 bis 1745 begleitete Julien Offray de Lamettrie als Sanitätsoffizier und Leibarzt den Duc de Grammont bei dessen Feldzügen nach Süddeutschland und Holland. Dabei erkrankte er schwer an delirösem Fieber. Er erfuhr am eigenen Leib den Einfluss des kranken Körpers auf die Gemütsverfassung und das geistige Leistungsvermögen. Für ihn stand von nun an die unauflösliche Einheit von Körper und Seele fest. Von seinem Lehrer Boerhave übernahm Lamettrie die Lehre, dass der Körper rein nach mechanischen und hydraulischen Prinzipien arbeitet, der deistischen Auffassung seines Lehrers folgte er nicht.
Das Maschinen-Modell für den Körper vertritt Descartes auch bezogen auf Tiere. Beim Menschen geht Descartes vom Dualismus der res cogitans und res extensa aus. Dem setzt Lamettrie den Monismus entgegen. »Nicht nur das Tier ist eine Maschine, ... auch Menschen sind im Grunde nur Tiere und aufrecht kriechende Maschinen« (Lamettrie, Der Mensch als Maschine 125). Eine getrennt existierende Seele gibt es nicht. Die Seele ist nur »im Durchgang durch die Organe« zu entwirren (a.a.O. 27).
Zwischen Menschen und Tieren besteht nur ein gradueller Unterschied (vgl. auch S. 72 Wir begrüßen das Klonen). Dieser geht auf die stärker differenzierte Funktion des Gehirns beim Menschen zurück, das ihn mit Sprachvermögen und Einbildungskraft ausstattet. Daraus entsteht die Fähigkeit zu Wahrnehmung, Einbildung, Vorstellungskraft und Denkvermögen, die zusammen genommen als Synonym für »Seele« gelten.
Wenn der Geist des Menschen nur im Zusammenspiel von Körperfunktionen besteht, dann ist die Physiologie die einzig zulässige Methode, um den Menschen zu erforschen.

Voltaire, Lamettries großer Gegenpart am Hof Friedrichs II., sieht in den Auffassungen Lamettries die Gefahr, dass die »Ketten der Tugend« zerstört werden und damit die Bande der Gesellschaft. Wenn der Mensch determiniert ist von der Natur, kann er sich nicht mehr moralisch verhalten. In die gleiche Richtung geht die Kritik Holbachs, mit dem zusammen Lamettrie oft als Begründer des Materialismus genannt wird. Holbach kritisiert, dass Lamettrie den Unterschied zwischen Tugend und Laster leugnet und somit einem Sittenverfall Vorschub leistet.
Ein weiterer Vorwurf befasst sich mit dem methodischen Vorgehen Lamettries. Einerseits greift er in der Argumentation auf Lockes sensualistische Erkenntnistheorie zurück, vermischt sie aber mit Argumenten zeitgenössischer medizinischer Fachliteratur, ohne zu berücksichtigen, dass sich beide Forschungsrichtungen der Leib-Seele-Problematik auf ganz unterschiedliche Weise nähern.

10.5 Bild: Der Mensch als Industriepalast (S. 19)

Das Bild ist ein Kind seiner Zeit und drückt eine distanzlose Hochachtung vor der Welt der Industrie aus, die für uns heute schwer nachvollziehbar ist. Die Verknüpfung von »Industrie« und »Palast« klingt schon euphemistisch. Sind die in der Industrie Tätigen »Könige«? Dem Betrachter wird suggeriert: Die Welt, in der du arbeitest, steckt in dir. Das Leben ist Arbeit.
Die Darstellung fasziniert einerseits durch die Übertragung des Mensch-Maschine-Modells mittels der naturwissenschaftlich-technischen Kenntnisse auf dem Stand am Anfang unseres Jahrhunderts. Aber es ist doch reduktionistisch.

Welche anderen Modelle wären nötig, um den Menschen zu verstehen? Wie sähe heute ein Idealbild des Menschen aus? Das Bild drückt eine Momentaufnahme in der Reflexion des Menschseins mit dem Maschinen-Modell aus. Weitere Darstellungen sind in M 10.1 zu finden.

10.6 Literatur

René Descartes, Meditationes de prima philosophia, Meditationen über die Erste Philosophie, Stuttgart 1996
Julien O. de Lamettrie: Der Mensch als Maschine, Einl., hg. u. aus d. Franz. v. Bernd Laska, Nürnberg, 2. Aufl. 1988
Bruce Mazlish, Faustkeil und Elektronenrechner, Die Annäherung von Mensch und Maschine, Frankfurt und Leipzig 1996

10.7 Unterrichtsideen

1. Bildanalyse
Sch beschreiben, wie das Bild das Atmen, die Nahrungsmittelaufnahme aber auch das Sehen, Denken und Sich Bewegen versteht. Was kommt nicht zur Darstellung?
Der Titel »Der Mensch als Industriepalast« erscheint heute nicht mehr zeitgemäß. Sch suchen passende Titel: »Der Mensch als …«

2. Gespräch
L informiert mit M 10.1 über die Entwicklung des Mensch-Maschine-Modells. Wie geht die Entwicklung weiter? Ist der Mensch eine komplizierte Maschine – oder mehr?

3. Textarbeit I
Sch erhalten die Begriffe Körper, Geist, Verhältnis Körper und Geist, Verhältnis Geist und Gehirn. Sie klären in arbeitsteiliger Partnerarbeit die Begriffe anhand der beiden Texte und stellen diese einander vor, evtl. mit Zeichnungen.
L weist darauf hin, dass diese Anthropologie im europäischen Abendland große Nachwirkung hatte. Sch überlegen, welche Wirkungen eine solche Sichtweise des Menschen für das Verhältnis zur Natur, das Verhältnis des Menschen zu sich selbst, seinem Körper und seinem Gehirn hat.

4. Textarbeit II
Sch arbeiten den Unterschied zwischen Lamettrie und Descartes heraus, bestimmen, wie der ideale Mensch von Lamettrie aussieht. Welche Wirkungen hat diese Sichtweise des Menschen?
Zu welchem der beiden würden die Sch als Arzt gehen?

5. Zusammenfassende Reflexion
Wie passt der »Mensch als Industriepalast« zu Descartes und Lamettrie?

6. Ergänzung und Vertiefung
An dem Text M 10.2 bedenken die Sch das Verhältnis von Mensch und Tier, an M 10.3 das Verhältnis von Denken und Empfinden, an M 10.4 das Verhältnis von Seele und Bewusstsein, an M 10.5 die Eigenart des Denkens. evtl. als Referate. Diese Texte sind wichtig für das Verständnis der Neurologie S. 66.

11 Der Mensch: von Natur aus böse oder von Natur aus gut?

11.1 Der Zusammenhang

Menschen tun Böses. Sie üben Gewalt aus gegen sich und andere (S.8f. 78), sie betrachten ihre Mitmenschen als Feinde. Woher kommt das Böse? Sind Menschen ihrem Wesen nach schon böse oder werden sie erst böse? Die Philosophen Thomas Hobbes und Jean-Jaques Rousseau stellen die Frage nach dem Ursprung des Bösen, nach dem Wesen des Menschen, indem sie von der Gesellschaft, in der sie leben, rückschließen auf die ersten Menschen. Aufgrund ihrer unterschiedlichen Ausgangserfahrung kommen sie zu unterschiedlichen Ergebnissen – und ziehen unterschiedliche Schlüsse.
Wenn Menschen ihrem Wesen nach gut sind und nur durch die Einflüsse der Umwelt böse werden, lassen sich Menschen durch entsprechende Gestaltung der Umwelt zum Guten leiten. Sind Menschen jedoch im Grunde ihres Wesens böse und nur durch rationale Gründe, durch Ausübung von Macht und Androhung von Strafen davon abzuhalten Böses zu tun, gehören Abschreckung und Vergeltung zum wesentlichen Tun des Staates.

11.2 Thomas Hobbes, Leviathan (S. 20)

Die politische Theorie von Thomas Hobbes ist geprägt von einer individualistischen Sicht des Menschen und der Notwendigkeit einer absolutistischen Staatsführung. Wenn die Individuen nicht durch soziale Bande aneinander gebunden sind, bedarf es des äußeren Drucks einer absolutistischen Staatsführung, um ein Chaos zu verhindern.
In der Schrift »De cive« erläutert Hobbes, wie er gesellschaftliche Prozesse untersucht. Wird die Gesellschaft mit einem Uhrwerk verglichen, so ist bei seiner Untersuchung wie folgt vorzugehen: Zunächst muss die Uhr auseinander gebaut werden und alle Teile auf ihre Funktion hin geprüft werden. Danach sind die Einzelteile, die Zahnräder und Federn wieder so zusammenzufügen, dass die Uhr läuft. Entsprechend sind bei der Untersuchung der Gesellschaft die Einzelteile und ihre funktionale Beziehung zueinander zu betrachten.
So wenig es interessiert, wer eine Uhr herstellte, so wenig ist eine Gesellschaft nach ihrem Urheber und ihrem Ziel zu befragen. Allein ihr Funktionieren ist von Interesse. Teleologische Begründungen der Gesellschaftslehre lehnt Hobbes ab.
Praktisch in der Rückprojektion vom bestehenden staatlichen Zustand beschreibt Hobbes einen (unhistorischen) Naturzustand, der mit dem Aufkommen des Staates überwunden ist. Der Naturzustand ist dadurch geprägt, dass Güter knapp sind, dass die Menschen in etwa gleich stark sind und sich um das wenige Vorhandene streiten müssen. Aus reinem Zwang zur Selbsterhaltung entsteht ein Kampf aller gegen alle. Im Naturzustand herrscht das Naturrecht. Es gilt die Regel: Besteht keine Hoffnung, den Frieden zu erreichen, darf man zu allen Mitteln greifen und jeden Vorteil nutzen, dessen man im Krieg habhaft werden kann. Das Naturrechtsdenken von Hobbes hebt sich von der klassischen Naturrechtslehre ab. Während dort natürliche Gesetze etwas Ideales darstellen, sind die Normen des Naturrechts bei Hobbes von der egoistischen Natur des Menschen, von Trieben und Eigeninteressen geprägt.
Aus Gründen der Vernunft ist es besser in einem Staat zu leben als im Naturzustand. Im Staat sollte die oberste Regel des Verhaltens so lauten: Jedermann sollte versuchen, einen Zustand des Friedens herzustellen, so lange Hoffnung auf Frieden besteht. Denn es ist sinnvoll, den Frieden zu erhalten, um nicht wieder in den Naturzustand zurückzufallen. Im Staat gilt zumindest Sicherheit, der Zwang zur Selbsterhaltung tritt in den Hintergrund, das Handeln der Menschen wird aber immer noch von Egoismus bestimmt.

Das Titelbild des Leviathan (s. M 11.2) stellt die Beziehung von Hobbes' Leviathan zu Hiob 41 und 42 dar: Bei der Überschrift »Non est Potestas Super Terram, quae Comparetur« handelt es sich um ein Zitat aus Hiob 41,24. Darunter ist der abgebildet, auf den sich der Text bezieht: der sich zusammen mit der Urflut gegen Gott auflehnende Leviathan. Der Körper, der mit den Insignien von politischer und geistlicher Macht, mit Krone, Schwert und Krummstab ausgestatteten gigantischen Gestalt, wird aus Menschen gebildet. Frieden stiftend und den Frieden erhaltend überspannt er mit seinen Armen die Landschaft mit ihren Städten, Dörfern und das mit Handelsschiffen befahrene Meer. Die Krone repräsentiert die Souveränität des Staates, das in der rechten Hand gehaltene Schwert die politische Macht. Sie triumphiert über den Bürgerkrieg der Waffen, dargestellt in den fünf Piktogrammen mit Festung, Kanonen, Musketen, Fahnen und Trommel und einer Schlachtdarstellung. Der in der linken Hand gehaltene Krummstab symbolisiert die geistliche Macht. Darunter die entsprechenden Piktogramme mit Kirche, Bischofshut, Bannstrahlen, den Disputationswerkzeugen der Theologen und Philosophen und einem geistlichen Konzil.

11.3 Jean-Jacques Rousseau: Abhandlung über die Ungleichheit unter den Menschen; Gesellschaftsvertrag (S. 20f.)

Rousseau wirft Hobbes vor, ausgehend von Erfahrungen des Menschen im gegenwärtigen gesellschaftlichen Zustand auf das Wesen des Menschen zurück zu projizieren. Er rekonstruiert die Geschichte der Menschen. Am Anfang steht der homme sauvage, der Mensch im Urzustand, für den Folgendes charakteristisch ist:

- Er wird von der Eigenliebe geprägt, die ihm wie jedem anderen Lebewesen eigen ist.
- In Ermangelung des Verstandes kennt er nur physische Bedürfnisse wie Schmerz und Hunger, aber nicht Todesangst.
- Er weiß nicht, was gut und böse ist.
- Er entwickelt aber Mitleid als »sentiment naturel«.
- Er kennt weder Herrschaft noch Knechtschaft, er lebt ohne Sprache, also isoliert.

Die Bewertung des Naturzustandes ist uneinheitlich: Voltaire empfindet angesichts des sentiment naturel die Lust »wieder auf allen Vieren zu krabbeln«, während Kant urteilt: »Rousseau wollte im Grunde nicht, dass der Mensch wiederum in den Naturzustand zurückgehen, sondern von der Stufe, auf der er jetzt steht, dahin zurücksehen sollte...« (Anthropologie AA VII, 326f).

Das Verlassen des Naturzustandes ist nicht durchweg negativ zu beurteilen. Immerhin hilft der eine dem anderen, indem er bestimmte Arbeiten übernimmt und ihn damit entlastet. Im sog. »Goldenen Zeitalter« bleibt die Eigenständigkeit bestehen, aber die Menschen unterstützen sich gegenseitig. Erst durch die Ausbreitung der Menschen in entfernte Gegenden und die Bebauung des Landes entsteht der Privatbesitz. Danach entsteht durch die Arbeitsteilung eine gegenseitige Abhängigkeit, es bildet sich zugleich ein Konkurrenzdenken, das zu immer mehr künstlichen Bedürfnissen führt. Die Existenz des Bourgeois sieht Rousseau als Situation, in dem Menschen als Bedürfniswesen in Verbindung von andern Bedürfniswesen treten, aber eben auch von Selbstsucht geprägt sind, wie sie nur in der Gesellschaft entstehen kann.

Wenn Privatinteressen unvermittelt aufeinander prallen, drohen Chaos und Anarchie. Deshalb müssen in einer Gesellschaft die partikulären Interessen zu einem gemeinsamen Interesse verbunden werden. Rousseau nennt dieses »volonté générale«. Der Gemeinwille beinhaltet das auf das Allgemeine gerichtete Interesse der vielen einzelnen Glieder der Gemeinschaft. Der Einzelne verliert die Freiheit des Naturzustandes, um dafür bürgerliche Freiheiten zu gewinnnen, die durch den volonté générale begrenzt sind. Der Staat erhält als politischer Körper einen Willen, der auf das Gute im Allgemeinen und für alle gerichtet ist. Während bei Hobbes die bürgerliche Person dadurch konstituiert wird, dass alle Einzelnen ihren Willen dem Willen eines Einzelnen oder einer Körperschaft unterwerfen und sich ihm in gewisser Weise auch ausliefern, hält Rousseau den contract sociale, den Gesellschaftsvertrag, für sinnvoll. Rousseau geht von der Verwandlung des Willens des Einzelnen durch den Abschluss eines Gesellschaftsvertrages aus und spricht in diesem Zusammenhang von »Entfremdung«. Diese meint hier: Der Wille, der zuvor nach partikulären Interessen strebt, will jetzt, nach Abschluss des Vertrages, das schlechthin Allgemeine, das Gute und die Freiheit für alle.

Aus dem homme sauvage mit seinem partikulären Willen wird der citoyen mit seinem volonté générale. An die Stelle des Instinkts tritt das Bewusstsein für die Gerechtigkeit, an die Stelle der physischen und unabhängigen Existenz jetzt eine partielle und moralische.

11.4 Bild: Jean-Baptiste Greuze, Der Gelähmte oder die Früchte einer guten Erziehung (S. 21)

Jean-Baptiste Greuze wurde 1725 in Tournus geboren, er starb 1805 in Paris. Gegen den Willen des Vaters, einem Dachdeckermeister, nahm er seine Ausbildung bei dem Lyoner Maler Charles Grandon auf. 1755 schaffte Greuze die Aufnahme in die Pariser Akademie. Nach einem Italien-Aufenthalt lernte er 1759 den Dichter Diderot kennen. Dessen Rezeption seiner Bilder »Die Dorfbraut« und »Tod des Gelähmten« und die begeisterte Aufnahme beim Publikum machten Greuze mit einem Schlag berühmt. Diderot lobt die »Sensibilität und Sittenstrenge« der Darstellung. Zum »Tod des Gelähmten« schreibt Diderot: »Mut, mein Freund Greuze, lehre Du Moral durch Deine Malerei, und tue es immer wie hier ...« Was Rousseau durch Worte vermittelt, bringt Greuze durch das Bild zum Ausdruck.

Der Gelähmte bildet den Mittelpunkt. Durch die Balken im Hintergrund wird ein Dreieck angedeutet, das den Kranken einrahmt. Die Familie hat sich versammelt, um dem Kranken Gutes zu tun: Die Frau hält sein Haupt, ein Teller mit Suppe wird ihm gereicht, ein Kind führt einen Vogel vor, ein anderes liest aus einem Buch, ein drittes legt eine Decke zurecht, das vierte bringt eine Tasse. Der Kontrast zu Krankenhaus oder Pflegeheimzimmern heute fällt auf. Offen ist, wie es dem Kranken geht. Ist er froh über die Zuwendung oder sind ihm die vielen Menschen gar eine Last? Warum blicken die Besucher in alle möglichen Richtungen, aber nicht zum Kranken hin?
Auf heutige Betrachter wirkt das Bild gekünstelt. Weshalb? Ist die Szene zu harmonisch, um »echt« sein zu können?

11.5 Bild: Andy Warhol, Big Electric Chair (S. 22)

Andy Warhol wurde als Andrew Warhola am 6. August 1928 als Sohn tschechischer Einwanderer in Pittsburg (USA), einer tristen und schmutzigen Industriestadt, geboren. Warhols Kindheit fällt in die Zeit der großen Wirtschaftskrisen der USA. Sein Vater, ein Industriearbeiter, stirbt an einer Trinkwasservergiftung, als Andy 14 Jahre alt ist. Seine Mutter lebt mit ihren drei Söhnen fortan am Existenzminimum. Nach dem Absolvieren des Kunststudiums geht Warhol 1949 nach New York, wo er zunächst als Werbegrafiker Anzeigen für Schuhe entwirft. Er personalisiert den Gegenstand: Mae Wests oder Elvis Presleys Persönlichkeit durch Schuhe erfasst, verhelfen ihm zur Erkenntnis der spätkapitalistischen Gesellschaft: die Ware als Person, die Persönlichkeit als Ware.

Die Darstellung des Elektrischen Stuhls gehört zu einer Serie der Darstellung von »Gemeinplätzen«, die zum politischen Akt wurden. Warhol variiert und repetiert eine einzige Aussage, wie etwa die Darstellung eines Verkehrsunfalls, der Atombombe, eines Selbstmordes oder eben des elektrischen Stuhls. In der Zeitschrift POPism beschreibt Warhol seine Motive: »Eines Tages im Sommer aßen wir zu Mittag in Serendipy und er legte die »Daily News« auf den Tisch. Die Hauptschlagzeile lautete: ›129 STERBEN IM FLUGZEUG‹. Und das brachte mich auf die Todesbilder – die Autounfälle, die Katastrophen, die Elektrischen Stühle«. Die vielfache Wiederholung einer einzigen Aussage will nicht deren Richtigkeit bestätigen, sondern auf die Nerven gehen, zum Nachdenken zwingen. Auf einigen Darstellungen des elektrischen Stuhls wird das Schild mit der Aufschrift »Silence!« gezeigt: Das Aufleuchten des Schriftzugs verdeutlicht die Sinnlosigkeit des elektrischen Stuhls als Institution. Warhol sieht darin das Symbol für den Machtmissbrauch politischer Institutionen als Eingeständnis gesellschaftlicher Fehlentwicklungen.

Das Bild selbst wirkt durch seine Kargheit. Der Stuhl ist verfremdet, ohne Titelangabe wäre er nicht als Elektrischer Stuhl zu identifizieren. Die entscheidenden Teile eines Elektrischen Stuhls sind nur angedeutet: ein auf dem Boden liegendes Kabel und Vorrichtungen zur Befestigung des Verurteilten lassen nur Spekulationen über technische Details zu. Nicht auf das Detail kommt es an, sondern auf die Raumwirkung: die klar gegliederten Betonplatten, die Endgültigkeit und Ausweglosigkeit assoziieren lassen.

Anthropologisch bedeutsam sind die folgenden Fragen:

- Dürfen Menschen andere Menschen um des Rechts willen töten?
- Wann ist eine Hinrichtung gerechtfertigt?
- Braucht menschliches Zusammenleben abschreckende Strafen wie Hinrichtungen?
- Können Menschen so böse sein, dass sie ihr Leben verwirkt haben?
- Welchen Sinn haben Strafen für den Einzelnen und das menschliche Zusammenleben?

11.6 Literatur

Thomas Hobbes, Leviathan, hg. von Hermann Klenner, Hamburg 1996

Jean J. Rousseau, Vom Gesellschaftsvertrag Oder Grundlagen des politischen Rechts, Aus d. Franz. v. Erich Skwara, Frankfurt a.M. 1988

Ders., Der Gesellschaftsvertrag, Übers. v. Hermann Denhardt, Pahl-Rugenstein Bonn, 2. Aufl. 1988

Andy Warhol / mit Selbstzeugnissen und Bilddokumenten dargest. von Stefana Sabin. [Hg.: Wolfgang Müller]. – Orig.-Ausg. – Reinbek 1992

11.7 Unterrichtsideen

1. Bildbetrachtung I (Greuze)

Sch formulieren jeweils eine Frage zum Bild von Greuze und schreiben sie auf ein Blatt Papier. Das Blatt wird reihum an Nachbarn weitergegeben, die die Fragen beantworten bzw. die Antworten der Vorgänger kommentieren.

- Wie ist das Bild komponiert?
- Welche Botschaft wollte der Künstler geben?
- In welcher Beziehung stehen die Personen zum Kranken?
- Was fällt euch am Blick der Familie auf?
  Auswertung mit Zusatzinformationen durch L.

2. Bildbetrachtung II (Warhol)

L gibt zu bedenken: Was bewegt einen Künstler, einen Elektrischen Stuhl zum Gegenstand eines Kunstwerkes zu machen? Welche Gefühle habt ihr beim Betrachten des Bildes? Welche künstlerischen Mittel setzt der A. Warhol ein, um seine Einstellung zu Hinrichtungen auszudrücken?

3. Bild-Bild-Vergleich

Impuls: Die Bilder sind sehr unterschiedlich. Sie drücken jedoch beide etwas über das Wesen des Menschen aus. Wie könnte diese Botschaft in Worte gefasst werden?

4. Textarbeit I

Sch erhalten M 11.1 als Skizze zu Hobbes, die sie mit den Aussagen des Textes gestalten.

Anschließend Austausch der Ergebnisse. Worin hat Hobbes recht? Worin ist zu widersprechen?

5. Ergänzung

Sch erhalten das Titelbild der Erstausgabe des Leviathan M 11.2 und interpretieren mit diesem die Ergebnisse.

6. Textarbeit II

Sch gestalten mit Hilfe von M 11.3 eine Kurve, die nach Auffassung von Rousseau die bisherigen 4 Phasen der Entwicklung der Menschen und ihr Ziel darstellt. Worin ist Rousseau zuzustimmen? Worin ist ihm zu widersprechen?

7. Text-Text-Vergleich

Auf dem Arbeitsblatt M 11.4 sind die unterschiedlichen Grundpositionen und Menschenbilder von Hobbes und Rousseau mit Lücken festgehalten. Die Sch ergänzen das Fehlende. Die Sicht des Staates wird reflektiert.

8. Ergänzung und Vertiefung

Vergleich mit den Grundgesetz-Artikeln 2 und 3: Welcher Artikel greift auf welchen Verfasser zurück? Vergleich mit Gen 3.

Welche Konsequenzen haben Hobbes und Rousseau für den Schulalltag?

12 Der Mensch: absolut frei oder Produkt seiner Umwelt?

12.1 Der Zusammenhang

Wir erfahren täglich, was Unfreiheit bedeutet. Bespitzelte Untertanen, Menschen, die in der Abhängigkeit oder gar Gewalt von anderen leben müssen, sind Beispiele dafür. Dem gegenüber ist Freiheit schwer zu fassen. Wie soll Freiheit bewiesen oder wissenschaftlich erklärt werden? Freiheit bedeutet unabhängig von Zwang und fremder Gewalt zu leben. Das Bewusstsein von Freiheit, im Denken, Fühlen und Handeln seine Eigenständigkeit zu bewahren, gehört zur Würde von Menschen.

Freiheit kann negativ bestimmt werden als Aufhebung von Zwang: Freiheit von etwas. Freiheit besitzt aber auch die positive Bestimmung als Freiheit zu etwas, zum Ausfüllen eines Freiraumes, der Einzelnen Handlungsfreiheit bietet (vgl. auch M 22.2 Formen der Freiheit). Sind Menschen ihrem Wesen nach frei und nehmen sie bedingende Faktoren lediglich als Ausrede? Oder ist die Rede von Freiheit nur ein Trugschluss, ein Ignorieren von biologischen, psychischen, sozialen und rechtlichen Faktoren, die uns bestimmen, ohne dass wir es merken?

12.2 Jean-Paul Sartre, Das Sein und das Nichts (S. 23)

Sartres Werk »Das Sein und das Nichts« erschien 1943, während der deutschen Besatzung Frankreichs. Der Zusammenbruch Frankreichs von 1940 bedeutete für viele Intellektuelle das Ende von Idealen und Ideologien. Misstrauen und Bitternis bestimmten die Stimmung in Frankreich. Welche Philosophie konnte die negativen Gedanken mit der Möglichkeit positiven Handelns verbinden? Die in »Das Sein und das Nichts« entwickelte Philosophie schaffte dies.

Ausgangspunkt ist die Erfahrung von Existenz, die in Sartres Roman »Der Ekel« (1932) die Hauptfigur so beschreibt: »Wenn ich jetzt ‚ich' sage, so erscheint mir das inhaltslos. Es gelingt mir nicht mehr völlig, mich zu empfinden ... Alles, was an Wirklichem in mir verbleibt, ist Existenz, die fühlt, dass sie existiert.« Diese Erfahrung bildet das Grundgerüst von »Das Sein und das Nichts«. Der darin enthaltene ontologische Entwurf ist geprägt von den unterschiedlichen Seinsweisen von An-sich-Sein (être-en-soi) und Für-sich-sein (être-pour-soi). Während die Existenz des An-sich-Seins geprägt ist vom Nackten, ist das Sein des Menschen, bestimmt vom Bewusstsein, ein schmerzhaft erfahrenes »Für-sich-sein«. Weil das Bewusstsein immer auf etwas anderes bezogen sein muss, was es selbst nicht ist, ist es dem Nichts ausgeliefert. Das Nichts bildet die Keimzelle der Existenz. Aus dem Nichts existieren heißt sich entwerfen, sich ohne Versicherung der Erbanlagen oder soziologischen Bestimmtheit frei schaffen. Ein Ur-Entschluss macht den Menschen zu dem, was er ist. Habe ich mein Leben als »bürgerliche Existenz« entworfen, so werde ich alle Dinge tun, die damit zusammenhängen: Beamter werden, ein Haus bauen, eine Familie gründen ... Ich kann meinen Willen ändern; die Tatsache, dass ich wählen, mein Leben selbst entwerfen muss, bleibt. Wir sind, wie Sartre sagt, zur Freiheit verurteilt.

Während frühere Philosophen davon ausgingen, dass die Existenz, das wahrgenommene Dasein, von der Essenz, dem Wesen des Menschen abhängt, sieht Sartre das Verhältnis umgekehrt: Die Existenz des Menschen, sein Dasein, geht der Essenz, seinem Sosein voraus.

Sartre verteidigt in »Das Sein und das Nichts« die Willensfreiheit des Menschen gegen eine Verdinglichung, die er als »psychologischen Determinismus« umschreibt.

Der Mensch ist zur freien Wahl seines Lebens und zur Erfindung seines eigenen Wesens gezwungen. Er muss gestaltend in die Welt eingreifen – eingebunden in die Verantwortung für seine Entscheidung und deren Folgen. Indem der Mensch wählt und handelt, ist er verantwortlich gegenüber allen Menschen. Aus diesem Argumentationszusammenhang stammt unser Textabschnitt:

- Der Mensch trägt das Gewicht der ganzen Welt auf seinen Schultern.
- Ich kann zwar nicht Grundlage meines Seins sein, weil dieses kontingent, zufällig ist, aber doch bin ich verantwortlich für mein Leben.
- Auch ein scheinbar von außen kommendes Ereignis wie das Eingezogenwerden in den Krieg korrespondiert mit meiner Entscheidung, wird zu meinem Ereignis, zu dem ich mich verhalten muss.

12.3 Burrhus F. Skinner, Jenseits von Würde und Freiheit (S. 25)

Skinner (geb. 1904 in Susquehanna/USA, gest. 1990 in Cambridge) gilt als einer der führenden Vertreter des Behaviorismus. Diese psychologische Richtung betont die Bedeutung der Umwelt für die Entwicklung des Menschen. John Broadus Watson, neben Skinner Hauptvertreter des Behaviorismus, behauptete: Wenn man ihm ein Dutzend Kinder gebe, könne er sie zu allem erziehen, was ihm beliebe: Ärzte, Künstler oder Bettler. Die einzige Voraussetzung bestehe darin, dass die Kinder gesund seien und er die Kontrolle über ihre Umwelt habe.

Skinners psychologische Einsichten wurden durch Arbeiten mit Tauben geprägt. Hierbei entdeckte er die Bedeutung von Verstärkern für das operante Konditionieren. In einer dreiviertelstündigen Vorlesung schaffte er es, Tauben einen Rechtstanz, eine dauernde Drehung rechtsherum, beizubringen, indem er jede kleinste Verhaltensänderung, die auf

das erwünschte Endverhalten hindeutete, mit einem Futterkorn belohnte. Beim Programmierten Lernen, mit dem Skinner seine Einsichten auf menschliches Verhalten übertrug, bildet der Lernerfolg die notwendigen positiven Verstärker. Skinner überträgt dieses Modell auf die Gesellschaft. Er sucht Reize, die beim Menschen bestimmte Reaktionen hervorrufen. Probleme, Schwierigkeiten im Zusammenleben der Menschen können überwunden werden, wenn eine entsprechend gestaltete Umwelt nur solche Reize bietet, die erwünschtes Verhalten hervorbringen.
In seinem Roman »Walden Two« (1948, deutsch: Futurum zwei) beschreibt Skinner die Vision einer aggressionsfreien Gesellschaft. In einer am Rande der Welt gelegenen Kommune ist es gelungen, unerwünschtes Sozialverhalten wie Neid, Missgunst und Eifersucht unter Kontrolle zu bringen und eine Gemeinschaft ohne Wettbewerb, Profitorientierung und Aggression aufzubauen. Was auf der einen Seite sehr verlockend klingt, brachte Skinner jedoch den Vorwurf ein, er vertrete einen inhumanen Totalitarismus: Menschen, die mittels einer Verhaltenstechnologie manipuliert sind, verlieren sich in einem fremdgelenkten und unpolitischen Leben.
Das in der Psychologie verwendete »Black-Box-Modell« lässt sich gut zur Beschreibung des behavioristischen Ansatzes von Skinner heranziehen:

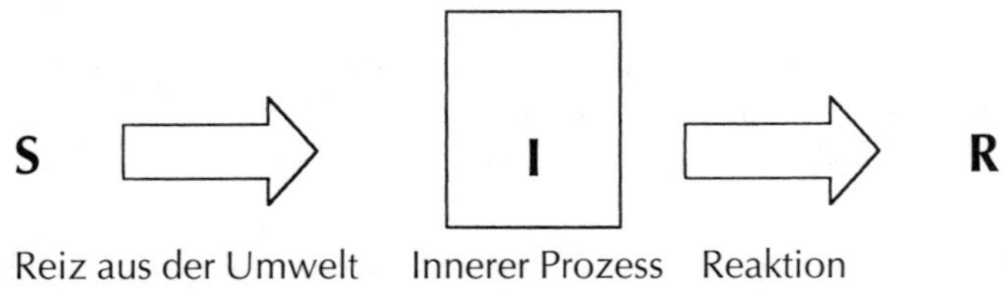

Systematische Änderungen der Reizbedingungen haben Veränderungen der Reaktion zur Folge, so dass der »innere Prozess« immer durchsichtiger wird. Beim Behaviorismus tritt die Bedeutung des Inneren Prozesses immer mehr in den Hintergrund, sie wird letztlich geleugnet: Wenn ich die Umweltbedingungen entsprechend gestalte, wird ein Organismus oder System mit einer hohen Wahrscheinlichkeit so reagieren, wie ich es prognostiziert habe. »Physikalische und biologische Technologien haben uns befreit von Seuchen, Hungersnöten und vielen schmerzhaften, gefährlichen und kräfteverzehrenden Merkmalen des Alltags. Nun kann eine Verhaltenstechnologie beginnen, uns von anderen Arten von Übeln zu befreien. Es ist die Umwelt, die für das unzulässige Verhalten ›verantwortlich‹ ist, und es ist die Umwelt und nicht die Eigenschaft der Einzelperson, die geändert werden muss« (Jenseits von Freiheit und Würde, 219).
Auf diesem Hintergrund ist der Abschnitt aus »Jenseits von Freiheit und Würde« zu betrachten:

- Was früher im menschlichen Verhalten als Ergebnis des »autonomen Menschen« betrachtet wurde, wird heute als Werk der kontrollierenden Umwelt gesehen.
- Es gibt kein »autonomes, denkendes Ich«, das Gegenstand der Selbsterkenntnis und Selbstkontrolle sein könnte.
- Das Ich besteht aus einem Verhaltensrepertoire: Die Umwelt stellt die Bedingungen bereit, innerhalb derer ein Mensch seine jeweilige Identität entwickelt.
- Unterschiedliche Lebensbereiche (Familie, Freundeskreis, Arbeitsplatz) erfordern unterschiedliche Verhaltensrepertoires, und damit auch unterschiedliche Identitäten.
- Körper und Person lassen sich nicht trennen, Person ist das Verhaltensrepertoire eines Menschen bezogen auf die jeweilige Umweltsituation, dies umfasst ebenso psychische wie physiologische Komponenten.
- Die Umwelt ist verantwortlich für das Verhalten der Spezies und des Einzelnen.
- Der Einzelne ist nicht einem »Gewissen« verantwortlich, sondern der Umwelt. Der Mensch im Sinne eines sich selbst verantwortlichen Wesens wird abgeschafft.
- Ethisches Verhalten betrifft nur gewünschtes Gruppenverhalten. Die Feststellung »Du sollst nicht stehlen« ist nicht normativer als die Feststellung: »Wenn Kaffee dich wachhält und du schlafen möchtest, dann trinke keinen« (a.a.O. 120).

Ein Vergleich der Positionen von Sartre und Skinner zeigt:

1) Sartre leugnet nicht Bedingungen, die mein Verhalten herausfordern: dazu gehören lebensgeschichtliche wie umweltbezogene Komponenten. Er fasst diese Komponenten als »Situation« zusammen.
   Alle Komponenten zusammen determinieren nach Sartre jedoch nicht mein Verhalten. Sie fordern die Entscheidung des handelnden Subjektes heraus, weil es immer noch die Möglichkeit, oder besser gesagt, den Zwang zur Entscheidung gibt. Darin besteht die Freiheit. Für die getroffene Entscheidung bin ich verantwortlich.
2) Für Skinner ist der Akt der Entscheidung unerheblich. Für ihn ist wichtig, wie Rahmenbedingungen so geschaffen werden können, dass eine handelnde Person ein der Umwelt gemäßes Verhalten an den Tag legt.
   Was »richtiges« Verhalten ist, bestimmt der Zusammenhang der Situation, bestimmen die gerade gültigen Regeln. Töten kann in einem Zusammenhang verwerflich sein (in einem innerfamiliären Konflikt), während es in einer anderen Situation (Tötung eines Aggressors) geboten sein kann.

12.4 Michael Foucault: Gegen den Humanismus (S. 25)

Michael Foucault wurde 1926 in Poitiers als Sohn einer Arztfamilie geboren. Er wuchs in einem katholisch geprägten Milieu auf, schloss in Paris sein Philosophiestudium ab, erwarb sich aber auch ein Diplom für Psychologie. Sein Leben lang galt sein Interesse Außenseitern der Gesellschaft. Michael Foucault in einem Interview: »Ich habe mich immer ein bisschen interessiert für Randerscheinungen, für den Bodensatz – ein Schnüffler im Bodensatz – wie Nietzsche sagte. Also, ich habe mich beschäftigt mit dem Wahnsinn in seinem harten Zusammenstoß mit der Vernunft.«
Foucaults erstes großes Werk »Wahnsinn und Gesellschaft« erschien 1961 und löste in der französischen Gesellschaft

einen Schock aus: Es ging Foucault nicht nur um eine Geschichte des Wahnsinns, sondern um die Geschichte der abendländischen Vernunft, deren repressiven Charakter Foucault am Beispiel des Umgangs mit Wahnsinnigen denunziert. »Es gibt keine gemeinsame Sprache. Die Sprache der Psychiatrie, die ein Monolog der Vernunft über den Wahnsinn ist, hat sich nur auf einem Schweigen errichten können.« Foucault greift die Aufklärung an, weil sie nicht nur die Vernunft förderte, sondern eben auch Disziplinierungsstrategien entwickelte, Gefängnisse, Kasernen, Schulen und Manufakturen einrichtet. »Die Aufklärung, welche die Freiheiten, die Menschenrechte, das gleiche Recht für alle, den Parlamentarismus erfand, hat auch die Disziplin erfunden. Das ist die dunkle Kehrseite dieser Prozesse.«
Die Endlichkeit des Menschen untersuchte Foucault in seinem Werk »Die Ordnung der Dinge«, das 1966 erschien. Darin vertritt er die These, dass erst die Humanwissenschaften des 19. Jh. den durch Endlichkeit gekennzeichneten Menschen zum Subjekt und Objekt der Wissenschaften machten: Die Biologie entdeckte die Gebundenheit des Menschen an seinen Körper, die Ökonomie entdeckte den Menschen als Mangelwesen, die Linguistik entdeckte die Sprache als anonymes Regelsystem, dem der Mensch unterworfen ist. Mit Autonomie, Freiheit und Selbstbewusstsein des Individuums ist es demnach nicht weit her: Der moderne Mensch ist nicht autonom, sondern nur noch Sprachvehikel, problematisches Lebewesen.
Damit reiht sich Foucault in die postmoderne Absage an den Menschen und seine Vernunft ein. Während die Neuzeit und besonders die Moderne ganz auf die Vernunft gesetzt hatten, die durch logisches empirisch überprüfbares Denken geprägt ist, setzen die postmodernen Denker im Gefolge Nietzsches und Heideggers die von diesen begonnene Vernunftkritik fort. »Baudrillard findet, dass alles sinnlos ist; es gibt keine Ursachen, keine Wirkungen, kein Gut und kein Böse – alles ist, wie es ist. Weil alles sinnlos ist (eine Rückkehr zu Nietzsche …) muss alles perfekt funktionieren. Es bleiben nur noch Sprachspiele übrig« (Hans-Joachim Türk, Die postmoderne Absage an den Menschen).
Sartres Anknüpfung am Subjekt, an seiner Freiheit wird zu dem Kritikpunkt in Foucaults Denken: »In einer Philosophie wie der von Sartre gibt das Subjekt der Welt Sinn. Dieser Punkt wurde nicht in Frage gestellt. Könnte es aber nicht Erfahrungen geben, in denen das Subjekt sich von sich lösen und den Bezug zu sich selbst zerstören, seine Identität verlieren könnte?« Es gibt deutliche Bezüge zum Verfahren des operanten Konditionierens des Behaviorismus im Denken Foucaults. Die Betonung der Freiheit des Einzelnen erscheint als Anachronismus. »Wissenschaftstheoretisch ist, wenn ich recht verstehe, die Rede von subjekthafter solidarischer Freiheit ein Anachronismus. Um zu wissen, was der Fall ist, ist vom Tod des Subjektes auszugehen. Es gibt keine Subjekte, sondern nur selbstreferentielle Systeme« (Johann Baptist Metz, Wo bleibt der Mensch nach dem Tod Gottes?).
Was bleibt, ist die Flucht in die Anonymität. Foucault: »Man frage nicht, wer ich bin, und man sage nicht, ich solle der Gleiche bleiben. Das ist die Moral des Personenstandes und sie beherrscht unsere Papiere. Sie soll uns freilassen, wenn es sich darum handelt zu schreiben.« Foucault will das Interesse an seiner Person abwehren, ein »anonymer« Philosoph will er bleiben. 1980 gab er als »maskierter Philosoph« der Zeitung »Le Monde« ein merkwürdiges Interview, bei dem er Namen und Autorschaft verheimlichte.
Am 25. Juli 1984 starb Michael Foucault an Aids.

12.5 Der Adler (S. 23)

Die Fabel aus Ghana versucht Freiheit auf dem Hintergrund erlebter Unfreiheit zu beschreiben. Dafür werden starke Symbole für Freiheit benutzt.
- Ein Adler im Hühnerstall ist Ausdruck von Unfreiheit. Auch wenn er sich subjektiv wohl fühlt, bleibt er unfrei, weil er nicht seiner Natur gemäß lebt.
- Das Herz des Adlers wird als Sitz der Sehnsucht nach Freiheit verstanden, Freiheit besteht im freien Flug in den Lüften.
- Die Stadt ist Inbegriff von Unfreiheit. Erst draußen vor der Stadt, in der Natur, kann, wenn überhaupt, die Sehnsucht nach Freiheit erwachen.
- Die Sehnsucht nach Freiheit steckt im Adler, aber sie muss von außen geweckt werden: von der Sonne. Und als die Sehnsucht geweckt ist, gibt es kein Halten mehr. Freiheit besteht hier in einem der Natur gemäßen Leben.

12.6 Bild: August Macke, Frau mit Sonnenschirm (S. 24)

August Macke (1887–1914) arbeitete 1906 als Bühnenbildner am Düsseldorfer Schauspielhaus und studierte 1907 bei Lovis Corinth Malerei. Bei einer Reise in die Schweiz lernte er den Künstler Louis Moillet kennen. Mit diesem und Paul Klee unternahm Macke 1913 die berühmte Tunesienreise, die zu 38 Aquarellen führte.
1911/12 beteiligte sich Macke an den Ausstellungen des »Blauen Reiters«, der von Wassily Kandinsky und Franz Marc begründet wurde. Während anfangs eine impressionistische Maltechnik mit der Betonung der Farbe bestimmend ist, nähert sich Macke dann dem Kubismus und entwickelte einen klareren Kompositionsstil verbunden mit einem flächigen Einsatz der Farbe. Dies macht ihn zu einem der bedeutendsten Vertreter des rheinischen Expressionismus.
Die Motive von Mackes Arbeiten sind immer von der Beschäftigung mit Menschen in seiner Umgebung bestimmt: Menschen beim Spaziergang, beim Einkaufen usw.
Macke fiel 1914 in den ersten Kriegsmonaten in der Champagne. Das Bild »Frau mit Sonnenschirm vor Hutladen« gehört zu seinen letzten Werken.

Das buntfarbige, ästhetisch schöne, harmonische Bild arbeitet mit den Tönen gelb, rot und blau. Die Raumaufteilung betont einmal die Senkrechte, dann aber auch kubische Formen. Der Fluchtpunkt liegt außerhalb des Bildes in dem Hintergrund der Straße. Das Bild wirkt auch wie eine Studie zu Farben, Formen und Perspektive.
Das Bild zeigt keine Einzelperson. Das fehlende Gesicht macht aus der flanierenden Frau eine Allerweltsperson. Der

Betrachter wird in die Position eines Passanten versetzt, der dicht hinter der in blau gekleideten Person am linken Rande flaniert und ebenso Auslagen oder Passanten zu beobachten scheint. Man wird dazu verlockt, die Frau zu beobachten und wie sie die Hutauslage zu betrachten.
Die Frau ist elegant gekleidet und trägt Hut und Schirm. Sie hat bei ihrem Spaziergang angehalten und mustert die Hüte im Schaufenster des Ladens, die dem ihren gleichen. Die Farbe ihres Kleides begegnet auch im Schaufenster.
Das Bild lässt an einen unbeschwerten Sonntagsspaziergang denken. Man flaniert gelöst durch die Einkaufsstraße. Beschrieben wird eine alltägliche Szene, wie sie auch der Betrachter von sich kennt. Man kann bedenken, welche Gefühle, Gedanken und Wünsche die Frau bewegen. Warum ist sie unterwegs? Warum betrachtet sie die Auslage? Warum betrachtet sie die Hüte? Will sie anderen gefallen? Will sie sich selbst gefallen? Inwieweit wird sie von der Auslage »manipuliert«? Wie geht es uns, wenn wir vor einem Schaufenster stehen? Was spielt sich dann in uns ab?
Hut und Schirm unterstreichen die weibliche Eleganz und den Wunsch, schön zu sein, aufzufallen, bewundert zu werden. Hut und Schirm könnten jedoch auch als Symbole gesehen werden, die den Wunsch ausdrücken, beschirmt und behütet zu sein.

12.7 Literatur

Bernhard Dressler (Hg.), Der bedrohte Mensch, Religionspädagogisches Institut Loccum, Tel 05766/810
Margot Fleischer (Hg.), Philosophen des 20. Jahrhunderts, Darmstadt 1990, 3. Aufl 1992
Michel Foucault, dargestellt von Bernhard H. F. Taureck, Reinbek 1997
Anton Hügli/Poul Lübcke (Hg.), Philosophie-Lexikon, Reinbek, 2. Aufl. 1988
Jean-Paul Sartre in Selbstzeugnissen und Bilddokumenten / dargest. von Walter Biemel – Neubearb. u. erw. Ausg., Reinbek 1979.
Sartre Lesebuch, Den Menschen erfinden, hg. von Traugott König, Reinbek 1992

12.8 Unterrichtsideen

1. Bildbetrachtung
Sch bestimmen Tag, Uhrzeit und Situation des Bildes. Frauen und Männer formulieren dann abwechslend, was ihnen zu diesem Bild einfällt. Sie bestimmen dann, was im Kopf dieser Frau vorgeht. Gespräch: Ist diese Frau in ihrem Verhalten frei oder folgt ihr Verhalten bestimmten Gesetzmäßigkeiten, von denen sie nichts weiß? (vgl. Werbepsychologie S. 64f.)

2. Einstimmung
L liest Erzählung »Der Adler«. Ist die Frau im Mackebild ein freier Adler oder der Hühneradler?

3. Mögliche Ergänzung
Sch erhalten DIN A 3-Blatt mit dem Thema »Die Freiheit, die wir meinen«. Anschließend Austausch: Kann man im Gefängnis frei sein? (Vgl. M 22.1 Formen der Freiheit.)

4. Begriffsklärungen
L zeigt folgende Folie:

Determinismus	**Willensfreiheit**
Die Willensfreiheit ist eine Täuschung. Das Handeln des Menschen ist von naturgesetzlich bestimmten Ursachen abhängig. Der Mensch ist für sein Tun nicht verantwortlich.	Der Mensch kann sich die Faktoren, die sein Handeln bestimmen, bewusst machen. Er besitzt mehrere Möglichkeiten, deshalb kann und muss er wählen. Er ist verantwortlich. Er kann schuldig werden.

Sch überlegen, was für sie zutrifft.

5. Textarbeit
Sch analysieren die beiden Texte von Sartre und Skinner in arbeitsteiliger Partnerarbeit. Sie arbeiten bei Sartre die zentralen Aussagen heraus und gestalten ein Plakat in Du- oder Ich-Form. Sie entwerfen zu Skinner ein Mind-map. Sie können eine Vorgabe M 12.1 benutzen. Anschließend stellt je ein Tandem sein Ergebnis vor.

6. Fallbeispiel
Sch betrachten das Fallbeispiel der Fixerin Heidi S. (S. 9). Wie würden Sartre und Skinner das Problem von Heidi erklären?

7. Textvergleich
Sch vergleichen Skinner und Foucault. Wo ist der Unterschied, wie groß ist er?

13 Der Mensch: kalkulierender Egoist oder verständnisvoller Gesprächspartner?

13.1 Der Zusammenhang

Welche Bedeutung andere Menschen für unser Menschsein besitzen und wie wir anderen begegnen, wird in diesem Kapitel ausgehend von dem polaren Begriffspaar Egoismus und Altruismus verhandelt. Sind Menschen von Natur aus, ihrem Wesen nach eher egoistisch oder altruistisch veranlagt? Der Position von Adam Smith, der zu einem von Selbstinteressen geprägten Individualismus neigt, tritt die Sichtweise Martin Bubers gegenüber, der zugespitzt formuliert: »Ich werde ich am Du; Ich werdend spreche ich Du. Alles wirkliche Leben ist Begegnung«. Die Folgen dieser Position für den Begriff der Person erhalten Bedeutung in der Auseinandersetzung etwa mit dem Präferenzutilitarismus Peter Singers (vgl. S. 68f.). In der Diskussion mit der Soziobiologie geht es um die Frage, ob »egoistische Gene« zu unserer biologischen Verfasstheit gehören (vgl. S. 57f.). Folgen egoistischen oder altruistischen Verhaltens sind im Hinblick auf generatives Verhalten (vgl. S. 7) zu bedenken, aber auch bei der Kommunitarismus-Diskussion (vgl. S. 59f.), die um die Frage kreist, welche berechtigten Ansprüche die Gesellschaft an den Einzelnen stellen darf. Theologisch bedeutsam wird die Frage nach der egoistischen oder altruistischen Natur des Menschen bei Martin Luthers Position, dass der Mensch im Glauben erst zur Nächstenliebe und damit zu wahrer Freiheit gelangt (vgl. S. 45f.).

13.2 Adam Smith, Theorie der ethischen Gefühle (S. 26)

Adam Smith wurde 1723 in Kirkcaldy in Schottland geboren. Er studierte an den Universitäten Glasgow und Oxford. Ab 1746 lehrte er an der Universität Edinburgh Rhetorik und Belletristik. Dort lernte er den schottischen Philosophen David Hume kennen, mit dem ihn bald eine enge Freundschaft verband. 1751 wechselte Smith nach Glasgow, wo er zunächst eine Professur für Logik, ein Jahr später für Moralphilosophie erhielt. Die Theorie der ethischen Gefühle entstand aus der Vorlesungstätigkeit in Glasgow. 1763 verließ er die Universität und begleitete als Privatlehrer Henry Scott auf dessen Reise durch Europa, v.a. Frankreich und die Schweiz. Von 1766 bis 1769 arbeitete er an seinem ökonomischen Hauptwerk »The Wealth of the Nations«. 1779 wurde er zum Zollkontrolleur in Edinburgh ernannt und arbeitete in dieser Funktion bis zu seinem Tod 1790.
In seinem Werk »The theory of moral sentiments« geht Adam Smith der Frage nach, wie Menschen ethische Urteile bilden. Dazu untersucht er die Natur des Menschen in den Beziehungen zur Gemeinschaft. Dabei entdeckt er Empfindungen wie Neigung, Gefühl, Affekt, Leidenschaft, die er »moral sentiments« nennt. Diese können gemeinschaftsfördernd oder -hemmend sein. Smith siedelt sie zwischen elementaren Instinkten, die Menschen mit Tieren verbinden, und dem logischen und berechnenden Verhalten an. Smith beschreibt den ethischen Regelmechanismus, der zwischen dem Einzelnen und der Gemeinschaft wirksam wird. Er greift dazu auf zwei Prinzipien zurück: das Prinzip des Mitgefühls (sympathy) und das Prinzip des unparteiischen Beobachters (spectator).
Das Prinzip der Sympathie meint, dass wir Menschen uns dank unserer Vorstellungskraft (imagination) in andere hineinversetzen und sie kraft unserer Fähigkeit zum Nachdenken (reflection) verstehen können. Smith sieht im Menschen ein soziales Wesen, das aufgrund seiner Natur nicht anders kann, als für andere Mitgefühl zu empfinden, obwohl zunächst kein Nutzen daraus entsteht und niemand unmittelbaren Zugang zu den Gefühlen anderer hat. Das Mitfühlen mit anderen bildet nach Smith die Basis aller Gemeinschaften.
Das Mitfühlen macht es uns möglich, das Handeln anderer zu beurteilen, wenn wir uns ihre Motive und Ziele erschließen und wenn wir uns zudem in Dritte hineinversetzen, die vom Handeln des anderen betroffen sind. Als wirkliche Betrachter bilden wir ethische Urteile über andere.
Im Prinzip des Betrachters überträgt Smith nun diese Tätigkeit auf eigene Gefühle und eigenes Verhalten. Die Grundsätze der Beurteilung anderer gelten nämlich auch für uns selbst. So wie wir andere als wirkliche Betrachter beurteilen können, sind wir in der Lage, als angenommene Betrachter uns selbst zu bewerten. Nach Adam Smith ist unser Verhalten dadurch geprägt, dass wir von Natur aus Zustimmung und Achtung der Mitmenschen gewinnen wollen und gleichzeitig den Wunsch verspüren, uns der Achtung anderer angemessen zu verhalten. Unsere Gefühle und unser Verhalten wird beeinflusst durch wirkliche Betrachter außerhalb von uns und durch das Urteil des »Mannes in unserer Brust«, unseres Gewissens.
Wenn diese Beurteilung menschlichen Verhaltens zutrifft, wenn es stimmt, dass alle Menschen sich dem tatsächlichen oder vermeintlichen Urteil anderer über sich beugen, wird ihr Verhalten nicht nur egoistisch und unsozial sein, sondern seine Prägung durch Pflichtgefühl und Selbstbeherrschung erfahren. Eigene berechtigte Interessen und die Interessen der Gemeinschaft bilden einen Gesamtzusammenhang, der ein faires Verhalten fordert.

Selbstinteresse		**Korrektiv der Gesellschaft**
– eigene Existenz sichern – Annehmlichkeiten mehren – einen angemessenen Platz in der Gesellschaft finden – Freizeit vermehren	⇔	– Mitgefühl – Ethische Regeln – Rechtsnormen – Wettbewerb

Smith kritisiert ein Zuviel und Zuwenig an Selbstinteresse. Das Zuviel, geprägt durch Egoismus, schadet der Gesellschaft so sehr wie das Zuwenig, das seinen Ausdruck in Faulheit und Leistungsverweigerung findet.

In dem von uns ausgewählten Textabschnitt treten die Grundgedanken der »Theory of moral sentiments« fokussiert zu Tage:

1) Jeder Mensch besitzt einen gesunden Egoismus und verspürt ein berechtigtes Interesse, seine Anliegen durchzusetzen.
2) Das Durchsetzen eigener Interessen wird reglementiert durch die Überlegung, wie weit andere mein Verhalten noch als angemessen einstufen können.
3) Von mir begangene Regelverletzungen werden von anderen nicht akzeptiert, da unparteiische Betrachter nicht mit mir, sondern mit dem Opfer meiner Regelverletzung Mitgefühl empfinden.
4) Je stärker die Sympathie mit anderen in einer Gemeinschaft ausgeprägt ist, um so harmonischer verläuft das Zusammenleben.
5) Selbst wenn nicht Liebe und Dankbarkeit den Umgang einer Gemeinschaft prägen, verhilft doch das gerechte Abwägen von Interessen zu einem fairen Miteinander.
6) Keine Gemeinschaft kann existieren, wenn gegenseitige Regelverletzungen nicht geahndet werden.

13.3 Martin Buber: Urdistanz und Beziehung (S. 26f.)

Martin Buber wurde 1878 in Wien geboren. Als er drei Jahre alt war, zerbrach die Ehe der Eltern. Er kam zu seinen Großeltern nach Lwow (Lemberg). Seine Mutter traf er erst als Erwachsener wieder, sein Vater zog ebenfalls in die Nähe von Lwow. Von seinem Großvater, einem angesehenen jüdischen Talmud-Lehrer, wurde ihm der Chassidismus nahe gebracht. Buber studierte in Wien, Leipzig und Zürich. Dort lernte er Paula Winkler, seine spätere Frau, kennen. Buber schloss sich hauptsächlich aus religiösen Gründen der zionistischen Bewegung an. Er promovierte 1904 in Wien. Danach beschäftigte er sich v. a. mit dem Chassidismus. In Berlin lernte er den Sozialisten Gustav Landauer kennen, der v. a. Bubers Sozialphilosophie beeinflusste. 1916 zog die Familie nach Heppenheim/Bergstraße. Dort arbeitete er an seinem philosophischen Hauptwerk »Ich und Du«, das 1923 erschien. Franz Rosenzweig gewann Buber als Lehrer am Frankfurter »Freien jüdischen Lehrhaus«. Mit Rosenzweig zusammen begann er die Übersetzung des Alten Testaments, die er nach Rosenzweigs Tod weiterführte und an der er drei Jahrzehnte arbeitete. 1930 erhielt er in Frankfurt eine Professur für Religionswissenschaft und jüdische Ethik, die er bereits 1933 wieder niederlegen musste. 1938 wanderte die Familie nach Palästina aus, Buber übernahm in Jerusalem einen Lehrstuhl für Sozialphilosophie. Bald nach dem Zweiten Weltkrieg besuchte er Deutschland, 1953 erhielt er den Friedenspreis des Deutschen Buchhandels. 1965 starb Martin Buber in Jerusalem.

In seiner Hauptschrift »Ich und Du« entwickelt Buber das dialogische Prinzip. Das verdeutlichen schon die Anfangssätze: »Die Haltung des Menschen ist zwiefältig nach der Zwiefalt der Grundworte, die er sprechen kann. Die Grundworte sind nicht Einzelworte, sondern Wortpaare. Das eine Grundwort ist das Wortpaar Ich-Du. Das andere Grundwort ist das Wortpaar Ich-Es ... Das Ich des Grundwortes Ich-Du ist ein anderes als das des Grundwortes Ich-Es.«
Als Ich-Es-Beziehung umschreibt Buber das Verhältnis des Menschen zu den alltäglichen Dingen, die ihn umgeben, auch zu der Welt, die ihn umgibt. Auch die Beziehung zu den Mitmenschen kann eine Ich-Es-Beziehung sein, wenn er sie distanziert, kühl, als Sache sieht, als ein Stück Umwelt, eingebettet in Kausalketten.
Buber grenzt davon die Ich-Du-Beziehung ab. In diese Beziehung bringt sich der Mensch in seinem ganzen Wesen ein. In einer Begegnung, einem echten »Gespräch«, öffnen sich beide. »Das Grundwort Ich-Du kann nur mit dem ganzen Wesen gesprochen werden. Die Einsammlung und Verschmelzung zum ganzen Wesen kann nie durch mich, kann nie ohne mich geschehen. Ich werde am Du; Ich werdend spreche ich Du. Alles wirkliche Leben ist Begegnung.«
In der Schrift »Urdistanz und Beziehung« entwickelt Buber Grundzüge seines Personbegriffs. Der einsam gewordene Mensch sucht einen Weg zur Überwindung, indem er versucht, mit Gott oder dem Mitmenschen in Beziehung zu treten. Personsein ist bestimmt durch die Erfahrung der Distanz und Einsamkeit und das Aufnehmen von Beziehungen.
»Dass das Prinzip des Menschsein kein einfaches, sondern ein doppeltes ist, in einer doppelten Bewegung sich aufbauend, und zwar solcher Art, dass die eine Bewegung die Voraussetzung der anderen ist. Die erste sei die Urdistanzierung, die zweite das In-Beziehungtreten genannt. Dass die erste die Voraussetzung der zweiten ist, ergibt sich daraus, dass man nur zu distanzierten Seienden, genauer: zu einem ein selbständiges Gegenüber gewordenen, in Beziehung treten kann. Ein selbständiges Gegenüber aber gibt es nur für den Menschen« (S. 11f).
In unserem ausgewählten Text aus »Urdistanz und Beziehung«, der erstmals 1951 erschien, weist Buber auf die Bedeutung des Gesprächs für das Menschsein des Menschen hin:

- Im Unterschied zum Insektenstaat besitzen Menschen die Möglichkeit, einander Funktionen aufgrund von Beschaffenheit und Befähigung zuzuweisen.
- Nicht nur die Funktionsergänzung, sondern die Zuordnung und Bestätigung von Funktionen hat dem von Natur aus schlecht ausgerüsteten Lebewesen Mensch die Möglichkeit gegeben, dynamische Gemeinschaften zu bilden.
- Das Fundament des Menschseins besteht in der gegenseitigen Bestätigung.
- Ihren Ausdruck findet diese Bestätigung im echten Gespräch, das durch unterschiedliche Auffassungen und als Bemühen um Verständigung geprägt ist.

13.4 Smith und Buber – »Egoismus« contra »Altruismus«

»Egoismus (vom lat. ego, »ich«) Eigenliebe; Verhalten, das vom Ich-Gefühl, von dem Gedanken an das eigene Ich beherrscht und geleitet wird« (Philosophisches Wörterbuch, 125).
»Altruismus (vom lat.: alter; frz.: autrui, »der Andere«), seit Comte Bezeichnung für selbstloses Denken und Handeln: ›Vivre pour autrui‹ (für denen anderen leben)« (Philosophisches Wörterbuch, 14).
Beide Begriffe werden hier nicht ethisch wertend, sondern existentiell verstanden. Für Buber ist die Begegnung mit anderen wesenhaft zur Selbstwerdung: »Das menschliche Leben rührt an die Absolutheit durch den dialogischen Charakter. (...) Nicht durch ein Verhältnis zu seinem Selbst, sondern nur durch ein Verhältnis zu einem anderen Selbst kann der Mensch ganz werden. Dieses andere Selbst mag ebenso begrenzt und bedingt sein wie er, im Miteinander wird Unbegrenztes und Unbedingtes erfahren« (Martin Buber, Das Problem des Menschen, 102).

Wie sehr brauche ich andere, um mich selbst zu verstehen?
Smith: Ich beurteile andere, andere beurteilen mich – ich versuche mich zu verstehen als jemand, der von anderen beurteilt wird. Ich bin auf das Urteil anderer angewiesen.
Buber: Andere sind anders als ich. Im Versuch, mich mit anderen auseinanderzusetzen, in der Dialog-Situation, erfahre ich etwas über mich, das ich allein durch Nachdenken über mich nicht erfahren kann.

13.5 Bild: Fernand Léger, Die Rast (S. 27)

Fernand Léger wurde 1881 in Argentan (Normandie) geboren. Er arbeitete in einem Architekturbüro, bevor er 1900 nach Paris kam, wo er anfangs im Stil des Impressionismus malte. Um 1910 wandte er sich Experimenten mit geometrischen Formen zu. Er gilt als einer der bedeutenden Wegbereiter des Kubismus. Im Ersten Weltkrieg wurde er durch einen Gasangriff schwer verwundet und aus dem Militärdienst entlassen.
Beeinflusst von der Begegnung mit Le Corbousier entwickelte er einen eigenen Stil, der sich als mechanisierter Klassizismus umschreiben lässt. Elemente der industriellen Produktion und Technik (Schrauben, Zahnräder, Kräne) werden großflächig verarbeitet. In den späten Arbeiten, zu denen auch »Die Rast« gehört, stellt Léger zunehmend Personengruppen dar, die durch graphisch gesetzte Umrisslinien und großflächig aufgetragene Farben geprägt sind.
Das Gemälde »Die Rast« greift Motive einer Skizze von 1944 auf. Dort ist die gleiche Personengruppe zu sehen, die Arbeit trägt allerdings den Titel »Fahrradunfall«. Der Titel der endgültigen Arbeit »Hommage à Louis David« erinnert an den klassizistischen Maler Jacques Louis David, der in seiner Kunst sehr stark Bezug nimmt auf die französische Revolution und das Zeitalter Napoleons. Mit David verbindet Léger nicht nur das Bemühen um eine einfache Formensprache in Abgrenzung zum Impressionismus. Der 1945 in die Kommunistische Partei eingetretene Léger gibt mit seinem Werk bewusst eine politische Stellungnahme ab. Die Szene wirkt wie für den Fotografen gestellt: frontal, in harmonischer Gruppierung, das konventionelle Lächeln auf den Lippen. Es handelt sich um einfache Leute, die mit ihrem Schicksal zufrieden scheinen. Das Bild entspricht Légers Erwartung einer kommenden Geschwisterlichkeit unter den Menschen. So äußerte er sich nach dem Ende des Zweiten Weltkrieges: »Wir gehen, wie ich glaube, einer neuen ... Form einer hellen und transparenten menschlichen Gesellschaft entgegen.«
So wie Léger im Frühwerk die Arbeitswelt verherrlichte, wandte er sich nach 1945 den Menschen zu. Erholung von der Arbeit und Freizeit erscheinen als Metapher für Freiheit und Lebensglück. Dem entspricht die Gestaltung des Bildes: fröhliche Farben, ein sorgloses Lächeln auf den Lippen der Menschen, Blüten an Blume und Baum, der blaue Himmel und die Tauben im Gewölk. Die Taube wird in dieser Zeit von der Kommunistischen Partei als Friedenssymbol übernommen.

13.6 Literatur

Martin Buber, Das Problem des Menschen, Heidelberg, 4. Aufl. 1971
Martin Buber, Das dialogische Prinzip, Heidelberg, 3. Aufl. 1973
Ursula Nuber, Die Egoismus-Falle, Zürich 1993
Horst Claus Recktenwald, Über Adam Smiths »The theory of moral sentiments« Darmstadt 1986.
Adam Smith, Theorie der ethischen Gefühle, hg. u. aus d. Engl. v. Walther Eckstein. Mit Beitr. v. Günter Gawlick, Frankfurt a.M., Erg. Nachdr. 1994

13.7 Unterrichtsideen

1. Bildbetrachtung
Sch beschreiben das Bild: »Ich sehe ...«, »Ich empfinde ...«, »Ich assoziiere ...«. Sie achten dann auf die Hände und die Arme. Was sagt dies über die sechs Personen?
Sch stellen sich vor, dass das Bild in ein Fotoalbum aufgenommen wird. Sie imaginieren, was das Kind auf dem Fahrrad, die Frau auf dem Boden sitzend oder der Mann mit dem roten Anzug in das jeweilige Album schreiben würden. Was verbindet die Menschen? Fühlen sich die Einzelnen wohl? Brauchen Menschen Gemeinschaft, um sinnvoll leben zu können?

2. Abfrage
L hängt zwei Karten mit den Definitionen »Egoismus« und »Altruismus« an die Tafel. Sch markieren mit einem Punkt welche Position sie zustimmen. Sie können sich auch anders positionieren.

	Zustimmungspunkte
Egoismus: »Für mein Lebensglück brauche ich keine anderen Menschen. Sie sind für mich von Bedeutung, so weit sie meine Interessen stören oder fördern.«	
Altruismus: »Nur im Dasein für andere erschließt sich mein Menschsein«	
Meine Meinung ist ganz anders	

Anschließend Auswertungsgespräch. Wie sind Menschen? Was spricht für die einzelnen Positionen? Was spricht dagegen?

3. Hinführung zur Textarbeit

Was ist eigentlich der Unterschied zwischen einem kaufmännischen Handel und einem persönlichen Gespräch? Was haben sie gemeinsam? Was ist »menschlicher«?

4. Textarbeit

Die Sch teilen sich in zwei Gruppen. Die einen untersuchen Smith und fragen nach

1) der Natur des Menschen,
2) dem Grundmodell des Zusammenlebens und
3) den Empfehlungen für Zeitgenossen.

Die anderen untersuchen Buber und fragen nach

1) dem Unterschied von Mensch und Tier,
2) dem Grundmodell des Zusammenlebens und
3) den Empfehlungen für Zeitgenossen

Evtl. zusammenfassender TA:

	Adam Smith	Martin Buber
Natur und Wesen des Menschen		
Grundmodell des Ansatzes	Kaufmännischer Markt	Persönliches Gespräch
Empfehlungen für Zeitgenossen		

6. Ergänzung I

Sch beurteilen als Adam Smith und als Martin Buber die Karikatur von Bill Watterson »Calvin and Hobbes« (M 13.1). Wie sehen die beiden die Szene?

7. Ergänzung II

Interview mit einem Yuppie (M 13.2)

Ist Olaf noch ganz normal? Ist Olaf der Mensch, wie ihn Adam Smith meint? Was würde Martin Buber zu Olaf sagen?

14 Jede ist Königin, jeder ist König

14.1 Der Zusammenhang

Anthropologien haben verschiedene Aspekte und Fragestellungen. Sie fragen danach,

1) aus welchen Teilen der Mensch besteht, z. B. Leib und Seele (Platon S. 13), Körper und Geist (Descartes S. 18), reine Materie (Lamettrie S. 18f.), Empfinden und Vernunft (Epikur S. 14), Verlangen und Denken (Hobbes S. 20), freier Wille (Sartre S. 23), Selbstliebe, Fühlen und Denken (Adam Smith S. 26),
2) was er mit seiner Umgebung gemeinsam hat und was ihn davon unterscheidet (z. B. der Unterschied Mensch-Tier, S. 52), oder
3) welchen Rang der Mensch inne hat und worin der Sinn seiner Existenz besteht.

Die Bibel greift alle diese Fragen auf. So beschäftigt sich Gen 2 u. a. mit der Seele (vgl. S. 30). Einzelne Organe beschreiben verschiedene Schichten der Persönlichkeit. So bezieht sich das Herz auf Verlangen und Begehren, Vernunft und Urteilsfähigkeit sowie Gewissen (vgl. Ps 42, S. 30). Die Nieren beziehen sich auf Wünsche und Entscheidungen; die Leber auf das Gemüt.
Luther und Erasmus beschäftigen sich mit dem Willen (S. 42–44). Gen 1 (S. 28) und Gen 2 (vgl. Bild S. 70), aber auch Ps 8 (S. 15) und Ps 104 (S. 16) sehen den Menschen als Teil der Schöpfung, schreiben ihm jedoch eine besondere Stellung zu und bestimmen so gleichzeitig seinen Rang (vgl. Ps 8, 6 »Mit Ehre und Hoheit hast du ihn gekrönt«).
In besonderer Weise beschäftigt sich jedoch die Bibel mit dem Sinn der menschlichen Existenz und damit mit dem Wesen und der Aufgabe des Menschen. Dabei »konkurriert« die Bibel vor allem mit philosophischen Entwürfen z. B. von Pico della Mirandola (vgl. S. 15), Pascal (S. 16), Sartre (S. 23) und Buber (S. 27), aber auch mit den anthropologischen Sichtweisen anderer Religionen, wie z. B.

- die babylonisch-assyrische Mythologie (vgl. M 14.1 Enuma Elisch)
- die Schöpfungsmythen der Maya (vgl. Halbfas, Das Welthaus, 130f.)
- germanische Mythen (vgl. Halbfas, 132)
- Afrikanische Mythen, z. B. der Mali (vgl. Halbfas, 133) oder auch dem
- Islam (Sure 15,26.28–29; 2,30–39; 32,6–9; 23,12–14; 38,71–77, vgl. M 14.3)
- Hinduismus (vgl. Hans Küng, Sithenkron, Hinduismus, 123–125)
- Buddhismus (vgl. Dieter Fasnacht, Buddhismus, 17f.) sowie
- dem Judentum (vgl. M 14.4 a.b.c.).

14.2 Der Mensch nach Gen 1 (S. 28)

Das priesterschriftliche Lehrgedicht in Gen 1 entstand nach der Einsicht der meisten Forscher im babylonischen Exil. Es sollte nach der Zerstörung der drei Identitätspfeiler Land, Tempel und Königtum und angesichts entfremdender Mythen (Gilgamesch-Epos) das physische und psychische Überleben des Volkes Israels sichern. In Anbetracht chaotischer Lebensverhältnisse sollte das wunderbare Ordnungsgefüge der von Gott geschaffenen Welt vor Augen gestellt und eine Lebensform begründet werden, die der Schöpfung Gottes entspricht.
Aussage-Intention ist es deshalb nicht, den Anfang der Geschichte , sondern die Grundstrukturen geschöpflichen Lebens zu beschreiben, wie sie z. B. im Wechsel von Tag und Nacht, im Rhythmus von Saat und Ernte, der Zuordnung der Lebewesen zu Lebensräumen in einem Haus (Oikos) zum Ausdruck kommen. In dem Nebeneinander von Anordnungs- (»Es lasse die Erde aufgehen« Gen 1,11) und Ausführungsbericht der Schöpfungswerke (»und die Erde brachte hervor junges Grün« Gen 1,12) kann man erkennen, dass nach dem Befehl das Werk auf Dauer gestellt wird. Es geht hier also weniger um die »creatio originalis«, als um die »creatio continua«. Dabei werden nicht empirische Ereignisse beschrieben, sondern Erfahrungen, wie sie in jeder Erfahrung mitgemacht werden können. Es geht hier um »Erfahrungen mit Erfahrungen«. Sie sind jedoch an einem bestimmten geschichtlichen Ort formuliert. Auch die Rede über das »Grundgeschehen« (Gerhard Liedke) ist geschichtliche Rede.

Auf diesem Hintergrund ist auch der Bericht über die Schaffung des Menschen als Beschreibung einer Tiefendimension der Erfahrungswelt zu verstehen. Es geht um die immer wieder relevante Frage: »Wer ist der Mensch und wozu ist er da?«
Die Urgeschichte verhandelt im Modus des Anfanges Grundfragen des menschlichen Lebens, wie sie jeden Tag und zu allen Zeiten gestellt werden. Die hier formulierte geschichtliche Antwort will infolgedessen auch als für immer gültig verstanden werden. Sie hat vier entscheidende Inhalte:

1) Der Mensch ist Geschöpf und Mitgeschöpf. Er ist Teil der Natur.
2) Der Mensch hat eine besondere Rolle unter seinen Mitgeschöpfen. Er soll Gott repräsentieren. Er ist deshalb auch Gegenüber der Natur.
3) Diese Aufgabe kann nur gemeinsam gelöst werden.
4) Diese Aufgabe begründet und prägt den Herrschaftsauftrag (vgl. S. 31f.).

Kennzeichnend für die biblische Bestimmung des Menschen als »Ebenbild Gottes« (vgl. auch Psalm 8; Gen 5,1ff.; 9,6; 1. Kor 11,7; Kol 3,10; Jak 3,9; Weisheit 12,23) ist ihre Auseinandersetzung mit herrschenden Definitionen. Im babylonischen Exil ging es um die Abwehr einer Definition, die einen Menschen nur als Sklaven der Götter ansehen wollte.
Heute geht es um Definitionen, die den Menschen von andern Geschöpfen absetzen, Menschen, insbesondere Frauen, diskriminieren, auf individuelle Autonomie abheben und einen willkürlichen sowie grenzenlosen Umgang mit der Natur nahelegen. Deshalb arbeitet der Text im Heft mit deutlichen Abgrenzungen. Gegenüber einem zukunftsvergessenen Handeln weist Jürgen Moltmann darauf hin, dass die Ebenbildlichkeit das Recht des Menschen auf Zukunft und seine Verantwortung für seine Nachkommen begründet (vgl. J. Moltmann, Menschenwürde, Recht und Freiheit, 27f.).
Den Kern der Ebenbildlichkeit bildet die Gottesbeziehung und damit das Entsprechungsverhältnis von Gott und Mensch, wie es schließlich in Jesus Christus offenbar geworden ist (vgl. Röm 8,29; Kol 1,15; Hebr 1,3; vgl. auch S. 40: Jüngel, Der Gott entsprechende Mensch). Dieses Entsprechungsverhältnis konstituiert das Menschsein als Beziehung und bestimmt den Menschen als Partner. Es bestimmt die Gottesbeziehung als Quelle und Maßstab menschlichen Handelns. Der Mensch ist das Wesen, das von Gott angesprochen wird und daher auf den Zu- und Anspruch Gottes antwortet. Ebenbildlichkeit hat deshalb zum einen einen spirituellen Kern, zum andern ist sie geschöpflich-menschlicher Reflex des göttlichen Handelns. Der Mensch findet zu seiner Wirklichkeit, indem er sich einmal Gott zuwendet und zum anderen Gottes ordnendes, fürsorgliches und liebendes Handeln spiegelt, das z. B. Lebewesen fürsorglichen Lebensraum bietet und für ihr Auskommen sorgt.
Angesichts einer Sichtweise, die Personalität substanzhaft an die Fähigkeit knüpft, Interessen zu entwickeln und artikulieren, bestimmt Ebenbildlichkeit Personalität als die Möglichkeit angesprochen und zum geliebten Gegenüber zu werden. Elementar buchstabiert: Der Mensch ist solange Mensch, wie er angesprochen, berührt und gefühlt werden kann. Personalität meint, dass der Mensch auf andere Menschen bezogen und auf sie angewiesen ist. Er ist dazu bestimmt, mit und für andere da zu sein. Personwürde könnte man auf diesem Hintergrund von Gen 1 als unbedingte Anerkennung, unabhängig von Leistung bestimmen.

Auf die Frage: »Wozu bin ich in der Welt?« können Schülerinnen und Schüler sagen: »Um mich fortzupflanzen, um zu leben.« Erwachsene können hinzusetzen: »Um zu leben und leben zu lassen.« Oder: »... einfach zu leben«. Mit Ebenbild-Gottes-Sein können sie in der Regel nicht viel anfangen. Hier lohnt es sich, weiterzudenken und zu fragen, was leben und lieben heißen soll, und wie es dazu kommt. Darüber nachzudenken wäre, ob sich darin eine Entsprechung zeigt zu dem Gott, der Leben gibt und Liebe ist (vgl. 1. Joh 4,8.16; aber auch Ps 36,10; Ps 145,15f.; Amos 5,4; Lk 10,28; Phil 2,16).

14.3 Bild: Statuengruppe des Prinzen Rahotep und seiner Frau Nofret und Symbol König/Königin (S. 29)

Die ägyptische Statuengruppe soll die Königlichkeit von Mann und Frau zum Ausdruck bringen, wie sie in Genesis 1,26ff. für alle Männer und Frauen gemeint ist.
Ägyptische Herrscher galten bald als Söhne Gottes. In der Regel wurde eine Jungfrauengeburt angenommen. Inwieweit dies für Frauen galt, kann hier nicht festgestellt werden. Beide – Rahotep und Nofret – sitzen auf Thronen, die gleichartig, aber voneinander unterschieden sind und so Gleichrangigkeit zum Ausdruck bringen. Throne sind Zeichen der Autorität und der Herrschaft. Wer auf dem Thron sitzt, empfängt andere sitzend. Dies ist ein Zeichen von Hoheit. Der Thron ist sodann Ausdruck der Lehrautorität (Kathedra) und der richterlichen Gewalt. Wer darauf sitzt, spricht Recht, und entscheidet in Lehrfragen.
Die strenge, aufrechte Sitzhaltung mit dem geraden, ins Unendliche gerichteten Blick, verdeutlicht Distanz, Überlegenheit sowie Hoheit und fordert Respekt ein. Andere Sitzhaltungen, z. B. übereinander geschlagene Beine, stellen hier einen Widerspruch dar.
Die Inbesitznahme eines solchen Thrones geschieht nicht nebenbei, sondern in einem Akt der Inthronisation, bei dem häufig noch Symbole der Macht und der Gewalt verliehen werden (Buch des Gerichtes, Stab, Zepter, Reichsapfel, Krone).
Wer so sitzen darf, muss sich vor niemandem bücken und muss vor niemandem aufstehen. Er darf Anerkennung erwarten, darf in Lebensfragen selbständig urteilen und erwarten, dass seine Urteile respektiert werden. Die Frage ist, ob er tun und lassen kann, was er will. Antike Herrscher waren dem Wohlergehen und der Gerechtigkeit verpflichtet (vgl. Ps 72). Wird, wie in Gen 1, die Königsherrschaft demokratisiert, so muss das königliche Handeln die Königlichkeit anderer zur Geltung bringen. Im Sinne von Gen 1 sagt die Statue: Wir sind alle Könige und Königinnen.

14.4 Literatur

Rainer Albertz, Art. Mensch III. Altes Testament, TRE 22, 1992, 464–474
E. Bannerth, Der Mensch im Islam, in: H. G. Gadamer, P. Vogler, Neue Anthropologie, Bd. 6, Philosophische Anthropologe I. Teil, 1975, 279–315
Ernst Benz, Der Mensch in christlicher Sicht, in: H. G. Gadamer, P. Vogler, Neue Anthropologie, Bd. 6, Philosophische Anthropologe I. Teil, 1975, 373–429
Hubertus Halbfas, Das Welthaus, Stuttgart/Düsseldorf 1983
Johannes Heinrichs, Art. Person. Philosophisch, TRE 26, 220–225
Eberhard Jüngel, Der Gott entsprechende Mensch, in: H. G. Gadamer, P. Vogler, Neue Anthropologie, Bd. 6, Philosophische Anthropologie I. Teil, 1975, 316–372
Jürgen Moltmann, Menschenwürde, Recht und Freiheit, 1979, S. 27f.

Konrad Stock, Art. Person. Theologisch, TRE 26, 225–231
Hans Wißmann, Art. Mensch I. Religionsgeschichtlich, TRE 22, 1992, 458–464
Hans Walter Wolff, Anthropologie des Alten Testaments, München 1973

14.5 Unterrichtsideen

1. Bildbetrachtung
Zwei Sch gestalten wie Bildhauer eine Mitschülerin und einen Mitschüler nach Vorgabe des Bildes. Sollte man die beiden auf Tische setzen?
Die beiden Statuen sagen, wie sie sich fühlen. Eventuell mit anderen nachbauen. Wie passt mein Lebensgefühl dazu? Was müsste passieren, dass ich mich so fühle? Wie sieht ein Leben aus, in dem alle Königinnen und Könige sind?

2. Erzählung
Lehrer erzählt mit Hilfe von M 14.1 (aus Enuma Elisch) Ps 137, 2.Kön 25 (evtl. auf Folie), von der Ankunft des Volkes Israel in Babylon und der Vorgabe einer neuen Identität durch das Gilgamisch-Epos. Eine Hilfe bietet Martin Lienhard, Babylonisches Exil, in Walter Neidhart (Hg.), Erzählbuch zur Bibel, 1975, S. 201– 205

3. Inszenierung Gen 1,1–2,4a
Sch bilden einen Priesterchor, der den Schöpfungsbericht den Weinenden an den Flüssen von Babylon als gute Nachricht überbringt. Sch überlegen sich die Anzahl der Sprecherinnen und Sprecher. Gen 1,1–2,4 kann mit fünf Sprechern inszeniert werden. Rahmenerzähler Gen 1,1; 2,4 a; Gottes Stimme; Erzähler, der Gottes Handeln berichtet; der Zähler der Tage (5b; 8b; 13; 19; 23; 31b.) und der Urteilssprecher (»Und Gott sah, dass es gut war«).

4. Reflexion I
Was wird den Weinenden »by the rivers of Babylon« gesagt? Wie werden sie selbst definiert? Wer ist der Mensch?

5. Textarbeit S. 28
L gibt Mind-map-Struktur vor (M 14.2). Sch erarbeiten selbständig den Text.

6. Reflexion II
Was hat das Bild mit dem Prinzenpaar mit dem Text zu tun? Was würde sich ändern, wenn alle Menschen so lebten? Wie sieht das »wahre Ebenbild Gottes« aus? (Evtl. Hinweis auf Jüngel, Der Gott entsprechende Mensch, S.70.)

7. Vertiefung und Ergänzung I
Vergleich mit dem Islam: Sure 2 (M 14.3) und Judentum (M 14.4) oder mit Pico della Mirandola, Pascal, Sartre und Buber (auch geeignet für Klausuren).

8. Vertiefung und Ergänzung II
Vergleich mit Ps 8 (S. 15) und/oder Ps 104,20–23 (S. 16).

15 Was betrübst du dich, meine Seele?

15.1 Der Zusammenhang

Das Nachdenken über den Menschen als »lebendige Seele« will einmal den Zugang zum zweiten Schöpfungsbericht eröffnen, vor allem zu Gen 2,4b–7. Die weiteren Aspekte wie die Erschaffung des Paradiesgartens (Gen 2,8–14), Schöpfungsauftrag (Gen 2,15), die Erschaffung von Mann und Frau (Gen 2,18–25) sowie Sündenfall (Gen 2,16.17; 3,1ff.) werden eigens aufgenommen.
Zu anderen soll das biblische Verständnis von Seele geklärt und von Aussagen wie von Plato (vgl. S. 12f.), Descartes (vgl. S.18), aber auch Lamettrie (S.18f.) unterschieden werden.
Die Frage ist, ob sich daraus Hinweise für die prüfende Auseinandersetzung der Neurologie ergeben (vgl. S. 66).
Die »Erschaffung Adams« von Michelangelo (S. 70) kann als künstlerische Gestaltung von Gen 2,4b–7 herangezogen werden. Was ist dort anders?
Leitfrage ist: Haben Menschen eine Seele – und was ist darunter zu verstehen?

15.2 Ingo Baldermann: Die Seele, Zentrum der Emotionalität (S. 30)

Auch an Gen 2,7 wird deutlich, dass es den biblischen Schöpfungserzählungen nicht um einen urzeitlichen Anfang, sondern um Tiefenstrukturen des Lebens geht. Ihre Erschließung soll das menschliche Leben klären und Hilfen geben, das Leben zu bestehen.
Die Rede von »nefesch« macht deutlich, dass biblische Anthropologie erfahrungsbezogen ist. Die Erfahrung der Kehle und des Atems erschließt den Menschen als bedürftiges, bedrängtes, verletzliches und auf Befreiung und Erlösung angewiesenes Wesen, das wie die Tiere seine Vitalität von Gott hat und auf diesen bezogen ist. Diese Vitalität kann jedoch nicht von dem Körper getrennt werden, Die Seele ist sterblich. Im Tod vergeht der Mensch ganz (Gen 3,19b). Der Mensch ist ein vergängliches Wesen.
Das Verständnis der Seele als Zentrum der Emotionalität kann durch die Erzählung von »Seelenvogel« verdeutlicht werden (Michal Snunit, Der Seelenvogel, Hamburg 1991).
Die Rede von »nefesch« zeigt eine Eigenart biblischer Anthropologie. Sie ordnet den menschlichen Körperorganen verschiedene Teile bzw. Schichten des Menschen zu. So ist das »Herz« der Sitz des Willens aber auch der Vernunft und der Lernfähigkeit. Salomo bittet Gott um »ein hörendes Herz« (1. Kön 3,9). Das »Fleisch« hingegen betont die Unfähigkeit und Ohnmacht des Menschen. Zusammen genommen beschreiben die Organe Aspekte einer psychosomatischen Einheit.
Die hebräische Bezeichnung des Menschen als »Adam« bezeichnet zwar in Gen 4,25; 5,1.3.5; 1. Chr 1,1 einen Eigennamen, ist aber in Gen 2,7 als Bezeichnung der Menschheit insgesamt gebraucht. Der Bezug zu »adama« (Ackerboden) bezeichnet den Menschen als sterblich und als Ackerbauer. Das deutsche Wort »Seele« hat etymologisch gesehen mit »See« zu tun. Möglicherweise kommt darin die Abgründigkeit der menschlichen Emotionen zum Ausdruck.

15.3 Psalm 42,2–6 (S. 30)

Ps 42 bildet mit Ps 43 eine Einheit wie die Verse 6, 12 und 43,5 belegen. Es handelt sich um das Gespräch eines Beters mit der eigenen Seele (vgl. Jesus in Gethsemane Mk 14,34). Offenbar ist es möglich und nötig, mit dieser zu sprechen, vor allem wenn diese traurig und unruhig ist.
Menschen können in ihren tiefsten emotionalen Schichten wie ein Hirsch vor einem ausgetrockneten Bachbett nach »frischem Wasser«, nach Ruhe und Rettung rufen (V. 6 »Hilfe«). Möglicherweise merken Menschen dieses gar nicht immer sofort bei sich selbst und müssen deshalb erst auf ihre Seele hören und diese erst einmal verstehen. Das Denk-Ich und das Empfindungs-Ich sind nicht immer kongruent (vgl. die Erzählung vom Seelenvogel)
Folgt man dem Beter, dann sehnt sich die Seele danach, Gottes Angesicht zu schauen (V. 3), von Gott gerettet zu werden (V. 6) und zu erfahren, dass Gott »mein« Gott ist (V. 6).
Die Seele wird dann erfrischt und »erquickt« (Mt 11,28), wenn Angst und Unsicherheit, Unruhe und Einsamkeit enden und Trost, Vertrauen, Ruhe und Nähe einziehen.
Der dreigliedrige Psalm (Ps 42,1–43,5) macht deutlich, dass die Seele in einem einzigen Anlauf nicht zur Ruhe kommt. Es bedarf der Wiederholung. Der Seele ist zu raten, zu »harren«, d. h. sich nach der ersehnten Erfüllung auszustrecken (Ingo Baldermann) und sich von den Wellen der Depression (Ps 69,2–4) nicht überfluten zu lassen.

15.4 Literatur

Rainer Albertz, Art. Mensch II, TRE 22, 1992, 465
Ingo Baldermann, Ich werde nicht sterben, sondern leben. Psalmen als Gebrauchstexte, Neukirchen-Vluyn 1990
Michal Snunit, Der Seelenvogel, Carlsen Verlag 1991
Claus Westermann, Biblischer Kommentar zum Alten Testament, Genesis, 1. Teilband, Gen 1–11, Neukirchen-Vluyn 1974
Hans Walter Wolff, Anthropologie des Alten Testaments, Neukirchen-Vluyn 1973

15.5 Unterrichtsideen

1. Übung
L leitet zu einer Atemübung an (M 15.1). Daran anschließend Gespräch über den Atem. Was sagt der Atem über das menschliche Leben?

2. Textinterpretation
Sch lesen Gen 2,4b–7 (evtl. Vergleich mit Michelangelos Erschaffung des Adam, S. 70).
L weist darauf hin, dass die richtigere Übersetzung von V.7b lautet: »So ward der Mensch eine lebendige Seele.« Sch bedenken, was der biblische Autor damit gemeint haben könnte.

3. Textanalyse
L schreibt an die Tafel »Seele = Leben« mit Hinweis auf den letzten Satz. Sch entwerfen aufgrund des Textes ein Tafelbild zum Thema »menschliches Leben«. Sch bedenken. Wann hat die Seele Ruhe? Wann gelingt das Leben? Wie ist mein Leben?

4. Ergänzung
L zeigt auf Folie Bilder des Seelenvogels und beschreibt mit wenigen Worten den Seelenvogel. Sch deuten mit dem Bild und dem Text die eigenen Erfahrungen mit der Seele und vergleichen diese mit dem Text von Ingo Baldermann.

5. Textinterpretation
Sch lesen den Psalmtext und bedenken, mit wie vielen Sprechern der Text gesprochen werden könnte. Anschl. »inszenieren«. Was erwartet der Beter von Gott?

6. Vertiefung und Ergänzung
Vergleich des biblischen Verständnisses von Seele mit der Seele bei Plato und dem Geist bei Descartes.

16 Macht euch die Erde untertan

16.1 Der Zusammenhang

Während die Ebenbildlichkeit auf die Frage nach der Wesensbestimmung des Menschen antwortet, geht es beim Schöpfungsauftrag um die Frage: Wozu ist der Mensch da? Was darf der Mensch? Was darf er nicht? Wann wird sein Handeln »unmenschlich«?

Diese Fragen haben ihren historischen Kontext, nämlich in der systematischen Ausweitung der menschlichen Herrschaft über die Natur, in der zunehmenden Gefährdung ökologischer Zusammenhänge (vgl. S. 8) sowie im Anwachsen nicht recht überschaubarer risikobehafteter Herausforderungen und Probleme (z. B. Genetik vgl. S. 72).

Die Auslegung der Ebenbildlichkeit und des Schöpfungsauftrages durch Pico della Mirandola am Beginn der Neuzeit (S. 15) wird dieser Situation nicht mehr gerecht. Sie entsprach im Übrigen auch nicht dem Selbstverständnis der Bibel. Es bedarf »operationaler« Kriterien für die Bewältigung konkreter technischer medizinischer Probleme, wie z. B. bei der Gendiagnostik und dem Klonen (S. 72) sowie der Organtransplantation (S. 74), dem Energieverbrauch und der Energiegewinnung (S. 76).

Auf den Schöpfungsauftrag wurde schon bei der Auslegung der Ebenbildlichkeit eingegangen (S. 28). Heranzuziehen ist Gen 1,26–28 (S. 28), Ps 8 (S. 15), Gen 9,1–6 (S. 32). Auf die Bedeutung der Arbeit für den Menschen gehen die Aussagen der Jugendlichen (vgl. S. 10) und Marx (vgl. S. 29) ein.

16.2 Christian Link, Herrschaft zwischen Freiheit und Verantwortung (S. 31)

Der Bochumer Systematiker liefert einen theologischen Kommentar zu Gen 1,26–30; 2,15; 9,1–6 sowie Ps 72; Ps 8 und bezieht dabei die Differenzierung menschlicher Arbeit ein, wie sie in Gen 4,2–8 (Arbeitsteilung zwischen Hirte und Bauer), 4,17 (Städtebau), 4,21 (Bau von Musikinstrumenten), 4,22 (Eisenverarbeitung), 9,20 (Weinbau), 11,1ff. (Hochkultur und Großreichbildung) beschrieben wird. Der Schöpfungsauftrag meint also die systematische Bearbeitung der »Welt« durch den Menschen. Daraus kann man mit Marx (S. 29) folgern, dass Arbeit in die Wesensbestimmung des Menschen gehört. Der Mensch ist »von Natur aus« bzw. »von Gott her« – nicht bloß, aber auch – ein arbeitendes Wesen.

Der Sinn des dominium terrae wird im Gefolge von Gerhard Liedke in der Konfliktregelung gesehen. Leitend ist die Einsicht von H.O. Steck, dass in Gen 1 dem Lebensraum Himmel die Gestirne, dem Meer die Wassertiere, dem Luftraum die Lufttiere zugewiesen sind, während die Landtiere und die Menschen dem Lebensraum Erde mit ihrem Pflanzenkleid zugeordnet werden. Bei auftretenden Konflikten soll der Mensch bestimmen (herrschen), doch so, dass das gemeinsame Leben möglich bleibt. Ziel der Schöpfung ist die Koexistenz der Geschöpfe.

Nach dem Einbruch der Gewalt (Gen 4–6) ist der Konflikt voll zum Ausbruch gekommen und bedarf einer erneuerten Regelung, die die Realität der Gewalt einbezieht (Gen 9,1, vgl. S. 32). Aus dem Vegetarier wird ein Fleischesser (»in eure Hand gegeben«). Um den Krieg (Furcht und Schrecken) zwischen Mensch und Natur, aber auch zwischen Mensch und Mensch zu begrenzen, werden Schutzmaßnahmen eingerichtet, die die Tiere und die Menschen betreffen (V.4 bzw. 5f.).

Christian Link folgert daraus eine weite Gestaltungsfreiheit, die jedoch einer »mitkreatürlichen Solidarität« verpflichtet ist und deshalb drei Kriterien beachtet (wie sie auch in der EKD-Studie »Einverständnis mit der Schöpfung«, 1991, 74–78 entwickelt werden):

- Bewahrung der vorgegebenen Schöpfungsqualität der Lebenswelt
- Wahrung des eigenständigen Daseinsrechts alles Lebendigen
- Beschränkung der Tötung außermenschlichen Lebens auf den elementaren Lebensbedarf.

Sehr pointiert kann man daraus folgern: Nur wenn der Mensch diese Kriterien beachtet, ist er Mensch. Es geht nicht bloß um den Schutz anderer Kreaturen. Es geht auch um die Identität des Menschen als königlicher Gestalter.

Zusammenfassend kann man formulieren: Der Mensch ist dazu da, um als freier König und als freie Königin die Welt in mitkreatürlicher Solidarität zu bearbeiten und zu gestalten. Biblisches Bezugsmodell könnte Ps 72 sein. Der Mensch ist für das Wohlergehen geschöpflichen Lebens verantwortlich.

Die Kriterien von Christian Link dürften noch deutlicher ausgebildet sein (vgl. EKD Studie, Einverständnis mit der Schöpfung). Was meint »vorgegebene Schöpfungsqualität« der Lebenswelt von Menschen – angesichts eines evolutiven Prozesses, auf den der Mensch immer einwirkt? Meint dies z. B. Schutz der Artenvielfalt oder die Erhaltung der selbständigen Lebensfähigkeit der Tiere? Darf man dann neue Sorten züchten oder neue Pflanzen gentechnisch entwickeln? Darf man Nutztiere optimieren?

Was heißt »Wahrung des eigenständigen Daseinsrechts alles Lebendigen«? Was bedeutet dies z. B. für die Entwicklung insektenresistenten Saatguts? Darf man Tiere genetisch so verändern, dass sie z. B. Medikamente für Menschen (Proteine) produzieren?

Schließt die »Beschränkung der Tötung außermenschlichen Lebens« die Forschung an Tieren aus (z. B. Krebsmaus)? Darf man Xenotransplantation durchführen?

Die Auslegung des Schöpfungsauftrages durch Christian Link trägt »pathozentrische«, aber auch »biozentrische« Züge. Im Sinne einer biozentrischen Ethik wird das Daseinsrecht allen Lebens betont (vgl. Schweitzer, Ehrfurcht vor dem Leben). Im Sinne einer pathozentrischen Ethik werden die Schmerzen außermenschlichen Lebens berücksichtigt (zur Unterscheidung dieser Ethiken Günter Altner, Leben in der Hand des Menschen, 1998; 50–72).
Gegen ein anthropozentrisch-distanziertes Verhältnis von Mensch und Natur (S. 18) oder ein personalistisch-harmonistisches Verhältnis (vgl. Sonnengesang, Häuptling Seattle) betont Link ein interdependentes Konfliktlösungsverhältnis von Mensch und Natur.

16.3 Bild: Gartenanlage und Symbol Garten (S. 31)

Die abgebildete Gartenanlage befindet sich östlich von Paris in Vaux-le-Vicomte. Sie wurde von André Le Notre im Auftrag des Oberintendanten der Finanzen am Hofe Ludwigs XIV., Nicolas Fouquet, in den Jahren 1656 bis 1661 »aus dem Nichts« erbaut.
Als Fouquet den König 1661 in seinem Schloss und seinem Garten empfing, reagierte dieser sehr ungnädig: Er ließ ihn ins Gefängnis werfen. Er hatte die Gartenanlage in Vaux als Majestätsbeleidigung empfunden. Zu schön, zu königlich war die Anlage. Fouquet sollte hingerichtet werden, das Gericht schickte ihn jedoch in die Verbannung. Der Innenausbau des Schlosses von Vaux blieb deshalb unvollendet. Soweit die dramatische Geschichte des »perfektesten aller französischen Gärten des 17. Jahrhunderts«.
Die Gartenanlage selbst erzählt etwas über das Verhältnis von Mensch und Natur. Sie zeigt, wie Menschen des 17. Jahrhunderts den Schöpfungsauftrag aus Gen 1 und 2 gedeutet und realisiert haben. Sie haben wie Gott selbst in der vorgegebenen Natur einen Bereich aus- und eingegrenzt und darin einen Raum geschaffen, in dem Wasser und Erde, Pflanzen, Tiere und Menschen zusammen existieren.
Das Wort »Garten« kommt von dem indogermanischen »ghortos« und meint Flechtwerk, Zaun. Das althochdeutsche »gart« heißt übersetzt Kreis und begegnet auch in den Worten Gurt oder Gürtel aber auch in den Namen Hildegard, Irmgard, Gerd und Gerda. Hildegard kämpft um das Umzäunte. Der Garten ist ein Symbol für Kultur und ein Sinnbild für die Wahrnehmung des Schöpfungsauftrages.
André Le Notre hatte seinen Garten mit wissenschaftlicher Akribie geplant. Er kannte sich in der Botanik aus, er wusste, welche Bäume und Sträucher zueinander passen. Er hatte sich mit der Optik beschäftigt, wie sie Descartes lehrte, und schuf Überraschungseffekte, Illusions- und Spiegelwirkungen. Die Raumverhältnisse, die Ebenen und Winkel sind genau berechnet. Alles ist bis ins Kleinste geplant, konstruiert, berechnet. Für den Garten wurde ein Fluss über mehr als einen Kilometer eingedeicht.
Hier wirkte ein Mensch, der in Entsprechung zum göttlichen Baumeister die Gesetze der Natur forschend und denkend erschloss, darin seine Ebenbildlichkeit erkannte und seine Erkenntnisse zu seinem eigenen Wohle souverän einsetzte. Dieser Garten ist Ausdruck einer wissenschaftlich-künstlerischen Herrschaft über Erde, Wasser, Pflanzen und Tiere. Alles Wilde, Unberechenbare ist hier ausgesperrt, an den Rand gedrängt, muss aber mit viel Kraft und viel Geld unter Kontrolle gehalten werden. Kontrolle ist anstrengend.
Dieser Garten war für das Volk geöffnet. Dennoch ist es kein Garten, in dem es sich leben lässt. Es ist ein Garten, der die Macht seines Besitzers demonstriert. Vermutlich war das ja der Grund, warum Fouquet von Ludwig XIV. abgesetzt wurde.
Die Spannung von Bebauen und Bewahren, von veränderndem Gestalten einerseits und erhaltendem Pflegen andererseits ist hineingenommen in die Gestaltung der Natur nach dem Bilde des Menschen. Wer in diesen Garten schaut, schaut in den Spiegel eines Künstlers und Ingenieurs.

Etwas anders als dieser neuzeitliche sieht der mittelalterliche Garten M 16.1 aus. Er stammt aus dem Jahre 1537 und ist dem Paradiesgarten nachgebildet. Es gibt hier vielerlei Bäume, »von denen gut zu essen ist«. Es gibt Tiere auf dem Felde und Vögel unter dem Himmel. Es gibt Enten und Affen, Vögel und das reine Einhorn. Sie haben Platz zum Leben, werden nicht beschnitten und nicht in Käfige gesperrt. In der Mitte ist die Paradiesquelle, aus der die vier Paradiesflüsse fließen: Pischon, Gihon, Tigris und Euphrat. Hier ist die Mitte der Welt und Adam, der Erdling, hat gerade mal Pause. Wahrscheinlich kümmert er sich gerade um die Tomaten und die Sojabohnen. Hier spielt das Leben. Die Tiere haben ein Lebensrecht und ihren Lebensraum und der Puttenengel klatscht dazu Beifall.
Beide Bilder lassen fragen, wie wohl der Garten aussieht, in dem der Schöpfungsauftrag angemessen zur Darstellung kommt. Vielleicht sollten Schüler und Schülerinnen von ihren Lieblingsgärten erzählen.

16.4 Gen 9,1–7 (S. 32)

Gen 9,1–6 reformuliert den ursprünglichen Herrschaftsauftrag von Gen 1,28, doch unter veränderten Bedingungen. Nach dem Einbruch der Gewalt in der Schöpfung ist die schiedlich-friedliche Aufteilung der Nahrungsmittel (Menschen: Pflanzen, die Früchte bringen – Tiere: grünes Kraut) nicht mehr möglich. Der königliche Herrschaftsauftrag bekommt kriegerische Züge. »Furcht und Schrecken vor euch …« so entmutigt Jahwe die Feinde Israels (vgl. Dtn 2,25; 11,25), um sie »in eure Hand zu geben (vgl. Jos 6,2; 8,1; 10,8). Menschen töten Tiere und üben in der Natur Gewalt aus. Dennoch bleibt der Mensch gesegnet (Gen 9,1). Damit der Krieg und die Gewalt jedoch nicht überhand nehmen, werden Schutzmaßnahmen und Konfliktregelungen ergriffen:
1) Tiere sollen nur zu Nahrungszwecke getötet werden.
2) Tiere sollen, wenn sie schon getötet werden, mit möglichst wenig Leid geschlachtet werden.

3) Menschliches Leben soll unbedingt vor Tieren und vor Menschen geschützt werden.
Nur so bleibt der Segen erhalten.

Auch Gen 9,1–6 darf nicht als historisches Ereignis, sondern muss als »Grundgeschehen« verstanden werden, das heutige Wirklichkeit zum Vorschein bringen will. Hier wird der heutige Weltzustand als Konflikt zwischen Mensch und Tier, und somit zwischen Mensch und nicht-menschlicher Natur beschrieben und der Auftrag des Menschen neu eingezeichnet.
Der Konflikt gehört zu dieser Welt und zu den Menschen. Er kann weder in allzu großer Harmoniesehnsucht übersehen, noch aus menschlichem Hochmut hinweginterpretiert werden. Harmoniemodelle (Schwester, Bruder) sind unrealistisch. Sie können jedoch als Ausdruck der Hoffnung auf Gottes neuschaffendes Handeln verstanden werden (Jes 11,6–8 eschatologischer ökologischer Frieden). Herrschaftsmodelle (vgl. Pico della Mirandola S. 15; Descartes S. 18) sind konfliktverschärfend, da sie Tiere, Natur nur als seelenlose Maschinerie und als »Gegen-stand« sehen können.
Nach Gerhard Liedke fordert Gen 9,1–6 im heutigen Weltzustand die Begrenzung, ja Minimierung von Gewalt und nach Röm 8, 18ff. die immer wieder neue Entschärfung des ökologischen Konflikts. Gerade Christen sind aufgerufen, das Seufzen der leidenden Kreatur zu hören und sich zu deren Fürsprecher zu machen.

16.5 Karl Marx: Ökonomisch-philosophische Manuskripte (S. 32)

Die Pointe der Argumentation von Karl Marx liegt einmal in der Behauptung, dass der Schöpfungsglaube Reflex entfremdeter Arbeit ist, in der Menschen »von der Gnade eines anderen« und nicht »durch sich selbst« leben. Der Schöpfungsglaube als der Glaube in die Erschaffung der Welt und des Menschen durch Gott gibt entfremdeter Arbeit die ideologische Stütze, indem es Abhängigkeit ontologisiert und universalisiert. (Das ist richtig so, war schon immer so und gilt für alle Menschen.)
Die andere Pointe liegt im Verständnis menschlicher Arbeit als Akt der Selbstverwirklichung und der Vermenschlichung der Natur für den Menschen.
Mit Marx wird man darauf bestehen müssen, dass Arbeit nicht fremdbestimmt, sondern selbstbestimmt zu geschehen hat. Die Königlichkeit des Menschen muss auch in der Arbeit zu erkennen sein. Mit Marx wird man auch die Arbeit als Ausdruck des menschlichen Lebens verstehen müssen. In dem darin vollzogenen Weltverhältnis findet die Königlichkeit ihre äußere Gestalt.
Gegen Marx wird man gerade auf den emanzipatorischen und demokratisierenden Charakter des biblischen Schöpfungsglaubens hinweisen müssen und die Frage stellen, ob der Mensch bloß als aktives, schöpferisches Wesen betrachtet werden kann. Gegen Marx – aber auch gegen einen breiten Strom der christlich-abendländischen Tradition – wird man die Anthropozentrik im Naturverhältnis befragen müssen. Ist die Natur nur für den Menschen da? Eine biozentrische Ethik im Gefolge von Albert Schweitzer bestreitet dies vehement.

16.6 Literatur

Günter Altner, Leben in der Hand des Menschen, 1998
EKD (Hg.), Einverständnis mit der Schöpfung, Gütersloh 1991
Gerhard Liedke, Im Bauch des Fisches, Stuttgart 1979, 130–146
Claus Westermann, Biblischer Kommentar zum Alten Testament, I. Teilband, Genesis 1–11, Neukirchen-Vluyn 1974, 618ff.

16.7 Unterrichtsideen

1. Kartenabfrage
Sch schreiben ihre Antwort auf die drei Fragen »Wozu ist der Mensch da?«, »Was darf er?«, »Was darf er nicht?« auf drei verschiedenfarbige Karten. Die Karten werden an einer Tafel oder an einer Wand gesammelt und geordnet.

2. Zusammenfassung
L zeichnet einen Kreis an die Tafel, in die Mitte kommen die Aufgaben, an den Rand die Grenzbestimmungen. Sch formulieren eine eigene Theorie.

3. Bibelauslegung
Sch hängt folgende Textkarten mit Bibelstellen an die Tafel: Gen 1,26b; Gen 1,29f.; Gen 2,15; Gen 9,1–6; Gen 1,22. L hängt dann Gen 2,15 in einer anderen Farbe an die Tafel. Die Sch überlegen sich, wie die anderen Texte dazu passen. Die Sch entwickeln Hypothesen und formulieren Fragen.

4. Textarbeit
Sch lesen den Text und klären, wie die Textkarten zusammengehören.

5. Bildbetrachtung
Sch bedenken, ob sie diese Gartenanlage schön finden. Was gefällt, was stört, was hat sich der Gärtner gedacht, was hat er gewollt, wie sieht er das Verhältnis von Mensch und Natur? Wie unterscheidet sich dieser Garten von einem Garten aus dem Mittelalter (M 16.1).

6. Ergänzung und Vertiefung
Sch vergleichen den Text von Christian Link mit den Texten von Pico della Mirandola, dem Sonnengesang von Franziskus und Descartes (evtl. auch Seidel M 16.2, Gen 1,28 oder Gen 9,1–6) im Blick auf das Bild des Menschen, das Bild der Natur und das Verhältnis von Mensch und Natur. Sch fertigen mit Hilfe von M 16.3 einen synoptischen Vergleich an. Wer ist realistischer? Womit lässt sich in Zukunft leben?

17 Und schuf sie als Mann und Frau

17.1 Der Zusammenhang

Die Beziehung von Mann und Frau gehört zu den zentralen Menschheitsthemen, die gerade bei jungen Erwachsenen besonders aktuell sind. Wer passt zu mir? (vgl. S. 6f.), aber auch: Warum trennen sich Menschen (vgl. S. 71)? Dies sind elementare anthropologische Fragen. Diese reichen jedoch weiter: Warum suchen Menschen nach einem Partner? Sind gleichgeschlechtliche Partnerschaften einer Beziehung zwischen Mann und Frau gleichzustellen? Warum gibt es Menschen als Mann und Frau? Wie ist das Verhältnis von Mann und Frau zu bestimmen? Welche Konsequenzen haben die körperlichen Unterschiede für das Zusammenleben von Mann und Frau? Sind Menschen von Natur aus polygam oder monogam (vgl. S. 54)?
Die Auseinandersetzung mit Gen 2 und 3 soll biblisch-theologische Perspektiven auf diese Fragen entdecken lassen. Sie können mit anthropologischen (S. 6f.) und biologischen (S. 54) konfrontiert werden. Schließen sich die Antworten gegeneinander aus, ergänzen sie sich, oder stehen sie in einer produktiven Spannung zueinander?

17.2 Mann und Frau in Gen 2 und 3

Literarkritisch gesehen kann man in Gen 2 zwei Erzählstränge unterscheiden:
A. Die Erschaffung des Menschen, Gen 2,4b–8.18–24
B. Der Garten Eden und der Baum der Erkenntnis des Guten und des Bösen, Gen 2,9–17.

Erzählung A. lässt sich in sieben Teile gliedern:

1. V. 4b–6	Einleitung
2. V 7	Erschaffung des Menschen
3. V 8	Gott gibt Lebensraum und Nahrung
4. V 18	Schöpfungsbeschluss
5. V 19–20	Erschaffung der Tiere
6. V 21–23	Erschaffung der Frau
7. V 24	Ätiologische Reflexion
8. V 25	Überleitung zu Gen. 3

Gen 2,4b–8.18–24 erzählt in mythologischer Sprache von der Erschaffung des Menschen. Wiederum geht es nicht um ein anfängliches Geschehen, sondern um das »Grundgeschehen«, das elementare Lebenserlebnisse mit Hilfe einer dramatischen Erzählung deutet und damit auch Orientierung anbieten will. Ein wichtiger Zielpunkt ist die Aussage, dass der Mensch nur als Mann und Frau existiert. Der Mensch ist deshalb als ein Wesen anzusehen, das Gemeinschaft braucht und auf partnerschaftliche Gemeinschaft hin angelegt ist. Die Erschaffung des »Erdlings« (so könnte man Adam, Vers 5.6.20–23 übersetzen) kommt erst in der Unterscheidung und Zuordnung von Mann (Isch) und Männin (Ischa) in V. 23 zur Erfüllung. Adam, der Erdling, ist in diesem Sinne noch nicht geschlechtlich differenziert, und der gemeinsame Ursprung beider Geschlechter.

Die Partnerschaft von Mann und Frau werden in V. 18 als umfassende, personale Gemeinschaft verstanden, die Körper und Geist, gegenseitige Hilfe, gegenseitiges Verstehen, Freude aneinander und das Ausruhen aneinander beinhalten. Pred 4,9–12 bietet eine ähnliche Sicht des Menschen. Das hebräische Wort »Eser« Beistand, Hilfe (vgl. Ps 121,1) wird auch für Gott verwendet (Ex 18,14; Dtn 33,7; Ps 20,3) und beschreibt umfassende Hilfe. Das hebräische Wort »Neged« Gegenüber, Gegenbild betont Wechselseitigkeit und Gleichrangigkeit.

Der Bau der Frau aus der Rippe nach einer Operation will die Zusammengehörigkeit zum Ausdruck bringen, wie sie auch in Platons Gleichnis vom Kugelmenschen anschaulich wird (vgl. M 17.2). Der Jubelruf von Adam in V. 23 zeigt, dass hier die Erschaffung des Menschen zum Ziel kommt. V. 24 bietet eine abschließende ätiologische Reflexion, die ein Wechsel des Sprechers beinhaltet. Betont wird, dass die ursprüngliche Einheit den Drang der Geschlechter zueinander erklärt, der so groß ist, dass er die stärkste Bindung, nämlich die zu den Eltern und der eigenen Familie, lösen kann. Eine Begründung der Institution Ehe, gar im Sinne einer Einehe, ist hier nicht gegeben.

Die Erschaffung der Tiere als vergeblicher Versuch für den Erdling, ein Gegenüber zu schaffen (V. 19–20), begegnet auch in anderen mythologischen Erzählungen. Man mag hier die Erinnerung an eine Zeit sehen, in der Mensch und Tier noch näher standen. Eine ähnliche Erinnerung mag man in V. 25 erkennen, wonach der Mensch noch unbekleidet durch das Leben ging. Die Namensgebung räumt dem Menschen in der Schöpfung Autonomie ein. Benennen meint die Einordnung in ein eigenes Begriffssystem. Der Mensch wird hier als rationales Wesen dargestellt (vgl. auch M 14.3).
Die Sündenfall-Geschichte Gen 3,1–13 beschreibt die Frau als die im theologischen Gespräch aktivere und selbständigere. Sie spricht für die beiden. Die Frau möchte klug werden. Der Mann ist stumm und begnügt sich mit dem Essen. Von einer Verführung ist nicht die Rede. Vielmehr wird betont, dass die Verfehlung gemeinschaftlich geschieht und man auch durch Mitmachen schuldig werden kann.

Die Strafsprüche in Gen 3,14–19 nehmen den Strafspruch über die Frau, Gen 3,16, noch einmal die Beziehung von Mann und Frau auf. Die Frau soll nicht mehr nur unter Schmerzen gebären, sondern auch dem Manne untergeordnet sein. Beide Aussagen haben ätiologischen Charakter. Sie antworten auf die Frage, warum das Leben der Frau so belastet ist. Diese Lasten sind nicht von Gott gewollt, sondern Folgen menschlichen Verschuldens. Hier zeigt sich nicht der Wille Gottes, sondern der Riss in der Schöpfung. Der Strafspruch hebt die partnerschaftliche Bestimmung von Mann und Frau nicht auf. Er weist darauf hin, dass in der Beziehung von Partnern auch die Unterordnung herrschen kann.

17.3 Claus Westermannn: Mann und Frau – vor und nach dem Sündenfall (S. 33)

Der gekürzte Text des bedeutenden Heidelberger Alttestamentlers soll biblisch-theologische Aufklärung über wirkungsgeschichtlich brisante Aussagen über Mann und Frau in Gen 2 bringen. Dazu gehören die Aussagen:
– die Frau stammt aus der Rippe des Mannes, Gen 2,21f.
– die Frau ist die Gehilfin des Mannes, Gen 2,18
– die Frau verführt den Mann, Gen 3,6
– der Mann soll der Herr der Frau sein, Gen 3,16.

Im Kern geht es also um patriarchalisch klingende bzw. patriarchalisch rezipierte Aussagen über die Beziehung von Mann und Frau in der jahwistischen Schöpfungserzählung. Pointiert gefragt: Ist die Bibel frauenfeindlich? Wird das Verhältnis von Mann und Frau hierarchisch bestimmt?
Claus Westermann betont ausgehend von dem alttestamentlichen Begriff »Eser« (Hilfe) die Gleichrangigkeit und die partnerschaftliche Zusammengehörigkeit von Mann und Frau. Gen 2 und 3 beschreiben danach elementare menschliche Phänomene wie Zusammengehörigkeit, Gleichberechtigung, die Kraft der Liebe, die Begrenztheit des Lebens, aber auch die physiologischen und sozialen Unterschiede von Mann und Frau. Mit Hilfe der Unterscheidung von »ätiologischen« und »normativen Aussagen« werden patriarchalische, der Gleichberechtigung widersprechende Aussagen in die Geschichte verwiesen und heute als ungültig abgetan.
Nachdenken bedürften jene Aussagen von Westermann, die aus der verschiedenen Körperbeschaffenheit von Mann und Frau die Notwendigkeit sozialer Auswirkungen folgern.

17.4 Erich Fried, Nur nicht (S. 33)

Erich Fried (1921–1988), Sohn jüdischer Eltern, floh 1938 von Wien nach London, wo er Zeit seines weiteren Lebens blieb. Das aus den Liebesgedichten von 1979 stammende Gedicht besteht aus vier einfach gebauten Strophen, wobei die vierte Strophe die erste wiederholt und erweitert. Das Gedicht erzählt von der Last liebender Beziehung (schwerer Atem), von der Trauer, der Angst, der machtlosen Sehnsucht angesichts unumgänglicher Trennungen. Es erzählt aber auch von der lebensprägenden Bedeutung einer solchen Beziehung. Wenn das Ich ein Du findet, das zu ihm passt (Gen 2,18), dann verändert das so das Leben, dass es ohne das Du ein ganz anderes wäre. Das Gedicht erzählt auf seine Weise von der elementaren Kraft der Liebe. Nicht ausgemacht ist, dass es sich hier um Mann und Frau handelt. Könnte es auch im Rahmen einer gleichgeschlechtlichen Partnerschaft gesagt werden?

Eine nähere Analyse des Textes zeigt:
1) Die vier Strophen haben unterschiedliche Länge (5; 6; 10; 7), zur Gedichtmitte steigend, am Ende abfallend.
2) Es gibt kein Reimschema; jede Strophe besteht aus einem Satz, aber ohne Satzzeichen; Betonungen werden durch die Länge der Zeilen geschaffen; Bsp. Str. 1, Z.1: Das Leben ist zentrales Thema am Gedichtanfang, wird wieder aufgenommen am Beginn der letzten Strophe, die der ersten beinahe entspricht (Unterschied: gar nicht getroffen hätte / nicht getroffen hätte; andere Verteilung der Worte pro Zeile bringt anderen Akzent). Entscheidend in der letzten Strophe ist im Vergleich zur ersten der Zusatz: es wäre nur nicht/ mein Leben. Damit ist »Leben« ein drittes Mal genannt, diesmal ebenfalls an markanter Stellung im Gedicht: am Ende. Darüber hinaus ist es durch das Possesivpronomen »mein« spezifiziert.
3) Der Gedichttitel »Nur nicht« hebt zwei auf den ersten Blick nebensächliche Worte hervor; der Titel hätte auch »Mein Leben« heißen können. »Nur nicht« ist eine starke Negation, die den entscheidenden Unterschied von »das Leben« und »mein Leben« semantisch sinnfällig macht, sie steht ebenfalls in den schon als sinntragend gekennzeichneten letzten zwei Zeilen des Gedichts. – So rechtfertigt sich der Titel.
4) Das Druckbild der vier Strophen ergibt eine Zunahme zur Mitte und eine Abnahme zum Ende. Dies könnte symbolisch für das Leben sein. Die vierte Strophe wiederholt das Gesamtbild als einzige in sich und fasst so das Leben.
5) Strophe 2 und 3 haben elliptische Hauptsätze, d.h. das Verb fehlt. Zu ergänzen ist »wäre« aus Strophe 1. Das Stilmittel der Ellipse spiegelt so das im Irrealis dargestellte Fehlen von Trauer und Sehnsucht im Leben im Satzbau wider. Mann und Frau gehören zusammen, sonst fehlt etwas.
6) In Strophe 3 ist »machtlose Sehnsucht« Subjekt, eine Personifikation – oder sogar Allegorie. Das Wesen der Sehnsucht wird in den Nebensätzen ausgestaltet: »die nur das Unmögliche will/ […] und die dann/ […] betroffen ist und schwer atmet«. Die Allegorie der Sehnsucht macht deutlich, dass nicht mehr das Ich handelndes Subjekt ist, sondern es voll und ganz von der Sehnsucht eingenommen ist. Das Attribut »machtlos« zu Sehnsucht (Str. 3, Z. 2) ist im Grunde ein Paradox, zumal in der bildhaften Darstellung der Sehnsucht ihre Macht demonstriert wird; machtlos ist hier nur das Ich, das vollkommen hinter seinen Gefühlen verschwindet. Das Ich des Sprechers wird auch nur in Strophe 1 und 4 in Nebensätzen thematisiert; in Strophe 2 taucht das angestrebte »wir« (Z. 3) auf.

17.5 Haydn, Die Schöpfung (S. 34)

Franz Joseph Haydn (1732–1809), u.a. Lehrer von Beethoven, wirkte bis 1790 in Wien und in Eisenstadt. Von 1791 bis 1795 arbeitete er in London. Das Oratorium »Die Schöpfung« (1798) entstand, wie die anderen großen Oratorien, wieder in Österreich.
»Oratorien« (von lateinisch: orare = beten), sind groß angelegte Kompositionen für Instrumente und mehrere Sänger mit geistlichem Inhalt ohne Bühnenbild und Kostüme.
Haydns Schöpfung entstand aufgrund einer literarischen Vorlage von John Milton (1608–1674), der nach Shakespeare als der größte englische Dichter gilt.
»Rezitative« (von rezitare = vorlesen) sind solistische, instrumentell begleitete Sprechgesänge, die die handlungstragenden Partien zum Inhalt haben. »Arien« stellen einen lyrischen Einschnitt innerhalb einer dramatischen Erzählung dar. Sie haben betrachtenden, verweilenden Charakter. Dies gilt auch für das Duett. Uriel (Gott ist Licht) gehört zu den Erzengeln, der wie Raphael und Gabriel bei Gottes Schöpfung mitwirkt.
Das Oratorium »Die Schöpfung« erzählt von den sechs Schöpfungstagen. Die abgedruckten Teile gehören zum sechsten Schöpfungstag. Bemerkenswert ist an dem vorliegenden Auszug, wie in ihm Mann und Frau bezeichnet und einander zugeordnet werden. Vorgelegt wird eine Auslegung von Gen 1,26ff. und 2,7 (23. Rezitativ). Der Mann ist ein König, der darin Gott gleicht. Seine Prädikate sind Würde, Hoheit, Schönheit, Stärke, Mut, Weisheit, Geist, Wille. Die Frau, die Gattin, ist ganz an ihn angeschmiegt, sie ist für ihn da. Ihre Prädikate sind Huld, Anmut, Unschuld und Liebreiz. Er ist ihr Schirm, ihr Schild und ihr All. Er leitet sie. Sie folgt ihm aus freien Stücken, gehorcht ihm und findet darin Freude, Glück und Ruhm. Ihre Unterordnung findet ihren Lohn in der Liebe.
Zum Ausdruck kommt ein hierarchisches Partnerschaftsmodell, bei der die Unterordnung der Frau unter den Mann romantisch verklärt wird. Ob es solche Lebensmodelle gibt oder je gegeben hat? Oder ist die Wirklichkeit ganz anders und härter?

17.6. Bild: Gustav Klimt, Der Kuss (S. 35)

Gustav Klimt (1862–1918) ist der Hauptvertreter des Wiener Jugendstils und Vorläufer des phantastischen Realismus. Klimts Stil basiert auf der Verbindung naturalistischer, zartfarbiger, das Erotische betonender Körperdarstellungen mit ornamental gestalteten Flächen aus hart begrenzten, starkfarbigen, geometrischen und spiraligen Formen, die sich mosaikfarbig zusammenfügen und nach 1905 – im »Goldenen Stil« – häufig als Goldflächen gegeben sind. Inhaltlich stellen seine Bilder meist traum- und symbolhafte Szenen dar. Besonders prägnant dafür sind seine Gemälde »Judith mit dem Haupt des Holofernes« (1901), »Die drei Lebensalter« (1908) und »Der Kuss« (1908). Zu seinem weiteren Werk gehören Landschaftsbilder und Porträts, was ihn zum gesuchtesten Porträtisten Wiener Damen machte.

17.7 Meditation des Bildes von Klimt sowie Gedanken zum Symbol »Paar«

1)
Auf dem *Bild* halten sich zwei Menschen ganz eng umschlungen. Sie sind offenkundig ein Paar. Die Augen sind geschlossen. Die beiden sind ganz wir und von der Welt entrückt. Sie kehren der Umwelt den Rücken zu. Die Gewänder sind bedacht gewählt. Er, der Mann, ist mit Rechtecken übersät, sie, die Frau mit Kreisen und einigen wenigen Quadraten. Handelt es sich hier um männliche und weibliche Formen? Er steht, sie kniet. Ragen ihre Füße in einen Abgrund? Sie befinden sich in einem üppigen Blumengarten, es ist wie das Paradies. Der Hintergrund ist ganz aus Gold. Sie sind im siebten Himmel – ganz nahe bei Gott.

2)
Ein solches Paar löst eigene *Erinnerungen* aus. Wie war das damals? Und wie ist es heute? Und warum sind wir, bin ich so geworden? Beziehungsgeschichten werden in uns wach. Auch die Gefühle werden angesprochen. Symbole sprechen tiefe Schichten in uns an. Wie schmecken eigentlich Küsse? Eine Frage ist, wie die beiden zueinander gefunden haben. So etwas ist ja nicht so einfach.
Psychologen haben sich Gedanken gemacht, wie Partner zueinander finden. Wie heißt die Regel: »Gegensätze ziehen sich an« oder »Gleich und gleich gesellt sich gern«? Empirische Untersuchungen sagen wie schon Shakespeare: Wir verlieben uns in Menschen die uns ähnlich sind. Ähnliche Herkunft, ähnliche Körperstatur, ähnliche Intelligenz und ähnliche Persönlichkeitsmerkmale sind besser für eine Beziehung. Ob da Gene mitmischen und durch uns hindurch Selektionsvorteile suchen? Die Frage ist offen – aber auch die interessante Frage, wie Menschen merken, dass sie ähnlich sind.
Verhaltensforscher sehen in einer solch innigen Beziehung stammesgeschichtliche Programmierungen wirken. Der Kuss ist nach Irenäus Eibl-Eibesfeld ursprünglich eine Fütterungshandlung und zählt zu den angeborenen kontaktstiftenden Gesten. Das Bild erzählt von den natürlichen Gegenspielern der Aggression und belegt, dass Menschen nicht einfach aggressive Wölfe sind sondern bündnisfähige, friedfertige Säuger. »Wir sind unserer Anlage nach gut« verrät das Bild und das macht ja froh.
Andere Fragen lagern sich an. Wie geht es weiter? Wie soll es weiter gehen? Sollen die beiden einmal heiraten, wenn sie nicht schon verheiratet sind? Aber brauchen menschliche Beziehungen und menschliches Leben gesellschaftliche Institutionen, die ihnen helfen mit dem Leben und dem Miteinander fertig zu werden? Die rechtliche Diskussion sucht heute nach institutionellen Regelungen für nicht-eheliche Lebensgemeinschaften. Wilde Ehe hieß das früher. Arnold Gehlen lässt grüßen.
Ob das mit den beiden gut geht, kann man ja auch fragen. Trennung und Scheidung sind heute gewöhnlich geworden. Es gibt deshalb auch Leute, die eine Ehe light fordern, mit leichteren Austrittsbedingungen.

3)

Das Bild von Klimt verweist aber auch auf die *Grundverfassung des Menschen.* Ist der Mensch von Natur aus ein Single oder ein Partner? Platons Mythos vom Kugelmenschen mit den vier Beinen, vier Armen und den zwei Köpfen plädiert für die zweite Annahme. Die Erschaffung Evas aus der Rippe Adams geht in die gleiche Richtung.

Neoliberale Anthropologen im Gefolge von Adam Smith aber auch Präferenz-Utilitaristen wie Peter Singer sehen den Menschen als egoistischen, gleichzeitig aber rationalen Einzelgänger an, der seine Beziehungen betriebswirtschaftlich kalkuliert. Der Mensch ist der »homo oeconomicus«. Soziobiologen denken ähnlich von uns, verlegen aber das Controlling in die Gene.

Die Ich-Du-Philosophie sieht im Menschen ein personales Wesen, das dazu bestimmt ist, ein Gegenüber zu sein. Martin Buber lehrt: »Das Fundament des Menschen ist der Wunsch bestätigt zu werden und zu bestätigen.« Grundmodell des Menschseins ist nicht der Aktienmarkt sondern das Gespräch. Das klingt schön, aber auch etwas idealistisch. Klimt kennt auch ein Miteinander ohne Worte.

4)

Das Bild von Klimt weckt Sehnsüchte. Es spricht uns unsere Beziehungsideale an, die unsere Erwartungen und unsere Reaktionen, auch die Gefühle bestimmen. Diese Phantasiebilder wohnen in der untersten Seelenschublade und haben eine enorme Kraft. Wahrscheinlich sind sie auch dafür verantwortlich, welche Beziehungen wir eingehen.

Verena Kast meint fünf *Grundmodelle der Partnerschaftlichkeit* erkennen zu können. Sie haben nach ihrer Einsicht in Mythen, in Göttergeschichten ihren Niederschlag gefunden, die Grunderfahrungen des Lebens erklären und anders sehen lassen.

Klimts Bild ist dem Mythos von Shiva und Shakti zuzuordnen. Es ist der Mythos des »Einander ganz Gehörens«. Der Mythos erzählt, was Lebensgeschichten auch sagen. Innigkeit gehört zur Partnerschaft. Doch so versunken lässt sich auf Dauer nicht leben. Auch die Umwelt braucht Aufmerksamkeit. Und jeder braucht auch seine Selbständigkeit. Können die beiden Trennung und Eigenständigkeit gut ertragen? Innigkeit und Eigenständigkeit dürfen sich nicht ausschließen.

Bei Klimt sind die beiden offenbar gleich alt. Wie ist es eigentlich, wenn einer der beiden deutlich älter ist der andere? Nach Kast enthält der Mythos von Ishtar und Tammuz (aber auch Astarte und Baal, Aphrodite und Adonis oder Isis und Osiris) das Ideal »Liebesgöttin und göttlicher Held«.

Ishtar, die Mutter- und Liebesgöttin feiert im Frühjahr die heilige Hochzeit mit dem göttlichen Hirten Tammuz. Als die beiden sich lieben, wird es Frühling und das Leben blüht auf. Die Liebe der beiden ist äußerst fruchtbar, auch für die beiden selbst. Als Tammuz getötet wird und in die Unterwelt gehen muss, sucht ihn Ishtar und bringt ihn durch ihr Lebenswasser wieder zum Leben. In der Bibel begegnet dieses Bild im 3. Kapitel des Hohen Liedes (vgl. Hld 3,1–3).

Diese Göttergeschichte bringt die Liebe einer erfahrenen Frau zu einem jungen Mann zum Ausdruck. Sie verwöhnt und beschenkt den Jüngeren und gibt ihm das Gefühl ein junger Gott zu sein. Die Liebe der beiden lässt die Frau aufblühen und stärkt das Selbstbewusstsein des Mannes. Er wird so manches fertigbringen, was er vorher nicht konnte. Der Mythos erzählt aber auch vom Abschied und vom Tod. Der Frühling und der Sommer gehen vorüber. Danach kommen Herbst und Winter. Zu der Liebe gehören auch Abschiede und die Aufgabe, nach Trennung wieder neu anzufangen. Wohl dem, der die zurückliegende Geschichte verständnisvoll lächelnd erinnern kann.

Die Liebe eines älteren Mannes zu einer jungen Frau kommt im Mythos von Merlin und Viviane zum Ausdruck. Die Liebe der beiden führt zu einem intensiven Austausch: die junge Frau verjüngt den Älteren, der alte Mann gibt der Jüngeren seine Lebenserfahrung weiter. Liebe kann erneuern und erweitern. Liebe ist schöpferisch. Liebe spielt ungeahnte Möglichkeiten zu.

Das Hohe Lied enthält nach Verena Kast einen weiteren Mythos, nämlich den Mythos von »Bruder Mann und Schwester Frau«. Allerdings begegnet dieser Mythos nicht als Göttergeschichte sondern als die Liebesgeschichte von Shulamit und Salomo (vgl. Hld 4,9.10.12 ; 7,11–14;8,1.6).

Diese Beziehung von Mann und Frau ist neben aller erotischer Sinnlichkeit geprägt von einem hohen Selbstbewusstsein und einer erkennbaren Selbständigkeit. Dieses Beziehungsideal kennt keine Dominanz und keine Unterwerfung. Dieses Partnerschaftsmodell enthält auch das Gefühl, sich geben zu dürfen, wie einem zumute ist; das Gefühl, Blößen zugeben zu können und die Gewissheit, sich ganz aufeinander verlassen zu können.

5)

Mit dem Mythos »Bruder Mann und Schwester Frau« haben wir die *Bibel* erreicht. Das Paar verweist auch auf die biblische Botschaft. Von Adam und Eva war schon die Rede. Das Klimtbild, erinnert an die Worte Gottes am Anfang der Bibel. »Es ist nicht gut, dass der Mensch alleine sei. Ich will ihm eine Gehilfin schaffen, die zu ihm passt« (Gen 2,18).

Die Frage ist jedoch, was Gehilfenschaft, Partnerschaft meint.

Die Bibel bietet in der Folge ein hartes patriarchalisches Auslegungsmodell an. Denn Gott sagt zu Eva nach dem Sündenfall: »Dein Verlangen soll nach deinem Mann sein, aber er soll dein Haupt sein« (Gen 3,16). Viele Gesellschaften lebten und leben nach dieser Regel. Der Mann ist das Haupt der Familie. Theologinnen widersprechen mit biblischem Grund: »Dass der Mann über die Frau herrschen soll, ist nicht von Gott gewollt, sondern Folge menschlichen Verschuldens« (Hanne Köhler). Sie verweisen auf den eigentlichen Sinn des hebräischen Wortlautes. Es geht um gegenseitige Hilfe in allen Lebensbereichen, um gegenseitiges Verstehen. Von Oben und Unten ist da nicht die Rede. Deshalb verdient auch das traditionell bürgerliche Partnerschaftsmodell wie es in Haydns Schöpfung erklingt, Kritik.

Die in der Bibel gemeinte »Gehilfenschaft« ist zwar sympathisch, aber wohl noch nicht ausreichend. Das hört sich in Gen 2 doch arg nach verlässlicher Teamarbeit an. Sonderlich erotisch klingt das noch nicht. Klimt bietet da mehr. Ein Glück, dass es das Hohe Lied gibt. Die dort gemeinte Verlässlichkeit ist in meinen Augen ein Touch menschlicher.

6)
Das Paarbild lässt fragen, was *Liebe* ist und warum es eigentlich nicht so gut ist, dass ein Mensch alleine ist.
Die mythologischen Erzählungen legen eine Antwort nahe: »Das Geheimnis der Liebe liegt darin, dass da ein Mensch plötzlich die Phantasie und den Mut aufbringt, in einem anderen Menschen etwas zu sehen, das dieser vielleicht ahnt, aber noch nicht kennt und worauf er sich nie einlassen könnte, würde es ihm nicht von außen liebend nahe gebracht« hat Verena Kast erkannt. Und: Wahre Liebe wird verzeihen, wenn ein Mensch in der Realisation seiner besten Möglichkeiten weit hinter diesen zurückbliebt. Menschen brauchen einen geliebten, liebenden Partner, damit sie sich gegenseitig ihre besten Möglichkeiten herauslieben, die ohne den anderen verborgen blieben.

7)
Hier wird deutlich, dass das Paarbild auch von *Gott* erzählt, wie das Hohelied auch weiß. Die liebende Beziehung ist ein Gleichnis Gottes. Wo Menschen Gott begegnen, da wird etwas angesprochen, was über das bisheriges Leben hinausführt. Da werden verborgene Möglichkeiten aktiviert, die dem eigenen und gemeinsamen Leben gut tun. In diesem Sinn war *Jesus* Gottes Liebe in Person.

8)
So erweist sich das Gemälde von Klimt zuletzt als Bild von einem *elementaren Symbol menschlichen Lebens*: dem Paar. Es erzählt von meinem Leben und von meinen Genen, von stammesgeschichtlichen Anpassungen und anthropologischen Grundverfassungen, von großen Mythen aus der Religionsgeschichte und unseren Idealen, von der Bibel und von Gott und vor allem von der Liebe.

17.8 Literatur

Verena Kast, Paare. Beziehungsphantasien oder Wie Götter sich in Menschen spiegeln, Stuttgart 1984
Hanne Köhler, 1. Mose 4b–3,24: Die Erdkreatur, in: Eva Renate Schmidt (Hg.), Feministisch gelesen, Bd 1, 1988, 17–24
Claus Westermann, Genesis, 1. Teilband, Gen 1–11, Neukirchen-Vluyn 1974, 306–321

17.9 Unterrichtsideen

1. Bildbetrachtung
Schrittweise methodische Annäherung:
1) Ich sehe ..., 2) Aufbau, Struktur, Farben und Symbole, 3) Ich empfinde ..., 4) Thema und Botschaft.
Ist das die wahre Liebe? Evtl. Vergleich mit verschiedenen Modellen der Beziehung von Mann und Frau wie: Einander ganz gehören; Liebesgöttin und jugendlicher Held; der alte Weise und das junge Mädchen; Solidarität und Gleichrangigkeit:
Anschl. Suche nach einer besseren Beziehungsform. Wie könnte man diese in einem Standbild darstellen?

2. Vertiefung und Ergänzung I
Auszug aus »Die Schöpfung« von Haydn auf CD anhören. Passen Haydn und Klimt zusammen? Was ist anders? Wie ist der Text von Haydn heute zu beurteilen?

3. Vertiefung und Ergänzung II
Vergleich von Klimt und Fried. Passen die beiden besser zusammen als Klimt und Haydn ? Was ist gleich? Was ist ähnlich?

4. Textinterpretation: Gen 2,18–25; 3,1–6.14–19
Zwei Sch bilden Adam und Eva. Die anderen Sch sind die Bildhauer. L liest Gen 2,18–25 zweimal vor. Die Sch lesen mit. L erläutert: Hier geht es um das Verhältnis von Mann und Frau, wie es im Grunde gemeint ist. Sch stellen Mann und Frau so auf, dass ihre Beziehung dem Text entspricht. Gespräch: evtl. Veränderung.
L liest dann Gen 3,1–6 vor. Sch. stellen diese Beziehung dar. L. liest Gen 3,14–19. Sch stellen diese Beziehung dar. Anschließend Diskussion: Ist die Bibel patriarchalisch? Ist sie heute noch relevant? Wie kann und soll man den Text verstehen?

5. Textarbeit Westermann
Vorgabe von drei Fragen an der Tafel: Wie sieht die Bibel das Verhältnis von Mann und Frau? Wie ist die Unterordnung zu verstehen? Könnte der Text auch von einer Frau geschrieben sein?
Sch bearbeiten die Fragen in EA, anschl. Austausch.

6. Ergänzung und Vertiefung I
Vergleich mit dem Koran Sure 7,189 (M 17.1), Platons Gleichnis vom Kugelmenschen (M 17.2), Katholischen Katechismus (M 17.3), germanischen Mythos (M 17.4), afrikanischen Mythos (M 17.5) oder Judentum (M 14.4a). Wie groß sind die Unterschiede und Gemeinsamkeiten zur Bibel?

7. Ergänzung und Vertiefung II
Meditation des Klimtbildes nach 17.7. Könnte ich dem zustimmen? Rückfragen, Bedenken.

18 Das Böse und die Sünde

18.1 Der Zusammenhang

Das Kapitel greift Gen 3–11 auf und will damit die Auseinandersetzung mit der jüdisch-christlichen Tradition zum Menschen fortführen. Die Auseinandersetzung mit Gen 1 und 2, zur Wesensbestimmung und Auftrag des Menschen ist deshalb vorauszusetzen. Leitfragen sind: Woher kommt das Böse? Wie kommt der Mensch dazu, Böses zu tun? Warum sind Menschen zerstörerisch? Warum leben wir jenseits von Eden? Warum fällt es den Menschen so schwer, in Frieden miteinander zu leben? Aber auch: Sind alle Menschen Sünder?

Diese Fragen werden theologisch durch Röm 7 aufgenommen (vgl. S. 42) und in der Diskussion um die Willensfreiheit (vgl. S. 42–44) thematisiert.
Diese Fragen werden auch in der Philosophie bearbeitet (Hobbes und Rousseau, S. 20–22), in der Biologie (vgl. Eibl-Eibesfeld, S. 55–56) und brechen in der Auseinandersetzung mit alltäglichen Gewaltdelikten von Menschen untereinander (vgl. S. 8; S. 78), in der Gewalttätigkeit der Menschen gegenüber der Natur (vgl. S. 8), aber auch gegen sich selbst (S. 9) auf.

18.2 Uwe Steffen, Der Mythos vom Drachenkampf (S. 36)

Uwe Steffen gibt hier eine Auslegung der jahwistischen Urgeschichte und will mit dieser erklären, wie das Böse vom Menschen Besitz ergreift. Abgelehnt wird eine dualistische Weltsicht, in der Gott und der Teufel als gutes und böses Prinzip gegeneinander kämpfen. Die Sünde wird als Pflanze mit verschiedenen Ästen interpretiert, deren Wurzel einmal im Titanismus, vor allem aber in der Angst vor dem bedrohlich wirkenden Gott liegt (M 18.2). Es stellt sich die Frage, ob menschliches Verhalten sich so deuten lässt.

18.3 Dorothee Sölle, Formen der Sünde (S. 36f.)

Biblischer Ausgangspunkt der Überlegungen von Dorothee Sölle ist die Frage, warum Adam und Eva von der verbotenen Frucht gegessen haben. Sölle formuliert drei Antworten:
1) die abendländisch männliche,
2) die befreiungstheologische und
3) die feministische Deutung der Sünde.

Sünde kann deshalb gesehen werden als
1) Hybris und Ungehorsam aufgrund übersteigerter Selbstliebe und unbegründetem Stolz,
2) Habsucht und Rachgier aufgrund des Wunsches nach Besitz, nach Unabhängigkeit sowie nach Macht, andere auszubeuten und zu diskriminieren (concupiscentia),
3) Selbstverleugnung und Unterwürfigkeit aufgrund allzu großer Nachgiebigkeit (Karl Barth: Trägheit).

Von diesen Formen »personaler Sünde« ist die »strukturelle Sünde« und die »Erbsünde« zu unterscheiden. Strukturelle Sünde meint die ungerechte Verteilung von Privilegien und damit verbundene Macht, auszubeuten und zu diskriminieren. Erbsünde bezeichnet Schuldzusammenhänge, in die Menschen hineingeboren werden und für die sie verantwortlich sind.

18.4 Gen 3

Die Erzählung Gen 3,1–24 lässt sich in zehn Teile gliedern:
- Dialog Frau–Schlange, V. 1–5
- Die Tat, V. 6
- Folge 1: sich schämen, V. 7
- Folge 2: sich verstecken, V. 8
- Dialog Gott – Adam im Stile einer Gerichtsverhandlung, V. 9–13
- Verfluchungen:
  - Schlange, V. 14–15
  - Frau, V. 16
  - Mann, V. 17–19
  - Eva, V. 20
- Bewahrung durch Gott, V. 21
- Selbstgespräch Gottes, V. 22
- Jenseits von Eden, V. 23.24.

Ausgehend von dem Verständnis der Urgeschichte als Erschließung eines Grundgeschehens (Gerhard Liedke) entwirft Gen 3 ein Spiegelbild der Menschen. Hier können Menschen viel über ihre eigene Wirklichkeit erfahren.
So sind Menschen versuchlich (V. 1–5), sie neigen zur Selbsttranszendierung (Vers 6: Eva will klug sein), Menschen wissen, was gut und böse ist (V. 7.22) und sind fast göttlich. Menschen haben die Freiheit, sich zu verteidigen. Sie tun sich schwer, zu eigenen Taten zu stehen und suchen gerne nach einem Sündenbock (V. 9–13). Menschen können sich von Gott abwenden! Menschen erfahren in der Scham (V.7), dass sie nicht mit sich selbst eins sind und ihrem Wesen nicht entsprechen.
Menschen haben Angst (Vers 15), vor allem vor Schlangen, ihr Leben ist voller Mühsal (Vers 16.17.19). Männer und Frauen leben in Spannung miteinander. Die Menschen sind sterblich (V. 19.22). Ewiges Leben ist ihnen versagt. Menschen leben »jenseits von Eden« (V. 24) und damit nicht mehr in unmittelbarer Nähe zu Gott. Sie sind trotz aller Müh-

sal aber auch bewahrt (V. 21). Ihr Leben ist begrenzt und von Gott getrennt. Hinzu kommt: Die Herkunft des Bösen kann nicht recht erklärt werden. Es bleibt unerklärlich – ohne jedoch die Verantwortlichkeit der Menschen aufzuheben. Die Frage ist, ob hier das Leben als Strafe angesehen wird.

Mindestens drei elementare Fragen löst die Erzählung aus:
1) Woher kommt die Schlange und damit das Böse?
2) Warum greifen die beiden nach der Frucht? Oder: Warum sollten Menschen eigentlich nicht danach greifen?
3) Sind Adam und Eva nach dem Fall »wie unsereiner« (V. 22)?

Gen 3 macht aus dem Bösen kein dualistisches Prinzip. Die Schlange ist Geschöpf Gottes. Warum es also zur Verführung und damit nach dem Griff nach der Frucht kommt, wird nicht erklärt und wird deshalb als etwas Unerklärliches behandelt (Westermann). Für den Griff nach der Frucht und damit für den Akt der Sünde liefern Uwe Steffen und Dorothee Sölle Erklärungsmodelle (s. o.), die fragen lassen, wie plausibel sie sind, um menschliches Handeln zu deuten.

Neben diesen Modellen gibt es weitere Erklärungsversuche:
1) Der Griff nach der Frucht ist nach der Aufklärung ein Akt der Befreiung. Damit treten Menschen aus der kindlichen Abhängigkeit heraus und werden zu selbstbewussten, freien Menschen. Gott wird dabei entweder zu einem selbstsüchtigen Machthaber, der Menschen klein halten will oder zu einer Naturmacht, von der man sich befreien muss (Christoph Gestrich, Die Wiederkehr des Glanzes, 1989, 115.121f.).
2) Der Griff nach der Frucht am Baum inmitten des Gartens berührt den Lebensnerv in der Beziehung Gott und Mensch. Er bemächtigt sich etwas, was geradezu heilig ist und äußerst sensible Behandlung verdient (Hubertus Halbfas, Religionsunterricht in der Grundschule, Lehrerhandbuch 3, 1985, 176–180).
3) Der Griff nach der Frucht überschreitet eine vorhandene, nicht unbedingt einsichtige Grenze, die jedoch aus freien Stücken und innerer Überzeugung Beachtung verdient. Der Mensch wird grenzen- und maßlos (Karl Barth).

Nach V. 22 sind die Menschen nach dem Fall »wie Gott« und wissen, was für ihr Leben abträglich und zuträglich ist. Nach dem Verständnis von Gen 3 gereicht ihnen das nicht zum Glück. Warum eigentlich? Möglicherweise deshalb, weil Menschen mit dem Bemühen, wie Gott zu sein, die Kraft verloren haben, zwischen Gott und den Menschen, zwischen absolut und begrenzt recht zu unterscheiden. Menschen verlieren die Proportionen bei ihrem Tun und damit den Maßstab für das, was eindeutig gut oder als eindeutig nicht gut zu definieren ist (Christoph Gestrich, a.a.O. 112). Zum anderen, so wird man sagen können, gerät auch die Erkenntnis sowie das sittliche Urteilen und Handeln unter das Vorzeichen der Selbstrechtfertigung. Es dient dazu, für das eigene Verhalten und Handeln Bejahung zu finden.
Der Griff nach dem Apfel erweist sich dann als Hunger nach der eigenen Bejahung. Dieser Hunger hat zerstörerische Konsequenzen. Er zerstört die vertrauensvolle Gemeinschaft mit Gott und das selbstverständliche Miteinander von Mensch und Natur sowie Mensch und Mensch. Objektivierendes Denken und instrumentelles Handeln bekommen so die Neigung zu Habgier. In dem Drang nach Selbstrechtfertigung verdunkelt der Mensch seine eigene Würde und die Würde anderer. Indem andere zum bloßen Mittel degradiert werden, wird ihre eigene Würde verstellt. Indem der Sünder seine Bejahung durch Gott ignoriert, verliert er den Blick für sein Ansehen und macht seine Ehre zum herzustellenden Produkt. Gerade so verkehrt er jedoch seine Bestimmung zum Ebenbild Gottes und verliert seine Würde und seinen Glanz (Doxa, Kabod) das von Gott erwählte, angesprochen und als Gegenüber gewürdigte Geschöpf zu sein. Indem der Mensch seine Vor-Gabe zur eigenen Auf-Gabe macht, entfremdet er sich von seiner Wirklichkeit und gerät in den Drang zur Selbstrechtfertigung (vgl. auch das Gleichnis vom verlorenen Sohn, S. 38).

18.5 Gen 11,1–9 Turmbau zu Babel

Die Geschichte vom Turmbau fügt sich ein in die Reihe der Erzählungen von Schuld und Strafe der Urgeschichte, die die Ambivalenz der menschlichen Kulturarbeit herausstellen. Nach Gen 2,15 gehört Kulturarbeit zum geschöpflichen Wesen des Menschen. Die Ambivalenz lässt jede Leben ermöglichende Leistung aber in ihr Gegenteil umschlagen. Aus der Arbeitsteilung von Kain und Abel wird ein tödlicher Konkurrenzkampf, die Erfindung der Eisenverarbeitung ermöglicht das Töten (Gen 4,22), der Weinbau gefährdet die Familie (Gen 9,20–27).
Worin liegen die Motive des Handelns der Menschen beim Turmbau, die sich als schädlich erweisen wollen? In seiner Auslegung sieht von Rad »die Zusammenfassung der Energien, andererseits die Gewinnung von Ruhm, d.h. naives Großseinwollen.« Daneben trete das Grundmotiv der Ängstlichkeit. Schon in der Bündelung der Grundkräfte der Kultur liege »eine Auflehnung gegen Gott, ein heimlicher Titanismus« (von Rad, Das erste Buch Mose, 113). Frank Crüsemann sieht das Grundproblem in dem Versuch, eine eigene Sprache zu finden. Darin ist für ihn ein Ausdruck assyrischer Weltherrschaftansprüche zu sehen. »Es geht nicht um Himmelsstürmerei, sondern um Aspekte der Weltherrschaft; nicht um den Verlust einer einheitlichen Sprache, die irgendwie wieder herzustellen wäre, sondern um eine uniformierte Weltgesellschaft mit problemloser Kommunikation, der nichts mehr unmöglich sein wird … Heute, im Zeitalter einer geplanten neuen Weltordnung mit Einheitsideologie lassen technische Großvorhaben wie das der Gentechnologie (z. B. HUGO) die Worte von Vers 6 als Prophetie und Gottes Eingriff als Rettungstat erscheinen« (Crüsemann, 1 Mose 11, 1–9).
Denkbar erscheint aber auch die Interpretation des stufenförmigen Turmes als Versuch des Menschen, die zerbrochene Beziehung zwischen Gott und Menschheit mit eigenen Kräften zu überbrücken und so Gott und Mensch wieder miteinander zu versöhnen. Deutlich wird, dass ein solcher Versuch scheitern muss. Die Versöhnung muss von Gott ausgehen.

18.6 Bild: Paolo Ucello, Der heilige Georg tötet den Drachen und Symbol Chaosdrachenkampf (S. 37)

Paolo Ucello (1397–1475), eigentlich Paolo de Dono, genannt Ucello, der Vogel, stammt aus Florenz und gilt als Meister der Perspektive. Wie ein Besessener hat er an dem Stilmittel Perspektive gearbeitet und dieses so entwickelt. Seine Bilder können traumhaft-surrealistische Züge tragen.
Das Bild »St. Georg tötet den Drachen« stammt aus dem Jahre 1456 und stellt die beliebte und in ganz Europa verbreitete Georgs-Legende dar (vgl. M 18.1).
Das Bild zeigt die Szene, wie der jugendlich wirkende Georg den Drachen in das Auge sticht, und die Prinzessin diesen an die Leine nimmt. Der Drache (von griechisch Drakon, der Wurm) kommt aus einer Höhle, Georg aus einem Wald, über dem sich Wolken zusammenballen. Der Drachen hat nur zwei Füße und ähnelt darin Dinosauriern. Er spreizt voller Wut und Schmerz seine Flügel und streckt seinen Schwanz in die Höhe. Die bleiche Prinzessin steht fast starr daneben, die ganze Szene wirkt wie erstarrt. Die Dynamik ist wie eingefroren.

Das Bild und die Legende bedarf der symbolischen Entschlüsselung. Sie erzählen von dem uralten Kampf des Menschen gegen die lebensfeindlichen Mächte, das Böse. Dieses kann in unterschiedlichen Gestalten daherkommen, weshalb auch die religiöse Sprache unterschiedliche Namen für das Böse bereithält (Drache, Wurm, Schlange, Teufel, Satan, Diabolos). Das Böse ist mit menschlichen Mitteln nicht zu besiegen (vgl. Leviathan und Behemot in Hiob 38ff.). Alle Versuche, ihn zu besiegen, prallen von ihm ab. Es bedarf göttlicher Hilfe so wie hier von einem Ritter (Kreuzzüge!) oder die Hilfe gepanzerter Engel wie von Michael (vgl. Offb 12).
Hinter diesen Geschichten stecken möglicherweise urzeitliche Erfahrungen mit Amphibien und Reptilien. Doch solche Bilder und Legenden können auch als innere Erfahrungen verstanden werden. Die Jungfrau ist dann die Seele, der Drache die innere Bedrohung und das angstmachende Böse. Der Ritter ist das klärende Bewusstsein. Der Gürtel kann als Zeichen der Keuschheit gesehen werden; die Taufe als die Vermählung mit Gott anstelle der sonst üblichen Vermählung von Jungfrau und Retter. Auf jeden Fall ist die Legende als anthropologische Grundgeschichte zu lesen, die von den Angriffen böser Mächte auf das eigene Leben erzählt, von den harten Auseinandersetzungen mit diesen, von der Erfahrung der Ohnmacht und der Niederlage sowie der Hoffnung auf Hilfe, auf Beistand und auf Rettung.

Insoweit spielt das Bild auch auf Gen 3 an, denn dort begegnet das Böse in Gestalt der von Gott geschaffenen Schlange. Die Differenz von Legende und biblischer Erzählung liegt jedoch in dem Ausgang der Geschichte. In Gen 3 siegt die Schlange über die Menschen. Es kommt gerade nicht zu dem Drachenkampf. Die Menschen sind gerade keine rettenden Helden. Ihr Drachenkampf und damit der Kampf gegen all das, was das Leben und die Seele bedroht, chaotisch macht und zerstört, steht eigentlich noch aus. Gen 3 setzt voraus, dass der Drachenkampf im Leben der Menschen immer noch stattfindet und des Bestehens bedarf.

Die verschiedenen Ausformungen des Mythos in Märchen, in Legende, aber auch im Kindertheater (Kasperle und das Krokodil) legen unterschiedliche Kampfstile nahe: Soll man den Drachen mit Gewalt besiegen (so wie Michael, Georg und Marduk)? Soll man ihn zähmen (wie die Prinzessin mit dem Gürtel der Keuschheit in der Georgslegende) oder ihn überlisten (wie der Kasper)? Die Tiefenpsychologie rät, das Böse »zu integrieren«. Muss man je nach Situation einen Kampfstil auswählen?

Zu bedenken bleibt, woher das Böse in seinen unterschiedlichen Gestalten kommt. Drei Modelle bieten sich an:

1) Monistische Erklärung: Das Böse kommt letztlich von Gott.
2) Dualistische Erklärung: Das Böse ist eine zweite Macht neben Gott; es lauert vor der Tür des Menschen (Gen 4,7).
3) Personale Erklärung: Das Böse kommt von den Menschen, »denn das Trachten des menschlichen Herzens ist böse von Jugend auf« (Gen 8,21).

Gen 3 will die monistische Erklärung festhalten und neigt, wie auch sonst die Bibel, zu einem abgeschwächten dualistischen Modell: Das Böse ist Teil der Schöpfung Gottes. Die Herkunft ist unklar. Es entwickelt sich jedoch zu einer Art Gegenmacht gegen Gott, die Gott nicht will.

Bleibt die Frage, warum Menschen böse werden und lebensfeindlich und Leben zerstörend leben (vgl. Bernd L. S. 8; Tommy S. 78). Das Nachdenken über Sünde legt nahe, die Wurzeln des Bösen im Drang zur Selbstrechtfertigung zu suchen. Offenbar steckt dahinter Angst, nicht geliebt zu werden. Aber woher diese Angst kommt, muss immer wieder neu bedacht werden.

18.7 Literatur

Frank Crüsemann, Pfingstmontag: 1 Mose 11,1–9, in: Gottesdienst Praxis, III. Perikopenreihe, Gütersloh 1992
Christoph Gestrich, Die Wiederkehr des Glanzes in der Welt, 1989
Wilfried Härle, Dogmatik, Berlin/New York 1995, 456–493
Gerhard von Rad, Das erste Buch Mose. Genesis, Göttingen, 9. Aufl. 1972
Uwe Steffen, Drachenkampf, Der Mythos vom Bösen, Stuttgart, 1984

18.8 Unterrichtsideen

1. Hinführung
L bringt einen Apfel und einen Spiegel mit. (Alternativ: Betrachtung Lindner, AND EVE S. 71 oder Chagall, Das Paradies S. 80). Sch rekonstruieren nun die biblische Erzählung. Ist diese Geschichte »wahr«? Ist die Geschichte ein Spiegelbild des Menschen? (Hinweis auf Titelbild von Magritte oder Picasso, Frau vor dem Spiegel S. 3).

2. Textarbeit I
Sch lesen Gen 3 mit verteilten Rollen, (Erzählerin, Schlange, Weib, Gott, Adam). L weist darauf hin, dass hier die Menschen sich wie in einem Spiegel selbst entdecken können. Wo können Menschen sich selbst wiedererkennen? An den Begriffen Versuchlichkeit, Scham, Wissen, was gut und böse, Sündenbock, Angst, Mühsal, Kleider, Feindschaft, Bebauen werden die Einsichten festgehalten. Schließlich wird bedacht, warum die beiden von der Frucht essen und wie es weitergeht.

3. Bildbetrachtung als Vertiefung und Ergänzung
Sch beschreiben nacheinander die drei Figuren und geben ihnen Namen. Sie erfinden eine Geschichte zu dem Bild. L erzählt dann die Georgslegende M 18.1. Sch vergleichen die Legende mit dem Bibeltext. Was ist ganz anders? Wie sehen heute die Drachen aus (Aids, Hitler, Krieg in Jugoslawien)? Wie sehen heute Drachenkämpfe aus? Kann man auch gegen sich selbst kämpfen?

4. Textarbeit II
Sch erhalten die Zeichnung M 18.2 mit der Aufgabe, mit Hilfe des Textes von Steffen die giftige Pflanze der Sünde zu zeichnen. Anschließend Rundgespräch: Warum greifen die beiden zur Frucht?

5. Textarbeit III
Sch. erhalten Textkarten mit den Stichworten: Personale Sünde, strukturelle Sünde, Erbsünde, Ungehorsam, Habgier, Selbstverleugnung, Ungerechtigkeit. Sch definieren die Begriffe mit Hilfe des Textes von Sölle und bringen sie dann gemeinsam an der Tafel mit Magneten oder Klebstreifen in eine Logik.

6. Vertiefung und Ergänzung
Sch beantworten die o.g. Leitfragen in arbeitsteiliger PA/GA: Woher kommt das Böse? Wie kommt der Mensch dazu, Böses zu tun? Warum sind Menschen zerstörerisch? Warum leben wir jenseits von Eden? Warum fällt es den Menschen so schwer, in Frieden miteinander zu leben? Sind alle Menschen Sünder?

19 Wo wir zu Hause sind

19.1 Der Zusammenhang

Der Autorentext bietet eine anthropologische Auslegung des Gleichnisses vom verlorenen Sohn, Lk 15,11–32.
Es geht hier um das Zentrum einer christlich-theologischen Anthropologie, wie sie in der Auseinandersetzung mit alttestamentlichen Texten zum Menschen vorbereitet und vor allem durch Luther (S. 42ff., 45ff.) weitergeführt und differenziert wurde. Deutlich werden soll, dass die Theologie neben Humanwissenschaft und Philosophie eine eigenständige Sicht des Menschen anbietet, die andere Entwürfe nicht aufhebt, sondern ergänzt und vertieft. Leitfrage ist: Was kennzeichnet das christliche Menschenbild?

19.2 Lk 15,11–32

Das Gleichnis vom verlorenen Sohn ist als metaphorische Erzählung zu verstehen, die mit dem Hörer einen Weg geht, ihm mit überraschenden Entwicklungen konfrontiert und dabei selbstverständliche Lebenseinstellungen in Frage stellt, dazu herausfordert diese zu überprüfen und zu verändern.

In der neutestamentlichen Exegese herrscht weitgehend Übereinstimmung, dass die Parabel ein Gleichnis Jesu ist, welches von Lukas stilistisch überarbeitet und in seinen Kontext gestellt wurde. Das Gleichnis ist in sich selbst eine Einheit. Auch V. 24 (Mein Sohn war tot ist wieder lebendig geworden) und V. 32 (Dein Bruder war tot und ist wieder lebendig geworden) müssen nicht als redaktionell verstanden werden.
Für das Verständnis des Gleichnisses ist wichtig, dass der Weggang des jüngeren Sohnes nicht als ungehörig und die Umkehr als Überlebensstrategie anzusehen ist. Beide Akte dürfen nicht theologisch als Sünde und Sündenbekenntnis überhöht werden. Die Auszahlung des Erbes an den Jüngeren zu Lebzeiten des Vaters ist ebenso wie die Auswanderung in die Diaspora üblich gewesen. Als Regel galt, dass dem Jüngeren 1/3, dem Älteren 2/3 zustand. Allerdings blieb dieser größere Teil bis zum Tod des Vaters in dessen Verfügungsgewalt.

Der Hörer wird durch mehrere Szenen geführt, die durch wechselnde Akteure und Protagonisten bestimmt sind: 11–13 Aufteilung und Abschied, 14–16 Leben in der Fremde, 17–20 Rückweg, 20–24 Empfang und Fest, 25–28a Zorn, 28b–32 Gespräch.
Die Szenen Abschied, Not und Rückweg sind durch die Beziehung jüngerer Sohn und Vater bestimmt. Vor allem der Sohn agiert. Bei dem Empfang geht es um die Beziehung Vater und jüngerer Sohn. Hauptakteur ist der Vater. In der Szene »Zorn« geht es um den älteren Sohn und den Knecht. Hauptakteur ist der ältere Sohn. In der Schlussszene geht es um Vater und den älteren Sohn, im Vordergrund steht der Vater. Die Rezipienten müssen also alle Szenen durchschreiten und dabei wechselnde Leitperspektiven einnehmen.
Der Niedergang des Jüngeren soll offenkundig negative Assoziationen auslösen. Für jüdische Ohren ist das Verprassen des Erbes problematisch. Die Arbeit bei einem Nichtjuden, das Hüten von Schweinen und das Essen von Schweinefutter signalisieren nicht bloß eine ausweglose Situation sondern auch den Abfall vom Glauben der Väter.
Die Hörer/-innen werden zunächst in eine bekannte Welt geführt, aber dann mit einer Überraschung konfrontiert. Das Entgegenkommen des Vaters und die Reinvestitur des »Verlorenen« als Sohn mit den Symbolen Kuss, Gewand, Ring, Schuhe, Kalb und Fest mit lautem Singen und Tanzen. Hier erst wird die Erwartung des Jüngeren als auch des Hörers durchbrochen. Bis dahin ist alles weitgehend »normal«.
Die beiden Söhne werden als recht unterschiedlich vorgestellt. Nicht nur zwischen dem Vater und den Söhnen sondern auch zwischen den Brüdern herrscht ein Konflikt. Das Gleichnis spricht deshalb auch »Geschwistergeschichten« an. Trotz ihrer Verschiedenheit sind die beiden jedoch auch sehr ähnlich. Die gegenüber dem Vater formulierten Selbsteinschätzungen der beiden Söhne (V. 18b.19.21 und V. 29b.30) zeigen die gleiche Struktur. Beide Söhne erwarten Anerkennung durch den Vater aufgrund eigener Leistung. Durch das überraschende Entgegenkommen des Vaters erfährt der jüngere Sohn, dass für den Vater dies so nicht gilt. Der ältere Sohn wird aufgefordert, dies zu akzeptieren und auch für sich gelten zu lassen.
Das Gleichnis führt zu einem »open end«. Im Mit- und Nachvollzug der Bewegung des Gleichnisses bekommen Zuhörer/-innen Anteil an dem Ereignis der Liebe des »Vaters« und werden in die Position des Älteren versetzt, der sich entscheiden muss, ob er der Einladung zum Freudenfest folgt. Der Hörer wird durch den offenen Schluss aufgefordert, die Reaktion des älteren Sohnes zu konstruieren und somit den Sinn der Erzählung für sich selbst zu konstituieren.

Anthropologisch gesehen bietet die Erzählung zwei Identifikationen an: Den jüngeren und den älteren Sohn. Beide repräsentieren eine Lebenseinstellung, die zur Selbsterkenntnis auffordern und auf eine gemeinsame Wurzel zurückgeführt werden können. Der Vater repräsentiert die Perspektive Jesu bzw. Gottes, aus der heraus die Haltung der beiden Söhne als verfehlt beurteilt und eine neue, andere Sichtweise entdeckt werden kann. Dazu bietet es sich an, die Geschichte der beiden Söhne narrativ, interaktional, symboldidaktisch oder tiefenpsychologisch nachzuvollziehen.

19.3 Menschen suchen nach Anerkennung (S. 38)

Der Zustimmung suchende und Erfahrungsgründe fordernde Text orientiert sich an Luthers Disputatio de Homine von 1536 (M 19.1). Dort setzt sich Luther in 40 Thesen mit den anthropologischen Definitionen des Menschen in der Philosophie und der Zeit auseinander.

These 1 lautet deshalb: »Die Philosophie als eine menschliche Weisheit sagt über den Menschen aus, dass er ein Lebewesen mit Vernunft, Empfindung und Leib ist.«
Der erste Abschnitt des Textes im Heft nimmt dies auf und verweist auf die Philosophie von Descartes (vgl. S. 18) und auf die biologische Anthropologie (S. 52).
Luther räumt der philosophischen Anthropologie einen wichtigen Erkenntniswert ein (These 2–9). Er begrenzt aber deren Reichweite (These 10–19), ähnlich wie dies Pascal machen kann. Die Philosophie weiß nach Luther zu wenig von den Antrieben und der Zielbestimmung des Menschen (These 14). Philosophische Erkenntnis ist deshalb »kümmerlich, schlüpfrig, geistlos« (These 19). Sie kann Sünde und Erlösung nicht erfassen und gelangt deshalb zu unzureichenden Erkenntnissen (These 20–31). Zentrum von Luthers Überlegung ist These 32. Sie enthält die theologische Definition des Menschen. »Paulus fasst Römer 3: ›So halten wir nun dafür, dass der Mensch gerecht werde, ohne des Gesetzes Werke, allein durch den Glauben‹, kurz die Beschreibung des Menschen zusammen, indem er sagt: Der Mensch wird durch den Glauben gerechtfertigt.«
Wer der Mensch ist und wie er angemessen verstanden und gerettet werden kann, ergibt sich aus dem Glauben an die Rechtfertigung des Sünders.

Der Text versucht, die Einsichten Luthers am Gleichnis vom verlorenen Sohn zu verdeutlichen und interpretiert das Gleichnis als anthropologisches Lehrstück. Es wir davon ausgegangen, dass Menschen nach Beurteilung suchen und auf Beurteilung angewiesen sind. Die beiden Schlüsselaussagen sind auf diesem Hintergrund zu verstehen

1) Die beiden Söhne gehen von der Annahme aus: »Ich bin noch nicht geliebt. Ich muss mich aufmachen, Liebe zu finden und zu verdienen.«
2) Der Vater geht davon aus: »Du bist geliebt. Du brauchst Dich um Deine Anerkennung gar nicht zu sorgen.«

Die erste Aussage formuliert das Wesen der Sünde, denn sie rechnet mit einer Kluft zwischen Mensch und Gott, die der Mensch durch Handeln zu überbrücken hat. Die Lebenshaltungen der beiden Söhne stellen zwei Modelle dar, wie diese Sünde gelebt wird. Die Frage ist, ob weitere Modelle zu finden sind, und ob gerade Frauen sich ebenfalls hier wiederfinden können.
Die zweite Aussage formuliert das Wesen des Glaubens, und damit auch Grundeinsichten alttestamentlicher Anthropologien: Das Ebenbild Gottes ist das von Gott geliebte Geschöpf. Luther wird darauf hinweisen, dass dort, wo Menschen darauf vertrauen, sie wahrhaft frei werden und das werden, was sie sind: das Bild Gottes.

19.4 Bruce Springsteen, My father's house (S. 38)

Der Song von Bruce Springsteen erzählt zunächst einmal von einem Traum, in dem er, der Sänger, als Kind voller Angst durch einen bedrohlichen Wald rennt, um nach Hause zu kommen. Er rennt, bis er in der Nacht das erleuchtete Haus des Vaters findet und zitternd in dessen Arme fällt. Jetzt ist der Junge so richtig zu Hause. Dieser Traum bringt die Sehnsucht des Mannes zum Ausdruck.
Der zweite Teil beschreibt die Erfahrung nach dem Erwachen aus dem Traum. Der Mann erinnert sich an die Trennung vom Vater und macht sich auf den Weg zu des Vaters Haus. Er kommt zurück und erlebt aber nicht nur Ablehnung oder Abweisung, sondern noch schlimmer: Er muss hören, dass ein Mann mit dem Namen seines Vaters hier nie gelebt hat bzw. nicht lebt. Seine Sehnsucht nach Heimkehr bleibt unerfüllt. Er kommt nicht nach Hause, er bleibt auf dem Weg, und die Sünde bleibt ungesühnt. Das Haus steht wie ein Leuchtturm in der Nacht. Es ruft, doch es verweigert die (Er-)Lösung. Die Schlusszeile lautet korrekt: »Shining cross this dark highway where our sins lie unatoned.«

19.5 Bild: René Magritte, Das Reich der Lichter (S. 39)

Der belgische Maler René Magritte (1898–1967) zählt zu den Hauptvertretern des Surrealismus, der sich anfangs dieses Jahrhunderts entwickelt. Dieser will im Gefolge von Sigmund Freud das Unbewusste und Irrationale als Wesen der Wirklichkeit zur Darstellung bringen. Doch während Max Ernst, Salvadore Dalí, Joan Miro u. a. Visionen und Träume sowie spontane Assoziationen ins Bild setzen, konzentrierte sich Magritte auf alltägliche Gegenstände. Dabei werden jedoch ganz bewusst Logik und Kausalität, Maß- und Zeitverhältnisse außer Kraft gesetzt. Es entstehen überraschende, gegensätzliche Bilder, die die gewohnte Wahrnehmung irritieren und zum Nachdenken reizen wollen. Man denke z. B. an die Pfeife, die keine Pfeife ist. Magrittes Bilder haben ein didaktisches Interesse. Dabei sind die Bildtitel keine Erklärungen oder Zusammenfassungen. Die Titel sind selber in Worte gefasste Bilder.

Das Bild »Das Reich der Lichter« von 1958 zeigt eine nächtlich beleuchtete Straße, über der sich ein leicht bewölkter Mittagshimmel wölbt. Der obere Bildteil verweist auf die Mittagszeit, der untere auf die Nacht.
In der Mitte des Bildes steht eine erleuchtete Laterne. Soll hier ein Licht aufgehen? Vor dem Haus scheint ein Bach zu fließen, in dem sich die Lampe, der Baum und das Haus spiegeln. Er trennt den Betrachter von dem Haus und erschwert sein Nachhause-Kommen. Das stattliche Haus wirkt abendlich. Die unteren Fenster sind geschlossen. Oben sind zwei Fenster hell erleuchtet. Ein Teil des Hauses ist bewohnt und wach, ein anderer verschlossen oder gar unbewohnt. Das Haus wirkt einladend, zugleich aber abweisend. Was mag in dem Haus sein? Was kann einen da erwarten? Macht da jemand auf? Die Widersprüchlichkeiten

könnten einladen, eigene Geschichten von (Eltern-) Häusern und den Zugang zu ihnen zu erzählen.

19.6 Symbol Haus

Das Haus ist zunächst einmal ein umfriedeter Bereich, der Schutz vor Unwetter (Dach über dem Kopf) und Angriffen (My home is my castle) sowie Raum zum Rückzug (Privatsphäre) bietet. Hier wird gegessen, geschlafen, kommuniziert und werden die Kinder aufgezogen (Brutstätte). Entsprechend ist die Einrichtung.
Häuser verdanken sich dem Bedürfnis nach Territorialität. Während jedoch Tiere auf eine bestimmte Art der Behausung festgelegt sind, reagiert der Mensch auf ökologische Faktoren. Häuser entsprechen deshalb dem Klima und den natürlichen Rohstoffen (Iglu; Nomadenzelt), aber auch von sozialen Strukturen (Männerhaus, Frauenhaus). Wohnhäuser stellen territoriale Grenzen dar. Während der Eigentümer und seine Angehörigen freien Zutritt haben (Schlüsselgewalt), müssen andere an der Tür um Einlass bitten (Klingel, Glocken). Die sozialen Rollen sind klar verteilt.

Wohnhäuser, aber auch Wohnungen bringen den Lebensstil und die Lebenseinstellungen ihrer Besitzer und Bewohner zum Ausdruck (Holzhaus; kubistisches Betonhaus der Bauhausschule). Sie sind eben auch Statussymbole. Sie bringen aber in Abgrenzung und Zuordnung zu anderen Häusern (Reihenhäuser) soziale Identität zum Ausdruck. Die Außendekoration (Gartenzwerge, Fahrräder vor der Tür, Säulen oder ähnliches) unterstreicht diese Sicht der Zusammengehörigkeit und ist ein Teil der Kommunikation mit den Nachbarn, den Passanten oder den Besuchern. Für den Einzelnen ist das Wohnhaus bzw. die Wohnung die Mitte der Welt. Nah und fern bestimmen sich an diesem Punkt, gleichzeitig findet der Mensch hier zu seiner Mitte, hier kann er aufatmen, ausruhen und Kraft tanken.

Ohne Frage hat das konkrete Haus mehrsinnige Bedeutung. Darüber hinaus ist aber das Haus selbst ein Symbol und repräsentiert menschliche Erfahrungen, Wünsche und Bedürfnisse. Das Haus ist auch Symbol für die Welt, den Menschen und das Selbst.

Wohnhäuser (zumindest eines Kulturkreises) sprechen das Bedürfnis nach Sicherheit und Geborgenheit an, den Wunsch nach familiärer Zugehörigkeit, nach Ausruhen und kindlicher Versorgung. Es spricht die Sehnsucht an, sich auszukennen und nicht mehr fremd zu sein sowie den Wunsch, einen Platz zu haben, wo man hingehört, wo man wer ist. Es ist der Wunsch nach einem Leben, in dem man angenommen ist und die eigene Identität geklärt ist. Das Haus repräsentiert den Wunsch nach einer Mitte. Wie Menschen ihre Traumhäuser malen, dürfte ihre elementaren Lebenswünsche zum Ausdruck bringen.

Das Wohnhaus lässt aber auch die eigenen Geschichten mit dem eigenen Haus erinnern. Es lässt auch die Konflikte, die Lasten und die Mühen in Erinnerung bringen. Das eigene Haus kann deshalb ganz verschiedene Züge tragen: Es kann offen, hell und freundlich sein, aber auch bedrohlich, verschlossen und dunkel. Für den verlorenen Sohn hat das Vaterhaus in den verschiedenen Etappen ganz unterschiedliche Züge. Dies gilt auch für den älteren Sohn und Bruder. Das Haus von Magritte könnte auch durch seinen spannungsreichen Charakter die ambivalenten Gefühle von Schülerinnen beim Thema »Eltern« zum Ausdruck bringen.

Die umgangssprachliche Wendung »Du altes Haus« lässt erkennen, dass das Haus auch ein Selbst-Symbol sein kann. Die Persönlichkeit eines Menschen kann als Haus symbolisiert werden.

Häufig wird auch der Leib des Menschen als Haus bezeichnet, in dem die Seele wohnt. Klaus Berger hat einmal die Sünde als Untermieterin bezeichnet, die aber so nach und nach die Herrschaft in dem Haus der Person übernimmt. Exorzistische Handlungen in der Taufliturgie haben die Funktion, das »Haus« des Menschen zu reinigen und Raum für Christus zu schaffen. In den neuen Menschen wohnt deshalb der Geist Christi, bzw. Christus selbst.

Das Haus kann mit Dach und Keller auch als Weltenhaus bezeichnet werden, mit Himmel, Erde und Unterwelt.

19.7 Literatur

Peter Biehl, Symbole geben zu lernen. Einführung in die Symboldidaktik anhand der Symbole Hand, Haus und Weg, Darmstadt 1989
Eberhard Jüngel, Das Evangelium von der Rechtfertigung des Gottlosen als Zentrum des christlichen Glaubens, Tübingen 1998
Albrecht Peters, Der Mensch, Gütersloh 1979

19.8 Unterrichtsideen

1. Bildbetrachtung
Sch decken die untere Bildhälfte mit einem DIN A 5-Blatt zu. Was sehe ich? Welche Gedanken, Gefühle, Geschichten fallen mir ein? Sch decken dann die andere Hälfte ab: Was sehe ich? Welche Gedanken kommen mir? Wie empfinde ich das Haus? Sch betrachten das ganze Bild: Wie passen oben und unten zusammen?

2. Gestalten
Sch malen das Haus, in dem sie sich wohl fühlen würden. Gemeinsame Betrachtung: Was lässt mein Haus über meine Wünsche, Sehnsüchte und Bedürfnisse erkennen?

3. Ergänzung
Sch übersetzen erst den Text von Bruce Springsteen: My father's house, dann hören sie den Song und kolorieren den Text mit Gefühlsfarben. Was ist ähnlich und ganz anders als im Gleichnis vom verlorenen Sohn?

4. Textarbeit I
Lk 15,11–32: Mit verteilten Rollen lesen. Anschließend in Szenen gliedern. Tafelanschrieb.
In arbeitsteiliger PA das Verhältnis der Söhne zum Vater durch Häuser ausdrücken. Die Vorlage könnte Magritte sein. Wie empfindet der jüngere Sohn sein Elternhaus beim Weggang? In der Fremde, beim Heimweg, in den Armen des Vaters? Wie empfindet der ältere Bruder am Anfang und am Ende das Elternhaus? Wie kommt es zu den jeweiligen Bildern? Was kenne ich auch aus meinem Leben?

Alternatives Vorgehen: Interpretation der Aktanden Lk 15,11–32 mit Hilfe von Fritz Riemann, Grundformen der Angst (M 19.2). Dann Textanalyse, S. 38, oder: Interaktionale Bibelauslegung (M 19.3) und Textanalyse.

5. Textarbeit II
Sch lesen den Text: »Menschen suchen nach Anerkennung« bis auf den letzten Abschnitt und unterstreichen mit der einen Farbe die Sätze, denen sie zustimmen, mit der anderen Farbe jene Sätze, denen sie nicht zustimmen können. Anschließend wird der Text Abschnitt für Abschnitt durchgegangen.

6. Vertiefende Reflexion
Gemeinsames Bedenken der abschließenden Fragen.

7. Ergänzung und Vertiefung
Blick in Luthers Disputatio de Homine (M 19.1).

20 Was für ein Mensch

20.1 Der Zusammenhang

Die Rede von der Geschöpflichkeit und der Ebenbildlichkeit (S. 28) des Menschen, vor allem aber von Sünde und Sündern (S. 36f.) stellt die Frage, wie es aussieht, wenn ein Mensch seiner göttlichen Bestimmung gemäß lebt und so gesehen »wahrer Mensch« ist. Bezogen auf das Gleichnis vom verlorenen Sohn ist zu fragen: Was kennzeichnet das Leben des verlorenen Sohnes nach seiner Rückkehr und Aufnahme (S. 38)? Für die christliche Theologie ist dies der Ort, an dem sie von Jesu Menschsein spricht. Dieses Kapitel ist in dem Heft nicht zufällig die Mitte!
Die Frage nach dem wahren Menschsein begegnet in allen anthropologischen Aussagen, vor allem in philosophischen Reflexionen (S. 12–27). Platon, Epikur, Pascal, Sartre, Buber, u. a. begnügen sich nicht mit Aussagen über die Natur des Menschen, sie entwerfen eben auch Bilder wahren Menschseins. Sie sagen, wie Menschen eigentlich leben sollten, also wirklich Mensch sind, und somit ihrer Natur und ihrer Bestimmung entsprechen.

20.2 Eberhard Jüngel, Der Gott entsprechende Mensch (S. 40)

Christliche Anthropologie ist der Überzeugung, dass der Mensch nur dann zu seiner eigentlichen Bestimmung und zu einem wahrhaften menschlichen Leben gelangt, wenn sein Leben vollständig geändert und erneuert wird. Dass dies keine einfache Geschichte ist, belegt die altchristliche Taufpraxis, die mit einem dreijährigen dramatischen Veränderungs- und Entwicklungsprozess rechnet.
Die Sucht-Therapie weist heute darauf hin, dass grundlegende Änderungen in der Lebensart eines Menschen (Buße!) ein zeitaufwendiger, schmerzhafter Prozess ist, der ohne Hilfe nicht zu bestehen ist. Alle diese Erneuerungsprozesse kommen ohne Bilder gelingenden menschlichen Lebens nicht aus. Sie brauchen Maßstäbe, an denen wirkliches menschliches Leben erfasst werden kann. Tendenziell ähnlich verfährt auch die Evolutionsbiologie. Sie braucht Maßstäbe des Menschlichen, um tierisches vom menschlichen Leben unterscheiden zu können.
Eberhard Jüngel orientiert sich in seiner Beschreibung des neuen Menschen an Paulus und dessen Vorstellungen vom alten und neuen Menschen (2. Kor 5,17), ebenso von Jesus als wahrem Ebenbild Gottes (2. Kor 4,4; Kol 1,15; Hebr 1,3). Alle Menschen sind danach dazu bestimmt, Gottes Ebenbild zu sein, um Gott in Anruf und in Antwort gerecht zu werden. Die Menschen werden jedoch von der Sünde beherrscht (Röm 7,14–25) und verfehlen ihre eigentliche Bestimmung. Dies ist die Situation des »alten« Menschen. Diesem »alten« Menschen zugute ist Gott in Jesus Christus wahrer Mensch geworden und hat als wahres Ebenbild Gottes das Menschsein enthüllt, das ganz Gott gerecht wird. Jesus ist der »neue« Mensch. Indem er aber gerade als dieser Mensch Gott entspricht, spiegelt er Gott und gibt Gott auf menschliche Weise wider. Die Menschen, die nun dieser Person entsprechen, werden zu neuen Menschen und werden ihrer ursprünglichen Bestimmung als Gottes Ebenbild gerecht. Deshalb ist Jesus sowohl wahrer Mensch als auch wahrer Gott zu nennen.
Jesus bestimmt das Ebenbild Gottes als Mensch, der Gott entspricht. Er ist das Wesen, das auf Gott bezogen und deshalb für Gott offen ist, das sich nicht bloß mit sich selbst beschäftigt, im Höheren gründet und in seiner ganzen Existenz sprachliche Antwort ist. In dem Wort »entsprechen« steckt fast die ganze Anthropologie Jüngels, die stark durch Martin Buber, Karl Rahner, aber auch von Helmut Plessner und Arnold Gehlen beeinflusst ist.

Entsprechendes zeigt die relationale Verfasstheit menschlicher Existenz. Der Mensch ist auf ein Du hin entworfen und gewinnt sich als Ant-Wort (ent-sprechen) auf ein anredendes Wort hin. In dieser geselligen Struktur entspricht der Mensch dem dreieinigen Gott, der in sich gesellig bzw. Gemeinschaft ist.

Jesus ist der Gott entsprechende Mensch, weil er auf Gott hin und von Gott her lebt (vgl. Vater unser, Mt 6,9–13) und sein Leben zur Antwort macht, so dass man eine Ahnung davon bekommen konnte, wer Gott ist. Deutlich wird dies gerade bei den Mahlgemeinschaften (vgl. Mk 3,13–16; Lk 19,1–10). Als wahres Ebenbild Gottes ist Christus der Stellvertreter auf Erden und Herr der Welt. Bezeichnend für diesen Herrn ist aber gerade, dass er sich bücken kann und zum Diener aller wird (vgl. Mk 10,43–45; Joh 13,1–20; Phil 2,5–11).

Wer sich nun diesen Jesus und das Evangelium von ihm gefallen lässt, sich deshalb ansprechen lässt und aus der Ansprache heraus sein Leben gestaltet, der ist »in Christus« und eine »neue Kreatur«. Er hat begonnen damit aufzuhören, sich mit sich selbst zu beschäftigen und sich ganz in sich selbst zu begründen. Bei ihm hat die Befreiung und die Erneuerung begonnen. Diesem neuen Menschsein entspricht im übrigen eine theologische Anthropologie, die sich nicht im eigenen Nachdenken begründet, sondern ihre Antworten in einem vorgängigen Wort sucht.

20.3 Schindlers Liste (S. 40)

Der kurze Auszug aus dem Roman von Thomas Keneally soll Anlass geben, die Taten und die Persönlichkeit von Oskar Schindler zu rekonstruieren. Vorausgesetzt ist, dass der Film von Steven Spielberg bekannt ist oder von einer »Expertengruppe« vorbereitend angesehen werden kann.
Die Leitfrage ist, ob der gerissene Geschäftsmann, der das Leben liebende Casanova, der Freund so vieler Nazis und entschlossener Retter von vielen Juden als wahres Ebenbild Gottes, als neuer Mensch und als Jünger Jesu bezeichnet werden kann.
Der Text liefert zwei Theorien für das Verhalten von Oskar Schindler: Einmal eine Infektion mit einem jüdischen Virus, das heißt also mit einer ansteckenden Krankheit, zum anderen als religiöse Verehrung einer elementaren Herzlichkeit. Könnte es sein, dass Schindler Ebenbild Gottes war?

20.4 Bild: Piotr Naliwajko, Ecce Homo (S. 41)

Das Bild des polnischen Künstlers zeigt einen bärtigen Mann mit langen Haaren und dunklen, eher winterlichen Kleidern. Er trägt schwarze Lackschuhe und raucht offenbar eine Zigarette. Der Mann hockt vor einem Haus mit roten Backsteinen. Das mit einem Vorhang verhängte und deshalb undurchsichtige Fenster spiegelt gegenüberliegende Häuser und ein Stück vom Himmel. Es ist Tag, doch der Mann sitzt im Dunkeln. Der Kopf des Mannes ist von einem hellroten Heiligenschein umringt. Der Mann sitzt in der Mitte des Bildes, der Heiligenschein wird durch die gedachte Mittellinie halbiert. Kopf und Heiligenschein bilden die Mitte der oberen Hälfte des Bildes. Das Bild ist auf zerknittertes Packpapier gemalt, das offenkundig in der Mitte gefaltet war. Der Heilige begegnet auf gewöhnlichem Packpapier!
Das Bild erinnert an Obdachlose, die am Straßenrand sitzen und betteln. Allerdings trifft dies für diesen Menschen so nicht zu. Das Bild suggeriert eine lässige Distanz. Die Person hat aufreizend Zeit und konzentriert sich ganz auf sich. Der Maler versetzt den Betrachter in die Position des Passanten, der auf den Mann zugeht und von oben herab auf die hockende Person schaut. Es gibt doch keinen Blickkontakt. Der Beobachtende wird jedoch in die Lage versetzt, jetzt gleich zu reagieren. Der Heiligenschein gibt dem Mann eine besondere göttliche Qualität und erhellt sein Gesicht. Die ganze Gestalt erinnert an Mt 25,31ff.: »Was ihr den Geringsten meiner Brüder getan habt, das habt ihr mir getan.«

Der Titel »Ecce Homo« ist mit »Seht, welch ein Mensch« zu übersetzen. Er ist der Passionsgeschichte entnommen und von Pilatus überliefert (Joh 19,5). Jesus ist angeklagt, der König der Juden und damit der Anführer eines gewaltsamen Umsturzes zu sein. Er wird geschlagen, gefoltert und verspottet (Joh 19,1–3). Pilatus kann in dem geschundenen Menschen keine Schuld finden (Joh 19,4). Für ihn ist dieser Jesus eine Jammergestalt, die Karikatur eines Königs, das Gegenteil eines machtvollen Herrschers. Er will durch den Augenschein die Sinnlosigkeit des Vorwurfes demonstrieren: Seht, da ist der Mensch. Doch die Hohenpriester schreien: »Kreuzige ihn« (19,6). Was hier doch als Hinweis auf die Unsinnigkeit des Vorwurfs gemeint war, gewinnt im Rahmen des Evangeliums einen neuen Sinn: Gerade diese erbärmliche Gestalt repräsentiert die Macht Gottes. Auf das Bild bezogen heißt dies, dass die Göttlichkeit Christi gerade in einem erbarmungswürdigen Menschen begegnet. Der Penner trägt einen Heiligenschein. Davon ausgehend heißt dies, die besondere Würde eines Menschen gerade im Menschen am Rande zu entdecken.
Das Bild spricht unsere Vorurteile gegenüber anderen Menschen an. Es stellt die Frage, wie wir mit Menschen umgehen, die heruntergekommen sind. Verdienen sie Misstrauen oder Respekt, lösen sie Ängste oder Widerstand oder Zuwendung aus – und Interesse? Sprechen wir ihnen Menschenwürde zu?
Das Bild lässt schließlich fragen, was ein Menschsein kennzeichnet, das Gott entspricht, und Ebenbildlichkeit realisiert. Mt 25,31ff. erweist sich von hierher als Aufforderung, Gott zu entsprechen und zwar in einem doppelten Sinne: in den »Armen« Christus selbst zu erkennen und zum anderen wie Christus barmherzig zu werden.
Auf diesem Hintergrund entschlüsselt sich Christus als Symbol wahren Menschseins, in dem die Bestimmung des Menschen und seine Existenz zur Übereinstimmung gelangt.

20.5 Literatur

Harald Hegermann, Art. Mensch IV, Neues Testament, TRE 22, 1992, 481–493
Jacob Jervell, Bild Gottes I, Biblische, frühjüdische und gnostische Auffassungen, TRE 6, 499–502
Eberhard Jüngel, Der Gott entsprechende Mensch, in: ders., Entsprechungen. Gott – Wahrheit – Mensch, München, 1980

20.6 Unterrichtsideen

1. Bildbetrachtung
Sch betrachten das Bild: »Ich sehe … Wo befinde ich mich als Betrachter? Ich empfinde … Mir gefällt … Mich stört …« Was meint der rote Kreis um den Kopf des Mannes? Was meint der Titel? Warum wurde das Bild auf Packpapier gemalt? Was will der Künstler bewirken? Anschließend könnten die Sch einen freien Vortrag zu seinem Bild machen. Sie sind in einer Ausstellung, führen diese und beginnen: »Hier sehen Sie …«

2. Reflexion I
Was heißt menschlich zu sein? Welche Menschen waren und sind richtig menschlich?
Sch gestalten zu zweit ein DIN A 3-Plakat. Anschließend Bildbetrachtung. Ist Jesus dabei?

3. Textanalyse I

L gibt an der Tafel zwei Begriffe vor:

Neuer Mensch	Jesus

Einige Sch unterstreichen im Text die Aussagen über den neuen Menschen, die anderen die über Jesus. Jeweils ein Sch notiert an der Tafel das Ergebnis. Die zwei Spalten werden interpretiert und auf ihr Gegenteil befragt. Wie sieht ein Mensch aus, der Gott nicht entspricht? Wie sieht ein Mensch aus, der ganz anders wie Jesus ist?

Gespräch: Was spricht dafür, dass der »neue Mensch« und »Jesus« identisch sind? Möchte ich so sein? Wie können Menschen so werden?

4. Hinführung

Sch. lesen Vorspann und tragen zusammen, was sie von Oskar Schindler wissen. Was hat er getan? Was ist er für ein Mensch gewesen? Zur Vorbereitung kann ein Team das Buch lesen oder den Video-Film ansehen. Zusf. TA zu Person und Werk von Oskar Schindler.

5. Textanalyse II

Sch. arbeiten heraus, was Schindler 1944/45 getan hat und wie er einerseits von Bosch, Göth und anderen, andererseits von Keneally (im letzten Satz) gedeutet wird.

Wie soll man sein Verhalten deuten? Wie entsteht ein solches Verhalten?

6. Reflexion

Ist Oskar Schindler ein Ebenbild Gottes?

21 Wie frei sind wir?

21.1 Der Zusammenhang

Die Frage »Wie frei sind wir wirklich?« greift in theologischer Perspektive die Frage der Abhängigkeit und der Willensfreiheit auf und will gleichzeitig grundlegende Differenzen zwischen einer evangelischen und einer katholischen Anthropologie aufzeigen.
Diese Frage durchzieht das ganze Heft und kann als Schlüsselthema der Anthropologie begriffen werden. Es begegnet mehrfach, so z. B. in der Suchtfrage (S. 9), in der Auseinandersetzung zwischen Sartre, Skinner und Foucault (S. 23–25), in der Verhaltensforschung (S. 55f.), in der Soziobiologie (S. 57), in der Entwicklungspsychologie (S. 62) und Werbepsychologie (S. 64f.) sowie in der Genetik (S. 72).
Jedes Mal geht es um die Frage, inwieweit der Mensch sein Leben aus freiem Willen gestalten kann und ob er von Mechanismen und Programmierungen abhängig ist, die er möglicherweise noch nicht einmal durchschaut. Ist der Mensch Herr im eigenen Hause? Theologisch gesehen geht es hierbei einmal um die Macht und die Wirkung der Sünde und andererseits um die Kraft und die Grenzen des freien Willens, wie sie Paulus paradigmatisch in Römer 7 reflektiert und wie sie in der Auseinandersetzung zwischen Luther und Erasmus bedacht werden.

An dieser Linie trennen sich bis heute die anthropologischen Konzepte der beiden großen christlichen Konfessionen. Hier treten aber auch die Unterschiede zum Judentum und zum Islam auf.
Der Text auf S. 42 setzt die biblisch-theologische Beschäftigung mit dem Bösen, der Sünde, (vgl. S. 36f.) fort, reflektiert noch einmal die inneren Beweggründe der beiden Söhne in Lukas 15,11–32 (S. 38), bereitet die Auseinandersetzung mit Luthers Freiheitsschrift vor (S. 45–47) und entwickelt ein spezifisch theologisches Verständnis von Abhängigkeit.

21.2 Das Gute, das ich will, tue ich nicht (S. 42)

Der Autorentext verdankt sich einer Auseinandersetzung mit Wolfhart Pannenberg, Klaus Berger und Luthers Schrift »Vom unfreien Willen«. Er reflektiert die Frage der Willensfreiheit und will neben die heute selbstverständliche Ansicht, wonach Menschen immer wieder frei wählen können, hinterfragen.

Zentrale Gedanken sind:

1) Alle Menschen wählen zwischen gut und böse und entscheiden sich für das, was sie für sich als gut ansehen. Niemand entscheidet sich bewusst für das, was ihm selbst schadet und so gesehen »böse« ist.
2) Menschen können sich jedoch auch täuschen über das, was für sie gut ist. Sie wählen dann das scheinbar Gute, setzen aber dadurch Böses, das heißt Leben-Zerstörendes in Gang.
3) Diese Täuschung ist das Werk einer inneren Macht, die den Menschen soweit beherrschen kann, dass er nur noch das zwanghaft wählt, was faktisch das Leben zerstört.
4) Um diese Macht geht es Paulus in Römer 7, er nennt sie »Sünde«.
5) Diese Macht gleicht der Sünde, wie sie z.B. in der Heroin-Abhängigkeit zum Ausdruck kommt (M 5.1). Luther bezeichnet diese Macht als Satan.
6) Nach Paulus und Luther wirkt diese Macht in allen Menschen, die nicht vom Geist Gottes ergriffen und befreit sind.
7) Die Befreiung von der Sünde braucht viel Zeit, Kraft und Hilfe von außen. Es ist ein Kampf um die »Herrschaft im Haus« oder um das Lenken des »Lasttieres«. Es geht um ein Sterben des alten Menschen und den Gewinn des neuen (Röm 6,3–6).
8) Willensfreiheit ist zwar möglich, setzt aber Befreiung voraus.

Die entscheidende und im Text offen gelassene Frage lautet: »Wenn alle Menschen in diesem Sinne süchtig sind, aber weder fixen, saufen, fressen, hungern oder rastlos arbeiten, worin besteht dann ihre Sucht?« Eine Antwort auf diese Frage bietet die Auseinandersetzung mit dem Gleichnis vom verlorenen Sohn und mit Luthers Freiheitsschrift. Der Mensch ist »süchtig« nach Anerkennung aufgrund eigener Leistung. Sünde besteht also dann nicht in der Übertretung einzelner Gebote, sondern bezeichnet eine Grundeinstellung zum Leben.

Die eigentliche Pointe der Sünde zeigt sich nach theologischem Verständnis erst in der Begegnung mit dem Wort Gottes, dem Evangelium. Von Natur aus können Menschen Sünde nicht erkennen. Im Blick auf Gott erweist sich Sünde als Abwendung von dem gnädigen Gott, als eine Lebenshaltung, die meint, sie brauche kein Erbarmen. Sünde ist damit auch Verweigerung von Gemeinschaft, von Beziehung zu Jesus Christus.

In der Geschichte der evangelischen Theologie hat es immer wieder Versuche gegeben, Gestalten der Sünde zu bestimmen. CA VII bestimmt sie als »Leben ohne Gottesfurcht« (sine metu Dei), »ohne Vertrauen zu Gott« (sine fiducia erga Deum) sowie als »Neigung und Lust zum Bösen« (concupiscentia).
Diese Unterscheidung aufnehmend kann man unterscheiden zwischen:

1) Nicht-Wahrhaben-Wollen geschöpflicher Grenzen, Verleugnung von Schwächen, Interessen und Unsicherheit,
2) Angst und Sorge um sich selbst; Bemühen, durch eigenes Tun Anerkennung und Daseinsberechtigung zu gewinnen,
3) Alles für sich haben wollen, alles auf sich beziehen und vollkommen sicher sein wollen.

Mit Schülerinnen und Schülern wäre darüber zu sprechen, was hinter dem Kauf von Autos stecken kann, hinter dem Blick in ein Modegeschäft, hinter dem Wunsch an der »DM« festzuhalten, usw.
Gegen eine allzu populäre Definition des Menschen als Sünder ist darauf hinzuweisen, dass nach evangelischer Sichtweise dem Menschen, der Sünder ist, Vergebung zugesagt wird (Luther in Disputatio de homine hominem justificari fide).

Auf diesem Hintergrund ist die Rede von Sünde nicht als Anklage, sondern als Evangelium zu entfalten. Es gilt, so von und zu den Menschen zu sprechen, dass
1) ein Raum entsteht, in dem Menschen Schwächen, Irrtümer, Unwissenheit, Einsamkeit und Angst aussprechen können,
2) Menschen über die Sorge um sich selbst nur lachen können und
3) eine Freude über das eigene Leben ausgelöst wird, in der das Streben nach Sicherheit und Besitz als ängstlich erkannt wird.

21.3 Röm 7,7–25

Paulus setzt sich in Röm 7,7ff. mit der Frage auseinander, ob das Mose-Gesetz Sünde sei (7,7). Ausgelöst war die Frage durch die Behauptung, dass das Gesetz sündige Leidenschaften erregt hatte (7,5). Paulus lehnt diese Sichtweise ab. Die Sünde habe das Gesetz vielmehr zum Anlass genommen, Begierden zu erregen (7,8).
In der Folge wird die Sünde als eine Macht beschrieben, die
- Begierden erregt (7,7.8)
- betrügt und tötet (7,11)
- in dem Menschen wohnt und wirkt (7,20)
- gefangen hält (7,23)
- das Handeln verkehrt (7,15.19)
- Dinge tun lässt, die man eigentlich nicht will (7,19)
- das »Böse« tun lässt (7,19)
- in dem Menschen herrscht (7,13.16)
- in den Tod zieht
- die guten Gebote Gottes zu einem Vehikel macht, um sich selbst zu zerstören.

Diese Sicht ist offenkundig nur von der Erkenntnis des Glaubens her möglich (7,25), so dass sich die Rede von Paulus als Blick aus dem Glauben heraus darstellt
Ziel der Rede ist die Befreiung vom Tod durch das »Leben im Geist«. Das menschliche Haus soll von der Macht der Sünde gereinigt und durch den Geist Gottes bewohnt werden.
Diese »Befreiung« von der Macht der Sünde und der Tendenz des Todes geschieht durch das Vertrauen auf den Auferstandenen (8,11). An ihm ist geschehen, was für alle geschehen soll: Der Tod ist nicht das Ende, sondern Leben. Nicht das Aufrechnen von Versagen steht zu erwarten, sondern liebevolle, freundliche, barmherzige Annahme – eine Erfahrung, die im Gleichnis vom verlorenen Sohn narrativ und symbolisch entfaltet wird.
Wo diese Botschaft »ankommt«, werden Menschen von einem neuen Geist ergriffen, dem Geist Christi. Dieser Geist führt zu einer anderen Lebenshaltung, die nach Gal 5,22f. durch Liebe, Freude, Friede, Geduld, Freundlichkeit, Güte, Treue, Sanftmut und Keuschheit gekennzeichnet ist. Es ist eine freie Lebenshaltung – ohne Angst um sich selbst (Freiheit von sich selbst), mit offenen Augen und Händen für den Nächsten (Freiheit für andere) (vgl. S. 45–47 Echt frei).

21.4 Luther und Erasmus (S. 42.44)

Die Auseinandersetzung mit Luther war Erasmus von Rotterdam (1466–1536) von Papst und Kaiser aufgenötigt worden. Er sollte sich von der Reformation abgrenzen und gegen sie Stellung beziehen. Er tut dies schließlich 1524 in seiner Schrift »Gespräch oder Unterredung über den freien Willen« und konzentriert sich dabei auf ein Grundthema der spätscholastischen Theologie: die Willensfreiheit. Er zielt auf einen wesentlichen Punkt von Luthers Theologie: das Verhältnis von Gnade und Freiheit. Im Kern geht es um die Frage, ob der Mensch sich mit eigener Kraft dem zuwenden kann, was zum ewigen Heil führt, und ob er sich davon auch aus freien Stücken abwenden kann.
Erasmus bejaht dies und entwirft eine differenzierte Sicht vom menschlichen und göttlichen Handeln. Der Mensch kann und muss sich von sich aus anstrengen, die ersten Schritte gehen und zugreifen, aber ohne die Hinweise, die Unterstützung, die Lenkung und die Führung Gottes kann menschlicher Wille und menschliches Handeln nicht zum Heil führen. Wichtiges Anliegen von Erasmus ist die Freiheit Gottes. Gott soll nicht für jedes Versagen und schon gar nicht die Gottlosigkeit der Menschen verantwortlich gemacht werden. Gleichzeitig wendet er sich gegen einen deprimierenden Determinismus: der Mensch kann selber etwas tun. Der Mensch ist kein Ton, an dem Gott arbeitet!

Luther hatte über diese Frage noch keine eigene Schrift verfasst; anders aber Philipp Melanchthon (1497–1560), der in den Loci Communes 1521 über die Willensfreiheit nachdenkt und dabei Gedanken Luthers nicht nur systematisiert, sondern auch mit Erfahrungen verknüpft.
Kennzeichnend ist zunächst einmal die Grundüberzeugung, dass die Vernunft von dem Willen regiert wird. Dieser Wille wird aber nun seinerseits von Affekten bestimmt, von Liebe und Hass, von Freude und Trauer, von Neid und Ehrgeiz, von Habgier, dem Streben nach einem guten Ruf und anderes mehr.
Nun ist zwar einzuräumen, dass der Mensch in gewissen Dingen frei entscheiden kann. Er kann entscheiden, ob er dieses oder jenes anzieht, ob er Fleisch isst oder nicht. Er

kann jedoch eines nicht: willentlich über seine Affekte verfügen. Der Mensch kann nicht »machen« zu lieben oder zu hassen. Da jedoch die Beziehung zu Gott wesentlich durch Affekte bestimmt ist (Liebe zu Gott), kann sich der Mensch nicht für oder gegen Gott entscheiden. Im Blick auf die Affekte gibt es keine Freiheit!

Martin Luther (1483–1546) antwortet 1525 Erasmus in seiner Schrift »Dass der freie Wille nicht sei«. Zwischen den beiden Schriften liegt der Bauernkrieg. Die Argumentation von Luther ist primär theologisch. Er bezieht sich deshalb auf Bibelstellen. Wie Melanchthon räumt auch Luther ein, dass der Mensch im Blick auf »niedrigere« Dinge wie Geld und Besitz nach freiem Willen handeln kann. Doch im Blick auf Gott und damit im Blick auf jene Dinge, die über Heil oder Verdammnis entscheiden, ist der Mensch »ein Gefangener, ein Unterworfener, ein Knecht, entweder des freien Willens Gottes oder des Wirkens des Satans«. Etwas allgemeiner gesagt: Im Blick auf Grundeinstellungen oder Grundüberzeugungen eines Menschen zu Leben, Tod o. a. gibt es keine Entscheidungsfreiheit. Jeder ist schon entschieden oder wird je neu entschieden.

21.5 Der katholische Weltkatechismus (S. 44)

Die Lehre der katholischen Kirche von der Willensfreiheit steht in der Tradition von Erasmus und betont die sittliche Freiheit des Menschen, zwischen Gut und Böse zu wählen (1732) und somit über sich selbst zu bestimmen (1731). Der Mensch hat die Freiheit zur Selbstbestimmung!
Wie bei Melanchthon besteht Willensfreiheit in der Einigung von Verstand und Willen. Deshalb kann die Willensfreiheit durch Unkenntnis sowie äußere und innere Widerstände eingeschränkt oder sogar aufgehoben werden. Da Gott das höchste Gut (summum bonum, 1733) ist, ist die Entscheidung für das Gute letztlich eine Entscheidung für Gott (1731). Hier findet der Mensch zu sich selbst. Wahre Autonomie ist bewusste Theonomie. Da die Freiheit ihren Zweck darin hat, sich bewusst für das Gute und damit für Gott zu entscheiden, ist die Entscheidung für das Böse – und damit gegen Gott – Missbrauch der Freiheit und Sünde (1733). Der Mensch ist dazu geschaffen und dazu berufen, sich für Gott zu entscheiden. Allerdings bedarf die Entscheidung für Gott der Entwicklung und des Wachstums.

Zu den Anliegen dieser Lehre gehört
1) die Betonung der menschlichen Verantwortung für das eigene Handeln (1736),
2) die Aufforderung, an der Herrschaft des Willens über das Tun durch Erkenntnis und Übung zu arbeiten und so vollkommener zu werden (1734, 1732, 1731) und schließlich
3) die freiwillige, bewusste und entschiedene Bindung des Menschen an Gott.

Wie Erasmus klar bestimmt hat, liegt der theologische Differenzpunkt zwischen einer evangelischen und einer katholischen Anthropologie in der Verhältnisbestimmung von Freiheit und Gnade im Blick auf die Grundüberzeugungen und Grundeinstellungen des Menschen.
Nach der reformatorischen Sicht ist der Wille immer durch vorgängige Bindungen affiziert. Nach der katholischen Sicht kann sich der Mensch selbst zu Gott hinwenden und von gegenläufigen Tendenzen durch die Arbeit an sich selbst befreien. Während reformatorische Theologie Gnade als Voraussetzung für die Entscheidung für Gott ansieht, sieht katholische Theologie die Gnade demjenigen entgegenkommen, der sich aufrichtig bemüht. In dem einen Fall ist Gnade ein Akt der Befreiung, in dem anderen ein Akt der Unterstützung. Zugespitzt formuliert kann man sagen, dass reformatorische Theologie den Menschen zunächst einmal als ein Opfer ansieht, katholische Theologie hingegen als Täter.

21.6 Bild: Salvo, Stazione (S. 43)

Der zeitgenössische Künstler Salvo stammt aus Italien. Seit 1973 zeichnen seine Bilder eine anschauliche Naivität aus, die den Augen meist eine angenehme und behagliche Ansicht bieten. Es geht meist um spontane Eindruckserlebnisse in allgemein verständlicher Sprache. Salvo liebt Natur-, Landschafts- und Stadtbilder in harmonischen Farben, doch kann man immer wieder dunkle Kerne erahnen. Die Bilder haben traumhaften Charakter, lösen aber auch Unbehagen aus.

Das Ölbild »Stazione« entstand 1992 und führt den Betrachter in einen nächtlichen Bahnhof. Der wolken- und sternenlose Himmel ist tiefblau und geht ins Schwarze über. Die Häuser rechts und links wirken nächtlich verschlossen. Am linken äußeren Gleis fährt ein Zug ein, möglicherweise fährt er einfach durch. Das gelbe Licht der Lampen kann nicht erwärmen. Der Betrachter wird auf einen leeren Bahnsteig versetzt und zwischen leere Gleise gestellt. Dies lässt nächtliche Aufenthalte auf leeren Bahnhöfen assoziieren. Wartet er nun auf einen ankommenden Zug, oder will er seinerseits abreisen?
Die beiden Gleise kommen aus dem nachtdunklen, bewaldeten Horizont oder führen darauf hin. Doch trotz der offenen Wege in den Horizont stoßen die Blicke immer wieder auf die Säule. Es will sich keine rechte Reisefreude einstellen, denn der Kopf stößt immer wieder mit der Stirn gegen den dunkelbraunen Beton. Dies bewirkt die Komposition des Bildes. Alle Fluchtlinien treffen sich in der Mitte des Betonpfeilers. Gerade dies löst Unbehagen aus und lässt einmal fragen, was sich mir in meinem Leben in den Weg stellt, und zum anderen, wie man solche Hindernisse vermeiden und einen offenen Weg in die Zukunft gewinnen kann.
Die Schienen erweisen sich in einer solchen Betrachtung als Symbol für Lebenswege. Eine Frage im Jugendalter ist ja, welchen Weg ich einschlage, für welchen Weg ich mich entscheide. Die weitergehende Frage ist, welcher Art Lebenswege sind. Sind es festverlegte Geleise, die einen Lebensweg festlegen und gleichzeitig sicher machen? Auch die Weichen sind ja vorgefertigt und vorher gestellt. Oder

handelt es sich um unübersichtliche Strecken, offene Landschaften mit Biegungen, Steigungen und Wegkreuzen, die das Leben beschwerlich, aber gleichzeitig auch überraschend machen können? Dahinter kann man die Frage sehen, ob der eigene Lebensweg festgelegt und vorgeplant ist, oder ob er offen und gestaltbar ist, ob ich selbst über meinen Lebensweg entscheide, oder ob meine Lebenswege schon entschieden sind. In manchem bin ich ja festgelegt.

21.7 Symbol Weg

Das Symbol des Weges erschließt ein wichtiges Moment des Menschseins. Der Mensch befindet sich in ständiger Bewegung. Jedes Handeln ist ein Schritt auf dem eigenen Lebensweg und die Bestimmung seiner Richtung. Da selbst Nichthandeln Handeln ist, gibt es im Grunde kein Verharren. Das ganze Leben ist ein Weg (Sprüche 20,24). Die Aufgabe stellt sich, den rechten Lebensweg zu finden und einzuschlagen.
Alle Religionen wollen den Menschen helfen, den rechten Weg zu gehen (vgl. den achtfachen Pfad). Die Bibel unterscheidet den Weg des Heils (Jer 61,6) und den Weg des Lebens (Jer 21,8), Gottes Pfade (Jes 2,3) von dem Pfad der Ruchlosen (Ps 1,6) und den Weg des Todes (Jer 21,8). Tröstend gemeint ist der Hinweis auf Gottes Wege, die nicht mit dem menschlichen Aufgeben und deshalb auch nicht aufgehoben werden können (Bonhoeffer, Glaubensbekenntnis). Jesus unterscheidet zwischen dem breiten und dem schmalen Weg (Mt 7,13 f.), der in der Tradition des Kreuzweges auch darin bestehen kann, Christi Leiden zu tragen. Letztlich ist Jesus selbst der Weg, die Wahrheit und das Leben (Joh 14, 6). Der rechte Lebensweg wird gefunden, indem man sich an ihm orientiert und sich auf ihn verlässt.

21.8 Unterrichtsideen

1. Bildbetrachtung
Sch betrachten das Bild und nehmen die Impulsfragen auf: Was sehe ich ? (Ich sehe ...) Was empfinde ich? (Ich empfinde ...) Welche Begebenheiten fallen mir dazu ein? (Ich habe einmal ...).
Interessant wäre der Vergleich des Bildes mit einer Neubearbeitung. Sch kopieren das Bild, schneiden die mittlere Säule aus und gestalten ein neues Bild. Was hat sich geändert?
Die Bildbetrachtung sollte einen Weg finden zu der Frage, wie die Sch sich ihren Lebensweg vorstellen und was sie darin bestimmt. Mit welchem Lebensgefühl beschreiten sie ihren Lebensweg?

2. Ein-Punkt-Abfrage
»Wie frei bin ich im Blick auf mein Leben?« L zeichnet einen senkrechten Pfeil an die Tafel oder ein Plakat mit der Maßgabe 0–100 %. Die Sch markieren mit einem Punkt den Grad ihrer Freiheit. Anschl. Rundgespräch über den Befund: Wie frei sind wir wirklich? Wovon sind wir abhängig? Was macht mich frei(er)?

3. Textarbeit I
L führt kurz in die Auseinandersetzung zwischen Luther und Erasmus ein und fordert die Sch auf, diese anhand der beiden veranschaulichenden Geschichten (S. 42.44) in dem Freiheitsstrahl einzufügen.
Dazu können die beiden Bildergeschichten auf reale Fragen befragt werden: »Bin ich in meinem Leben schon einmal einer Situation begegnet, die zu einer der beiden Geschichten passt?«
Das Gleichnis von Erasmus legt nahe, die Aktivitäten des Kindes (Menschen) und des Vaters (= Gottes) herauszustellen, so dass das Ineinander bei dem Erreichen des Guten (= Apfel) deutlich wird.

Kind	**Vater**
Sehen	Aufrichten
Losgehen	Zeigen
Unsicher gehen	Hand entgegenstrecken, stützen, Schritte lenken, führen
ergreifen	in die Hand geben

4. Vorbereitung der Textarbeit
Sch entscheiden, ob sie in KGA eine Position bearbeiten wollen, die eher für oder eher gegen Freiheit ist.

5. Textarbeit II
Sch bearbeiten »Das Gute, das ich will, tue ich nicht« und »Katholischer Weltkatechismus: Freiheit und Verantwortung« unter der Leitfrage »Wie frei bin ich im Blick auf mein Leben?«
Die Sch erhalten zu dem jeweiligen Text Leitbegriffe (M 21.1 und M 21.2), die sie durch Unter-, Über- und Zuordnung entweder auf den Boden legen, an die Wand heften oder auf eine Folie aufzeichnen (Begriffsbild).

6. Zusammenfassung
Sch stellen einander ihre Ergebnisse vor und prüfen, welche Argumente für die einzelnen Positionen sprechen. Abschließendes RG: Können wir uns für Nächstenliebe, Gewaltfreiheit, Hoffnung und Glaube entscheiden?

22 Echt frei!

22.1 Der Zusammenhang

Freiheit ist ein Schlüsselwort jeder Anthropologie, auch derjenigen, die vom Determinismus handeln (z. B. Wendt, S. 62; Eibl-Eibesfeldt, S. 55; Soziobiologie, S. 57; Skinner, S. 25). Das Thema Freiheit begegnet in der Biografie der heroinsüchtigen Heidi (S. 9), dann aber vor allem in philosophischen Reflexionen (z. B. Platon, S. 12f.: Freiheit vom Leibe, Pico della Mirandola, S. 15: Freiheit zum Handeln, S. 23: Sartre: Freiheit zur Wahl).

Luthers theologische Reflexion der Freiheit setzt das Nachdenken über Sünde (S. 36f.), die Suche nach Anerkennung (S. 38) und über die Unfreiheit des Willens (S. 42–44) voraus. Hilfreich ist das Nachdenken über die Seele (vgl. S. 30; Platon S. 12f. und Descartes S. 18).

Unterstellt wird, dass Sch alle frei sein wollen, oder sich frei wähnen, dennoch aber abhängiger sind, als sie es gerne sein wollen und darüber hinaus das Wesen der Freiheit noch nicht systematisch reflektiert haben (vgl. Fowlers synthetisch-konventioneller Glaube S. 63). Sie verstehen Freiheit meist im Sinne der Willensfreiheit, nämlich Tun und Lassen, was man will.
Leitfrage ist deshalb: Wann ist der Mensch »echt frei«? Wie wird man frei? Worin besteht das Wesen der Freiheit?

22.2 Formen der Freiheit

Der Blick auf das Thema Freiheit lässt verschiedene Formen erkennen, die zum Teil polar einander zugeordnet sind.
Grundsätzlich kann Freiheit als *Aufhebung von Heteronomie* und als Wahrnehmung der Autonomie bestimmt werden. Freiheit kann deshalb ganz elementar als *negative Freiheit (Freiheit von)* und als *positive Freiheit (Freiheit zu)* unterschieden werden. Offen ist dabei jedoch, was heteronom und autonom heißen soll. Zu der »Freiheit wozu« gehört die *eschatologische Freiheit* des Reiches Gottes bei Jesus oder des himmlischen Jerusalem bei Johannes.

Diese Freiheit kann *individuell* und *kollektiv* verstanden werden. Sie gilt entweder dem Einzelnen oder einer Gemeinschaft. Luther hat die individuelle Freiheit vor Augen. Die Frage ist, ob individuelle Freiheit im Kollektiven wurzelt oder für diese Voraussetzung ist.

Wirkmächtig geworden ist die Unterscheidung von *innerer und äußerer Freiheit*. Innere Freiheit meint die Freiheit der Seele bzw. der Person von Leidenschaften und Ängsten, vor allem der Todesangst. Platon und Epikur geht es deshalb um die innere Freiheit, die letztlich auch die Freiheit von der Todesfurcht beinhaltet (vgl. auch Stoa). Luther geht es zunächst einmal und vor allem um diese innere Freiheit, die auch unter den Bedingungen äußerer Freiheit wie Gefängnis, Sklaverei oder Totalitarismus möglich ist. Die entscheidende Frage ist, wie ein Mensch zu einer solchen inneren Freiheit gelangen kann. Ist es das Studium der Philosophie bzw. das eigene Nachdenken (Platon, Epikur) oder das Hören auf das Wort Gottes (Luther)?

Äußere Freiheit meint die Unabhängigkeit und die Selbstbestimmung des Einzelnen (individuelle Freiheit) einer Gemeinschaft oder Staates (kollektive Freiheit). Äußere Freiheit ist deshalb sowohl *soziale Freiheit*, wie sie in der Sklavenbefreiung erworben wurde, als auch *bürgerliche Freiheit*, wie sie vor allem in den Grund- und Menschenrechten formuliert ist und in der Unabhängigkeit des Einzelnen vom Staat besteht. Äußere Freiheit meint aber auch die *politische Freiheit* eines Staates von fremder Macht oder die gesellschaftliche Freiheit von Zwängen, die die Handlungsmöglichkeiten einschränken. Es zeigt sich jedoch, dass äußere Freiheit immer relativ und nie absolut ist: Die äußere Freiheit des Einzelnen findet ihre Grenze an den Rechten anderer. Darum ging es z. B. auch Hobbes! Sie findet schließlich ihre Grenze am persönlichen Tod, weshalb auch von *geschöpflicher Freiheit* zu sprechen ist. Die äußere Freiheit der Gesellschaft und des Staates kann auch nicht schrankenlos sein. Pico della Mirandola führt eine *absolute Freiheit* vor Augen.

Im Selbstverständnis vieler Zeitgenossen spielt die *sittliche Freiheit* eine große Rolle. Sie meint die willentliche Wahl zwischen mehreren Handlungsmöglichkeiten. Ein Theoretiker dieser Freiheit ist Sartre. Sie betrifft in letzter Konsequenz auch den individuellen Tod. Die entscheidende Frage ist jedoch, ob diese sittliche Freiheit dem Menschen von Natur aus eignet oder ob sie spezifischer Bedingungen bedarf, sei es von innen (innere Freiheit) oder von außen (äußere Freiheit). Nach Sartre gehört diese Freiheit zur Natur des Menschen. Er kann gar nicht anders als frei zu sein. Da jedoch sittliche Freiheit nur als *aktuale*, nicht als *potentielle Freiheit* existiert, stellt sich die Frage, was Menschen brauchen, um unabhängig wählen zu können. Ist der Wille an sich frei? Sie können sich ja täuschen oder aus Angst das Falsche wählen. Vernunft oder Angstfreiheit wären dann notwendige Voraussetzungen. Luther betont, dass die sittliche Freiheit im Äußeren der inneren Freiheit als Voraussetzung bedarf. Der Mensch bedarf der Freiheit von Sünde, Gesetz und Tod, um seine sittliche Freiheit als Bürger leben zu können.

Bezogen auf die Grundbegriffe der Freiheit geht es Luther primär um innere Freiheit, die sich in der sittlichen Freiheit des Individuums bewährt. Eine politische Ethik, sei es des Einzelnen, der Gemeinschaft oder des Staates hat Luther nicht im Sinn. Die Problematik zeigt sich in seiner Beurteilung des Bauernkrieges. Zwischen den Merkmalen des Glaubens und politischen Handelns gibt es nur schwache Übergänge. Hier hat die reformierte Ethik im Gefolge Calvins deutlichere Zusammenhänge entwickeln können. Prägend für diesen Ansatz ist Karl Barths Schrift »Christengemeinde – Bürgermeinde«. Hier werden Prinzipien der politischen Ethik und damit auch bürgerlicher Freiheit aus der Analogie zur Beziehung von Gott und Mensch entwickelt. Diesem Ansatz folgt Heinz Eduard Tödt (vgl. S. 50).

22.3 Bilder: Symbol Hand (S. 45–47)

Mit dem aufrechten Gang ist die Hand frei geworden zum Begreifen und Handeln. Die handelnden Hände gehören zum Wesen des Menschen.
Was die Hand tun kann, zeigt deshalb die Möglichkeit des Menschen. Wie der Mensch handelt, sagt auch etwas darüber aus, wie der Mensch ist. Was die Hände tun, wirkt nach innen (begreifen, denken). Sie wird aber auch von dem, was innen ist, geprägt (drohen und schlagen). Die Hand kann
- tasten und wahrnehmen,
- bearbeiten und verändern,
- formen und gestalten,
- zeigen und ausdrücken.

Der Mensch ist danach ein erkennendes, arbeitendes, gestaltendes, kommunizierendes Wesen. An den Händen wird auch die Ambivalenz des Menschen anschaulich. Hände können drohen, schlagen und morden. Sie können jedoch auch fühlen, streicheln, verbinden und sogar beten. Zu diesen Aspekten kommt die Hand als Ausdruck der individuellen Person. Die Handlinien zeigen das Unverwechselbare des einzelnen Menschen. Furchen und Risse erzählen von dessen Biographie.
Die drei Bilder zeigen den Menschen als arbeitendes (S. 47), geselliges (S. 46) und betendes Wesen (S. 45). Zu seiner Existenz gehört die Bearbeitung der Natur, die kommunikative Beziehung zum anderen Menschen und die Beziehung zu Gott. Wie hängen diese drei Aspekte des Menschseins zusammen? Bestimmt die Arbeit die Beziehung und den Glauben an Gott? So könnte man Karl Marx interpretieren. Bestimmt die Beziehung zu anderen die Beziehung zur Arbeit und den Glauben? So könnte man möglicherweise Jürgen Habermas deuten. Für Luther bestimmt die Beziehung zu Gott die Beziehung zu anderen Menschen und die Arbeit. Ist dies einsichtig zu machen? Oder sind alle drei Aspekte voneinander unabhängig?

22.4 Luthers Freiheitsschrift als Auseinandersetzung (S. 45–47)

Luther entwickelt sein Verständnis von der Freiheit eines Christenmenschen in Auseinandersetzung mit bestimmten Selbstverständlichkeiten seiner Zeit:
- Päpste, Könige, Fürsten und Herren schreiben vor, was und wie Menschen zu glauben haben.
- Zwischen Gott und Mensch stehen der Priester und die Kirche.
- Es gibt Stände, die Gott näher sind. Dazu gehören die Priester, die Mönche und die Nonnen.
- Leib und Seele sind Substanzen in und am Menschen, die voneinander zu trennen sind.
- Durch Werke, Taten entscheidet der Mensch, wie er zu Gott steht, wie er glaubt und die Welt sieht.
- Es gibt verschiedene Stände: Herren und Knechte, Priester und Laien.

Mit seiner Freiheitsschrift will Luther seine theologische Überzeugung begründen und rechtfertigen.

22.4.1 Interpretation der Doppelthese (S . 45)

Die Interpretation der Doppelthese, die Luthers Schrift »Von der Freiheit eines Christenmenschen« vorausgestellt ist, wird deutlicher und einfacher, wenn man sich vor Augen hält, von welchem Freiheitsverständnis sich Luther dabei absetzt. In einem Vortrag machte W. Huber darauf aufmerksam: »Gegenüber dem Freiheitsverständnis der europäischen Tradition liegt im christlichen Freiheitsdenken ein wichtiger, ja grundlegender Perspektivenwechsel. Seit der Zeit der Griechen ist der Freiheitsbegriff durch die soziale Erfahrung bestimmt, dass die einen die Herren sind, die anderen aber Knechte. Aus dem Gegenüber von Herrschaft und Knechtschaft bestimmt sich das Wesen der Freiheit. Frei ist, wer Herrschaft ausüben, wer verfügen kann. Das gilt in der dreifachen Beziehung des Menschen zu sich selbst, zu anderen Menschen und zur Natur. Freiheit wird als Herrschaft über sich selbst gedacht: Frei ist derjenige, in dem die höheren Seelenvermögen zur Herrschaft über die niederen gelangt sind. Freiheit wird als Herrschaft über andere gedacht: Frei ist derjenige, der nicht der Verfügungsgewalt anderer ausgesetzt ist, wohl aber selbst über andere verfügen kann. Und Freiheit wird schließlich als Herrschaft über die Natur gedacht: Frei ist der Mensch, der über die Natur zu verfügen versteht, der Meister und Besitzer der Natur (R. Descartes).«
Vor diesem Hintergrund wird das Besondere der Doppelthese deutlich.

Für das Verständnis der Doppelthese sind folgende Fragen hilfreich (nach Jüngel):
1) Was besagt der erste Satz über den Christenmenschen?
2) Was besagt der zweite Satz über den Christenmenschen?
3) Was besagt der Zusammenhang der beiden Sätze über den Christenmenschen?
4) Wie begrenzt der erste Satz den zweiten?
5) Wie begrenzt der zweite Satz den ersten?
6) Was besagen beide Sätze über das Zusammenleben der Christenmenschen?
7) Was besagen beide Sätze über die Identität des Christenmenschen?
8) Was besagt der Ausdruck »Christenmensch«?

Antworten

1) Ein Christenmensch ist frei. Nichts kann ihn in seiner Freiheit einschränken. Niemand kann ihn zum Knecht machen. Die Freiheit des Christenmenschen ist unverfügbar; weder er selbst, noch ein anderer, noch irgendeine andere Macht kann über ihn verfügen und seine Freiheit aufheben. Diese Freiheit ist keine Forderung und daher bloße Möglichkeit, sondern eine Wirklichkeit. Da sie keine Aufgabe ist, kann sie auch nicht aufgegeben werden. Sie ist unverfügbar und unverlierbar, sie liegt vor aller Leistung. Freiheit kann deshalb nicht erarbeitet, sie kann nur angenommen werden. Sie ist eine Vorgabe. Vor allem Tätigsein ist Christsein ein Annehmen, ein Empfangen.
2) Der Christenmensch ist sodann an andere verwiesen, er existiert nicht jenseits der Dinge. Er hat eine Welt, er kann nicht für sich leben und sich in eine Innerlichkeit zurückziehen. Er ist darin Christenmensch, dass er tätig wird und anderen dient, dass er Für-Sorge betreibt und sein Leben mit anderen teilt. Ein Christenmensch ist darin er selbst, dass er sich allen Dingen fürsorglich hinwendet und darin tätig wird. Es ist ein Dasein, das von sich selbst weggewendet ist, ein Dasein »für andere«. Er ist aber nicht bei sich selbst, wenn er über andere verfügt und sie zu beherrschen sucht, sondern nur, wenn er anderen dient.
3) Die Freiheit des Christenmenschen findet ihren Ausdruck nicht in der »Herrschaft«, sondern in der »Knechtschaft«. Sie findet ihren Ausdruck in der Dienstbarkeit, in der Fürsorge. Freiheit zeigt sich nicht in unbegrenzter Verfügung (ich kann tun und lassen, was ich will), sondern in der dienenden Hinwendung zur Welt. Diese Für-Sorge und Dienstbarkeit ist jedoch freiwillig, sie gründet in der vorgängigen Freiheit. Sie kann daher nicht erzwungen und unter Ge- und Verbote gestellt werden.
4) Die Dienstbarkeit macht aber nicht frei, kein Dienst kann Freiheit bewirken. Die Hinwendung zu allen Dingen, der Umgang mit ihnen, schafft keine Freiheit. Sie ist und bleibt unverfügbar und unverlierbar. Allerdings verwirklicht sie sich im Umgang mit allen Dingen und mit jedermann. Sie kennt deshalb keine Einschränkungen: Die Dienstbarkeit gilt jedermann und allen Dingen.
5) Indem Freiheit und Dienstbarkeit zusammengenommen werden, wird deutlich, dass Freiheit nur im fürsorglichen Miteinander realisiert werden kann. Freiheit artikuliert sich im Miteinandersein, im Gemeinschaft-Haben. Freiheit ist kommunikativ und offen, sie gibt und nimmt Anteil, sie ist »mitteilend«.
6) Wo Christenmenschen zusammenleben, gibt es keine Trennung von Herren und Knechten, von Oben und Unten. Da jeder Herr und Knecht ist, sind alle gleich. Es gibt keine Herrschaft, die aus Herrschenden Herren und Beherrschten Knechte machte. Jedem wird seine unveräußerliche Freiheit zugestanden. Dies begründet eine unverstellte Teilhabe und Selbstdarstellung (jeder kann für sich reden), sowie eine unantastbare Würde, die jenseits dessen liegt, was einer leistet. Da aber jeder dem anderen dienstbar ist, ist die Gemeinschaft gekennzeichnet durch gegenseitige Hinwendung und wechselseitige Offenheit. Es herrscht fürsorgliche Teilhabe und damit »Brüderlichkeit«. Jeder erfährt stellvertretende Teilhabe. In der Gemeinschaft von Christen ist der andere wichtig, weil ich frei bin – von mir selbst und anderen. Also nicht, weil »er mir etwas bringt«, sondern weil er da ist. Seine Existenz ist nicht Schranke meiner Freiheit, sondern ihre Bewährung.
7) Die innere Einheit des Christenmenschen ist widersprüchlich und spannungsvoll. Sie ist kein ruhender Kern. Diese Einheit kann nur in Gegensätzen ausgesagt werden: frei *und* untertan, Herr *und* Knecht. Diese widersprüchliche Einheit gründet in dem Sachverhalt, dass der Christenmensch nur dann bei sich selbst ist, wenn er ganz außer sich ist. Er ist dann ganz frei, wenn er frei von sich selbst und nicht mit sich selbst beschäftigt, sondern mit einem anderen beschäftigt ist. Der Mensch kommt demnach nur zu sich selbst, wenn er offen und bereit wird, sich hinzugeben und zu empfangen. Die innere Einheit wird also nicht durch eine Tat oder eine Leistung ermöglicht, sondern durch Hingabe und Sich-Verlassen.
8) Ein Christenmensch ist schließlich ein Mensch, der den Namen Christi trägt und im Namen Christi lebt und deshalb zu ihm gehört und von ihm her und zu ihm hin sich versteht. Der Christenmensch verwirklicht daher nicht sich selbst, sondern Jesus Christus. In seiner Existenz gewinnt die Existenz Jesu Christi Gestalt. Christenmenschen sind daher »Bilder« Christi. Wo sie auftreten, werden sie anderen ein Christus.

22.4.2 Die christologische Sicht des Menschen bei Luther

Luther betrachtet in dieser Schrift den Menschen ganz exklusiv unter der Perspektive, dass Gott in Jesus Christus geredet und sich in ihm den Menschen zugewendet hat. Nur von dem vergebenden und tröstenden Wort Gottes her kommt die Wirklichkeit des Menschen angemessen in den Blick und wird von ihm entschlüsselt. Außerhalb und vor der Offenbarung Gottes in Jesus Christus kann von dem Menschen nicht zureichend geredet werden. Anthropologie ist deshalb wesenhaft Christologie.

Unter der Voraussetzung der Selbstoffenbarung Gottes in Jesus Christus erscheint der Mensch unter zwei grundlegenden Bezügen:

1) in der Beziehung zu Gott bzw. Gottes Wort (coram Deo),
2) in der Beziehung zum irdischen Leben bzw. der Welt (coram mundo).

Erst beide Beziehungen zusammen konstituieren das Menschsein. Diese beiden Beziehungen werden in Anknüpfung an antike und mittelalterliche Traditionen durch die (Relations-) Begriffe »Seele« und »Leib« bezeichnet. Sie begründen die »geistliche« und die »leibliche« Natur des Menschen und führen zu zwei Menschen im Menschen: dem inneren Menschen und dem äußeren Menschen, die in einer widersprüchlichen Spannung stehen.
Diese beiden Bezüge bestehen »bis zum Jüngsten Tag«, solange die Welt besteht. Von dem ganzen Menschen ist dem-

nach nur so zu reden, dass gleichzeitig von zwei Menschen geredet wird. Seine Ganzheit ist letztlich nur als spannungsvolle und widersprüchliche Einheit auszusagen.

22.4.3 Der Mensch als Empfangender und Täter

Die »zwei Naturen« definieren den Menschen in zweierlei Hinsicht:

1) Der Mensch ist zunächst und vor allem anderen Hörer, Empfangender und demgemäß Antwortender, Reagierender. Unter der Perspektive der redenden Zuwendung Gottes erscheint der Mensch als Angeredeter, als jemand, dem Begegnung widerfährt, und der durch diese Begegnung herausgefordert wird zu antworten. Der Mensch wird also zunächst einmal passiv definiert als ein Wesen, das vorgängig auf etwas angewiesen ist. Damit erscheint aber der Mensch als ein Wesen, das prinzipiell offen ist für Begegnung, für die Begegnung mit Gott, als der Instanz, von der Sinn und Orientierung empfangen wird. Der Mensch ist dazu bestimmt, nach dem zu suchen und auf das zu hören, was dem Leben »Grund, Halt und Ziel« gibt.
   Die Rede vom »inneren Menschen« ist Ausdruck des Sachverhalts, dass das Leben eines Menschen immer auf grundlegenden Sinnorientierungen beruht, die zu verstehen sind als Antwort auf die Herausforderung durch das Unbedingte, nämlich Gott. Die Unterscheidung zwischen innerem und äußerem Menschen soll deutlich machen, dass diese grundlegenden Orientierungen das Verhältnis zu sich selbst und zu den anderen begründen, aber nicht mit diesen identisch sind.
2) Erst in zweiter Linie erscheint der Mensch als (Werk-)Tätiger, als Handelnder. Die Abfolge der Betrachtung zeigt, dass jedes Handeln nur in der Annahme vorausgehender Gaben möglich ist. Jedes Tun ist angewiesen auf ein Tun-Können sowie auf die Bestimmung eines Wohin und Wozu, das das Tun »innerlich« ausrichtet. Möglichkeit und Absicht der Werke sind demnach Ausdruck einer vorgängigen Beziehung zu dem »woran unser Herze hängt«.

Die beiden Menschen bilden demnach keine voneinander getrennten Sphären, die nichts miteinander zu tun haben, als ob das Innen ohne das Außen und das Außen ohne das Innen sein könnte. Gegen den Vorwurf einer »reinen Innerlichkeit« (Scheler, Marcuse) ist festzuhalten, dass sich das Innen notwendig im Außen äußert.
Der Weltbezug des menschlichen Daseins ist bestimmt durch den Sachverhalt, dass der Mensch einen »Leib« hat und er unter anderen Menschen lebt, mit denen er zu reden und zu schaffen hat.
Die »Werke«, d.h. der tätige Weltbezug des Menschen, werden daher nach zwei Richtungen ausdifferenziert:

1) Sie bestehen einmal im Umgang mit sich selbst, seinen Trieben, Leidenschaften, Bedürfnissen, Fähigkeiten und Anlagen, aber auch Krankheiten, Schwächen, Leiden und schließlich dem eigenen Tod.
2) Sie bestehen zum anderen im Umgang mit den Mitmenschen; in der Antwort auf deren Erwartungen und Bedürfnisse sowie der Gestaltung eines gemeinsamen Lebens. Durch diese Unterscheidung wird eine ganz besondere Schwierigkeit menschlichen Handelns deutlich hervorgehoben: Es steht unter der Anforderung, in recht unterschiedlichen Beziehungen, immer wieder eine Einheit herzustellen.

Zusammenfassend kann gesagt werden, dass menschliche Existenz nur verstanden werden kann

1) als ständiges Miteinander von Empfangen und Tun, von Passivität und Aktivität und zwar in dieser unumkehrbaren Reihenfolge;
2) als Einheit von Gottesbezug und Weltbezug, wobei der Weltbezug den Bezug zu Gott als dem, der uns unbedingt angeht, spiegelt.

22.4.4 Wirkungsgeschichte

Luthers Verständnis hat in der europäischen Geistesgeschichte nachhaltig gewirkt. Hier liegen die Grundlagen für das Verständnis des Menschen als Individuum, die Begründung für das Recht der Subjektivität und für die unbedingte Religionsfreiheit (Augsburger Religionsfriede) bzw. die Freiheit im Glauben, für die Wahrnehmung von Arbeit als Berufung und Gottesdienst sowie das Ineinander von Freiheit und Verantwortung.

22.5 Literatur

H.W. Bartsch u.a., Art. Freiheit, TRE 11, 1983, 497–549
Gerhard Ebeling, Luther – Einführung in sein Denken, Tübingen 1964
Heinrich Fausel, D. Martin Luther, Leben und Werk 1483–1521, GTB 411, bes. 181ff.
Wolfgang Huber, Kirche in der Zeitenwende, 1998, 163–222
Eberhard Jüngel, Zur Freiheit eines Christenmenschen, München 1976
Jürgen Moltmann (Hg.) Religion der Freiheit, Protestantismus in der Moderne, 1979
Albrecht Peters, Der Mensch, HST 8, Gütersloh 1979, 25ff.

22.6 Unterrichtsideen

1. Symbol-Meditation
Sch betrachten die eigenen Hände. Was erzählen diese über mich und den Menschen allgemein?
Sch identifizieren dann die drei Hand-Bilder als drei Dimensionen menschlicher Existenz. Beten, Kommunizieren, Arbeiten – wie hängen diese drei Dimensionen zusammen? Welche Veränderungen zeigen sich? Wie könnte ein Theologe wie Martin Luther die drei Bilder zuordnen? Es geht um das Verhältnis von innen und außen.
Evtl. die drei Bilder als Folie zeigen und dabei einander zuordnen.

2. Hinführung I
Sch oder L entwickelt anhand von M 22.1 verschiedene Begriffe der Freiheit. Sch überlegen, wie innere und äußere Freiheit zusammenhängen. Als Vertiefung eignet sich M 22.2.

3. Hinführung II
L informiert anhand des Vortextes über den Sitz im Leben der Freiheitsschrift Luthers und gibt ein Struktur-Bild M 22.3 vor.

4. Textarbeit I
Sch werden in »Nein – Falsch« und »Ja – Richtig-Gruppen« eingeteilt sowie zu dem Thema »Folgen«. Sie bearbeiten die Aussagen 2, 3, 4, 5, 6 und 10 und dann 12, 15, 16.(Innerlicher Mensch) Die »Nein – Falsch-Gruppe« hält fest, was Luther ablehnt, die »Ja – Richtig-Gruppe« markiert, was Luther empfiehlt. Die »Folgen-Gruppe« achtet darauf, was aus der Ja-Richtung entsteht.

5. Textarbeit II
Sch halten fest, was in 19. 20. 21. 26 (bei dem äußerlichen Mensch) zu 1) »grundsätzlich«, zu 2) »Leib« und zu 3) »andere Leute« gehört. Anschließend Austausch.

6. Textarbeit III
Sch interpretieren die Schlussthese 30 und die Doppelthese in 1 und ordnen Luther in M 22.1 ein. Was leuchtet uns daran ein? Was heißt »echt frei« sein?

23 Alle Menschen sind frei und gleich

23.1 Der Zusammenhang

Trotz ihrer späten Rezeption im Protestantismus können die Menschenrechte als Konkretion und Bewährung der theologischen Anthropologie angesehen werden. Die Frage stellt sich, ob die biblische Rede vom Menschen die universalen Menschenrechte begründen oder profilieren kann, aber auch, wie sich theologische Rede von der Freiheit des Menschen zu einem säkular-rechtlichen Verständnis des Menschen verhält. Die Frage nach der Eigenart der Menschenwürde berührt deshalb das biblisch-theologische Verständnis von Ebenbildlichkeit (S. 28) und Freiheit (S. 45–47), das Menschenbild in der Biologie (S. 51), den Begriff der Person bei Peter Singer (S. 68f.) und das Recht und die Grenzen der Gendiagnostik und des Klonens am Menschen (S. 72).
Das Nachdenken über das Verhältnis von Menschenrechten und Menschenpflichten thematisiert das Verhältnis von Freiheit und Liebe, wie es Martin Luther vor Augen hat und damit das Verhältnis von Individualität und Gemeinsinn im Kommunitarismus (S. 59–60) und das Verhältnis von Egoismus und Altruismus in der Soziobiologie (S. 57–58).

23.2 Die allgemeine Erklärung der Menschenrechte vom 10. Dezember 1948 (S. 48f.)

Auf dem Hintergrund des nationalsozialistischen Terrors und des Zweiten Weltkrieges entstand die Intention, Menschenrechte in das Völkerrecht aufzunehmen und damit Maßstäbe für den Schutz menschlichen Lebens und Freiheit zu setzen. Von Anfang an war beabsichtigt, darauf bezogene Menschenrechtspakte und Konventionen zu entwickeln und Rechtsinstanzen einzurichten. Die 30 Artikel der Menschenrechte wurden unter dem Vorsitz von Eleonor Roosevelt von 18 Personen entworfen und am 10. Dezember 1948 von 48 Staaten ratifiziert. Acht Staaten enthielten sich der Stimme.

Die im Blick auf junge Erwachsene ausgewählten Artikel enthalten gerichtlich überprüfbare Verbote (Art. 4, 12) und nicht einfach überprüfbare Gebote (z. B. Art. 6, 23, 26), die zentrale Güter wie Leben, Freiheit, Sicherheit, Eigentum oder Bildung schützen und nach den »Sachmomenten« Freiheit, Gleichheit und Teilhabe gegliedert werden können. Ihren Grund haben die Menschenrechte in der Menschenwürde (Art.1).
Die Deklaration der Menschenrechte enthält Rechte, die den Einzelnen zunächst einmal vor staatlichen Übergriffen schützen wollen und von dem Staat nicht entzogen werden können. Allerdings kann der Einzelne auch nicht darauf verzichten.

Von diesen bürgerlichen und politischen Rechten sind wirtschaftliche, soziale und kulturelle Rechte wie z. B. das Recht auf Arbeit oder das Recht auf Bildung (Art. 23, 26, 27) zu unterscheiden, die 1966 in jeweils eigenen Pakten verabschiedet wurden, aber hier noch ineinandergefügt sind. Von diesen Individualrechten sind Forderungen zu unterscheiden, die auf Rechte der Völker, auf Entwicklung, Frieden, auf Teilhabe an natürlichen Ressourcen sowie auf Rechte der Armen, zukünftiger Generationen und der Natur drängen (Menschenrechte der 3. Generation).

Aus den ursprünglichen Abwehrrechten haben sich heute die Menschenrechte zu einem wichtigen Orientierungsmaßstab für das Handeln entwickelt. Die Menschenrechte könnten so gesehen den Kernbestand eines Weltethos bilden, in dem sich die ethischen Überzeugungen aller Völker überschneiden. Zu diesen gehören aber nicht nur Rechte, sondern auch Pflichten (vgl. Art. 29). Zu konstatieren ist jedoch, dass fernöstliche Kulturen in den Menschenrechten ein westlich-individualistisches Menschenbild erkennen. Weiter wurde gefragt, ob Frauen ausreichend repräsentiert sind.

Die Menschenrechte gründen in der Menschenwürde (Art. 1). Ihre Bedeutung ist mehrschichtig. Die Frage ist, was diese meint und wie sie begründet ist:

1) Sie ist unverlierbar und kann deshalb keinem Menschen abgesprochen werden.
2) Sie ist offenkundig mit einer besonderen Stellung des Menschen in der Natur verbunden, denn sie eignet jenem Wesen, das mit Vernunft und Gewissen begabt ist.
3) Diese besondere Stellung bestimmt den Menschen nach Kant als autonomes Subjekt, das sich mittels der Vernunft in Freiheit selbst bestimmen und verwirklichen kann. Menschenwürde besagt deshalb, dass der Mensch ein »Zweck an sich selbst« ist und nicht als »Mittel zum Zweck« behandelt werden kann.
4) Menschenwürde bestimmt sodann den Menschen als Rechtssubjekt. Er ist das Wesen, das das Recht hat, Rechte zu haben (Hannah Arendt).

Es gehört zur Eigenart der Menschenwürde, dass sie »begründungsoffen« ist. Dies ist nicht unbedingt ein Mangel, denn sie soll ja für verschiedene Überzeugungen akzeptabel sein. Allerdings bedarf es zu ihrer Beachtung elementarer Überzeugungen, die ihrerseits in Weltbildern und Glaubensvorstellungen wurzeln. Eine normative Setzung hat sicherlich noch keine verhaltensprägende Kraft. Oder sollte man annehmen, dass die Achtung der Menschenwürde in den Menschen von Natur aus eingepflanzt ist?

Im Vergleich mit der Ebenbildlichkeit fällt der substanzhafte Charakter der Menschenwürde auf und damit verbunden ihre anthropozentrische Zuspitzung.
Während biblische Anthropologie die »Würde des Menschen« in der Erwählung zu Gottes Partner und in der Verheißung zu ewiger Gemeinschaft sieht, bestimmt Art. 1 der Menschenrechte in einem idealistischen Denken Vernunft und Gewissen als Definitionsmerkmale der Menschenwürde. Indem somit empirisch ausweisbare Eigenschaften zum Bestimmungsmerkmal der Menschenwürde werden, werden Tiere und die Natur zum Mittel, und Menschen, die nicht mehr vernunftfähig erscheinen, zu Wesen minderen Rechts.
Eine relational bestimmte Würde, die deshalb das Ansehen bei Gott hervorhebt, versagt sich jeder Begrenzung und Hierarchisierung. Lebensunwertes Leben kann es hier nicht geben. Zwischen »Person« und »Persönlichkeit« bzw. »Subjekt« muss deutlich unterschieden werden.

23.3 Heinz-Edard Tödt, Die theologische Bedeutung der Menschenrechte (S. 50)

Heinz-Eduard Tödt sieht zwischen den Menschenrechten und einer biblisch begründeten theologischen Wahrnehmung des Menschen ein Spannungsverhältnis. Es zeigen sich Entsprechungen und Differenzen. Tödt trägt damit der historischen Erkenntnis Rechnung, dass sich die Menschenrechte wohl theologischen Traditionen verdanken (z. B. Paulus, Gal 3,28; Ambrosius; spanische Spätscholastik; Reformation und christlicher Humanismus), aber auch andere Wurzeln haben (Stoa; Aufklärung) und zum Teil antiklerikal formuliert wurden (s. Frankreich). Er trägt dabei der inhaltlichen Erkenntnis Rechnung, dass die Menschenrechte in sich selbst durchaus auch strittig sind und nicht beanspruchen können, allseits plausibel zu sein. Allerdings lässt sich ein Kern ausmachen, der mit den Begriffen Freiheit, Gleichheit und Teilhabe zu umreißen ist. »Menschenrechte sollen die Stellung der Einzelperson im Gemeinwesen bestimmen und sichern« (Wolfgang Huber). Intendiert ist eine »kommunikative Freiheit«, die individuelle Freiheit und Teilhabe an Gemeinschaft in eine Balance bringen. Tödt bietet insgesamt den christlichen Glauben als Motivation und Auslegungsperspektive für die Menschenrechte an, die eine geschwisterliche Gemeinschaft eröffnen.

Der Text von Tödt benennt die grundlegende Analogie von Freiheit, Gleichheit und Teilhabe in den Menschenrechten und in der reformatorischen Anthropologie, um dann Entsprechungen und Differenzen zu formulieren.
Das »Analogie«-Verhältnis von Entsprechung und Differenz gründet in dem unterschiedlichen Kontext sowie der unterschiedlichen Herkunft und Funktion der Menschenrechte und der christlichen Sicht des Menschen. Während die Menschenrechte im politischen Gemeinwesen ihren Sitz im Leben haben, hat der christliche Glaube seinen Ort in der Gemeinschaft der Glaubenden. Menschenrechte haben deshalb primär steuernde Funktionen, während der Glaube auf »Erfüllung« zielt. Menschenrechte gründen in einer begründungslosen Setzung, die christliche Sicht des Menschen hingegen in der Zuwendung Gottes. Zeitgenossen können jedoch fragen, ob nicht auch dies eine Setzung oder bloße Behauptung ist. Die Frage ist, ob man die Zuwendung Gottes erfahren kann.

23.4 Die allgemeine Erklärung der Menschenpflichten (S. 50)

Die »allgemeine Erklärung der Menschenpflichten« wurde von früheren Regierungs- und Staatschefs wie Helmut Schmidt, Jimmy Carter, Oskar Arias, Pierre Trudeau, aber auch von Hans Küng formuliert und zur Diskussion gestellt.

Die Erklärung besteht aus 19 Artikeln, wobei Art. 19 mit dem Art. 30 der allgemeinen Erklärung der Menschenrechte von 1948 identisch ist. Damit soll deutlich werden, dass die Menschenpflichten unmittelbar an die Menschenrechte anschließen und darin angedeutete, sachlich aber dazugehörige Pflichten benennen.
Die in der Präambel als »Verantwortlichkeiten« (responsibilities) benannten Pflichten orientieren sich an den ethischen Maximen »nicht töten« (Art. 5–7), »nicht stehlen« (Art. 8–11), »nicht lügen« (Art. 12–15) und »nicht Unzucht treiben« (Art. 16–18).

Historischer Kontext dieser Erklärung ist die Globalisierung der Ökonomie, der Technik und der Medien und die Erfahrung postmoderner Beliebigkeit und eines verstärkten Insistierens auf Rechten, ohne jedoch für sich Pflichten anzuerkennen. Leitend ist die Sorge um den Zusammenhalt in nachmodernen Gesellschaften. Dieser Zusammenhalt ist nur möglich, wenn die in den Menschenrechten entwickelte »Freiheit von« auch zu einer »Freiheit zu« geführt wird und Menschen sich anderen Menschen verpflichtet fühlen. Diese sittliche Verpflichtung kann jedoch nicht angeordnet werden, sondern kann nur durch Selbstverpflichtung aufgrund von Einsichten und Zustimmung gewonnen werden. Dazu bedarf es jedoch des öffentlichen Diskurses.

Im Hintergrund steht ein Menschenbild, nach dem Menschen schon als Person anderen verpflichtet sind. Darum entspricht Art. 1 der Menschenpflichten Art. 1 der Menschenrechte. Die zunächst einmal Staaten auferlegte Pflicht, die Würde eines jeden Menschen zu achten, entspricht der Pflicht eines jeden Menschen, andere Menschen »menschlich« zu behandeln. Art. 7 macht deutlich, dass zum Menschenschutz auch der Tier- und Naturschutz gehört. Die Verpflichtung gegenüber Menschen macht die nicht-menschliche Natur keinesfalls zu einem bloßen Mittel. Im Sinne der Folgenabschätzung könnte man sagen, dass menschliches Tun und Lassen immer auf Humanverträglichkeit, Tierverträglichkeit, ökologische Verträglichkeit, Zukunftsverträglichkeit, und wie die weiteren Artikel zeigen, auf Sozialverträglichkeit zu befragen ist.

Die Nähe zum Bild des Menschen als Ebenbild Gottes und

Gestalter der Schöpfung sind unverkennbar, ohne jedoch die Menschenpflichten bloß westlich-christlich verstehen zu müssen. Gerade die Verpflichtung gegenüber der Gemeinschaft ist auch in asiatischen Kulturen plausibel.

Die vorgelegten Formulierungen machen jedoch nicht ganz deutlich, wie sie »Person« verstehen wollen. Sollen sie im Sinne Bubers, der Bibel oder im Sinne Peter Singers verstanden werden? Interpretationsbedürftig sind auch Begriffe wie »menschlich«, aber auch »Schutz«.

23.5 Thembile ka Pepeteka, I'm the streetchild (S. 51)

Die Klage des südafrikanischen schwarzen Straßenjungen lässt erkennen, wie hier die Menschenwürde mit Füßen getreten (Dose) sowie in den Schmutz gezogen wird (ich sei dreckig) und das Recht auf Leben, Freiheit und Sicherheit (Art. 3 der Menschenrechte) sowie das Recht auf Schutz gegen Arbeitslosigkeit (Art. 23 der Menschenrechte) und das Recht auf Bildung bzw. Ausbildung (Art. 26) vorenthalten oder zumindest eingeschränkt wird.

Die »Passanten« (vgl. das Bild vom Samariter, S. 75) lassen die elementare Verpflichtung vermissen, »alle Menschen menschlich zu behandeln« (Art. 1 der Menschenpflichten) und »sich für die Würde und die Selbstachtung aller anderen Menschen einzusetzen« (Art. 2 der Menschenpflichten). Die Frage ist jedoch, was hier »menschlich behandeln« heißen kann – die Hungrigen speisen, die Schmutzigen waschen, die Gefangenen besuchen, die Toten begraben – und die Geknickten aufrichten? Die in Mt 25,31ff., aber auch Jes 58,7 genannten elementaren Menschenpflichten werden hier konkret.

23.6 Bild: Menschen (S. 49)

Die zwölf Bilder des Menschen sollen die Unterschiedlichkeit des Menschen deutlich machen sowie nach ihrer Gleichheit und Würde fragen lassen. Worin zeigt sich deren Würde und Gleichheit? Wie könnte man das Bild betiteln? Was sagt das Gesicht über den Menschen aus?
Das Gesicht des Menschen ist Ausweis seiner Individualität und seiner Personalität. Menschen haben ein unverwechselbares Aussehen und sie haben einen Namen. Sie können mit ihrem Gesicht kommunizieren und ihren Gefühlen Ausdruck geben.

23.7 Bild: Martin Hohnert, Ohne Titel, 1993 und Symbol Kind (S. 51)

Die Installation von Martin Hohnert ist einer Kinderphotographie des Künstlers nachgearbeitet. Allerdings sind die Familienmitglieder weggelassen, und auch der mit einem Wachstuch bedeckte Tisch ist kahl. Am Tisch sitzt der, von der Körpergröße her gesehen, drei- bis vierjährige Knabe, dessen Gesichtszüge jedoch älter wirken. Die Situation am leeren Tisch und der Gesichtsausdruck vermitteln das Gefühl von Einsamkeit und Verlorenheit sowie eines erstaunten Fragens. Die Installation lässt eigene Geschichten aus der Kindheit erinnern, insbesondere Situationen der Verlassenheit und der Ratlosigkeit.

Darüber hinaus ist aber das Kind auch Symbol für bestimmte Aspekte des Menschseins. Das Symbol Kind erinnert an das Bedürfnis nach Schutz, Hilfe und Liebe, aber auch nach Spiel, selbstvergessenem Tun und von Verantwortung entlastendem Treiben.
Es weist zudem auf Erfahrungen unbefangenen spontanen Lebens, auf Erfahrungen besonderer Empfindsamkeit und Verletzlichkeit, aber auch auf Lebensanteile hin, die noch wachsen dürfen und deshalb noch nicht fertig sind. Insofern spricht das Bild nicht bloß frühere Lebensgeschichten an, sondern auch gegenwärtige und zukünftige Bedürfnisse, Wünsche und Erfahrungen, die ihren Platz und ihr Recht haben. Die Kinderrechte der Vereinten Nationen sind auch Rechte der Erwachsenen! Das Bild von Honert erlaubt deshalb auch, über die »Kinderanteile« in der eigenen Seele zu sprechen.

23.8 Literatur

Wolfgang Huber, Art. Menschenrechte/Menschenwürde, TRE 22, 1992, 577–602

23.9 Unterrichtsideen

1. Bildbetrachtung I: S. 49
Zunächst Personen betrachten: Welche sind Männer? Welche sind Frauen? Wie alt sind die Personen? Wo mögen sie leben? Welche Tätigkeiten führen sie aus? Welche Lebensgeschichte ist mit ihnen zu verbinden? Was haben die Menschen gemeinsam?
Dann bedenken, was das Antlitz über den Menschen aussagt. Abschließend Suche nach einer Überschrift. Eventuell ein Klassenbild fertigen!

2. Textarbeit I
Sch lesen jeweils einen Artikel der Menschenrechte deklaratorisch vor und erheben sich jeweils dazu. In arbeitsteiligen Gruppen oder Partnerarbeit untersuchen die Sch den Text auf:
1) Grund und Folgen,
2) Verbote und Gebote,
3) Freiheits-, Gleichheits- und Teilhabe-Rechte sowie
4) geschützte Rechtsgüter.
Anschließend Austausch der Ergebnisse.

3. Reflexion I
L zeichnet an die Tafel eine Schatzkiste. Auf dem Deckel steht »Menschenwürde«. Sch bestimmen, was die Kiste enthält. Worin besteht die Menschenwürde eines Menschen, und woher kommt diese? Vergleich mit der Ebenbildlich-

keit. Ist Ebenbildlichkeit dasselbe? Könnte Luther zustimmen?

4. Reflexion II
L schreibt Artikel 29 an die Tafel. Sch bestimmen diese Pflichten. Entwicklung eines Pfeil-Diagramms. Haben Menschen diese Pflichten? Warum? Vergleich mit S. 50.

5. Ergänzende Textinterpretation
Zwei Sch erhalten die Aufgabe, die Klage eines Straßenkindes mit verschiedenen Stimmen zu sprechen. Welche Menschenrechte werden verletzt? Welche Menschenpflichten werden vernachlässigt? Warum kommen so viele Menschen diesen Pflichten nicht nach? Wie kann man sie dafür gewinnen?

6. Bildbetrachtung II
Sch beschreiben das Kind und erinnern eigene Geschichten aus der Kindheit. Wann habe ich heute noch solche Empfindungen? Was sagt das über Menschen?
Sch vergleichen anschl. das Bild mit dem Klagegedicht. Passen Bild und Text zusammen? Gemeinsamkeiten und Differenzen?

7. Ergänzung und Vertiefung
Sch erhalten M 23.1 und korrigieren bzw. ergänzen den Überblick aufgrund des Textes von H. E. Tödt.

24 Der Mensch in der Biologie

24.1 Der Zusammenhang

Die Diskussion um den Menschen wird in den 90er Jahren primär von der Biologie geführt. So kommt es, dass in einem der wichtigsten Beiträge zum »Menschen«, nämlich dem Funkkolleg »Der Mensch – Anthroplogie heute« die Biologie dominiert und Philosophie sowie Theologie ganz in den Hintergrund gedrängt und nur knapp (STE 3.23) verhandelt werden. Dies war noch in den 70er Jahren anders. Hans Georg Gadamers und Paul Voglers »Neue Anthropologie« räumte Philosophie und Theologie noch einen breiten Raum ein. In der heutigen Sicht der Evolutionsbiologie bedarf es keines Gesprächs mit der Theologie, so könnte man daraus schließen.
Sicherlich hat es auch damit zu tun, dass in den Augen der Schüler und Schülerinnen vornehmlich Biologie für das angemessene Verständnis des Menschen zuständig ist. Sie ist es ja, die erfahrungswissenschaftlich verfährt und deshalb sagen kann, wie es »wirklich« ist. Im Gegenüber zur Biologie steht Theologie leicht in dem Verdacht »spekulativ«, wenn nicht gar »ideologisch« zu sein. Auf jeden Fall hat sie mit »Empirie« nichts zu tun.
Soll und will theologische Anthropologie, die von dem biblisch bezeugten Wort Gottes ausgeht, nicht als irrelevant abgetan werden, braucht sie sowohl fachwissenschaftlich als auch schulisch die Auseinandersetzung mit der Biologie. In dem »Streit um Wahrheit« muss sich ihre Relevanz erzeigen. Als Bezugsgrößen werden hier jedoch nicht einschlägige Biologiebücher, sondern das Funkkolleg mit seinen Positionen gewählt.
Die Auswahl der Beispiele orientiert sich an den für junge Erwachsene als wichtig definierten elementaren anthropologischen Fragen und Themen: Wer ist der Mensch? Wer bin ich? (Identität: Lethmate; Unterschied Mensch-Tier); Wie steht es um die Beziehung von Mann und Frau? (Partnerschaft. Vogel/Sommer; Evolutionsbiologie); Ist der Mensch von Natur aus aggressiv? (Das Böse: Eibl-Eibesfeldt; Verhaltensforschung); Sind alle Menschen Egoisten? (Egoismus/Altruismus, Vogel; Soziobiologie).

24.2 Jürgen Lethmate: Vom Affen zum Halbgott (S. 52)

Die Frage nach der spezifischen Eigenart des Menschen im Vergleich mit den Primaten zielt auf die Stellung des Menschen in der Natur. Um diese Frage geht es auch in der Philosophie Pico della Mirandolas (vgl. S. 15) und Pascals (S. 16) aber auch in der Bibel (Ps 8 S. 15; Ps 104 S. 16; Gen 1 S. 28.80). Doch während die Philosophie auf die Selbstreflexion setzt und die Bibel den Menschen immer »von oben« her, d.h. von Gott her sieht, geht es in der biologischen Anthropologie darum, den Menschen »von unten«, von den Tieren her zu betrachten. Leitfrage ist: Was ist im Vergleich zu den nächsten Verwandten spezifisch menschlich?

Jürgen Lethmate gelangt im Funkkolleg Mensch zu seinen Aussagen über die kognitive Eigenart des Menschen nach einer Durchmusterung verschiedener Möglichkeiten, die Besonderheit des Menschen zu bestimmen. Bedacht wird die Evolution der Hand, des Gehirns, der verlängerten Kindheit, der aufrechte Gang und die Nacktheit, das soziale Leben, das nachahmende Lernen, die Entwicklung von Kultur, logisches Denken und Sprache, Selbstbewusstsein und Selbsterkenntnis. Eine scharfe Trennung zwischen Menschenaffen und Menschen wird dabei nicht gefunden.
Die »Kluft« zwischen Schimpansen und Hominiden kommt erst durch die »Vergegenwärtigung der Zeit« in den Blick. Spezifisch menschlich ist also die Fähigkeit, zukünftige Ereignisse zu planen und vergangene zu erinnern. Entstanden ist die Fähigkeit bei dem »homo habilis«, dem in Afrika gefundenen und vor ca. zwei Millionen Jahren lebenden (zum Werkzeuggebrauch) »befähigten« Mensch. Anstoß war »wahrscheinlich« die Aufgabe, Großtiere zu erbeuten. Biologen wie Richard Alexander sehen den Anlass dagegen in der innerartlichen Konkurrenz.
Diese Entwicklung hatte Folgen für die Gefühle (Angst), Bedürfnisse (Sicherheit) sowie Verhaltensweisen (Explorationsdrang) und führte zur Ausbildung spezifisch menschlicher Lebensinhalte (Eigentum, Religion, Ethik und Moral).
Die zu dem Menschen gehörende »Vergegenwärtigung der Zeit« begründet die Fähigkeit zur Selbstreflexion, aber vor allem auch zu planendem Handeln und technischem Fortschritt. Zusammengenommen macht dies den Menschen zu einem ungeheuer machtvollen Wesen, was in der (von Lethmate übernommenen) Überschrift zum Ausdruck kommt.
Aus dem Text sind die Grundannahmen der Biologie über die Entwicklung des Menschen zu entnehmen:

1) Der Mensch ist Teil der Natur und mit den Tieren, am nächsten mit den Primaten, verwandt.
2) Trotz aller Nähen ist der Mensch einzigartig. Er trägt Merkmale, die für ihn spezifisch sind.
3) In der Hominisation gibt es verschiedene Menschenformen, zu denen u.a. auch der homo habilis gehört. Der homo sapiens ist Ergebnis einer langen Entwicklung.
4) Die menschliche Eigenart ist Ergebnis natürlicher Selektion angesichts neuer Herausforderungen.

Ausgangspunkt einer prüfenden Auseinandersetzung könnte die Frage sein, ob und wie biologische und theologische Erkenntnisse zusammenpassen.
Zunächst einmal zeigen sich *Konvergenzen*:

1) In der Biologie wie in der Theologie ist der Mensch Teil der Natur und gleichzeitig ihr Gegenüber (Geschöpf und

Ebenbildlichkeit vgl. S. 28). Durch seine spezifischen Fähigkeiten besitzt der Mensch Überlegenheit und Macht, die er bedacht einsetzen muss und kann (Schöpfungsauftrag vgl. S. 31f.). Die Frage ist, welche Kriterien er in der Hand hat, um »verantwortlich« entscheiden zu können. Theologie bietet dafür Maßstäbe an. Biologie hält sich hier zurück. Kann der Mensch beliebig handeln (vgl. S. 70)?

2) Beide Wissenschaften sehen das Besondere des Menschen in der besonderen Bedeutung der Sprache (vgl. der Gott entsprechende Mensch S. 40) und in der Wahrnehmung grundlegender Ängste und Bedürfnisse (vgl. z.B. die Vater Unser Bitten).
3) Gemeinsam betonen sie die »Vergegenwärtigung der Zeit«. Glaube ist Erinnerung von Vergangenheit (Jesus Christus) und Antizipation von Zukunft (Reich Gottes, Wiederkunft Christi). Beruht der Glaube auf dieser spezifisch menschlichen Fähigkeit?

Dann aber zeigen sich auch *Divergenzen*:
1) Biologie setzt beim Vergleich mit den Primaten an, Theologie bei der Auslegung der Bibel und damit bei menschlichen Erfahrungen. Theologie und Biologie haben verschiedene Ausgangspunkte. Sie wählen verschiedene »Spiegel« (vgl. Titelbild).
2) Die Aussagen »Der Mensch verdankt sich einer langen Entwicklung, er stammt vom Affen ab« steht der Aussage gegenüber »Gott hat den Menschen erschaffen«. Hier gilt es zu verdeutlichen, dass biblische Aussagen Deutungen sind, die nicht empirisch zu verstehen sind (vgl. S. 80). Solche Deutungen begegnen jedoch auch in der Biologie, wie die Abfolge verschiedener Deutungen des Menschen in den letzten Jahrzehnten zeigt (Werkzeugmacher, Sprecher, Planer). Aus einem arbeitenden wurde erst ein kommunizierendes und dann ein planendes Wesen. Die Biologie hat darüber hinaus selber erkannt, dass die Hervorhebung einer »Sonderstellung« des Menschen ein Recht des Menschen auf Ausbeutung bestärkt und als Reflex neuzeitlicher Anthropologie anzusehen ist (vgl. Linder, Biologie, 1977, 481). Lethmate will dies explizit vermeiden und spricht deshalb von der »Eigenart« und nicht von der »Sonderstellung« des Menschen. Er weiß auch, dass die Einsicht in die Fähigkeit, »beliebige« Zeitpunkte in die Gegenwart hineinzuholen, moralische Reflexion und verantwortlichen Gebrauch dieser Fähigkeit erfordert. Ohne diesen Hinweis suggeriert biologische Anthropologie eine schrankenlose »Freiheit von …«, die ignoriert, dass menschlichem Denken Zukunft nicht einfach offensteht und diese nicht beliebig formbar ist.

24.3 Bild: Jörg Immendorf, Selbstbildnis mit Affe (S. 53)

Der 1945 in Lüneburg geborene Künstler war Schüler von Joseph Beuys in Düsseldorf und arbeitete zusammen mit A.R. Penk. Seit 1989 wirkt Immendorf als Professor für Bildende Kunst in Frankfurt.
Immendorf gehört zu jenen Künstlern in Deutschland, die für sich eine erzählende, gegenständliche Malerei entwickelt haben. Er versteht sich selbst als Künstler des »real existierenden Sozialismus«.
In der Plastik »Selbstbildnis mit Affe« begreift sich Immendorf in ironischer Distanz zu sich selbst und definiert sich selbst, den gestaltenden Künstler, als halbfertiges Werk eines unbehaarten, geschickten, irgendwie lächelnden Schimpansen. Die blaue Farbe des Menschen entspricht der des Bodens. Der Mensch ist aus Erde gemacht und entwickelt sich unter den Händen eines künstlerischen Primaten.
Angespielt wird auf die biblische Erzählung von der Erschaffung des Menschen aus Erde, allerdings mit dem Unterschied, dass nicht Gott der töpfernde Künstler sondern ein Affe der Schöpfer des Menschen ist. Will Immendorf die biblische Erzählung karikieren und bestreiten? Will er sich selbst als Produkt tierischen Lebens begreifen – das seinem Schöpfer gleicht, auf jeden Fall aber ein Kunstwerk ist? Die Plastik hätte dann recht ambivalente Züge: der Mensch, Immendorf selbst, ist Produkt des Tierreiches und gleichzeitig kunstvolles Original, das jedoch noch in der Entwicklung begriffen ist.
Die Skulptur könnte aber auch – etwas hintersinniger – als Spiegelbild des Künstlers Immendorf verstanden werden, der von sich selbst ein Bildnis schafft. Sieht er sich dann als gestaltenden Schimpansen, der von sich ein Bildnis schafft und an sich selbst arbeitet?

24.4 Literatur zu S. 52f.

Wulf Schiefenhövel, u. a. (Hg.), Vom Affen zum Halbgott: Der Weg des Menschen aus der Natur, Stuttgart 1994 (Der Mensch in seiner Welt Bd. 1)
Wulf Schiefenhövel, u. a. (Hg.), Zwischen Natur und Kultur: Der Mensch in seinen Beziehungen, Stuttgart 1994 (Der Mensch in seiner Welt Bd. 2)

24.5 Unterrichtsideen zu S. 52f.

1. Bildbetrachtung (evtl. mit Folie)
Sch beschreiben, was sie sehen, empfinden und assoziieren. Sie geben dann dem Bild einen Titel (ohne den im Heft zu beachten) und vergleichen schließlich ihre Titel mit dem von Immendorf. Was will der Künstler in dem Betrachter bewirken? Stammt der Mensch vom Affen ab?

2. Textarbeit
Sch klären in EA oder PA anhand des Textes
- die besondere Eigenart des Menschen
- die Entstehungsursachen
- die Folgen.

Die Ergebnisse werden in einem TA festgehalten.

Eigenart des Menschen	Ursachen	Folgen

3. Auseinandersetzung
L schreibt auf je eine Tafelseite

Der Mensch ist das zeitvergegenwärtigende Lebewesen aufgrund natürlicher Selektion	Der Mensch ist Geschöpf und Ebenbild Gottes, das sich selbst verfehlen kann

Sch prüfen im Gespräch zuerst, ob Biologie und Theologie angemessen zum Ausdruck kommen. Sie können ergänzen. Sie prüfen dann, ob zwischen die Aussagen ein = (ist identisch) ein ≠ (nicht identisch), ein ϟ (steht im Widerspruch) oder ein // (ist parallel, aber nicht identisch) zu setzen ist. Sch schreiben dann auf blaue Karten Konvergenzen zwischen Biologie und Theologie, auf gelbe Karten Anfragen an die Theologie von seiten der Biologie, auf grüne Karten Anfragen der Theologie an die Biologie. Anschl. gemeinsame Reflexion der Entdeckungen.

4. Vertiefung und Ergänzung
Sch lesen S. 80 und prüfen, ob die Aussagen sowohl biologisch als auch theologisch vertretbar sind.

24.6 Christian Vogel, Die Beziehung von Mann und Frau (S. 54)

Der Text will die biologische Perspektive auf das Lebensthema Partnerwahl und Partnerschaft zur Geltung bringen, das in dem Schülerheft immer wieder angesprochen wird (S. 26f., 33ff., 71.80). Dabei soll es auch darum gehen, biologisches und theologisches Wissen in Bezug zu setzen und ihr Verhältnis zu bedenken.
Die Evolutionsbiologie bearbeitet im Blick auf Mann und Frau verschiedene Fragen. Warum entstand Sexualität? Warum gibt es zwei Geschlechter? Wie beeinflussen Geschlechtsunterschiede das Sexualverhalten und die Partnerwahl? Warum werden Frauen älter als Männer? Wie prägen natürliche Grundlagen kulturelle Institutionen?
Hier geht es um die Frage, »ob es eine natürliche Familienstruktur gibt«. Anders gefragt: Sind Menschen von Natur aus monogam oder polygam? Können Männer und Frauen treu sein? Darüber hinaus geht es auch um die Frage, warum Männer stärker, größer und kampfeslustiger sind.

Leitend für die evolutionsbiologische Betrachtung des Menschen sind fünf Annahmen, die dem Text zu entnehmen sind:
1) Der Mensch hat sich aus dem Tierreich entwickelt. Sein Verhalten hat deshalb stammesgeschichtliche Grundlagen.
2) Die Primaten sind mit den Menschen am nächsten verwandt. Was für jene gilt, gilt auch für den Menschen.
3) Menschliches Handeln ist wie das Handeln aller Lebewesen unbewusst durch das Bestreben möglichst erfolgreicher Fortpflanzung bestimmt.
4) Unter den Menschen herrscht, wie bei anderen Arten, Konkurrenz, in der sich der Erfolgreichere durchsetzt.
5) Die natürlichen Grundlagen und Mechanismen bestimmen kulturelle Institutionen und soziales Verhalten, ohne diese jedoch einfach zu determinieren.

Aufgrund von »Freilandforschung« und kulturgeschichtlichen Vergleichen kommt die Evolutionsbiologie zu folgenden Einsichten:
1) Unter Primaten gibt es verschiedene Fortpflanzungssysteme. Dies gilt auch für den Menschen.
2) Nur 12% der Primaten leben in Ein-Ehe.
3) Unter den Menschen besteht die Neigung zur Polygynie und zur Polygynandrie.
4) Monogamie ist nur dort zu erwarten, wo Menschen ihre polygyne Tendenz nicht durchsetzen können.
5) Unter den Männern herrscht Streit um jene Frauen, die mehr Nachkommen versprechen.
6) Dieser Streit führt zur Herauszucht von starken, größeren und aggressiveren Männern.

Obwohl es auch unter Frauen Seitensprünge gibt, neigen Männer offenbar stärker zu Partnerwechsel. Während Frauen ihren Reproduktionserfolg am effektivsten verbessern, indem sie ihre Kinder optimal versorgen und ihre Sterblichkeit verringern, steigern Männer ihren Fortpflanzungserfolg durch die Zahl erreichbarer Befruchtungen. Dabei scheinen jene Frauen bevorzugt zu werden, die jung sind und mehr Kinder versprechen. Umgekehrt scheinen von Frauen jene Männer bevorzugt zu werden, die eine sichere Versorgung der Nachkommen gewährleisten. So könnten Angebote in Heiratsanzeigen und der unterschiedliche Charakter von Männer- und Frauenzeitschriften zu erklären sein.

Da Männer ihren Reproduktionserfolg steigern können, indem sie Investitionen in nicht gezeugte Kinder vermeiden, legen sie Wert auf Vaterschaftssicherheit. So kann die Wertschätzung der Jungfräulichkeit und die soziale Kontrolle durch Aufnahme in das Haus des Mannes (anders: Gen 2,24) und die stärkere Sanktion von weiblicher Untreue zu erklären sein. Untreue Frauen gelten eher als Dirne, während untreue Männer als Casanova angesehen werden. Der Ehebruch von Frauen wurde schon immer härter bestraft als der von Männern (vgl. Joh 8).

Für die prüfende Auseinandersetzung ist bedeutsam, dass Biologen menschliches Verhalten erklären, aber nicht vorschreiben wollen. Biologische Erkenntnisse beschreiben Zustände, aber keine Soll-Werte. Hinzu kommt, dass die natürliche Basis keine Vorschriften, sondern Vorschläge darstellen. Menschen haben daher die Möglichkeit, »natürliche Tendenzen« zu gestalten. Allerdings darf ein »Sollen« das »Können« nicht ignorieren.

Von seiten der Theologie stellen sich folgende Fragen:
– Monogame Ehe ist in Gen 2 nicht gemeint, wird aber von Jesus und später in der christlichen Kirche gefordert. Die kirchliche Trauung unterstellt den Wunsch und die Möglichkeit zu lebenslanger Treue. Wie ist eine lebenslange monogame Ehe möglich?

- Der Blick in andere Kulturen zeigt, dass monogame Ehen nicht selbstverständlich sind (Islam, Tibet). Dies gilt jedoch auch für die christlich-abendländische Kultur. Unter Jugendlichen, aber auch unter Erwachsenen gibt es den Trend zu einer »seriellen Polygynie und Polyandrie«. Mehrere Ehen bzw. Partnerschaften folgen hintereinander, innerhalb derselben ist man jedoch treu. Ist lebenslange Treue Illusion?
- Was meint Gleichberechtigung der Geschlechter, und wie ist diese zu erzielen?
- Wie ist die Herrschaft von Männern über Frauen zu verstehen und abzubauen?
- Was ist eigentlich Liebe? Wie passen Liebe und das Streben nach effektiver Fortpflanzung zusammen?

Unter den Bedingungen einer Tendenz zur Promiskuität und Polygynie braucht Monogamie spezifische Bedingungen. Entsprechende Gesetze können dies fordern, aber nicht garantieren. »Echte« Monogamie und damit lebenslange Treue könnte mit Liebe und dem Glauben an die schöpferische Macht der Liebe zu tun haben. Hierfür könnte der Glaube an Gott, der die Liebe ist, konstitutiv sein.

Die Forderung nach Gleichberechtigung von Mann und Frau ist selber keine Forderung der Biologie. Sie ergibt sich aus Gen 1 und 2, aber auch aus den Menschenrechten. Sie kann jedoch nicht die unterschiedliche Körperbeschaffenheit und das unterschiedliche Fortpflanzungsverhalten übersehen. Wer Gleichberechtigung will, wird darauf achten müssen, dass Frauen auch ökonomische Macht haben und die unterschiedlichen Interessen als gleichrangig angesehen werden. Für die Bibel sind beide miteinander Geschöpfe Gottes.

Die Herrschaft von Männern über Frauen ist nach der Biologie Ausdruck männlichen Fortpflanzungsverhaltens und des männlichen Bestrebens nach Vatersicherheit. Für die Bibel ist dies Ausdruck und Folge der Sünde und damit Entfremdung von Gott. Herrschaft wurzelt danach in dem Zwang, sich Bejahung zu verschaffen und im Unglauben schon bejaht zu sein. Theologie wird einbringen wollen, dass der Glaube an die Bejahung Gottes Herrschaft abbaut und Raum für Gleichberechtigung schafft.

Das Phänomen Liebe, wie es z. B. in dem Gedicht von Erich Fried anklingt (S. 33), kommt in der Biologie nicht vor. Hier wird alles auf das Bestreben nach effektiver Fortpflanzung zurückgeführt. Dabei wird aber die andere Person für ein »Mittel zum Zweck«. Liebe hingegen sieht den anderen als »Zweck für sich« an und begegnet ihm um seinetwillen und unter Rücknahme eigener Interessen. Theologie versteht Liebe zunächst einmal als Liebe Gottes, die in der Geschichte Jesu von Nazareth anschaulich geworden ist. Sie gibt Anerkennung ohne Vorbedingungen, und ohne die Erwartung von Lohn, und um des Heils des anderen willen.

24.7 Unterrichtsideen zu S. 54

1. Einstiegsgespräch
L schreibt an Tafel: Können Männer und Frauen überhaupt treu sein? Sind Frauen treuer als Männer? Ist lebenslange Treue eine Illusion? Evtl. auf Fragekarten. Anschließend Rundgespräch.

2. Textanalyse
Die Sch werden in drei Gruppen geteilt, die aus dem Text je verschiedene Informationen herausarbeiten, nämlich 1) die Antworten auf o.g. Fragen, 2) die Einsichten der Evolutionsbiologie zum Thema Mann und Frau, 3) die Grundannahmen und Evolutionsbiologie.

3. Prüfende Auseinandersetzung
Sind die Einsichten der Evolutionsbiologie plausibel? Unter welchen Bedingungen ist Treue möglich? Was ist theologisch gesehen Liebe? Was kann Theologie im Blick auf Treue und Liebe beitragen?

4. Vertiefung
»Die Natur scheint die menschliche Verhaltensentwicklung weniger durch Vorschriften als durch Vorschläge zu beeinflussen« (Hubert Markel). Was bedeutet dies für das Verhältnis von Biologie und Theologie?

24.8 Irenäus Eibl-Eibesfeldt, Bestie Mensch – ein Zerrbild? Der Mensch in der Verhaltensforschung (S. 55f.)

Gewalt, ihre Ursachen und die Möglichkeit ihrer Beherrschung ist ein Grundthema von jungen Erwachsenen und der Anthropologie. Das Thema Gewalt begegnet deshalb in verschiedenen Zusammenhängen (Gewalt gegenüber der Natur und anderen S. 8; gegen sich selbst S. 9; Gewalt in der Philosophie S. 20–22, in der Bibel S. 32.36f.78; in der Kunst S. 37.62.76.77). Das Thema Feiern begegnet auf S. 10, der Kuss bei Klimt S. 35. Der Titel »Bestie Mensch« erinnert an Hobbes S. 20.
Der Text von Irenäus Eibl-Eibesfeldt, Professor für Zoologie und Verhaltensforschung, ist aus seinem Buch »Liebe und Hass« zusammengestellt und will dessen Einsichten zusammenfassend zum Ausdruck bringen. Gleichzeitig sollen alltägliche Verhaltensweisen der Sch zum Gegenstand des Nachdenkens werden (Fußball, Lachen, Feiern, Umarmen, Pickel ausdrücken).
Die Gliederung des Textes ist durch die Überschriften markiert:
1. These
2. Angeborene Aggression
3. Angriffshemmende Mechanismen
4. Natürliche Gegenspieler
   4.1 Gesten der Kontaktaufnahme
   4.2 Sexualität
   4.3 Kampfgemeinschaft
   4.4 Grußgesten
   4.5 Feste und Feiern

Bestimmend für die Ausführungen von Eibl-Eibesfeldt sind folgende Gesichtspunkte:

1) Aggressives Verhalten besteht in dem Durchsetzen eigener Interessen gegen andere und im Streben nach Dominanz.
2) Gegenstand der biologischen Aggressionsforschung ist vornehmlich die »innerartliche Aggression«. Die Aggression des Menschen gegen die Natur insbesondere gegen Tiere (zwischenartliche Aggression) wird damit ausgespart (vgl. aber S. 8 und Gen 9,1–7 S. 32).
3) Die biologische Verhaltensforschung will nur einen Aspekt menschlicher Aggression erklären. Dies schließt nicht aus, dass Aggression auch gelernt (durch Bekräftigung bzw. Nachahmungslernen) oder durch die Entbehrungserlebnisse hervorgerufen wird (Frustrations-Aggressionstheorie).
4) Die biologische Aggressionsforschung beschäftigt sich mit angeborenen, erblichen Verhaltensmuster.
5) Methodisch arbeitet die Ethologie mit dem Tier-Mensch-Vergleich sowie mit dem Vergleich verschiedener Kulturen.
6) Aggressives Verhalten ist im Zuge stammesgeschichtlicher Anpassung durch Selektion entstanden und dient deshalb der erfolgreichen Fortpflanzung der eigenen Gene. Es ist deshalb meist auf die Abgrenzung von Territorien, den Aufbau von Rangordnungen, der Rivalität um den Sexualpartner und die Brutverteidigung bezogen, begegnet aber auch in aktivem Erkunden von Neuem.
7) Aggressives Verhalten wird durch Signale ausgelöst, die angeborene Verhaltensmechanismen (AAM) aktivieren. Allerdings kann Aggression auch ohne Umwelteinflüsse durch hormonale oder neuronale Veränderungen hervorgerufen werden.
8) Aggressives Verhalten ist durch Lernen zu beeinflussen. Ein solches Lernen setzt eine genaue Analyse der Ursachen von Aggression voraus. Die Programmierung determiniert also nicht vollständig, kann nicht als »Schicksal« verstanden werden. Aggressivität (die Bereitschaft zu aggressivem Handeln) kann bedacht abgebaut werden (durch Aufgaben, Kampfsportarten vgl. Text).
9) Angeborenes, aggressives Verhalten ist begleitet von angeborenen aggressionshemmenden Mechanismen sowie natürlichen Gegenspielern.
10) Die Menschen haben sich in den letzten 10.000 Jahren biologisch nicht entscheidend verändert. In der gleichen Zeit hat aber der Mensch eine gewaltige kulturelle Entwicklung erzeugt und durch Technik die Möglichkeiten aggressiven Handelns stark erweitert. Auf der anderen Seite haben sich die aggressionshemmenden Mechanismen nicht in der gleichen Weise entwickelt. Das »Kulturwesen« Mensch entspricht nicht mehr dem »Naturwesen« Mensch.

Die prüfende Auseinandersetzung wird auf Konvergenzen und Divergenzen mit dem christlichen Glauben und der evangelischen Theologie achten.
Konvergenzen zeigen sich:

1) in der Sicht des Menschen: Er ist sowohl aggressiv-gewalttätig als auch verbindend- friedenstiftend. Weder eine pessimistische noch eine optimistische Sichtweise des Menschen ist angebracht. Demnach ist Nächsten- und Feindesliebe gesehen nicht unmöglich!
2) in der Auffassung, dass Aggressivität eines bedachten Umgangs bedarf.
3) in der Sicht des Menschen als Teil und Gegenüber der Natur: Der Mensch hat vieles mit den Tieren gemeinsam, nimmt aber dennoch in der Evolution des Leben eine Sonderstellung ein, die sich u.a. in seiner kulturellen Entwicklung und in der Fähigkeit zeigt, bewusst handeln und lernen zu können.
4) in der Freiheit des Menschen von Vorprogammierungen: Der Mensch ist in der Lage, über sich nachzudenken und daraufhin das persönliche und gemeinsame Leben zu gestalten. Die Forschungen von Eibl-Eibesfeldt und sein Nachdenken über Konsequenzen sind so zu verstehen, dass hier ein Mensch Wissen erzeugt und damit Leben und Zusammenleben bewusst steuern will.

Divergenzen zeigen sich:

1) in der Beurteilung zwischenartlicher Aggression: Diese kommt bei Eibl-Eibesfeldt zu kurz. Theologie hat gelernt hier weiter nachzufragen.
2) in dem Ausgangspunkt der Erkenntnis: Ethologie verdankt sich der menschlichen Selbsterkenntnis aus dem Vergleich mit der Tierwelt und sog. Naturvölkern. Theologie hingegen nimmt ihren Ausgangspunkt bei der Bibel. Diese Divergenz kann man mit der Perspektivität aller Erkenntnis erklären. Eibl-Eibesfeldt (und sein Lehrer Konrad Lorenz) verbinden ihre Einsichten jedoch mit einer Absage an »Ideologien« und an die »Metaphysik«. Diese können ihrer Ansicht nach zu den Ursachen menschlichen Verhaltens nicht gelangen.
3) in dem Vertrauen Eibl-Eibesfeldts in die Macht wissenschaftlichen Denkens: Er verspricht sich durch die biologische Erklärung aggressiven Verhaltens die Fähigkeit, Aggressivität und Aggression zu zügeln und zu steuern.
Die Frage ist, ob dies so einfach zutrifft. Theologie rechnet auch hier mit der Macht der Sünde, die auch wissenschaftliche Erkenntnis beherrschen kann. Erst dort, wo Menschen frei von der Angst um sich selbst und frei von Hab- und Herrschsucht sind, werden sie von ihrem Wissen einen friedlichen Gebrauch machen können. Die Erkenntnisse der Verhaltensforschung können auch zum Mittel der Manipulation werden!

24.9 Literatur zu S. 55f.

H. Bayrhuber u.a., Linder Biologie, Gesamtband, 1989, 273–302
Irenäus Eibl-Eibesfeldt, Krieg und Frieden. Zur Naturgeschichte der Aggression, DIFF (Hg.), Funkkolleg Der Mensch, Studienbrief 10, STE 29, Tübingen 1993

24.10 Unterrichtsideen zu S. 55f.

1. Bildbetrachtung
Sch betrachten die vier Kusszeichnungen. Was sagen diese vier Bilder über den Kuss und den Menschen? Evtl. Vergleich mit Klimt S. 35. Geht es hier um das Gleiche?

2. Textarbeit I
Sch erhalten in PA und arbeitsteilig die in M 24.1 genannten Begriffe. Sch bearbeiten den Text und erläutern anschließend ihren Begriff.

3. Textarbeit II
Sch lesen Ausgangsthese und interpretieren diese. Hat uns Eibl-Eibesfeldt überzeugt?

4. Ergänzung und Vertiefung
Sch bedenken, was Hobbes zu Eibl-Eibesfeldt sagen würde. Sieht er ihn auf der Seite von Rousseau?

5. Prüfende Auseinandersetzung I
L schreibt an die Tafel:

Aggressives und altruistisches Verhalten ist durch stammesgeschichtliche Anpassungen vorprogrammiert. Wir sind unserer Anlage nach gut.	Menschen sind Geschöpfe Gottes und dazu bestimmt als Gottes Ebenbild Gott zu entsprechen. Doch Menschen wenden sich von Gott ab und zerstören in der Folge eigenes und gemeinsames Leben. Es gibt einen Ausweg.

Sch bedenken, ob die beiden Aussagen jeweils zutreffen und ob sie zusammenpassen. Sie schreiben dann auf gelbe Karten, worin es Übereinstimmungen gibt, auf rote Karten Anfragen an die Theologie von seiten der Biologie, auf grüne Anfragen der Theologie an die Biologie.

6. Prüfende Auseinandersetzung II
L versetzt die Sch in die Position von Eibl-Eibesfeldt und beginnt mit ihnen ein Streitgespräch. »Herr Professor: Wie werden Menschen friedlicher?«

24.11 Christian Vogel: Auf Egoismus programmiert (S. 57)

Der gestraffte und sprachlich bearbeitete Text aus dem Funkkolleg »Der Mensch« stellt weitere Einsichten der Evolutionsbiologie vor. Es geht um die biologischen Grundlagen moralischen Handelns, um die biologische Deutung sozialer Normen und moralischer Kommunikation sowie um Hinweise für eine realistische Moral. Kernpunkt ist das Verständnis des »Altruismus« und damit »uneigennützigen Verhaltens«. Leitfrage ist: Sind alle Menschen Egoisten?
Die Soziobiologie greift damit eine Diskussion auf, die in der Philosophie von Hobbes und Rousseau (S. 20–22), aber auch von Smith und Buber (S. 26–27), in der Soziologie von Etzioni (S. 59–61), in der Psychologie von Fritz Perls (S. 60) und in der Theologie von Luther (S. 45–47) geführt wurde. Es geht also um die Natur des Menschen, um die Bedingungen der Möglichkeiten von Altruismus und Solidarität (S. 10).
Gegenpositionen zu Vogel sind einmal die Menschenrechte (S. 48ff.) und zum anderen das Nächstenliebegebot (S. 74) bis hin zum Gebot zu vergeben (S. 78).

Die Soziobiologie arbeitet nach Auskunft des Textes mit folgenden Annahmen:
- Menschliches Handeln zielt nicht auf Selbst- oder Arterhaltung, sondern auf »Generhaltung«.
- Alle Menschen sind auf genetische Reproduktion »programmiert« und damit festgelegt.
- Altruistisches, im Sinne eines uneigennützigen Verhaltens, ist biologisch gesehen unmöglich.
- Konkurrenz und Konflikte sind Bestandteile menschlichen Verhaltens.
- In der Evolution des Menschen kam es zu einer zunehmenden Komplexität von Lebensformen.

Ausgangspunkt der Überlegungen sind einfache Beobachtungen wie
- Nepotismus (diese wurde einst von Päpsten praktiziert, indem sie ihren eigenen Neffen zu Kardinälen im Kirchenstaat machten)
- die Bereitschaft von Menschen, für ihre eigenen Nachkommen ihr Leben zu riskieren
- das Vergnügen von Menschen bei Aktivitäten, die dem Überleben des eigenen genetischen Materials dienen
- Kooperation und innerer Friede in Gruppen angesichts von Konkurrenz mit anderen Gruppen
- Entwicklung von sozialen Normen innerhalb von Gruppen mit geringen verwandtschaftlichen Bindungen und ihre positive Sanktionen bei Einhaltung derselben
- die Entwicklung von Moral wie z. B. den Menschenrechten in komplexen Sozietäten, die der Gesamtmenschheit verpflichtet ist, alle Menschen als gleich ansieht und Rücksicht gegenüber jedermann erwartet.

Diese Beobachtungen werden auf dem Hintergrund obiger Annahmen mit Hilfe von drei Formen des Altruismus erklärt:
1) Verwandtenaltruismus,
2) direkt reziproker Altruismus und
3) indirekt reziproker Altruismus (Erwiderung einer Wohltat durch einen anderen als den Empfänger).

Über die Motive des Verfassers gibt der Text keine direkte Auskunft. Anzunehmen ist, dass es ihm um
- eine biologische Beschreibung moralischen Verhaltens,
- die nüchterne Wahrnehmung der Möglichkeiten und Grenzen moralischer Kommunikation in verwandtschaftlich nicht gebundenen komplexen Gemeinschaften,
- die »Entzauberung« vielgepriesener altruistischer Argumentationen,
- Bestätigung eines aufgeklärten Egoismus geht.

Es handelt sich demnach um einen Akt biologischer Aufklärung.
Gefragt werden kann, wie die Folgen eines solchen Textes aussehen. Wie kommen gerade die Schlussfolgerungen an (S. 58)?

Eine *prüfende Auseinandersetzung* könnte nach zwei Richtungen geführt werden. Einmal in Richtung Soziobiologie mit der Frage, wie die Aussagen einzuschätzen sind. Treffen sie zu? Sind sie plausibel?; zum anderen in Richtung Theologie. Widerlegen sie theologische Erkenntnis?

1) Anfragen an die Soziobiologie
Kernpunkt muss die Frage sein, wie weit die biologische Programmierung des Menschen reicht. Ist der Mensch voll und ganz durch seine biotischen Grundlagen festgelegt oder sind diese ausgeschaltet oder ausschaltbar?
Carsten Bresch formuliert im Blick auf die »Intellektuelle Evolution«: »Die Gesetze der biologischen Phase – Mutation und Selektion, Artenbildung und Wettbewerb verlieren ihre evolutionsbestimmende Gültigkeit« (Zwischenstufe Mensch, 1977, 232). Nach seiner Ansicht kann der Menschen »über seinen Schatten springen« und sich anders verhalten als es ihm die Evolution vorgibt. Ist daraus zu folgern, dass es durchaus auch vorteilsfreies Handeln des Menschen geben kann?
Sodann ist die Frage, ob die soziobiologische Erklärung indirekt reziproken altruistischen Handelns plausibel ist. Wer z.B. bei einem Autounfall »uneigennützig« und spontan hilft, weiß weder wer, wann, wie und wo ihm und/oder seinen Nachkommen helfen wird. Möglicherweise weiß der Helfende, dass seine Hilfe sogar eher selten und von ganz besonderen Umständen abhängig ist. Dennoch hat er es getan und versteht es selber als einen spontanen Akt der Menschlichkeit, die durchaus Nachahmung finden darf und finden sollte. Soll man ein solches Verhalten tatsächlich egoistisch nennen? Hat sich der Begriff Egoismus hier so stark dem Altruismus angenähert, so dass man ihn kaum noch unterscheiden kann? Kann man das Verhalten von Oskar Schindler (S. 40) egoistisch nennen? Ist der barmherzige Samariter ein Egoist (S. 75)? Denkt Jesus nur an seinen Vorteil? Sind Pater Maximilian Kolbe oder Mutter Teresa von dem Prinzip der Generhaltung gesteuert? Überlistet die Evolution bedachtes moralisches Handeln, so dass der Mensch selbst gar nicht merkt, was er tatsächlich tut?
Weitere Fragen betreffen die Aussagen als solche:
- Warum wendet sich Vogel gegen die Menschenrechte?
- Handelt es sich hier um die biologische Affirmation neoliberaler Wirtschafts- und Gesellschaftstheorie und die offizielle Erlaubnis, nur noch an seinen eigenen Vorteil zu denken und profitorientiert zu handeln? Werden hier Täuschung und Betrug als natürlich dargestellt?
- Warum schreibt Vogel diesen Artikel? Geht es ihm um das Überleben seiner eigenen Gene?

2) Überlegungen der Theologie
Einzugestehen ist, dass es unter Menschen und gerade auch unter Christen eine doppelte Moral, verdeckte Eigeninteressen, Konkurrenz und Aggression gibt. All dies kann hinter hehren moralischen Ansprüchen verborgen sein. Auch »Heilige« sind davon nicht ganz frei. Theologische Religionskritik zielte schon immer auch auf solche Heuchelei (vgl. z.B. Amos 5,21–27; Mt 23). Dennoch hat es schon immer auch Verhalten gegeben, das ganz am anderen orientiert war. Offenbar kann man den Selektionsdruck ausschalten!

Das jüdisch-christliche Gebot der Nächstenliebe schließt die Selbstliebe ein: »Liebe deinen Nächsten wie dich selbst« (Lk 10,25ff.; Mt 22,34–40). Von einer »uneigennützigen«, »selbstlosen« oder gar »sich selbst verleugnenden« Nächstenliebe kann trotz entsprechender Auslegungen (Calvin, Luther, Kant, Kierkegaard) nicht gesprochen werden. Die Frage ist jedoch – ähnlich wie in der Soziobiologie –, was das »selbst« meint. Es könnte ja den Menschen als Gottes Geschöpf und Gegenüber bzw. als »Zweck an sich« meinen. In der Nächstenliebe käme dann eine Liebe zum Vorschein, die jenem Geschöpf gilt, das man selber ist. Eine Nächstenliebe, die der Erhaltung dieses Menschen dient, kann nur gefördert werden.

Wie die Psychologie (z.B. Erich Fromm) unterscheidet auch die Theologie eine recht verstandene von einer falsch verstandenen Selbstliebe. Eine »Selbst«-Liebe, die dem Ebenbild Gottes in anderen und mir gilt, ist zu befürworten. Eine Selbstsucht hingegen, die den anderen zum Mittel zum Zweck für die eigene Rechtfertigung macht, ist als Sünde zu benennen. Sie widerspricht Gottes Willen und dem Wesen des Menschen.

Wie das Gebot der Feindesliebe zeigt, gilt die christliche Liebe allen Menschen. Der christliche Glaube rechnet jedoch nicht mit einer Welt, in der es keine Konflikte, auch keine Täuschung und keinen Betrug mehr gibt. Es gilt ja die Feinde zu lieben! Christlicher Glaube hofft allerdings auf eine Welt, in der die Selektion aufgehoben sein wird. Er rechnet damit, dass es jetzt schon Menschen gibt, die zumindest da und dort in der Lage sind, den Selektionsmechanismus aufgrund des Glaubens auszuschalten und ihre biologische Verfassung zu transzendieren. Die durch den Verfasser in Frage gestellte Moral der Geschwisterlichkeit ist deshalb Antizipation erhoffter Zukunft und regulative Idee für gegenwärtiges Handeln – im Wissen, dass die Menschen noch nicht »neu«, sondern noch »alt« sind.

24.12 Das Gefangenendilemma (S. 58)

Die Dilemmageschichte kann deutlich machen, wie wir über andere Menschen denken. Ausgangspunkt ist die Frage, wie ich mich in einer solchen Situation verhalten würde.
Am vorteilhaftesten ist die Lösung, wenn beide leugneten, sie kämen dann mit dem geringsten Nachteil von sechs Monaten Gefängnis davon. Allerdings setzt diese Lösung voraus, dass einer dem anderen vertraut und auf Kooperation setzt.
Misstraut jedoch der eine dem anderen, dann erscheint es

günstiger zu gestehen. Dann sind zwei Jahre Gefängnis der maximale Nachteil. Wenn dann der andere leugnet, kann der Gestehende sogar mit Freispruch rechnen, während der Leugnende den maximalen Nachteil von 20 Jahren Gefängnis zu erwarten hat.
Diese Lösung hat jedoch einen großen Nachteil. Sie deutet ja den Vertrauensvorschuss des anderen als eine egoistische Handlungsweise und definiert sich selbst als nicht vertrauenswürdig, ja sogar als hinterhältig. Möchte er aber so verstanden werden?
Die herausfordernde Frage ist also, womit wir rechnen wollen und zu rechnen haben, wenn wir in Not sind und von einer anderen Person abhängig sind. Dies sagt einmal etwas über unsere Sicht der Menschen aus als auch darüber, was wir uns selbst zutrauen und wie wir selbst verstanden werden wollen.

24.13 Bild: Keith Haring, Andy Mouse (S. 57)

Keith Haring ist mit Comics und Cartoons berühmt geworden und wurde stark von der Pop Art Andy Warhols (vgl. S.22) und Roy Lichtensteins (S. 61) beeinflusst. Die »Andy Mouse« mag an Andy Warhol erinnern. Die Bilder von Keith Haring greifen die Ikonen seiner Alltagswelt auf (Mickey Mouse, Dollarnote, Bildschirme aber auch das Kreuz). Keith Haring war als Jugendlicher Pfadfinder und danach Jesus-Freak. Er starb 1990 im Alter von knapp 32 Jahren an Aids.
Die Arbeiten des New Yorker Künstlers erinnern mit ihren einfachen Linien und ihrem marktschreierischen Gestus an die Graffiti-Kunst und die Wandzeitungen. Wie diese kommentieren sie mit allegorischen Formen und abstrakten Formeln das Zeitgeschehen. Auch wenn Haring selbst kein illegaler Graffiti-Sprüher war, so hat er doch häufig Wände (z.B. in der U-Bahn) und Mauern (z.B. 1986 Berliner Mauer) als »Leinwand« benutzt.
Harings Motive wirken unbekümmert, fröhlich und oft knallig. Sie bringen auf diese Weise einen spielerischen Umgang mit Alltagszeichen zum Ausdruck. Dennoch wirken die Botschaften ernsthaft und wollen nachdenklich machen, Was steckt hinter ihrer Oberfläche?
Die Siebdruck-Illustration »Andy Mouse« stammt aus einem vierteiligen Zyklus aus dem Jahre 1986, in dem Walt Disneys Mickey Mouse und Dollarnoten in einen Zusammenhang gebracht und auf verschiedene Weise »angehimmelt« werden.
Die Punk-Maus mit ihren blauen Haaren und einer übergroßen, undurchsichtigen Brille steht breitbeinig mit aufgestemmten Armen da. Der Mund wirkt nicht sehr fröhlich. Die ganze Haltung will sagen: »Ich bin wer, ich bin stark, mir kann keiner, traut euch ja nicht an mich heran. Ich bin cool, ich habe Geld. Ich bin zwar klein von Gestalt, aber ganz schön clever. Auf keinen Fall bin ich eine graue Maus.«
Was mag aber hinter einem solchen Auftreten stecken?

24.14 Unterrichtsideen zu S. 57f

1. Bildbetrachtung
Sch ahmen die Haltung der Andy Mouse nach und geben der Haltung Worte. Kenne ich Menschen, die so sind?

2. Textbearbeitung I
Sch lesen den Schluss des Textes (S. 58 ab »Gegenüber einer Moral«). Welche Sätze sind nachvollziehbar? Welche nicht? Offene Fragen werden notiert.

3. Textbearbeitung II
Sch lesen in EA den ganzen Text, klären die offenen Fragen und prüfen ihr bisheriges Verständnis. Gemeinsam werden die Begriffe »Verwandten-Altruismus« sowie »direkt« und »indirekt reziproker Altruismus« geklärt.

4. Prüfende Auseinandersetzung
Sind Oskar Schindler (S. 40) und der barmherzige Samariter (S. 75) Egoisten oder von der Sorge um sich selbst befreite Menschen? Sind Menschen wie ein Computer total programmiert?

5. Ergänzung und Vertiefung
Sch lösen das Gefangenendilemma. Was sollen die beiden tun? Warum? Was sagen unsere Lösungsvorschläge über uns selbst und die Menschen?

25 Der Mensch in der Soziologie

25.1 Der Zusammenhang

Zu der Auseinandersetzung mit den Humanwissenschaften gehört neben dem Menschenbild in der Biologie (S. 52–58), in der Medizin (S. 66) und der Psychologie (S. 62–65) auch das der Soziologie. Gerade in Gestalt des Kommunitarismus und daraus folgernd des »bürgerschaftlichen Engagements« im Rahmen der »Zivilgesellschaft« erfährt gegenwärtig eine soziologische Anthropologie viel Aufmerksamkeit. Leitend ist die Frage, ob der Mensch von Natur aus auf Gemeinschaft hin angelegt ist oder ob er zunächst einmal ganz als Individuum gesehen werden muss.
Damit geht es auch um eine Auseinandersetzung mit dem Menschen als Homo oeconomicus (S. 7), um die Gemeinschaftsfähigkeit des Menschen bei Hobbes und Rousseau (S. 20–22), Smith und Buber (S. 26–27), das Verhältnis von Egoismus und Altruismus (S. 57–58) sowie das Verhältnis von Freiheit und Nächstenliebe bei Luther (S. 45–47) und den Zusammenhang von Menschenrechten und Menschenpflichten (S. 48–51). Zuletzt geht es immer wieder um die Ebenbildlichkeit und die Personalität des Menschen (vgl. S. 28.68f.).

25.2 Amitai Etzioni, Das Ich braucht das Wir (S. 59)

Der amerikanische Soziologe Amitai Etzioni (Die Entdeckung des Gemeinwesens, 1995; Die Verantwortungsgesellschaft, 1997) gehört mit Allasdair Mc Intire (Verlust der Tugend, 1987), Charles Taylor (Quellen des Selbst, 1994), Robert Bellah (Gewohnheiten des Herzens, 1987) und Michael Walzer (Sphären der Gerechtigkeit, 1992) zu den Begründern des Kommunitarismus in den USA während der 80er Jahre.

Ausgangspunkt dieser keinesfalls einheitlichen Bewegung ist die Kritik eines neuzeitlichen Individualismus und Atomismus und damit einer Gesellschaft, die zwar die Rechte und das Eigeninteresse des Einzelnen betont, aber Gemeinsinn, Solidarität und das Interesse am Gemeinwohl vernachlässigt. Auf theoretischer Ebene geht es um die Kritik des rational – Grenznutzen maximierenden »Homo oeconomicus«, aber auch von Konzeptionen, die den Menschen als autonom handelndes Subjekt ansehen, das aus der Freiheit persönlicher Entscheidung freiwillige Bindungen eingeht (John Rawls; Jürgen Habermas). Für die Vertreter des Kommunitarismus ist die Bindung an Gemeinschaft keine subjektive Entscheidung, sondern eine vorgängige Lebensgrundlage, die es zu erhalten und zu verdeutlichen gilt (vgl. Menschenpflichten S. 50).
Etzioni ist deshalb der Überzeugung, dass in einer »guten Gesellschaft« ein Gleichgewicht zwischen universellen, individuellen Rechten und dem Allgemeinwohl, zwischen Selbst und der Gemeinschaft besteht. Seine »neue goldene Regel« lautet: »Achte und wahre die moralische Ordnung der Gesellschaft in gleichem Masse wie du wünschst, dass die Gesellschaft deine Autonomie achtet und wahrt« (Verantwortungsgesellschaft, 19).

Von Kritikern wird einmal eine allzu negative Beschreibung gesellschaftlicher Wirklichkeit bemängelt. Trennungskinder dürften stärker unter Konflikten in der Ehe leiden als in der Mutter-Familie. Zum anderen wird der eher konservative Rückgriff auf nationale Traditionen in den USA in Frage gestellt. Zum Dritten wird die Wirkkraft moralischer Appelle bezweifelt. Notwendig seien eher Rahmenbedingungen. Steuerhinterziehung begegnet man danach nicht mit der Forderung von Gemeinsinn, sondern mit besseren Gesetzen. Schließlich wird auf den möglichen ideologischen Charakter der Kommunitarismusforderungen hingewiesen. Wenn ältere Menschen Gemeinsinn einklagen, könnten sie nur an ihre Altersversorgung denken wollen.

Etzionis Konzept des Gemeinsinns hat eine klare anthropologische Grundlage:

1) Der Mensch steht bei der Geburt psychisch, moralisch und sozial auf der Stufe eines Tieres. Er besitzt animalische Triebe und Bedürfnisse wie Nahrung, Obdach, Sex, aber auch Autonomie, die nach vollständiger Erfüllung drängen. Er verfügt über keine angeborenen Werte.
2) Zur anthropologischen Grundausstattung gehört auch das Bedürfnis nach menschlich affektiven Bindungen und Gemeinschaft, das vor allem in engen sozialen Beziehungen wie Familie, Freunde, Nachbarschaften und Vereine befriedigt wird. Menschen sind soziale Wesen.
3) Zum Menschen gehören auch unsoziale Triebe wie Aggression und krankhafte sexuelle Neigungen.
4) Der Mensch besitzt das Potential, sich zu entwickeln und in Auseinandersetzung mit sozialen Rollen, Erwartungen, Forderungen von Gemeinschaft eigene Werte und Tugenden sowie Präferenzen aufzubauen, die als Gewissen bzw. innere moralische Pflichten wirken (Internalisierung).
5) Eine vollständige Einordnung in eine gegebene soziale Ordnung ist sowohl wegen der menschlichen Natur als auch wegen kulturell-gesellschaftlicher Umstände nicht zu erwarten.

Auf der Grundlage dieser anthropologischen Einsichten entwickelt Etzioni seine Gesellschaftstheorie:

1) Neben den individuellen gibt es auch Bedürfnisse der sozialen Ordnung bzw. gesellschaftliche Bedürfnisse, die der Aufrechterhaltung gemeinschaftlichen Lebens dienen

(z. B. Steuern bezahlen, Verträge einhalten, sich um alte Menschen kümmern).

2) Eine »gute Gesellschaft« stützt sich auf freiwillige Verpflichtungen und damit auf internalisierte moralische Pflichten (moralische Infra-Struktur) unter Anerkennung des Bedürfnisses nach Autonomie.
3) Auf konstanten Triebverzicht, dauerhafte Selbstverleugnung und eine heroische Moral lässt sich kein dauerhaftes gesellschaftliches Zusammenleben aufbauen. Es gibt ständig Konflikte.
4) Eine gute Gesellschaft ist ganz besonders auf jene Institutionen angewiesen, die sich durch enge affektive Bindung auszeichnen und dem Bedürfnis nach Gemeinschaft Rechnung tragen. Dazu gehören Familie, Kirchen, Vereine, Schulen, Nachbarschaften (intermediäre Instanzen), die zwischen Staat und Individuum vermitteln. Diese biographisch aufeinander folgenden sozialen Verbände arbeiten mit der Stimme der Moral und tragen deshalb am stärksten zum Aufbau der moralischen Infra-Struktur bei.
5) Soziale Verbände stiften die Bindung an ihre Werte durch externe Stimuli, utilitaristische Anreize oder Zwangsmaßnahmen. Darüber hinaus aber auch durch Feiertage und Rituale wie Weihnachten, Ostern, Gottesdienste sowie durch Medien (z. B. Diskussion und Information), die die Bindung an die Werte der Gemeinschaft festlegen und absichern.

Für den moralischen Unterbau (Infra-Struktur) einer Gesellschaft sind vor allem vier Faktoren entscheidend: Die Stabilität der Familie, das soziale Engagement der Schule, ein soziales Netz von Verbänden und Vereinen (mit besonderer Bedeutung von Kirchen) mit freiwilligem Engagement sowie einer »mosaikartigen« Beziehung der Gemeinschaften in einer Gemeinschaft, die Autonomie und den Zusammenhalt der Gemeinschaften durch Achtung, Toleranz, Grundrechte und öffentliche Diskurse gewährleisten.

25.3 Fritz Perls: »Glaubensbekenntnis« der humanistischen Psychologie (S. 60)

Fritz Perls wurde 1893 als deutscher Jude in Berlin geboren. Er gründete nach seiner Emigration 1935 in Südafrika ein Institut für Psychoanalyse, 1952 in New York und 1954 in Cleveland gründete er ein Institut für Gestalt-Therapie. Er starb 1970 in Kalifornien.

Das sogenannte »Glaubensbekenntnis der humanistischen Psychologie« kann hier als Tür dienen, sich mit diesem Ansatz der Psychologie, z. B. in einem Referat, näher zu beschäftigen. Hier dient es primär der Profilierung des Ansatzes von Etzioni.

Zum Leitbild wird hier das selbstbewusste Individuum, das seine Interessen kennt, diese formulieren kann und zu diesen steht. Der andere, das »Du«, wird in seiner Eigenart und in seinem Eigeninteresse respektiert. Ein Miteinander ist eine nette Möglichkeit, ist jedoch nicht konstitutiv für das Ich-Sein. Eine Verpflichtung aufeinander, gar eine Verantwortung füreinander ist nicht zu erkennen. Nach Etzioni dürfte dieses Lebensmodell einem Liberalismus zuzuordnen sein, der eigene Rechte in Anspruch nimmt, ohne sich anderen verpflichtet zu fühlen.

Gemeinsinn und bürgerschaftliches Engagement werden hier zur Frage der Selbstverwirklichung. Dies wird Etzioni zum einen schätzen, da ihm an Freiwilligkeit liegt, auf der anderen Seite dürfte er den Subjektivismus beklagen, der Gemeinschaftlichkeit nicht als Vorgabe wahrnimmt, sondern als mögliche Entscheidung versteht.

25.4 Bild: Edward Hopper, Nachtschwärmer (S. 59)

Der amerikanische Künstler Edward Hopper (1882–1967) stammt aus einer mittelständischen Baptistenfamilie und studierte Graphik und Design. Nach seiner Heirat mit der Malerin Josephine Nivison stellte sich der künstlerische Erfolg ein, und Hopper hatte seinen eigenen realistischen, scheinbar naiven Malstil herausgebildet. Thema vieler seiner Bilder ist die amerikanische Umwelt, allerdings meist ausschnitthaft und exemplarisch. Fenster und die Blicke von innen nach draußen werden immer wieder zum Gegenstand.
Seine Bilder haben oft voyeuristische Züge. Sie konzentrieren sich auf das banal Alltägliche. Dabei spielen seine Lebensorte New York und South Turo/Massachusetts und damit Stadt und Land eine zentrale Rolle.
Das Bild »Nighthawks« malt Hopper 1942. Der Betrachter befindet sich außen auf einer Straße und schaut nach innen durch die Fensterfront. Drinnen sind in auffälliger Liebe zum Detail (Salz- und Pfefferstreuer, Serviettenspender, Tassen und Kessel) vier Personen gemalt, die vollständig voneinander isoliert erscheinen. Die vier erscheinen wie in einem Glaskäfig lebend.
Durch die Glasfront sieht man die hintere Straße und eine weitere dunkle Fensterfront. Es ist Nacht, die Geschäfte haben geschlossen. Die Durchsichtigkeit öffentlichen Lebens lässt die Kälte in den Beziehungen erkennen. Wie mögen Etzioni und Perls die Szene interpretieren?

Teilt man das Bild mit der Mittellinie in vier Teile, so sind die vier Personen im rechten unteren Viertel zu erkennen. Drei Viertel des Bildes sind menschenleer; die Komposition verstärkt so den Eindruck, dass auch das Leben der Dargestellten leer ist.

25.5 Bild: Roy Lichtenstein, Ertrinkendes Mädchen (S. 61)

Roy Lichtenstein (1923–1997) wuchs in einem glücklichen mittelständischen Elternhaus auf. Der Vater war Grundstücksmakler in Manhattan. Roy Lichtenstein studierte Kunst in Ohio, und während des Wehrdienstes auch in Paris. Anfang der 60er Jahre begann er mit seinen Pop-Art Bildern triviale Motive in die Kunst aufzunehmen. Indem er die Welt

der Comics darstellte, stellte er wie Andy Warhol seinem Publikum das Porträt einer Konsumkultur vor. Lichtenstein funktionierte dabei das Punktraster-Verfahren zur Maltechnik um. Dabei orientierte er sich an den Personen in den Cartoon- und Comicstrip-Bildern, aber auch den Werbebildern, und kopierte detailgenau die Vorlage bis hin zur Schrift. Man könnte in seinem Ansatz eine Kritik am abstrakten Expressionismus zum Beispiel von Jackson Pollock erkennen.
Durch Herauslösung eines Einzelbildes aus dem Zusammenhang der Bilderfolge eines Comicstrip veränderte Lichtenstein jedoch seine Vorlage und machte daraus etwas völlig anderes. Die Bilder wurden der Zeit entrückt und in den Rang von Chiffren erhoben.

Das Bild »Ertrinkendes Mädchen« (Drowning girl) ist dem Comicstrip »Glone for Love« (1962) entnommen und gehört in eine ganze Serie von »Girls«-Bildern, die Lichtenstein zwischen 1963 und 1965 malte. In ihnen hält Lichtenstein seinen Zeitgenossen das Klischee der Frau jener Zeit entgegen. Sie ist barbiehaft-schön, auch in der Not sorgfältig geschminkt, Opfer einer unglücklichen Liebesaffäre, hilflos und hilfsbedürftig, mit der Erlaubnis zum Weinen. Diese Frauen warten auf heldenhafte Männer, die sich ihrer annehmen. Ihre Schwäche erlaubt den Männern, stark zu sein. Der Text der Denkblase deutet auf eine enttäuschte Liebe hin. Die Wellen könnten im Gegensatz zur Vorlage, die ein gekentertes Boot zeigt, den seelischen Untergang symbolisieren. Trotz der persönlichen Katastrophe sind Make-up und Haare nahezu perfekt gestylt. Durch die Großaufnahme wird der Betrachter ganz in die Nähe des Mädchens gerückt. Er befindet sich ebenfalls im Wasser. Der geöffnete Mund und die ausgestreckte Hand fordern auf, als rettender Prinz das gefangene Dornröschen durch einen Kuss zu erlösen. Die Comic-Vorlage schreibt »I don't care, if I have a cramp (Krampf). I d rather sink than call Mal for help«. Das Bild vermag unterschiedliche Assoziationen auszulösen. Das Verhältnis von Mann und Frau, Prinzessin und Prinz gehört dazu. Im Kontext mit der Kommunitarismus-Diskussion und damit der Frage nach dem Verhältnis von Autonomie und Gemeinsinn, von Individuum und Gesellschaft ist der Text in der deutlich hervorgehobenen Denkblase von Bedeutung: Was ist hier passiert? Wie kommt es zu solchen Gedanken? Was sagt dies über Menschen und ihr Bedürfnis nach Autonomie aus?

25.6 Literatur

Amitai Etzioni, Verantwortungsgesellschaft, 1998
Sozialministerium Baden Württemberg, PF 103442, 70029 Stuttgart (Hg.), Engagement in der Bürgergesellschaft. Die Geislingen Studie, 1996

25.7 Unterrichtsideen

1. Bildbetrachtung: Edward Hopper: Nachtschwärmer
Sch bedenken ruhig das Bild. Was sehe ich? Was empfinde ich? An was denke ich? Wieviel Uhr ist es? Welcher Wochentag ist es? Danach suchen sich die Sch eine Person im Bild aus und beschreiben ihre Geschichte in Ich-Form. Was war vorher? Wie erlebe ich die Situation? Wie geht meine Geschichte weiter? Was erzählt dieses Bild über die Bedürfnisse des Menschen?

2. Textarbeit
L gibt an der Tafel die Begriffe »menschliche Natur«, »gute Gesellschaften« vor. Sch. lesen den Text und bestimmen arbeitsteilig die Begriffe. Zusammenfassung an der Tafel.

Alternativ: Sch lesen Text und suchen Argumente für die Überschrift »Das Ich braucht das Wir«.

3. Ergänzung und Vertiefung
Sch erhalten Textkarten mit den Begriffen »Menschenrechte«, »Menschenpflichten«, Soziobiologie, Hobbes, Rousseau, Smith, Buber, Etzioni und ordnen diese Begriffe an der Wand einander zu.

4. Reflexion I
Sch bedenken, was Etzioni zu Fritz Perls bemerken würde.

5. Reflexion II
Meinen Luther und Etzioni dasselbe?

6. Abschließende Bildbetrachtung
Sch beschreiben das Bild von Lichtenstein und rekonstruieren den Comic. Was könnte passiert sein? Was sagt dies über Menschen und ihr Bedürfnis nach Selbständigkeit aus?

26 Der Mensch in der Psychologie

26.1 Der Zusammenhang

Die drei Texte aus der Entwicklungs- und Werbepsychologie greifen verschiedene anthropologische Grundfragen auf: 1) Ist menschliches Verhalten genetisch programmiert oder wird es durch die Umwelt bestimmt? 2) Unterliegen unsere persönlichen Überzeugungen einer lebensgeschichtlichen Entwicklung? 3) Sind Menschen manipulierbar?
Immer wieder geht es dabei um das Verhältnis von Determinismus und Freiheit, wie es schon bei Sartre, Skinner und Foucault (S. 23–25) angesprochen wurde, aber auch in der Biologie (vgl. S. 54–58) und der Genetik (vgl. S. 72) von Bedeutung ist. In philosophischer und theologischer Perspektive sowie beim Enneagramm (vgl. S.3–5) geht es letztlich um die Willensfreiheit (vgl. S. 42–44). Vance Packard (S. 64f.) könnte als Kommentar zu Luthers Lehre vom unfreien Willen gelesen werden. Alle drei Texte geben Anlass, noch einmal über sich selbst nachzudenken.

26.2 Dirk Wendt, Anlage und Umwelt (S. 62)

Wendt wendet sich gegen eine zwischenzeitlich verbreitete Sicht der menschlichen Persönlichkeit als genetisch festgelegt. Wohl gibt es vererbte Begabungen, aber ohne Umwelteinflüsse (Angebote, Stimuli) und einem aktiven Gebrauch (Lernen) kommt eine Begabung nicht zur Entfaltung. Neben Erbe und Umwelt kommt das lernende Subjekt in den Blick, das für die eigene Entwicklung mitverantwortlich ist (vgl. das Beispiel von der Muskulatur).
Wendt gelangt zur »Interaktionshypothese« unter Berücksichtigung der Neurologie (vgl. S. 66). Dabei greift er auf, was in der Gehirnforschung allgemein anerkannt ist (vgl. Funkkolleg Mensch STE 5, S. 37).

Konvergenzen mit der Theologie zeigen sich in der Verantwortung anderer (Umwelteinflüsse) für die Entwicklung eines Menschen, aber auch in der Verantwortung für den persönlichen Gebrauch der eigenen »Gaben«.
Die Frage, wofür und wie Gaben zu gebrauchen sind, ist auf der Ebene der Psychologie ohne Rückgriff auf Wert- und Normvorstellungen nicht zu entscheiden.
»Glaube« könnte so gesehen als stimulierender Umwelteinfluss (das in Wort und Tat verkündigte Evangelium) aber auch als spezifischer Gebrauch menschlicher Gaben gedeutet werden.

26.3 Bild: George Grosz, Ohne Titel (S. 62)

Das Bild zeigt eine quadratische, würfelartige Stadtlandschaft mit dunklen Fenstern und abzweigenden Straßen. Die Schornsteine rauchen. Hier wird produziert, gearbeitet und Geld verdient. Doch Menschen sind keine zu sehen. Alles ist leer, rational, anonym, ohne persönliche, menschliche Zeichen. Bäume, Wiesen, Flüsse, Tiere, Pflanzen ja sogar Autos fehlen. So können auch Gefängnisse aussehen. Die Farben sind schwarz und braun, bedrohlich und dumpf. Im Vordergrund steht eine einsame menschliche Figur, allerdings ohne Gesicht, Hände und Unterleib. Persönlichkeit, Handlungs- und Bewegungsfreiheit sind dem puppenartigen Menschen genommen. Er ist begrenzt, beschränkt und zur unfertigen Marionette geworden.
Neben der Figur ist ein Würfel zu erkennen, der Schatten wirft. Allerdings ist die Sonne nicht zu sehen. Der Verzicht auf einen Titel soll die Leere des Bildes unterstreichen.
Die Frage stellt sich, wie die seelenlose Stadt und die einsame, verkrüppelte Figur zusammengehören. Zerstören anonyme Industrielandschaften und eine seelenlose Produktion Persönlichkeit und Freiheit? Wird der Mensch vor allem durch seine Umwelt geprägt?

26.4 Unterrichtsideen zu S. 62

1. Diskussion
L schreibt an Tafel: »Ich-Anlage-Umwelt«. Sch diskutieren an der eigenen Person wie bei ihnen Anlage und Umwelt aber auch eigenes Tun zusammengehören. Sie bestimmen Prozentanteile. Wie stark sind wir determiniert?

2. Bildbetrachtung
Wie beurteilt George Grosz diese Frage? Wie stellt er seine Antwort dar? Wie mag er zu seinem Bild gekommen sein? Wie würde er heute malen? Evtl. eigene Bilder entwerfen mit Videos, Autos, PCs etc.

3. Textarbeit
L zeigt Bild von Synapsen M 26.1 (aus: Roth STE 5, 11). Sch lesen in EA den Text unter der Fragestellung: »Was hat dieses Bild mit dem Text zu tun?« Anschl. erläutern die Sch den Text anhand des Bildes.

4. Reflexion
Wie passen Ebenbildlichkeit und Sünde mit dieser Theorie zusammen?

26.5 James Fowler, Stufen des Glaubens; Glaubensentwicklung (S. 63f.)

Der amerikanische Theologe und Entwicklungspsychologe hat seine »Stufen des Glaubens« aufgrund biographischer Interviews entwickelt. Fowler orientierte sich dabei an Einsichten von Jean Piaget und Lawrence Kohlberg.

»Stufen« meinen Strukturen oder Muster in der Deutung des eigenen Lebens im Blick auf eine letzte Wirklichkeit. Sie integrieren Stufen kognitiver, moralischer, interpersonaler und symbolverstehender Entwicklung und enthalten jeweils Glaubensinhalte, Verpflichtungen und grundlegende Stories.

Sehr deutlich ist zwischen Struktur und Inhalt zu unterscheiden. Eine kreationistische Position (vgl. S. 70) und eine evolutionsbiologische Position mögen sich inhaltlich widersprechen, sie können sich jedoch beide dem Interesse verdanken, von wichtigen Bezugspersonen als anerkennenswert wahrgenommen zu werden (Fowler Stufe III »synthetisch-konventioneller« Glaube).

Kennzeichnend für die Stufen des Glaubens ist, dass sie im Laufe einer Biografie nicht notwendig durchschritten werden müssen. Gerade Kirchenchristen verbleiben meist in Stufe III. Stufe VI findet sich selten und markiert eher den impliziten Zielpunkt der ganzen Entwicklung, der es erlaubt, Stufen anzulegen und als früher oder später zuzuordnen. Fowler ordnet Stufe VI Menschen wie Martin Luther King, Dag Hammerskjöld oder Mutter Teresa zu.

Schüler der 12. oder 13. Klassenstufe deuten nach den Ergebnissen Fowlers Mensch und Welt im Blick auf eine letzte Wirklichkeit eher im Muster von Stufe III, dürften allerdings Tendenzen hin zu Stufe IV zeigen. Anliegen eines Religionsunterrichts an der gymnasialen Oberstufe dürfte es sein, die Entwicklung zu Stufe IV, dem individuierend-reflektierenden Glauben, zu unterstützen. Entscheidendes Mittel wäre die kritische Reflexion unterschiedlicher Positionen und die eigene Bearbeitung elementarer anthropologischer Fragen.

Hintergrund des Stufenkonzeptes von James Fowler ist die theologische Überzeugung, dass Natur und Geschichte in Gottes erschaffendem, bewahrendem und vollendendem Handeln gründen, durch »Bestimmung« und »Freiheit« gezeichnet sind und Gottes Gemeinwesen von Liebe und Gerechtigkeit zum Ziele haben.

Der Mensch ist dazu berufen, im Rahmen seines Lebens Gottes Schöpfungshandeln als Gottes reflexiver Partner zu »entsprechen« (vgl. Jüngel, Der Gott entsprechende Mensch, S. 40) und Liebe und Gerechtigkeit in unterschiedlichen Zusammenhängen zu üben. Der Mensch verdankt seine evolutionäre Entwicklung diesem Auftrag (M 26.2).

Wie in der Natur insgesamt gibt es in der menschlichen Wirklichkeit bestimmende (d.h. begrenzende) und freie Aspekte. Begrenzend wirken die genetische Ausstattung, die Sexualität, die Bedürfnisse, die Umwelt, die Muttersprache, die vermittelnden Symbole und Geschichten, aber auch das eigene Handeln in der Vergangenheit. Dennoch ist der Mensch nicht festgelegt, sondern er kann mit seiner »Bestimmung« offen umgehen. Darin liegt der Grund für die Möglichkeit von Sünde als der Abwendung von Gottes Zukunft.

Die Berufung zu Gottes Partnerschaft zeigt sich nach Fowler in den sich lebensgeschichtlich entwickelnden Fähigkeiten des Menschen. So ist der Mensch von Grund auf ein Gemeinschaftswesen, was die Berufung zu Gottes Partnerschaft signalisiert. Selbsterkenntnis und Selbstbewusstsein sind über Beziehungen vermittelt und deuten deshalb auf die dialogische Grundstruktur der menschlichen Existenz (vgl. dazu Buber, S. 26f.; anders Descartes, S. 18). Der Mensch entwickelt die Fähigkeit zu Selbstreflexion, denn Partnerschaft impliziert bedachtes, selbständiges Handeln im Wissen um sich selbst. Darüber hinaus entwickelt der Mensch die Fähigkeit, seine Existenz von einer letzten Wirklichkeit her grundlegend zu deuten. Partnerschaft mit Gott verlangt eine umfassende Sicht der geschichtlichen Wirklichkeit, die Erkennen, Werten und Sinndeutung integriert.

Die sechs Stufen des Glaubens lassen sich als Zuwachs von Potentialitäten verstehen, die auf die Berufung zur Partnerschaft mit Gott hinweisen. Zur Partnerschaft mit Gott gehört ein grundlegendes Vertrauen (Stufe I); das Vermögen, sich neue Möglichkeiten vorzustellen und die Fähigkeit, den Zusammenhang verschiedener Erfahrungen zu erkennen und zu formulieren (Stufe II); die Fähigkeit, ein Selbstbild zu entwickeln (Stufe III); die Fähigkeit, sich selbst und die Welt kritisch zu reflektieren (Stufe IV); sich selbst und andere als ort-, zeit- und interessengebunden wahrzunehmen (Stufe V) und schließlich das Vermögen, in der Vorwegnahme des Reiches Gottes im Hier und Jetzt zu leben (Stufe VI).

Eigentümlich für Fowler ist also das Bemühen empirische Daten und wissenschaftliche Erkenntnisse in eine theologische Konstruktion der Wirklichkeit so aufzuheben, dass diese zu Indizienbelegen für die Glaubensvorstellungen werden.

Die auf Konvergenz mit dem christlichen Glauben angelegte Psychologie ist für die Theologie verlockend, zumal sie sehr unterschiedliche Ansätze integriert (u.a. Physik, Geschichte). Ganz gewiss wird man die scheinbar bruchlose Integration befragen müssen. Passt alles wirklich so gut zusammen?

Zu fragen ist jedoch auch, ob alle Menschen für den christlichen Glauben geschaffen sind. Muss nicht im Sinne Fowlers mit der Relativität der Glaubensvorstellungen (Stufe V) gerechnet werden?

26.6 Bild: Keith Haring, Ohne Titel (S. 63)

Das einfarbige Bild von Keith Haring zeigt einen Menschen, der mit einer großen Kerze in der Hand eine zwölfstufige Treppe hinaufstürmt, während in einem Kasten unterhalb der Treppenstufen und innerhalb des Treppengemäuers ein eingesperrter Mensch gegen die Decke klopft. Der Mann mit der Kerze ist schon auf der sechsten Stufe und hat damit die Hälfte seiner Strecke zurückgelegt. Die Kerze kann symbolisch gelesen werden – als Lebenslicht, als Erleuchtung bzw. Erkenntnis, aber auch als Wärme und Orientierung für andere.

Die Darstellung könnte als Symbol des Lebens verstanden werden. Während der eine sein Licht oder seine Erkenntnis die Lebens- oder Karriereleiter hinaufträgt, kommt der andere nicht weiter und ruft um Hilfe und Befreiung. Ist aber der andere frei? Wohl nur dann, wenn er nicht bloß Karriere machen möchte, sondern auch Leben, Erleuchtung, Orientierung und Wärme bringt.
Die Darstellung könnte auch als symbolische Beschreibung einer inneren Wirklichkeit verstanden werden. Während der äußere Mensch auf seiner Lebenstreppe hinaufeilt, erfährt sich der innere Mensch, die Seele, als gefangen und um Hilfe schreiend. Gibt es ein solches Leben?
Die Stufen könnten schließlich als Symbol lebensgeschichtlicher Herausforderungen verstanden werden. Im Leben stellen sich stets neue Aufgaben, die bewältigt werden müssen, um neue Aufgaben angehen zu können. Aber wieviel »Treppenstufen« muss man ersteigen? Fowler rechnet mit sechs.

26.7 Literatur

James Fowler, Stufen des Glaubens, Gütersloh 1980
Ders., Glaubensentwicklung, München 1989

26.8 Unterrichtsideen zu S. 63f.

1. Bildbetrachtung
Ich sehe, ich fühle, ich assoziiere ... Wo bin ich in diesem Bild?
Sch suchen sodann einen Titel für das Bild und schreiben diesen auf eine Karte. Die Karten werden aufgehängt und verglichen. Ist das Leben eine solche Treppe?

2. Textbearbeitung I
L informiert kurz über den Ansatz von Fowler, der Stufen in der Art und Weise beschreiben will, wie Menschen ihr Leben deuten. Hilfe bietet S. 64. Sch setzen den Text auf S. 63 in ein Stufenbild um. Wo sind wir selbst anzutreffen? Was besagt dieses Stufenbild über Menschen und unser Leben?

3. Textarbeit II
Sch lesen die ersten beiden Abschnitte von Text S. 64 und diskutieren die Thesen Fowlers. Kann dies zutreffen?

4. Lehrerinformation
L erläutert die Psycho-Theologie von Fowler anhand M 26.2. Sch ordnen die beiden ersten Abschnitte in das Schaubild ein.

5. Textarbeit III
Sch rekonstruieren die folgenden Abschnitte als Belege der Psycho-Theologie von Fowler.

26.9 Vance Packard, Die Leute wissen nicht, was sie wollen (S. 64f.)

Die Frauen und Männer gleichermaßen betreffenden Auszüge aus den Klassiker der Werbepsychologie (erschienen 1957) zeigen, dass Menschen von vorbewussten und unbewussten Motiven geprägt und deshalb verführbar sind.
Ausgangspunkt der Werbepsychologie nach 1945 waren Einsichten der Tiefenpsychologie vornehmlich von Siegmund Freud. In der menschlichen Seele können drei Ebenen unterschieden werden:
- die bewusste rationale Ebene: man kann sagen, was vor sich geht und kann Gründe dafür nennen
- die vor- oder unterbewusste Ebene: man weiß auf verschwommene Weise, was vor sich geht, ist aber nicht bereit zu sagen, warum
- die unbewusste Ebene: man ist sich nicht bewusst, was geschieht und ist nicht bereit darüber zu sprechen, selbst wenn man es könnte.

Den vier Beispielen (Bier; Kredite; Waschmittel; Zigaretten) ist zu entnehmen, dass Menschen
- über ihre Vorlieben oft nicht recht Auskunft geben können
- als verständige, gescheite, vernünftige Menschen angesehen und anerkannt werden wollen
- auf Farben mit unterschiedlichen Gefühlen reagieren
- sexuelle Bestätigung wünschen und z. B. als Männer maskulin, kräftig wirken wollen.

Die Ergebnisse der Werbepsychologie besagen, dass
1) der Mensch »nicht Herr in seinem eigenen Hause ist« (Freud); er wird ganz stark auch durch das Unbewusste gesteuert,
2) Menschen manipulierbar sind und für fremde Zwecke in Anspruch genommen werden können,
3) Menschen elementare Bedürfnisse haben, die um so mehr zu missbrauchen sind, wenn sie keine Befriedigung gefunden haben. Dabei spielt die personale und sexuelle Anerkennung eine große Rolle.

Die *prüfende Auseinandersetzung* wird einräumen, dass Menschen Geschöpfe und nicht bloß Bewusstsein sind (vgl. Descartes S. 18). Sie haben Gefühle, Triebe, Wünsche, Sehnsüchte. Theologie wird vor allem darauf hinweisen, dass Menschen ein elementares Bedürfnis nach Anerkennung und Bestätigung haben. Wenn Menschen hier Defizite haben, sind sie missbrauchbar oder tun Dinge, die ihnen und anderen schaden können (vgl. Sünde).
Dort, wo solche elementare Wünsche nach Anerkennung erfüllt sind, können Menschen offener über Defizite, Schwächen und unerfüllte Wünsche sprechen.

Von seiten der Theologie wäre zu *fragen*, ob Werbepsychologie sich selbst überschätzt. Menschliche Bedürfnisse sind in der Regel komplexer. Bei den meisten wird durch Waren rasch ein Sättigungsgrad erreicht und die Menschen werden aufs neue mit elementaren Bedürfnissen konfrontiert.

26.10 Bild: Duane Hanson, Supermarket Shopper (S. 65)

Duane Hanson, geboren am 17.1.1925 in Alexandria/Minnesota, begann Ende der 60er Jahre, beeinflusst von der POP-Art, mit einer selbst entwickelten Technik lebensgroße Skulpturen zu schaffen. In einem komplizierten Verfahren wurden von Menschen Abbilder aus Polyesterharz in Originalgröße erstellt, die bis ins kleinste Detail, in Körperhaltung, Kleidung, Pose und Frisur dem Original nachempfunden wurden. Hanson wählte Durchschnittsmenschen, Arbeiter, Hausfrauen, Tellerwäscher und Kinder, um den zerstörten amerikanischen Traum zu vermitteln. »Ich teile mein Einfühlungsvermögen und meine Sympathie für die Menschen, die ich porträtiere, indem ich ihre Müdigkeit und Verzweiflung darstelle.« In der Deutlichkeit der Darstellung wirken sie schmerzhaft, bisweilen auch komisch. Seine Arbeit sorgte in Amerika für großes Aufsehen. Zwischen 1976 und 1978 besuchte fast eine Million Menschen eine Wanderausstellung seiner Arbeiten.
Die Skulptur »Supermarket Shopper« gehört zu den ersten Exponaten, bei denen Hanson einen satirischen Ausdruck versuchte. Dargestellt wird eine Hausfrau, deren Ess- und Kleidungsgewohnheiten Anstoß erregen. Mit schlampigem Aussehen, die Lockenwickler im Haar, die Zigarette im Mundwinkel, schiebt sie einen Einkaufswagen, der mit allen denkbaren Konsumgütern beladen ist: Pizzas, Brot, Hundekuchen, Bier, Mineralwasser, Kuchen, Cremetörtchen, kalorienreiche Sößchen zum Tunken, Fertigsalate. Dem Konsum verfallen, ohne Zurückhaltung und Maß, besitzt sie einen grellen Geschmack. Diese Frau ist fertig mit ihrem Leben. »Einige Menschen verlieren die Kontrolle über sich selbst«, kommentiert Hanson seine Arbeit. »Sie setzen keinen gesunden Menschenverstand mehr ein, blicken sich nicht selbst mal kritisch an oder überprüfen ihr Leben. Sie fragen sich nie: ›Was mache ich aus meinem Leben?‹«
Die Skulptur konfrontiert nicht bloß mit einem für Schüler/-innen eher negativen Bild Erwachsener, sondern auch mit dem eigenen Verhältnis zum Einkaufen. Was bedeutet mir persönlich das Einkaufen? Was gewinne ich dabei? Was sagt das Einkaufen über Menschen aus?

26.11 Unterrichtsideen zu S. 64f.

1. Bildbetrachtung Duane Hanson
In einem ersten Durchgang informiert L über Duane Hansons Arbeit.
Sch betrachten das Bild und formulieren ihre Gefühle. Was ist das für eine Frau? Wie mag sie leben? Warum geht sie einkaufen? Was bedeuten für sie die Waren im Einkaufswagen?
Was bedeutet für mich Einkaufen? Was sagt das Einkaufen über einen Menschen, über seine Bedürfnisse, über sein Leben? Warum hat Duane Hanson diese Skulptur so gestaltet und ausgestellt? Evtl. Vergleich mit dem Bild von Macke (vgl. S. 24).

2. Hinführung
L schreibt die drei Thesen von Packard an die Tafel. Hat Packard recht?

3. Textbearbeitung
L notiert an Tafel die Begriffe »Männer, Frauen, Bier, Kredite, Waschmittel, Zigaretten«. Sch lesen Text und rekonstruieren anhand der Worte die Textaussage.

4. Reflexion I
Was erfahren wir hier über uns? Kann ich das nachvollziehen?

5. Reflexion II
Passt dieses Bild zum Verständnis des Menschen als Ebenbild Gottes?

27 Der Mensch in der Neurologie

27.1 Zusammenhang

Die biologische Betrachtung des Menschen hat es zu tun mit seiner leiblichen Verfasstheit. Aber birgt der Mensch nichts in sich, das mehr ist als nur der Leib? Descartes und Lamettrie stritten sich bei der Frage, ob der Mensch als denkendes Wesen eine vom Leib zu unterscheidende Seele besitzt oder die geistige Ebene des Menschen eine Funktion des Körpers sei (vgl. S. 18–20). Wenn der Mensch eine Seele hat, wo ist sie zu lokalisieren? Und wie verhält sich die biblische Beschreibung des Verhältnisses von Leib und Seele (vgl. S. 30) zu den Ergebnissen der Naturwissenschaft?
In der Neurobiologie taucht die Frage modifiziert auf: Wie verhalten sich geistige Prozesse und Funktionen des Gehirns zueinander.

27.2 Gerhard Roth: Wer ist Chef – das Gehirn oder das Bewusstsein? (S. 66)

Welche Erfahrungen veranlassen uns, neben den naturgesetzlich ablaufenden Prozessen im Gehirn von einem subjektiv erlebten Bewusstsein zu sprechen? Dazu gehören die Einheit der Wahrnehmung, gehört die Lokalisierung von Erfahrung, gehören Denken und Sprache sowie die Frage von Willensfreiheit und Willkür.
Die Lösungsansätze der Seele-Leib-Problematik befassen sich mit drei Grundannahmen, die zusammen genommen widersprüchlich und nicht vereinbar sind:

1) der physisch-materielle Leib steht im Gegensatz zur Seele,
2) die Seele besitzt eine kausale Wirksamkeit auch für den Leib,
3) der Bereich des Physisch-Materiellen ist kausal geschlossen, alle »seelischen« Prozesse sind innerhalb dieses Kausalzusammenhangs zu verstehen.

Alle drei Annahmen gehen auf alltägliche Erfahrungen zurück, lassen sich jedoch nicht vereinbaren. Die Standardlösungen entsprechen zwei Grundpositionen: dem Monismus und dem Dualismus. Die dualistische Argumentation geht von Leib und Seele als zwei unterschiedlichen Wesenheiten aus, die monistische Argumentation greift auf die Annahme zurück, dass Leib und Seele einem einheitlichen Grundprinzip folgen.

In der heutigen Diskussion zeigen sich folgende Positionen:

1) Ablehnung eines streng dualistischen Standpunktes
Zahlreiche elektrophysiologische Befunde sprechen dagegen, dass sich, wie Annahme 1 voraussetzt, geistige Vorgänge streng von neuronalen Vorgängen des Gehirns trennen lassen. So treten etwa bei Sinneswahrnehmungen registrierbare elektrische Erscheinungen im Gehirn auf. Umgekehrt wurde festgestellt, dass elektrischen Reizung bestimmter Partien im Gehirn halluzinatorische visuelle und auditive Vorstellungen bewirken. Zwar lässt sich nicht im Einzelnen sagen, welche biochemischen und biophysikalischen Vorgänge den verschiedenen Bewusstseinsvorgängen entsprechen, jedoch lässt sich der Zusammenhang von Hirnprozessen und Bewusstsein nicht leugnen.

2) Dualistische Positionen: Parallelismus und Interaktionismus
Die Entsprechung von Denkabläufen und elektrophysiologisch gleichzeitig registrierten Hirnpotentialschwankungen lässt erkennen, dass beides lückenlos parallel verläuft. Diese Erfahrung führte einige Forscher zu der Annahme, dass immateriell Psychisches dem physiologischen Hirngeschehen parallel läuft.
Karl Popper und John Eccles vertreten einen Interaktionismus, den sie damit begründen, dass alle anderen Erklärungen nicht in der Lage sind, die Einheit der Erfahrung, das Problem der Willkür und Absicht des Bewusstseins und Selbstbewusstseins zu klären. Da diese Phänomene jedoch eine Realität darstellen, können sie nicht aus der Hypothesenbildung ausgeschlossen werden. Interaktionismus bedeutet: es gibt einen wechselseitigen Austausch zwischen der Tätigkeit des Gehirns und einem davon unabhängigen Geist. Wichtig ist diesem Konzept zufolge vor allem die Beeinflussung neuronaler Prozesse durch die Geistestätigkeit. Demnach ist »die Interaktion zwischen Geist und Gehirn einem Wahrscheinlichkeitsfeld der Quantenmechanik analog [...], einem Feld, das weder Masse noch Energie besitzt und dennoch im mikroskopischen Maßstab eine Wirkung hervorrufen kann. Genauer gesagt: die mentale Konzentration, die bei Intention oder planmäßiger Überlegung auftritt, kann durch einen Prozess, der den Wahrscheinlichkeitsfeldern der Quantenmechanik analog ist, neurale Ergebnisse bewirken« (Eccles, Die Evolution des Gehirns, 303).

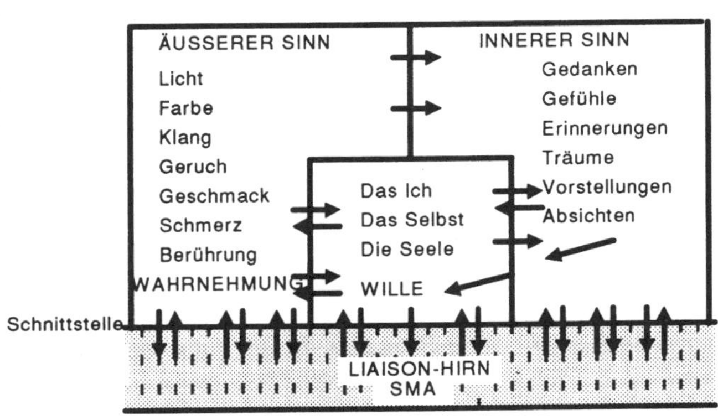

In diesem Informations-Flussdiagramm stellt Eccles die Interaktionen zwischen dem Gehirn (Liaison-Hirn: all die Teile der Großhirnrinde, die möglicherweise in Verbindung zum selbstbewussten Geist stehen) und dem subjektiven Bewusstsein dar. (Eccles, Evolution des Gehirns, 375)

3) Monistische Sichtweise: Aspektdualismus und emergentischer Materialismus

Der Neurobiologe Mario Bunge modifiziert die Annahme 1 in der Weise, dass Leib und Seele keine getrennten Entitäten darstellen, sondern nur zwei verschiedene Sichtweisen einer einzigen Wirklichkeit sind. Diese verborgene neutrale Substanz manifestiert sich in Geistigem und Physischem.

Für den emergentischen Materialismus gilt: Die physischen und biologischen Gesetzmäßigkeiten sind auch für das Gehirn konstitutiv. Die Annahmen 1 und 2 werden geleugnet, die Seele ist nur physisch-materiell und besitzt keinerlei kausalen Einfluss.

4) Emergenz

Unter Emergenz wird das Heraustreten neuer Eigenschaften verstanden, das einen bisherigen Zustand transzendiert, so das Hervortreten von Materie mit Stoffwechselaktivitäten (also Leben) aus unbelebter Materie oder das Hervortreten von Bewusstsein aus Materie mit Stoffwechselaktivitäten. Die Emergenz der Seele lässt sich begrifflich wie folgt fassen:

Selbstreferenz

Die Prozesse des Zentralen Nervensystems folgen physischen, chemischen und biologischen Gesetzen (sind also determiniert), verlaufen aber hochkomplex und chaotisch. Demgegenüber werden Bewusstseinszustände als intentional und nicht determiniert erlebt.

»Dies bedeutet, dass Bewusstseinszustände keineswegs kausal-logisch auseinander hervorgehen, wenngleich dies in Einzelfällen auch zutreffen kann, sondern dass sie assoziativ und zielgerichtet sind, das heißt eigenen (psychischen) Gesetzmäßigkeiten gehorchen, die als solches nichts mit den Naturgesetzen gemein haben« (Stadler, Kruse, Emergenz, 145).

Die chaotischen Prozesse des ZNS bilden an verschiedenen Orten zu verschiedenen Zeiten lokale Stabilitäten, die den Bewusstseinszuständen entsprechen. Dies veranschaulicht die folgende Abbildung:

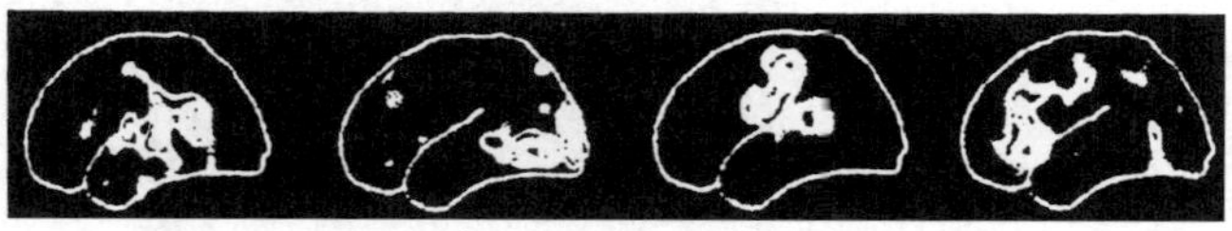

Mittels bildgebender Verfahren ist es möglich, die Aktivitäten bestimmter Hirnareale sichtbar zu machen. Hier etwa ist zu erkennen, welche Gehirnareale a beim Hören, b beim Lesen, c beim Sprechen, d beim Generieren von Wörten besonders genutzt werden. (Spektrum 11/1992, 40f.)

»Die Bewusstseinszustände bilden gewissermaßen die höchste Integrationsstufe der Gehirnprozesse. Da sie eigenen Gesetzmäßigkeiten gehorchen, können sie, obwohl auf Gehirnprozessen beruhend, diese beeinflussen und dort neue Stabilitäten erzeugen« (a.a.O., S. 146).

Das System bringt aus sich selbst durch interne dynamische Abhängigkeiten der Komponenten neue Systemeigenschaften hervor. Dazu bedarf es Bewertungs- und Bedeutungskriterien, die es aus sich selbst entwickeln muss. Diese bezeichnen Hirnforscher als Selbstreferentialität, mit der sich das Bewusstsein etwa von Computern unterscheidet, die fremdreferentiell arbeiten (Roth, Selbstreferentialität, 237).

Bedeutung und Repräsentation

Ein Reiz kann an zwei verschiedenen Orten des Gehirns ganz unterschiedliche Bedeutungen erlangen. Der Reiz an sich besitzt keine Bedeutung, sondern die Zuweisung im Gehirn. Die Ordnung unserer Wahrnehmung ist Ergebnis eines autonomen Ordnungsprozesses.

»Was ein Ereignis für ein kognitives/kommunikatives System bedeutet, resultiert aus den zuvor in dem System bestehenden Bedeutungen und Bedeutungsfeldern (Kontexten) und damit aus der bisherigen Geschichte (...) dieses Systems« (Roth, Kognition 110).

Aber wie entstehen Bedeutungszusammenhänge im Gehirn? Roth weist auf verschiedene Stufen hin: Auf elementarer Basis erfolgt eine Wechselwirkung zwischen Genen und neuronalen Gewebestrukturen. Eine weitere Stufe der Bedeutungszuweisung erfolgt, indem ein Kind Worte erlernt, wobei sich feste Regeln der Bedeutungszuweisung bilden. Wichtig erscheint in diesem Zusammenhang, dass die genetische Determination zunehmend an Bedeutung verliert: »Eine genetische Determination ist irgendwann nicht zweckmäßig oder auch gar nicht möglich. Die Alternative besteht dann darin, dass der Organismus individuell und eigenständig Verfahren der eigenen Interpretation der Sinnesdaten entwickelt« (Roth, Entwicklung 409).

5) Fazit

1) Die Besonderheit des menschlichen Bewusstseins liegt in der Fähigkeit zu Selbstreferenz und Repräsentation.
2) Die Voraussetzungen dafür liegen in der individuellen Entwicklung genetischer Muster.
3) Selbst wenn der neuronale Mechanismus bei Mensch und Tier derselbe ist, bleibt offen, ob in der Fähigkeit des Menschen, Fragen zu stellen, eine neue Stufe der Emergenz der Bedeutungszuweisung gegeben ist.

27.3 Richard Schröder: Das Bewusstsein wird sich nie im Labor nachweisen lassen (S. 66)

Richard Schröders Argumentation greift die Ergebnisse der Neurobiologie auf und reflektiert sie unter zwei sich auseinander ergebenden Fragestellungen:

1) Ist das Bewusstsein (Ich) nur eine Eigenschaft der Materie?

Die reduktionistische Sichtweise der Betrachtung der Gehirn-Bewusstsein-Thematik, wie sie etwa der emergentische Materialismus vertritt, wird auf die Folgen befragt: Folgte unser Gehirn allein determinierten Abläufen, entfiele die Möglichkeit Verantwortung für das eigene Handeln zu übernehmen.

2) Können wir uns vorstellen, dass Computer Bewusstsein besitzen?

Die Tätigkeit des Computers wird auf Fähigkeiten des Bewusstseins hin überprüft, die nicht allein aus einer materialistischen Sicht der Tätigkeit des Gehirns erfolgt: Das Bewusstsein ist u. a. geprägt durch Selbstreferenz und Bildung von Bedeutungs- und Sinnzusammenhängen. Unter Naturwissenschaftlern ist bis heute umstritten, ob Computer jemals derartige Leistungen vollbringen können.

27.4 Bild: Salvador Dalí, Raffaels Kopf zerborsten (S. 67)

Der exzentrische spanische Maler Salvador Dalí (1904–1989) ist Hauptvertreter des Surrealismus, zu dem auch Magritte (vgl. Titelbild; S. 39), in gewisser Weise auch Marc Chagall (vgl. S. 80) zu rechnen sind.
Angeregt durch die Psychoanalyse will Dalí in seinen Bildern spontanen Assoziationen, Gefühlen, Visionen, Träumen und Phantasien Ausdruck geben. Gerade diese »konkret-irrationalen« Vorstellungen geben mehr Aufschluss über die Wirklichkeit als eine rationale-analytische Beschreibung.

Das Gemälde »Raffaels Kopf zerborsten« oder auch »explodierender Raffaelskopf« entstand 1951 unter dem Eindruck der Atomexplosion in Hiroshima. Diese löste bei Dalí eine tiefgreifende Erschütterung aus und führte zur Auseinandersetzung mit dem wissenschaftlichen Weltbild (vgl. Bilder wie »Melancholisches Atom« 1945; »Nukleares Kreuz«, 1952) und zur Entstehung seiner »nuklearen Mystik«.

Das Bild zeigt einen leicht gesenkten Kopf mit geschlossenen Augen, der z. B. an Raffaels Heiliger Barbara in seiner »Sixtinischen Madonna« (1513) erinnert. Diese zeigt wie hier den Heiligenschein.
Der Kopf ist aufgelöst in kleinste Materieteile, die sich in einer rotierenden, auseinander driftenden Bewegung befinden. Diese Rotation folgt der Bewegung des Schubkarrens am linken unteren Rand. (Dalí hat ein ähnliches Bild mit lauter Schubkarren gemalt.)
Die Kopfschale bildet die Kuppel des Pantheons in Rom, der einst von Hadrian (118–128 n. Chr.) gebaut wurde, im 7. Jahrhundert zur christlichen Kirche Santa Maria ad Martyres geweiht und 1520 zur Grablege von Raffael wurde.
Durch die Öffnung in der Mitte der Kuppel strömt das goldene Sonnenlicht in den Kopf, dessen Energie den Farbton des ganzen Bildes bestimmt. Alles ist Energie.
Die Kuppel des Pantheon sollte einst das Himmelsgewölbe zur Abbildung bringen. Deutet die Kuppel das Gehirn des Menschen als Himmel, den Sitz Gottes? Ist das menschliche Gehirn, das die Materie erforscht, die Atome in Bewegung bringt und Energie freisetzt, zum Ort göttlicher Macht geworden?
Oder lädt das Bild ein, sich wie die raffaeleske Figur in die Materie zu versenken und die Bewegung der Materie als Offenbarung der eigentlichen Wirklichkeit zu verstehen? So könnte man den Begriff Dalís von einer »nuklearen Mystik« verstehen.
Im Zusammenhang mit der Neurologie könnte das Bild auf das Ineinander von Materie und Geist hinweisen. Das denkende Gehirn erkennt sich selbst als materie le Substanz und Ausgangspunkt höchster Lebensformen. Ist der Kopf und damit das Gehirn eher verstehendes Bewusstsein oder nichts als Materie? Wie schafft es die Materie sich als Bewusstsein zu erfahren? Ist die mystische Versenkung oder die rationale Analyse der angemessene Zugang zur Wirklichkeit?

27.5 Literatur

Wulf Schiefenhövel, u. a. (Hg.), Gemachte und gedachte Welten: Der Mensch und seine Ideen, Stuttgart 1994 (Der Mensch in seiner Welt Bd. 3)
Bruno Heller, Grundkurs Philosophie, München 1992, 2. Aufl. 1998
Bernhard Rensch, Das universale Weltbild, Evolution und Naturphilosophie, Darmstadt 1991

27.6 Unterrichtsideen

1. Bildbetrachtung
Sch betrachten das Bild: »Ich sehe ..., ich erkenne ..., ich empfinde ...«
Sie ahmen dann die Haltung des Kopfes nach und schließen die Augen. Was empfiehlt Dalí?
L weist darauf hin, dass Dalí zu seinen Bildern gerne einen Kommentar geschrieben hat. Was hätte er schreiben können?

2. Gemeinsames Bedenken der Überschift
Sch überlegen, wer Chef ist: Geist oder Gehirn. Als Hilfe und Ergänzung kann das Arbeitsblatt M 27.1 dienen: Sch sammeln Beispiele und überlegen, ob sie als Beleg für die monistische oder dualistische Position dienen.

3. Textarbeit I
Sch erhalten Überschriften zu den grundlegenden Positionen: radikaler Dualismus – Parallelismus – Interaktion – Zwei-Aspekte-Monismus und erschließen aus dem Text von Roth die Argumente für die jeweilige Position. Die Positionen werden unter Verwendung der Lösungsvorschläge (M 27.4) festgehalten.

4. Ergänzung und Vertiefung
Gespräch zwischen dem Gehirnforscher John Eccles und dem Philosophen Karl Popper (M 27.2).

5. Rundgespräch
Können Computer denken? Das menschliche Gehirn – ein Computer?
Welche Argumente gibt es, das menschliche Gehirn mit einem Computer zu vergleichen? Was spricht dagegen? Evtl. Einbeziehung des sog. Turing-Tests (M 27.3).

6. Textarbeit II
Was macht den Menschen menschlich – im Gegensatz zum Computer? Sch arbeiten aus dem Text von Richard Schröder die zentralen Begriffe heraus: Verantwortung und Bedeutungszumessung (Selbstreflexion).

28 Abtreibung

28.1 Der Zusammenhang

Das abschließende Kapitel E soll die Möglichkeit eröffnen, an Herausforderungen der Gegenwart Erlerntes anzuwenden, dabei zu überprüfen und vertieft zu klären.
In der Frage der Schwangerschaft geht es um das Lebensrecht und die Menschenwürde von Föten, dann aber grundsätzlich um die Frage, was einen Menschen zu einer »Person« macht und seine Menschenwürde begründet. Sind es bestimmte Fähigkeiten wie Denken, Sprechen und Selbstbewusstsein oder entziehen sich Personalität und Würde einer begrenzenden Definition?

28.2 Peter Singer, Der Fötus ist kein menschliches Leben (S. 68)

Die Position von Singer zur Abtreibungsfrage lässt sich wie folgt zusammenfassen:

1) Leben kann man unterscheiden in nicht-bewusstes, bewusstes und selbstbewusstes Leben.
2) Bewusstes Leben ist in der Lage Lust und Schmerz zu erfahren (Peter Singer, Praktische Ethik, 117). Ein selbstbewusstes Wesen ist sich seiner selbst als distinkte Einheit mit einer Vergangenheit und Zukunft bewusst und ist fähig, Wünsche hinsichtlich der eigenen Zukunft zu formulieren (109). Selbstbewusstsein macht ein Lebewesen zu einer »Person«. Unbewusstes Leben (z. B. Pflanzen) ist gefühllos (127).
3) Bewusste und selbstbewusste Lebewesen haben »Interessen« oder Wünsche wie z. B. das Interesse, Schmerzen zu vermeiden, den Wunsch, Fähigkeiten zu entfalten und Grundbedürfnisse zu befriedigen u. a.m. (43).
4) Im Konfliktfall sind die Interessen selbstbewusster Lebewesen höher zu bewerten als die bewusster Lebewesen. Sie haben »höhere Rechte« bzw. einen höheren Wert und genießen deshalb im Konfliktfall Vorzug (115).
5) Föten sind bis zur Geburt keine selbstbewusste, sondern nur bewusste Wesen. Sie haben Empfindungen und deshalb auch »Interessen«. Bis zur 18. Woche sind Föten nicht bewusstes Leben. Sie sind bestimmten Tieren unterlegen. Dies gilt für Singer sogar bis nach der Geburt (171).
6) Im Konfliktfall sind die Interessen einer selbstbewussten Frau höher zu bewerten als die Interessen des bewussten oder nicht bewussten Fötus. Eine Abtreibung ist damit ethisch nicht verwerflich.
7) Die Abtreibung eines Fötus ist ethisch mit dem Töten eines Huhnes gleichzusetzen. Wer Hühner um des Geschmacks ihres Fleisches willen tötet, hat kein Recht, einen Schwangerschaftsabbruch zu verurteilen.

Zu ergänzen ist:

8) Die richtige Feststellung, dass ein Fötus »potentielles personales Leben« ist, begründet im Konfliktfall kein höheres Recht bei der Abwägung gegen vorhandenes selbstbewusstes Leben. Gültig ist für Singer nur, was jetzt in die Waagschale geworfen werden kann.
9) Die Zugehörigkeit zur Gattung »homo sapiens« begründet keine Rechte und keinen Wert. In der Abwägung von Interessen ist diese Zugehörigkeit unerheblich.
10) Angesichts einer pluralistischen Gesellschaft muss eine Ethik »universal« (22) entworfen, d.h. sie muss unabhängig von partiellen oder regionalen Gruppen Geltung beanspruchen können. Der Rückgriff auf den christlichen oder einen anderen Glauben ist nicht von allen nachvollziehbar und dient deshalb auch nicht einer allgemeinen Verständigung.

Aus christlicher Perspektive könnte folgendermaßen Einspruch erhoben werden:

1) Die Bedeutung und der Wert eines menschlichen Wesens ergibt sich nicht aus seinem Vermögen und seiner Leistung, sondern aus seiner Stellung in einer Beziehung. Ein neugeborenes Kind ist nicht deshalb »wertvoll«, weil es viel kann, sondern weil es von anderen geliebt ist. Das Gefühl »wertvoll« zu sein ist Reflex von bedeutungsvollen Beziehungen. Als Konsequenz ergibt sich daraus, dass Selbstbewusstsein »an sich« kein höherer Wert ist. Auch dies ist eine Zuschreibung im Rahmen einer Beziehung.
2) Der Mensch ist zum »Ebenbild Gottes« bestimmt. Er ist von Anfang dazu berufen, »Gegenüber« zu sein, das Respekt und Zuwendung und Anerkennung verdient. Dies gilt vor und unabhängig von dem Leistungsvermögen und der Leistung, aber auch seinen Interessen und der Fähigkeit, diese zu artikulieren. Diese Bestimmung zum »Du« (Buber) ist unverlierbar. Theologisch formuliert: Der Mensch ist heilig. Rechtlich formuliert: Die Würde ist unantastbar.
3) Die Bestimmung zum »Gegenüber« macht den Menschen zur Person und gibt ihm eine unverlierbare Würde und ein uneingeschränktes Lebensrecht.
4) Diese Bestimmung wurde durch Jesus, Paulus und die Reformatoren immer wieder gegen Tendenzen herausgestellt, den Wert des Menschen von Leistungen und Definitionen abhängig zu machen. In säkularer Gestalt begegnet diese Sichtweise bei Kant. »Der Mensch ist ein Zweck in sich selbst«. Kein Mensch darf deshalb zum »Mittel« für andere werden. Im Grundgesetz heißt dies: »Die Würde des Menschen ist unantastbar«.
5) Die Bestimmung des Menschen zu Gottes Gegenüber und damit zur Person gilt für jeden von einem Vater gezeugten und von einer Mutter geborenen Menschen.

Jeder Mensch ist deshalb als erwünscht anzusprechen. Diese Personalität endet auch nicht zwingend mit dem Tod, denn Gott hat mit diesem Menschen noch etwas vor (Bonhoeffer; Altner, 36.80.82).

6) Die Bestimmung des Menschen als Gegenüber sagt nicht, dass er dieser Realität entspricht. Es gibt genügend Beispiele, die dagegen sprechen. Eine solche grundlegende Bestimmung zielt auf die Stiftung eines Lebensverhältnisses, in dem Menschen zu ihrer gottgewollten Wirklichkeit finden bzw. diese erfahren.
7) Der Embryo oder Fötus ist eine »werdende Person«. Die Bestimmung zu Gottes Ebenbild, zum Gegenüber und zum Du gilt von der Zeugung an. Die Würde hängt also nicht an der Fähigkeit, Interessen zu artikulieren. Sonst wären auch Schlafende keine Personen!
8) Schwangerschaftskonflikte kann es geben, doch sind sie nicht durch eine Verringerung von Rechten zu lösen. Dies gilt auch bei genetischen Veränderungen. Der Wunsch nach einer Bergsteigerexpedition (s. u.) lässt sich nicht gegen das Leben eines Embryos aufrechnen.
9) Aus der spezifischen Zuschreibung von Personwürde für alle Menschen folgert nicht zwingend eine Herabsetzung von Tieren. Diesen eignet eine eigene Kreaturwürde, die Lebensrechte begründet und Tötung begrenzt.

28.3 Bild: Günther von Hagens, Körperwelten (S. 69)

Bei dem abgebildeten Frauenkörper handelt es sich um ein »Ganzkörperplastinat« einer im 5. Monat schwangeren Frau. Der Fötus hat eine Länge von 17 cm erreicht.
Plastination ist ein Vakuumverfahren, bei dem Körperwasser durch Spezialkunststoffe ersetzt werden. Die Körperzellen und das natürliche Oberflächenrelief bleiben dabei in ihren ursprünglichen Formen bestehen, im mikroskopischen Bereich dauerhaft erhalten. Verwesung findet nicht mehr statt.
Die Körperspender haben zu ihren Lebzeiten ihre Zustimmung zur Plastination gegeben, allerdings ohne zu wissen, welcher Teil von ihnen plastiniert wird. Der Tod liegt schon einige Jahre zurück. Name, Alter, selbst die Gesichtszüge sind nicht bekannt.
Die Ausstellung »Körperwelten« sollte die ursprünglich für anatomische Studien hergestellten Plastinate einem breiten Publikum vorstellen, medizinische Einblicke vermitteln und zum Abbau des Schauers vor dem Tod beitragen. Betont wurde, dass die Ausstellung zwar ein Tabu berührt, aber die Menschenwürde nicht verletzt.
Plastination knüpft an die Tradition an, die Anatomie des toten Menschen mit Hilfe der Kunst darzustellen. Alle großen Maler und Bildhauer wie z. B. auch Leonardo da Vinci (vgl. Abbildung) haben in den Totenräumen der Spitäler Studien angefertigt, um mehr über die Funktionen des menschlichen Körpers zu erfahren. Ganz gewiss haben anatomische Studien, die ja Sektionen voraussetzen, zum Fortschritt der medizinischen Wissenschaft beigetragen. Anthropologisch bedeutsam sind Fragen wie:

- Was ist hier zu erkennen – der Mensch, seine sterbliche Hülle, seine sterblichen Überreste?
- Was fehlt hier, was zum Menschen gehört?
- Wird hier die Menschenwürde verletzt?
- Haben Tote eine Menschenwürde, über die sie sogar nicht selber verfügen können?

Gegen die viel besuchte Ausstellung in Mannheim wurden kritische Einwände vorgebracht. Kritisiert wurde die Verletzung der Menschenwürde durch Zurschaustellung und Sensationshascherei. Die Toten würden ihrer Totenruhe beraubt. Die Ausstellung diene nur der Unterhaltung.

28.4 Literatur

Günter Altner, Leben in der Hand des Menschen, Darmstadt 1998
Johannes Fischer, Handlungsfelder angewandter Ethik, Tübingen 1998
Peter Singer, Praktische Ethik, Stuttgart 1984

28.5 Unterrichtsideen

1. Falldiskussion

Fall A: Frau mit 21 Jahren ist schwanger. Sie fühlt sich jedoch noch nicht reif genug zur Mutterschaft.

Fall B: Frau ist im 2. Monat schwanger. Sie hat in vier Monaten eine Bergsteigerexpedition geplant.

Fall C: Frau ist im 6. Monat schwanger, ein Gentest zeigt das Vorliegen des Down Syndroms.

In welchen Fällen sollte Abtreibung erlaubt sein? Warum?

2. Textarbeit I
Sch lesen das »konservative Argument« und bestimmen die Konsequenzen. Können wir zustimmen? Was spricht dagegen?

3. Textarbeit II
L informiert über Peter Singer. Sch lesen Text, zeigen auf, wie Singer argumentiert und rekonstruieren anhand der Begriffe Person, Selbstbewusstsein, Bewusstsein und Interesse die Position von Singer.

4. Zusammenfassung
Sch fassen die Position von Singer in Thesen zusammen.

5. Gegenargumente entwickeln
Sch überlegen, worin sie zustimmen können und worin nicht. Worin liegen die Unterschiede zur Ebenbildlichkeit des Menschen, wie sie im Vorspann kurz beschrieben ist?

6. Bildbetrachtung
L erläutert den Begriff »Plastinat« und wie es zu diesem Plastinat gekommen ist. Sch beschreiben Details. Was kann man erkennen? Was hat der Plastinator gemacht? Wurde hier die »Menschenwürde« verletzt?

29 Evolution

29.1 Der Zusammenhang

Gerade in christlichen Kreisen ist die Zustimmung zur Evolution des Menschen nicht zwingend. Auch wenn die Entwicklung des Lebens zugestanden wird, so wird davon häufig die Entstehung des Menschen ausgenommen. So stellt sich die Frage, wie sich Evolution und Schöpfung zueinander verhalten.
Die gleiche Frage ergibt sich jedoch auch von der anderen Seite her. So manche Zeitgenossen stimmen ganz der Evolutionstheorie zu und tun sich dann mit den biblischen Aussagen schwer oder lehnen sie gar ab. Sie können beide Aussagen nicht miteinander in Einklang bringen. Deshalb empfiehlt es sich am Ende eines Kurses, die beiden Aussagensysteme noch einmal zu rekonstruieren und ihren Zusammenhang zu bedenken.

29.2 Der Mensch – nur ein Zufallsprodukt der Evolution? Leserbriefe (S. 70)

Die beiden Briefe stammen aus der Zeitschrift GEO 3/95, S. 12 und sind Reaktionen auf die Darstellung der Hominisation in GEO 1/95, S. 12–36. Sie sollen herausfordern, das Verhältnis von biologischer und theologischer Anthropologie noch einmal zu bestimmen. Darüber hinaus geben die beiden Texte Anlass, über mögliche weltanschauliche Hintergründe in biologischen Aussagen nachzudenken.
Der Brief von Hermann G. geht aus von dem aristotelischen und scholastischen Grundgedanken, dass alle Wirklichkeit auch eine Zweckursache (causa finalis) und eine Sinnbestimmung (causa formalis) hat. Die Beschreibung einer Wirklichkeit nur mit Hilfe der Wirkursache (causa efficiens) und der materiellen Bestandteile (causa materialis) bleibt notwendig defizitär und bedarf der Ergänzung.
Der methodisch begründete Verzicht auf finale Aussagen in den Naturwissenschaften muss sich deshalb hüten, die eigenen Ergebnisse zu verabsolutieren und mit anderen Sinndeutungen aufzuladen.
Auf diesem Hintergrund erweist sich eine Beschreibung der kosmischen und biotischen Entwicklung als plan- und sinnloser Zufall leicht als Projektion des neuzeitlich-autonomen Menschen, der vollkommen unabhängig und niemandem verantwortlich sein will. Hier kommt zum Vorschein, dass die »wertneutrale« Beschreibung evolutiver Prozesse ohne deutende Aussagen nicht ganz auskommt. Auch Biologen benutzen Bilder die weltanschauliche Züge tragen. So kann die Bestimmung einer »Sonderstellung des Menschen« die Erlaubnis beinhalten, mit der Natur willkürlich umzugehen.
Die Frage ist also: Ist die Welt sinnlos? Ist der Mensch vollkommen unabhängig und niemandem verantwortlich? Was besagt die Biologie? Was sagt die Theologie? Wie passen die beiden Aussagensysteme zueinander? Anzubieten wäre als Überlegung ein Komplementaritätsmodell (M 29.1 Zylinder als Kreis und Rechteck).

Der Brief von Erwin K. vertritt die Position des Kreationismus, die in fundamentalistischen Kreisen vor allem in den USA verbreitet ist. Im Grunde wird hier eine biologische Erklärung vorgetragen, wie sie vor Darwin (1809–1882) von Carl von Linné (1707–1778) entwickelt wurde und allseits akzeptiert war – gerade auch deswegen, weil sie mit dem Wortlaut der biblischen Schöpfungsberichte in Einklang stand.
In dem Brief wird die empirische Grundlage der Evolutionstheorie bestritten. Deren besondere Leistungskraft besteht jedoch darin, dass sie nicht nur paläontologische Forschungsergebnisse, sondern auch ethologische Studien und genetische Erkenntnisse zu integrieren vermag. Gleichzeitig werden biblische Schöpfungsaussagen als empirische Aussagen betrachtet, die ein menschheitsgeschichtliches Ereignis in der Zeit zum Ausdruck bringen wollen.
Die Frage ist also: Wie plausibel ist die Evolutionstheorie? Wie sind die biblischen Schöpfungsberichte zu verstehen? Wie passen die beiden Aussagensysteme zusammen?
Anzubieten wäre ein Ineinander der beiden Aussagen auf S. 80: »Und Gott wollte Menschen«.

29.3 Bild: Michelangelo, Die Erschaffung Adams (S. 70)

Michelangelo Buonarotti, eigentlich Michelangelo di Ludovice di Leonardo Buonarotti Simoni (1475–1564) gilt als einer der bedeutendsten Vertreter der Renaissance in Italien. Er vertritt die Vorstellung vom Genie als einen göttlich inspirierten Menschen, in dem eine übernatürliche Kraft wirkt. Deshalb war der Mensch immer wieder Thema seiner Skulpturen (David, Mose) und Gemälde (Sixtinische Kapelle).
Der Maler, Bildhauer und Architekt (Petersdom) arbeitete überwiegend in Florenz und Rom, nur vorübergehend in Venedig und Bologna. In Florenz wird er stark vom Neuplatonismus und seinem Dualismus von Körper und Seele beeinflusst.
In der Bearbeitung des Marmors und in der Erschaffung des Menschen sah er ein Gleichnis der göttlichen Schöpfung. Das künstlerische Genie ahmt so den Schöpfer nach.
Die Erschaffung Adams stammt aus dem Deckenfresko der Sixtinischen Kapelle, das Michelangelo von 1508 bis 1512 schuf.
Dargestellt ist nicht die Erschaffung Adams aus Lehm (vgl. Immendorf S. 53), sondern die Übertragung des göttlichen

Funkens – der Seele – durch Gottes Hand bzw. Finger (vgl. S. 30). Gott ist umgeben mit Engeln, unter seinem linken Arm erscheint die noch ungeborene Eva. Mit ihr wird die Erschaffung des Menschen weitergehen.
Die Blicke und die Berührung wirken fast zärtlich und deuten auf eine besondere Beziehung des Mannes (!) zu Gott (vgl. Haydn, Die Schöpfung, S. 34). Alles konzentriert sich auf die Beziehung Gott und Mensch. Der Mensch ist Mittelpunkt und Ziel der Schöpfung. Hier setzt sich die Anthropozentrik der Neuzeit nach dem Zusammenbruch der bergenden Schalen des Kosmos selbst ins Bild.
Adam wirkt jugendlich und kräftig. Er wartet nur darauf, inspiriert und aktiviert zu werden. Wie er dann in der Welt wirkt, mag man bei Pico della Mirandola, einem Zeitgenossen von Michelangelo, entdecken (vgl. S. 15).
Der Brief von Hermann G. weist darauf hin, dass die Selbstdeutung des Menschen als gottgewollten, autonomen Macher dazu führen kann, Vorgaben und Grenzen abzuschütteln und sich selbst als absolut freien Baumeister zu definieren, der die Welt nur noch als Materie begreift (vgl. Descartes und Lamettrie S. 18f.; das Symbol des französischen Gartens S. 31). In Michelangelos Fresko begegnete so das Urbild des neuzeitlichen Menschen. Auf den ersten Blick wird Gen 2 ins Bild gesetzt, näher betrachtet geht es jedoch um die Ermächtigung des schöpferischen, autonomen Menschen.

29.4 Literatur

Veit-Jakobus Dieterich, Glaube und Naturwissenschaft, Stuttgart 1996, S. 22–23 (Streit um Darwins Abstammungslehre)
W.J. Ouweneel, Schöpfung oder Evolution, in: H. Rupp, U. Schott u. a., Wege zur Wirklichkeit – Glaube und Naturwissenschaft,1979, S. 22 (Kreationismus)

29.5 Unterrichtsideen

1. Bildbetrachtung
Sch schneiden sich auf einem Blatt einen Bildausschnitt von 3 x 4 cm aus und verschieben diesen auf dem Bild – zuerst auf die Hände, dann auf Adam, dann auf Gott. Welche Gefühle werden hier dargestellt? Anschl. Betrachtung des ganzen Bildes. Sch beschreiben die Szene. Was geschieht hier? Was war vorher? Was folgt? Was ist anders als in der Bibel? Was sagt all dies über das Bild des Menschen/Mannes bei Michelangelo?

2. Textauswahl
Sch lesen beide Leserbriefe und entscheiden, über welchen Brief sie sprechen wollen.

3. Textbearbeitung
Sch schreiben in PA einen Brief der Redaktion von GEO an den Leser oder einen weiteren Leserbrief. Anschl. vergleichen sie die Briefe unter Einbezug der oben formulierten Fragen.

4. Ertragssicherung
L zeichnet ein Menschenpaar an die Tafel (z. B. S. 29) und hält zwei kreisförmige Scheiben mit der Aufschrift Biologie und Theologie bzw. Evolution und Schöpfung daneben. Sch entscheiden, wie die beiden Scheiben sich zueinander verhalten.

5. Vertiefung und Ergänzung
Bearbeitung S. 80 (s. Unterrichtsideen dort).

30 Trauung und Scheidung

30.1 Der Zusammenhang

Das Thema Trauung und Scheidung nimmt den roten Faden »Partnerwahl und Partnerschaft« noch einmal auf und will Raum geben, die aufgesammelten anthropologischen Einsichten darzustellen und anzuwenden. Gleichzeitig soll die Bedeutung der Anthropologie für die Gestaltung rechtlicher Verhältnisse deutlich werden.

30.2 Ehe light – Ehe ultra (S. 71)

Ausgangsthese der amerikanischen Familienschützer ist, dass Scheidungen vor allem deshalb so häufig vorkommen, weil diese juristisch so einfach gemacht worden sind. Die Folgerung ist die Einführung einer höheren juristischen Hürde, die vor Beginn der Ehe gewählt werden kann. Die dabei leitende Einsicht ist, dass Menschen rechtliche Regelungen brauchen, um vor eigenen leichtfertigen, unbedachten Handlungen geschützt zu werden. Menschen müssen angehalten werden, sie selbst, aber auch das gesellschaftliche Zusammenleben betreffende Entscheidungen reichlich zu überlegen und öffentlich darzustellen. Die rechtliche Regelung impliziert, dass Ehe einer besonderen staatlichen Aufmerksamkeit bedarf und nicht den Einzelnen einfach überlassen werden kann. Dabei geht es um den Schutz des schwächeren Partners, aber auch der Kinder und der Institution Ehe und Familie insgesamt. Sie gelten als Kennzeichen gesellschaftlichen Lebens. Ihr Funktionieren schafft grundlegende gesellschaftliche Bindekräfte (vgl. Etzioni, S. 59f.). Dem Recht geht es immer um den Schutz des Schwachen und um das Zusammenleben aller.

Während das auch in der Bundesrepublik gültige Scheidungsrecht auf die Darlegung von Gründen und Beweisen für das Ende einer Ehe verzichtet und dabei auf das Urteil der Betroffenheit baut, will die Regelung in Louisiana Scheidung nur unter bestimmten Bedingungen zulassen: Trennung, Ehebruch, Misshandlung und Missbrauch. Gerade der Ehebruch wird als besonders gravierend angesehen (vgl. Ehe light). Andere Gründe können danach nicht akzeptiert werden (wie Vernachlässigung oder Gleichgültigkeit).

Der Bericht wirft Fragen auf: Warum trennen sich Menschen und lassen sich scheiden, die sich einmal geliebt haben? Warum begehen Menschen Ehebruch? Warum ist Ehebruch ein absoluter Scheidungsgrund? Kann man nach einem Ehebruch neu anfangen? Woran erkennt man, dass eine Beziehung unwiderruflich zu Ende ist? Brauchen Menschen für sich selbst und für ihr Zusammenleben gesellschaftliche Institutionen und staatliche Regelungen? Brauchen Ehe und Familie einen besonderen Schutz?

Im Rahmen des Materialheftes können die Ursachen und die Hintergründe des Ehebruches bedacht werden. Wie stellen sich diese aus der Sicht der Psychologie (vgl. S. 6), der Gestalttherapie (vgl. S. 60), der Biologie (vgl. S. 54) und der theologischen Lehre von der Sünde (vgl. S. 36f.) dar? Welche Konsequenzen haben diese Sichtweisen für rechtliche Regelungen? Soll man den Familienschützern zustimmen?

30.3 Bild: Richard Lindner, AND EVE (S. 71)

Richard Lindner, geboren 1901 in Hamburg, verließ 1933 Deutschland und emigrierte 1941 in die USA. Sein Werk wird der Pop-Art zugerechnet, hat aber auch Züge einer neuen Sachlichkeit und des Surrealismus. Seine Figuren sind häufig panzerartig verschnürt und in kalten, grellen Farben gehalten.
Das Bild »AND EVE« zeigt das »Ur-Elternpaar« vor einem Fenster nebeneinanderstehend und verpackt in einer Kleidung, die an eine Uniform oder einen Raumfahreranzug erinnert. Beide schauen geradeaus und wirken darin voneinander entfremdet. Um Eva wendet sich die Schlange, das Symbol des Bösen. Sie hat Eva eingewickelt. Offenbar hat sie auch Adam umwickelt. Ihre Zunge berührt den Apfel, der die Mitte des Bildes bildet und wie ein Teil des Busens wirkt.
Adam und Eva wirken wie ein Ehepaar, das sich zwar nichts mehr zu sagen hat, aber dennoch selbstbewusst und aufrecht da steht. Sie sind gefesselt von der Schlange, die das Vertrauen zu Gott und den Grund des Lebens in Frage stellt. Wie ist das Verhältnis zwischen den beiden? Was ist zwischen den beiden geschehen, nachdem Adam so glücklich über Eva war? Wie geht es zwischen den beiden weiter? Was bedeutet die Schlange?

30.4 Literatur

Wozu die Quälerei?, Der Spiegel 21. Oktober 1996, 78–111
Wer traut sich noch? Standpunkte. Das evangelische Magazin, Mai 1997, 6–15

30.5 Unterrichtsideen

1. Bildbetrachtung
Was sehe ich? Wie ist das Bild aufgebaut? Welche Farben und Symbole erkenne ich? Was empfinde ich? Was sagt mir das Bild? Danach auf einer Kopie Gedankenblasen einfügen und beschriften. Überlegen oder zeichnen, wie die beiden

früher nebeneinander standen und wie sie in zwei Jahren nebeneinander stehen werden. Evtl. kann man auch Standbilder stellen. Was symbolisiert die Schlange?

2. Textanalyse
TA: »Ehe light und Ehe ultra«. Sch. lesen den Text und ordnen beiden Begriffen Erläuterungen zu.

Ehe light	**Ehe ultra**

3. Auseinandersetzung
Welche Form würde ich für mich nicht wählen? Warum? Warum nicht? Warum gibt es so viele Scheidungen? Wie kommt es zu Ehebruch?

4. Reflexion
Sch erhalten DIN A 3-Plakate mit den Überschriften
- Ehebruch psychologisch (S. 6),
- Ehebruch tiefenpsychologisch (S. 60),
- Ehebruch biologisch (S. 54),
- Ehebruch als Sünde (S. 36),

Sch bearbeiten in Gruppenarbeit die Plakate und gestalten diese. Sch stellen anschließend ihre Ergebnisse vor und bedenken Stärken und Schwächen der Modelle. Soll man diese Regelung aus den USA auch bei uns einführen? Welche Position sollte die evangelische Kirche vertreten? Warum?

31 Biotechnologie

31.1 Der Zusammenhang

Die Entwicklung der Gentechnik hat die Handlungsmöglichkeiten des Menschen gegenüber dem Leben und damit auch gegenüber dem Menschen im Leben erweitert. Mit der Entdeckung der DNS als chemischen Baustein des Lebens, der fortschreitenden Entschlüsselung des Genoms sowie der Entwicklung der Möglichkeiten, in das Erbgut verändernd einzugreifen, stellen sich neue Fragen:
- Inwieweit ist das menschliche Leben durch genetische Programme determiniert?
- Welcher Umgang mit dem menschlichen Erbgut konvergiert mit der menschlichen Würde, welcher widerspricht ihm?
- Welcher Umgang mit dem menschlichen Erbgut trägt zum menschlichen Zusammenleben bei, welcher nicht mehr?
- Was sagt die Gentechnik über den Geist und das Handeln des Menschen?

Wiederum geht es darum, anthropologische Einsichten zu bewähren, an ethischen Herausforderungen anzuwenden und so zu konkretisieren. Aufzunehmen sind die Überlegungen zur Ebenbildlichkeit (vgl. S. 28), zur Menschenwürde (vgl. S. 48–51) sowie zu dem Verhältnis von Anlage und Umwelt (vgl. S. 62).

31.2 Gerhard Flatz »Gendiagnostik« (S. 72)

Die Gendiagnostik gehört zur Gentechnik, verzichtet aber auf Eingriffe (auf Gentherapie). Während die pränatale Gendiagnostik sich mit dem Genom des Embryos beschäftigt, hat es die prädiktive Gendiagnostik mit der Genom-Analyse bei Erwachsenen bzw. geborenen Menschen zu tun. Sie wird deshalb auch postnatale Diagnostik genannt (vgl. Stammbaum der Gentechnik M 31.1).
Von den 100.000 Genen des Menschen sind derzeit ca. 7000 bekannt. Das 1990 begonnene Newman-Genom-Projekt (HGP) unter dem Dach der Humangenom-Organisation (HUGO) soll bis zum Jahre 2005 das gesamte Erbgut des Menschen aufgeklärt haben. Die Entschlüsselung geschieht technisch durch Ausschneiden und Untersuchung eines Gen-Stranges. Insoweit liefert die Diagnose schon die Technik für Eingriffe.
Damit entwickelt sich immer mehr die Möglichkeit, die genetische Disposition eines Menschen für genetisch bedingte Erkrankungen (im Text »Stoffwechselstörungen«) zu erkennen.
Wie Flatz aber feststellt, ist damit in der Regel nur eine erhöhte Wahrscheinlichkeit für Erkrankungen gegeben (»stark erhöhtes Risiko«). Auf keinen Fall kann davon ausgegangen werden, dass die Erkrankung zwingend eintritt. Menschen werden durch Gene nicht zwingend programmiert. Annahmen, wie ein Mörder-Gen oder Ähnliches, sind deshalb unsinnig.

Eine *prüfende Auseinandersetzung* könnte aufzeigen: Die postnatale Gendiagnostik ist – wie alles menschliche Wissen – zutiefst ambivalent. Sie hat Vorteile und Nachteile. Sie kann zu einem bedachteren Lebenswandel führen oder zu einer Diskriminierung genetisch belasteter Personen durch Arbeitgeber und Versicherungen. Die Frage ist jedoch, was die sozialen Nachteile zu »Nachteilen« macht. Immerhin müssen Anfänger bei der Kraftfahrzeugversicherung ebenfalls höhere Beiträge bezahlen, und sichere Autofahrer müssen auf Dauer geringere Prämien entrichten.

Die Problematik liegt jedoch darin, dass zum einen unverschuldete Lebensrisiken individualisiert werden (nicht aber Drachenfliegen, Rennfahren und Abenteuerreisen) und damit die Solidargemeinschaft tendenziell abgebaut ist. Die Frage ist: Sind Menschen für alles alleine verantwortlich oder dürfen sie auf Hilfe rechnen? Ist der Mensch also ein Einzelgänger oder ein Gemeinschaftswesen? Ist Krankheit ein persönliches Risiko und – zumindest auch – Anlass für Beistand? In der biblisch-christlichen Tradition ist der Mensch ein auf Gemeinschaft angewiesenes Wesen, das grundsätzlich der Annahme würdig ist, gerade auch wenn er krank ist oder sogar dann, wenn er selber Fehler gemacht hat.

Die Problematik liegt zum anderen darin, dass von anderen Personen Genom-Analysen abverlangt werden, und damit das informationelle Selbstbestimmungsrecht des Einzelnen (bzw. das ärztliche Schweigegebot) aufgehoben wird. Dieses schließt ja auch das Recht auf Nichtwissen ein! Die Frage ist also: Haben andere das Recht, über mich Informationen zu sammeln, die ich nicht hergeben möchte und die nur anderen, aber nicht mir selbst nützen? In der biblisch-christlichen Tradition hat der Mensch eine unveräußerliche Personwürde, die ihn zum freien Gegenüber bestimmt. Alles, was er tut, kann und soll freiwillig geschehen.

Die Problematik liegt schließlich darin, dass unterschwellig die Vorstellung genährt wird, nur genetisch unbelastetes Leben sei richtiges Leben.

31.3 »Wir begrüßen das Klonen« (S. 72)

Das Klonen von Tieren, um den Züchtungserfolg gegen Abweichungen zu schützen, wird seit langem praktiziert und akzeptiert. Von rechtlicher und ethischer Seite wird darauf hingewiesen, dass dabei unnötige Schmerzen vermieden werden müssen, die Haltung artgerecht sein soll und die Mannigfaltigkeit der Arten erhalten werden soll. Bei den Tieren gilt: Ohne Schutzmaßnahmen wird die Anwendung dieser Technik unverantwortlich.

Wie bei den Tieren gibt es auch beim Menschen zwei Ziele: Die Erzeugung vollständiger Individuen und die Erzeugung von Zellen, Geweben und Organen.
Es werden dabei zwei Techniken angewandt: Embryonenteilung und Zellkernverpflanzung (Schaf Dolly). Grundsätzlich ist davon auszugehen, dass auch beim Menschen möglich ist, was beim Tier schon geht.

Bei der Embryonenteilung entstehen Mehrlinge mit gleichem Genom. Diskutiert wird z. B. die Möglichkeit, bei dem Embryo ein Organ zu entnehmen, um es seinem Bruder oder seiner Schwester einzupflanzen.
Hier werden Bedenken erhoben, nicht aber gegen das Klonen von Zellen, Geweben und Organen. Bei der Klonierung nach dem Muster von Dolly entstehen Nachkommen mit gleichen Erbanlagen. Ganz gewiss handelt es sich dann nicht um die identische Person, denn genetische Anlagen legen den Menschen nicht endgültig fest. Deshalb muss gefragt werden, was an einer solchen Klonierung schädlich sein und z. B. begründen könnte, warum das Klonieren von Menschen in der Bundesrepublik Deutschland verboten ist.

Eine *prüfende Auseinandersetzung* könnte bedenken: Klonieren verursacht keine Schmerzen und bringt nur Nutzen. Sie würde der Forschung, der Diagnose und auch der Therapie dienen. Eine utilitaristische Ethik, die den Menschen als selbstbewusste Person ansieht, wird deshalb keine Einwände erheben wollen. Auch eine Betrachtung, die die Differenz von Mensch und Tier negiert und den Menschen im Sinne Lamettries (vgl. S. 18f.) ganz materialistisch interpretiert, dürfte keine Einwände erheben (vgl. Text).
Die entscheidende Frage ist jedoch, ob hier ein Mensch nach dem Bilde anderer Menschen geformt wird und der geklonte Mensch sich nicht mehr als Zweck seiner selbst, sondern als Produkt technischer Prozesse erleben muss. Das »Lotteriespiel« der Zeugung begründete seither die Unabhängigkeit des Menschen und bildete einen substantiellen Baustein von Recht und Würde des Menschen. Die Frage ist also, ob durch das Klonen die Autonomie der menschlichen Person beschädigt wird.

31.4 Bild: Katharina Fritsch, Tischgesellschaft (S. 73)

An einem langen Tisch mit einer gemusterten Tischdecke sitzen auf jeder Seite 16 (nicht 15) identische lebensgroße schlanke junge Männer im gleichen Abstand gegenüber. Alle Männer weisen die gleiche gesenkte Körper- und Kopfhaltung auf. Sie sitzen einander mit gekrümmten Rücken, flach auf den Tisch gelegten Unterarmen und Händen und parallel ausgerichteten Beinen bewegungslos gegenüber. Der Kopf ist etwas nach vorne gebeugt und zum Tisch gesenkt. Die Arme, die vom Oberkörper schräg nach außen laufen, knicken im Ellbogen rechtwinklig ab und laufen auf einen imaginären Punkt auf der Tischdecke zu. Dieser liegt immer genau an der selben Stelle auf dem Muster der Decke und zwischen den Fingerspitzen der sehr großen, leicht gespreizten Hände. Die – hier nicht sichtbaren – Beine und Füße der einzelnen Figuren sind rechtwinklig in den Knie- und Fußgelenken abgeknickt. Bekleidet sind die Männer mit einer schlichten Hose, einem einfachen Herrenhemd und geschnürten Halbschuhen. Die Hemden sind bis zum Hals zugeknöpft, was die regungslosen Gesichter verstärkt. Die großen Köpfe geben ein männliches Gesicht wieder mit ausgeprägtem, leicht kantigem Kinn, breitem Mund, hohen Wangenknochen, großer Nase und hoher Stirn. Das Haar, bei dem der Ansatz zu Geheimratsecken angedeutet ist, ist straff nach hinten gekämmtem, an dem Ohr kurz und am Hinterkopf beim Halsansatz gerade abgeschnitten. Der Gesichtsausdruck der einzelnen Männer deutet auf keine Gefühlsregung hin. Der Blick der nur schwach geöffneten Augen ist auf den Tisch gerichtet und scheint die Hände oder das geometrische Muster der Tischdecke zu betrachten. Keiner der Männer bemerkt sein Gegenüber. Jeder ist in sich oder in seine Gedanken versunken.
Das Bild blickt von der Schmalseite auf die Plastik. Sie eröffnet damit eine fast unendliche Perspektive. Die immer im gleichen Abstand sitzenden Figuren rücken dadurch immer mehr zusammen, die Gesichter verschmelzen zu einer einheitlichen, schablonenhaften Form.
Als Modell für die Figur des jungen Mannes diente der Künstlerin ein Bekannter, Frank Fenstermacher. Das Muster der Tischdecke ist einer Decke nachempfunden, die Katharina Fritsch auf einer Reise durch die Schweiz gesehen hatte.
Für Katharina Fritsch handelt es sich hier um ein »Schreckensbild, die Auflösung der Identität in einen unendlichen Raum« (aus einen Gespräch).

Die Frage ist, ob Menschen heute etwas von diesen Männern haben. Wie gleichförmig sind wir? Wie stark sind wir trotz unserer Unterschiedlichkeit konfektioniert? Wie sehr sind wir auf uns bezogen? Wie wenig nehmen wir voneinander Notiz? Wie erstarrt sind wir eigentlich? Sind viele oder wenige Menschen so?

Die Präsentation der Skulptur als Bild schneidet wichtige Erfahrungsmöglichkeiten mit dem Kunstwerk ab. So kann man nicht mehr um die Plastik herumlaufen und verschiedene Perspektiven einnehmen. Auch bleiben wichtige Details wie die Beine verborgen. Man wird auf eine Perspektive, nämlich die von der Schmalseite des Tisches festgelegt. Man kann die Figuren auch nicht betasten.

31.5 Literatur

Günter Altner, Leben in der Hand des Menschen. Die Brisanz des biotechnischen Fortschritts, Darmstadt 1998, bes. 75–95. 148–181

Arbeitsgruppe der EKD, Einverständnis mit der Schöpfung. Ein Beitrag zur ethischen Urteilsbildung im Blick auf Gentechnik und ihre Anwendung bei Mikroorganismen, Pflanzen und Tieren, Gütersloh, 2., erw. Aufl. 1997

Roger J. Busch, Anja Haniel, Gen-Ethik. Arbeits- und Orientierungshilfe für den evangelischen Religionsunterricht in der Oberstufe, 1997

Christofer Frey, Konfliktfelder des Lebens, Theologische Studien zur Bioethik, Göttingen 1998

Kirchenamt der EKD (Hg.), Zur Verantwortung des Menschen für das Tier als Mitgeschöpf, EKD Texte 41, 2., erw. Aufl. 1992

31.6 Unterrichtsideen

1. Grundinformation
L zeichnet an die Tafel den Stammbaum der Gentechnik M 31.1. Die Sch entscheiden, ob sie sich mit Gendiagnostik oder Klonierung beschäftigen wollen.

2. Textarbeit I
Sch erhalten ein Schema für ein Mind-map M 31.2 und erarbeiten die Argumentation von Flatz in Partnerarbeit.

3. Prüfende Auseinandersetzung I
Sch beurteilen, ob Gendiagnostik ein Segen oder ein Fluch ist. Was sagt die Gendiagnostik über den Menschen?

4. Falldiskussion

> Eine Krankenversicherung überlegt, ob sie ihre Mitglieder auffordern soll, einen genetischen Test durchführen zu lassen, damit herausgefunden wird, wer z.B. eine erbliche Stoffwechselstörung hat, die ab dem 40. Lebensjahr zu einem stark erhöhten Risiko für Arterienverkalkung und Herzinfarkt führt. Sie stellt dies ihren Mitgliedern zur Diskussion und fordert auf, sich zu äußern und die Meinung zu begründen.

Sch entwerfen die Argumentationsweisen, einmal von Peter Singer aus, dann von der Bibel bzw. der Ebenbildlichkeit her, dann von den Menschenrechten her und schließlich ganz frei von sich selbst. Nach der Gruppenarbeit werden die vier Positionen an der Tafel festgehalten. Die Sch verdeutlichen mit jeweils einem Punkt, welche Position ihnen am sympathischsten ist.

5. Textarbeit II
Sch erhalten das Schema für ein Mind-map M 31.3 und erarbeiten die Argumentation von »Wir begrüßen das Klonen« in Partnerarbeit. Worin bestehen eigentlich die moralischen Probleme?

6. Prüfende Auseinandersetzung II
L zeichnet einen Zustimmungspfeil von 0 bis 100 % an die Tafel. Sch markieren den Grad ihrer Zustimmung. Anschl. Auswertungsgespräch oder: Sch überlegen, ob sie die Resolution unterzeichnen würden. Was spricht dafür, was spricht dagegen? Was ist von den einzelnen Argumenten zu halten?

7. Prüfende Auseinandersetzung III
Sch überlegen sich, wie sich ein Mensch fühlen könnte, der durch Klonen entstanden ist. Anschließend beurteilen sie das Klonen von Peter Singer aus und von der Ebenbildlichkeit.
Sie formulieren dann ihre Ergebnisse an die Tafel und bezeichnen mit einem Punkt, welche Position ihnen am nächsten liegt.

8. Bildbetrachtung
Sch betrachten das Bild: »Ich sehe ... Ich fühle... Mir fällt dazu ein ...«
Sch gestalten das Bild nach, indem sie junge Männer in gleicher Haltung an einen Tisch setzen. Die Haltung der sitzenden Sch wird von den jungen Frauen korrigiert und richtig eingestellt. Sie geben dazu Regieanweisungen.
Die Sch formulieren, was sie empfinden. Die anderen fragen nach.
Sch überlegen gemeinsam, wie es zu dieser Gleichförmigkeit gekommen sein könnte. Was ist passiert? Worin liegen die Ursachen? Was sind die Folgen? Wie sehen die Frauen aus, die zu diesen Männern passen?
L gibt zu bedenken, dass diese Skulptur möglicherweise total übertreibt, um auf etwas aufmerksam zu machen, was für viele Menschen unserer Zeit zu gelten scheint.
Sch entwerfen zu dieser Skulptur Plakate, die das Kunstwerk kommentieren oder auf es aufmerksam machen.

Alternativ: Sch entwerfen einen Kommentar für einen Ausstellungskatalog.

32 Organspende

32.1 Der Zusammenhang

Das Thema Organspende nimmt einmal das Lebensthema Tod auf, wie es bei Isabell Zachert (vgl. S.11), Platon, Epikur (vgl. S. 12–14) sowie Gen 2 und 3 schon angesprochen wurde. Zum andern spricht es das Thema Egoismus und Altruismus an, wie es bei Adam Smith (vgl. S. 26), dem Homo oeconomicus (vgl. S. 7), der Soziobiologie und dem Kommunitarismus verhandelt wurde und in der Darstellung von Lk 10,25ff. durch van Gogh (vgl. S. 75) anklingt. Aufs Neue geht es aber auch um die Personenwürde des Menschen und deren Zusammenhang mit Gehirnprozessen.
Bei der Organspende sind gerade junge Erwachsene gefragt. Sie stehen selber vor der Frage, einen Organspendeausweis auszufüllen.
Leitfragen sind: Ist der Gehirntod das Ende der menschlichen Person? Sind Personalität und Gerhirnfunktionen identisch? Sollen Menschen für andere Menschen ihre Organe freiwillig zur Verfügung stellen? Sind Menschen von Natur aus zur Nächstenliebe verpflichtet?

32.2 Organtransplantation (S. 74)

Der Organspende-Ausweis steht für die Werbung bzw. die Aufforderung, im Todesfall Organe zur Verfügung zu stellen. Noch in der Stellungnahme von 1990 haben der Rat der EKD und die Deutsche Bischofskonferenz darin einen Aufruf zur Nächstenliebe gesehen und die Organspende den Christen als Zeichen der Nächstenliebe und Solidarität sowie als ethisch verantwortliches Handeln ans Herz gelegt.
Anthropologisch bedeutsam ist darin die Frage, ob der Mensch als Mitmensch verpflichtet ist, seine Organe zur Transplantation freizugeben. Zweifellos ist die gelungene Transplantation ein fundamentales Geschenk. Doch gehört es zum Menschsein, anderen zu helfen?

Die Aufstellung transplantierbarer Organe, die nicht unbedingt den Tod zur Voraussetzung haben, zeigen den Menschen als Ersatzteillager und damit auch als Objekt der Begehrlichkeit. Die Frage ist, ob Menschen sich in einer solchen Betrachtung wiederfinden könnten. Bin ich das?
Die Transplantationspraxis selber stellt die zentrale Frage, wann ein Mensch wirklich tot ist. Von medizinischer Seite wird der Gehirntod als Ende der Person und damit als definitiver Todeszeitpunkt angesehen.

Die ethische Beurteilung und die medizinische Behandlung der Organentnahme ist von grundlegenden anthropologischen Auffassungen geprägt: Wer z. B. wie Peter Singer (vgl. S. 68f.) Selbstbewusstsein, Wahrnehmungsvermögen und Handlungsfähigkeit und damit auch Autonomie zu Merkmalen personalen Lebens macht, der wird den Hirntod als Ende der Person und als endgültigen Tod des Menschen begreifen. Ebenso wird derjenige, der, wie Descartes (vgl. S. 18), Geist und Körper trennt, den Hirntod als Ende des Menschen ansehen und die »Maschinenteile« zur Wiederverwendung freigeben können.
Wer hingegen, wie die Bibel, den Menschen als leib-seelische Einheit (vgl. S. 30) sieht, wird das Ende des Geistes noch nicht als Ende des Menschen, sondern als durchaus irreversiblen Schritt in den Sterbeprozess ansehen wollen. Dann sind auch vegetative Reflexe (Steigen des Blutdruckes, Pulserhöhung, Muskelzuckungen, Hautrötungen) noch Zeichen des Lebens.
Wer zudem den Menschen als Geschöpf Gottes ansieht (vgl. S. 28) und das Leben als Geschichte mit Gott, die auch im Tod nicht endet, wird weder den Gehirntod noch irgendein anderes Todeskriterium als definitives Ende sehen können. Eine Verfügung über die Leiche als Sache oder Ersatzteillager wird deshalb so einfach nicht möglich sein. Vielmehr wird man selbst dem Leichnam noch Würde zusprechen.
Wer hingegen wie Sokrates bzw. Platon (vgl. S. 12f.) im Tod die Befreiung der Seele vom Kerker des Leibes sieht, wird einer Organentnahme leichter zustimmen können.
Wer den besonderen Wert des Menschen als empirische Qualität versteht, wird nach dem erkennbaren Ende dieser Qualitäten die Menschenwürde als beendet ansehen und über den Leichnam verfügen können. Da die Interessen von Personen allemal höher liegen, kann über die Organe einer verstorbenen Person verfügt werden. Wer hier jedoch den Wert des Menschen als von außen zugesprochene Würde versteht, wird diese Würde nicht von dem Vorliegen einer empirischen Qualität abhängig machen können. Die Organe werden niemals zum Eigentum anderer.

Wer den Menschen als begrenztes, endliches Geschöpf ansieht, wird darüber hinaus zumindest fragen wollen, welche Motive bei der Organtransplantation wirksam sind. Wirkt dazu auch die Angst vor der Endlichkeit und dem Tod?
Wer den Menschen als ein auf andere bezogenen Mitmenschen ansieht, wird Organspende als Akt der Menschlichkeit ansehen können und – wie die EKD und die Bischofskonferenz – das Ausfüllen eines Organspende-Ausweises nahelegen wollen. Wer in der Mitmenschlichkeit eine göttliche, absolute Aufforderung sieht, wird ein solches Handeln zur Pflicht machen oder nach dem Gehirntod von dem Recht einer Organentnahme ausgehen wollen. Wer hingegen Nächstenliebe und Verantwortung für andere als freiwilligen Akt ansieht, der wird möglicherweise für den Organspendeausweis werben, aber die Entscheidung für die Organentnahme ganz dem möglichen Spender überlassen.

32.3 Bild: Vincent van Gogh, Der barmherzige Samariter (S. 75)

Vincent van Gogh malte dieses Bild im Mai 1890, zwei Monate vor seinem Tod, aufgrund einer Vorlage von Eugène Delacroix in einer Heilanstalt im St. Remy/Provence. Sein Bruder sandte ihm das Bild, um ihn anzuregen und zu erfreuen. Van Gogh übernahm die Figuren und die Komposition des Bildes, gestaltete jedoch ein ihm eigenes Bild der biblischen Erzählung mit seinen abgehackt rhythmischen Pinselstrichen.

Entgegen geläufiger Darstellung neigt sich der Samariter nicht zu dem Überfallenen hinab, sondern ist gerade dabei, den Verletzten aufs Pferd zu heben. Nächstenliebe wird hier als Kraftakt und als Ausdruck der Tatkraft gedeutet, nicht primär als Zuneigung, Sichhinabbeugen und Verbinden. Nächstenliebe hat also etwas mit Lasten zu tun, sie erfordert fast übermenschliche Kraft. Wie auch in anderen Darstellungen sind Priester und Levit auf dem Bild zu erkennen. Sie drehen dem Überfallenen, aber auch dem Helfenden den Rücken zu und suchen das Weite. Auf der Seite liegt ein geöffneter Koffer, daneben ein blaues Tuch. Das Pferd steht still mit spitzen Ohren. Der Hintergrund ist unruhig getupft. Die Szene lässt erkennen, dass der Samariter noch mehr Kraft brauchen wird. Noch sind die Beine des Überfallenen ganz auf der einen Seite des Pferdes. Die Gefahr ist, dass der Überfallene abrutscht oder bei noch mehr Kraftaufwand auf der anderen Seite hinunterfällt. Die Beziehung der beiden ist einerseits liebevoll-hilflos, andererseits angestrengt-zugewandt. Der Verletzte hat fast keine Kraft mehr, der Samariter muss alle Kraft zusammennehmen. Die Köpfe sind ganz nahe zusammengerückt. Der Atem ist zu spüren. Was könnte der Samariter sagen? Was mag er denken? Warum hat er überhaupt seinen Weg unterbrochen? Warum nimmt er die Anstrengung auf sich? Ist der Samariter »noch ganz normal«?

Der Betrachter wird in die Position eines Hinzukommenden versetzt. Mit wenigen Schritten ist er bei den beiden und muss sich entscheiden, ob er anpackt oder sich abwendet und vorübergeht. Der Samariter, sein Pferd und der Überfallene dürften es einem jedoch unmöglich machen, vorüberzugehen. Sie versperren den Durchgang. Van Gogh könnte in dem Samariter Teile seines eigenen Lebens wiedererkannt haben. Bei einer Explosion in einem belgischen Kohlebergwerk ruht er Tag und Nacht nicht, zerschneidet Teile seiner Wäsche, um mit Olivenöl und Wachs die Brandwunden zu verbinden. Er verschenkt alles, was er hat und nennt sich »Freund der Armen, wie es der Herr Jesu war«. Eine Frau meint zu ihm: »Sie sind nicht normal«.

32.4 Literatur

Günter Altner, Leben in der Hand des Menschen, Darmstadt 1998, 96–115
Herbert Frank, Van Gogh, Reinbek 1976
Wolfgang Huber, Heiligtum oder Ersatzteillager, Evangelische Kommentare 3/1996, 131–133

32.5 Unterrichtsideen

1. Textarbeit Interpretation
L fordert Sch auf, die Organliste laut vorzulesen und zwar mit dem Vorsatz »*Ich bin* zwei Hornhäute, zwei Innenohren ... anschließend folgt ein Gespräch: Bin ich so? Sind wir so? Können/wollen wir uns so verstehen? Was stört uns dabei? Was würde Peter Singer dazu sagen? Was wäre von der Bibel her dazu zu sagen?

2. Diskussion
»Sollen alle Menschen einen solchen Organspende-Ausweis ausfüllen und mit sich tragen?« Warum? – Warum nicht? Argumente werden mit Pro und Contra an der Tafel festgehalten. Anschließend Überprüfung der Argumente, Aufdecken ethischer Implikate. L informiert über Details.

3. Differenzierte Klärung
L weist darauf hin, dass Organ-Explantation an das Faktum des Gehirntodes gebunden ist. Je nach den anthropologischen Voraussetzungen sieht die Situation jedoch anders aus.
L projiziert M 32.1. Sch überlegen sich, wie sich der Zusammenhang Gehirntod und Organentnahme ändert, wenn man eine andere Grundüberzeugung teilt.

4. Bildbetrachtung
Sch beschreiben das Bild »Ich sehe...«, »Ich erkenne ...«
Sch konzentrieren sich dann ganz auf den Bildkern, versetzen sich in den Samariter und entwerfen schriftlich ein inneres Gespräch. Vorlesen der Texte. Anschließend Nachdenken: Warum macht das der Samariter? Evtl. Einbezug der Soziobiologie. Handelt der Samariter egoistisch oder altruistisch?

5. Transfer auf Organtransplantation
Ist Organspende ein Akt der Nächstenliebe?

33 Gerechtigkeit – Frieden – Bewahrung der Schöpfung

33.1 Der Zusammenhang

Unter den Leitprinzipien des Konziliaren Prozesses soll hier die Bedeutung anthropologischer Reflexion für politisches, ökonomisches und ökologisches Handeln angesichts von Überlebensfragen der Menschheit bedacht werden.
Leitend ist die Frage, ob Menschen so sind, dass Weltfrieden entstehen kann.
Berührt werden neben den Einsichten der Theologie die Erkenntnisse der Soziobiologie (vgl. S. 57f.) und der Evolutionsbiologie (vgl. S. 52), aber auch philosophische Überlegungen von Hobbes und Rousseau (S. 20–22) und Adam Smith (S. 26). Wiederum sollen unterschiedliche Einsichten angesichts konkreter Probleme aufeinander bezogen und noch einmal reflektiert werden.

33.2 Carl Friedrich von Weizsäcker, Unfähig für die Zukunft? (S. 76)

Der Text des Physikers und Philosophen entstammt einer vierteiligen Vorlesungsreihe, die Weizsäcker 1997 an der Universität München gehalten hat. Sie enthalten die Erfahrungen seines Lebens.
Die drei Teile beziehen sich einmal auf die Dimensionen von »Schalom«, wie sie für den konziliaren Prozess leitend sind. Es geht um Frieden, Gerechtigkeit und Bewahrung der Schöpfung und damit um die Frage, ob es die Menschheit schaffen kann, gemäß dem Reich Gottes (Schalom) das Zusammenleben zu gestalten. Weizsäcker könnte das Reich Gottes als Wiederkunft Christi verstehen, nämlich als »den Vollzug dessen, was er gelebt und gelehrt hat in der Menschheit« (Wohin gehen wir? 108). Die entscheidende Frage ist also, ob die Menschheit sich selbst als einheitliche Gemeinschaft verstehen kann.
Die drei Teile beziehen sich aber auch auf die Aufgaben, die Adam Smith dem Staat zuwies, um den freien Egoismus einzuschränken: Schutz nach außen, gerechte Ordnung nach Innen und Infrastruktur (Wohin gehen wir? 21.101). Zu dieser »Infrastruktur« gehört heute nach Weizsäcker auch der Umweltschutz. Die Frage ist also, ob Menschen es schaffen können, ihre Neigung zu Egoismus und Konkurrenz mit Hilfe von Ethik und gesellschaftlicher Institut onen zu steuern.
Für Carl Friedrich von Weizsäcker sind diese Fragen durchaus offen, indem er sie jedoch seinen Zeitgenossen vorlegt und sie anhält, darüber nachzudenken, rechnet er mit der Möglichkeit, durch vernünftiges Nachdenken, den rationalen Diskurs und bewusstes Handeln weiterzukommen. Die von ihm formulierten Fragen sind Aufforderungen zum wissenschaftlichen und moralischen Gespräch. Weizsäcker setzt also auf die Kraft bewussten Denkens, auf die Lernfähigkeit des Menschen (Wohin gehen wir? 104) und die Steuerungskraft moralisch begründeter Politik.
Belege für dieses Vertrauen findet von Weizsäcker einmal in der Evolution des Menschen, die immer größere soziale Einheiten schafft. Mit dem Völkerbund und den Vereinten Nationen scheint sich heute die Friedensordnung auf die ganze Menschheit auszudehnen (Wohin gehen wir? 17.86).
Einen weiteren Beleg findet von Weizsäcker in der sich ausbreitenden Demokratie (Wohin gehen wir? 100) und damit der zunehmenden Anerkennung der Gleichberechtigung aller Wähler.
Viel Vertrauen setzt Weizsäcker auf die Wissenschaft, die zwar Probleme beschert wie z. B. die Klimakatastrophe, aber auch Möglichkeiten der Überwindung zur Verfügung stellt wie z. B. die Gewinnung von Solarenergie (Wohin gehen wir? 90.94.97.) Weizsäcker ist davon überzeugt: »Rationelles Handeln müsste ausreichend sein, die Gefahren zu überwinden, die aus der Macht der Rationalität entstehen.« (90).
Da jedoch bewusstes Handeln in Unbewusstem wurzelt (Wohin gehen wir? 53.103.105), braucht eine solche Rationalität einen tieferen seelischen Grund, der in inneren Erfahrungen (Gebet, Meditation) gefunden wird und in Gewohnheiten und Überzeugungen (Ethos) seinen Niederschlag findet. Rationales Handeln braucht nach Weizsäcker als Grund und Voraussetzung das mystische Einswerden mit der göttlichen Wirklichkeit und ein Ethos, wie es in der Bergpredigt seinen Ausdruck findet.

Die Frage ist, ob sich alle Menschen als frei, gleich und einander verpflichtet verstehen und behandeln können, wie dies die Menschenrechte (vgl. S. 48–51), der Kommunitarismus (vgl. S. 59f.), aber auch das Nächstenliebegebot (vgl. S. 75) wollen. Die Soziobiologie (S. 57f.) rechnet mit genetisch bedingter Konkurrenz und infolgedessen mit fortwährenden Konflikten, zumal wenn eine Weltgesellschaft keinen äußeren Gegner mehr ausfindig machen kann.

Weizsäcker setzt auf die Macht aufgeklärter Rationalität, wie sie dem Menschen in der Geschichte der Evolution zugeeignet wurde. Hier gibt es Entsprechungen zur Biologie (vgl. S. 52). Er rechnet zudem mit der Lernfähigkeit des Menschen und der Fähigkeit, kulturelle Traditionen zu schaffen, die das Handeln leiten. Dies entspricht den Einsichten der Lern- und Entwicklungspsychologie (vgl. S. 62). Christliche Theologie kann auf die Übereinstimmung mit dem Schöpfungsauftrag verweisen (vgl. S. 31f.), der die Möglichkeit einer friedlichen, gerechten und umweltbewahrenden Weltgestaltung unterstellt. Auf dem Hintergrund der Sündenerkenntnis wird christliche Theologie jedoch auch das Vertrauen auf die Vernunft und verantwortliches Handeln im Sinne der Bergpredigt befragen. Ohne Vertrauen auf Gottes Willen und Handeln wird eine »aufgeklärte« Rationalität nicht zu haben sein. Hier ist jedoch zu berücksichtigen, dass Weizsäcker mit inneren Erfahrungen als Grundlage der Rationalität rechnet.

33.3 Offenbarung 6,1–8 (S. 76)

Mit der Öffnung der sieben Siegel an der Buchrolle tritt das Lamm und damit Christus seine endzeitliche Herrschaft an (Offb 5; 6,1). Alles, was geschieht, untersteht letztlich dem Willen Gottes und seines Sohnes Jesus Christus. Konsequenterweise sind es die vier Thronwesen (Offb 4,6–8), die die vier Reiter herbeirufen. Jene bringen Krieg (V. 2), Bürgerkrieg (V. 3), Teuerung und Hunger (V. 5f.) und Tod (V. 8).
Die zum Symbol gewordenen vier apokalyptischen Reiter »enthüllen« Johannes (»ich«) in Vision (»ich sah«) und Audition (»ich hörte«) die wahre Natur der Wirklichkeit. Sie ist geprägt von den Mächten des Unheils. Diese können jedoch die Herrschaft Christi in der Welt Gottes nicht aufheben, im Gegenteil: auf widersprüchliche Weise bereiten sie diese vor.
Das bedrohliche Szenario macht Angst und wurde immer wieder als »Horrorvideo« rezipiert. Dabei wird jedoch meist der Rahmen vergesssen: das Lamm und die vier Wesen. Der Text will angesichts von katastrophalen Entwicklungen Mut machen, an die zukommende Herrschaft Christi zu glauben. Der Text fordert heraus, Zeichen der Zeit wahrzunehmen und den Glauben an den Herrn der Geschichte durchzuhalten.
Im Gegenüber zu den Aussagen von Carl Friedrich von Weizsäcker soll der Bibeltext Raum geben für die Welt- und Lebensängste der Schüler und Schülerinnen, ohne jedoch die Hoffnung aufzugeben.

33.4 Bild: Ivan Vecenaj, Apokalypse (S. 77)

Der 1920 geborene naive Maler Vecenaj gehört zur Schule von Helbine in der Nähe des kroatischen Zagreb. Anders als die anderen seiner Schule konzentriert er sich auf biblische Motive.
Das Bild Apokalypse weist im oberen Teil das Motiv der vier apokalyptischen Reiter auf (Bogen, Schwert, Waage, Gerippe mit Sense), die wie die wilde Jagd Wotans nach allen Richtungen auseinanderstieben. Der Tod befindet sich in der Mitte des Bildes und wird so zum Zentrum. Die vier Plagegeister führen zu sintflutartigen Stürmen, Regenfällen, Dunkelheit und Überschwemmungen auf der Welt. Die vier Reiter sind die Ursache der brennenden Dörfer im unteren linken Viertel des Bildes sowie der verzweifelt schreienden und mit Kind und Vieh fliehenden Menschen.
Unterhalb des Todesreiters schwimmt in der Mitte des Bildes die Arche Noah, jenem Gehäuse, das denen, die auf Gottes Wort hören, Rettung und Überleben bietet. Auf sie fliegt die Taube mit dem Ölzweig zu, die das Ende der Flut und des Zorns Gottes ankündigt. Wer mag darin aufgehoben sein?

Demgegenüber erblickt man auf dem rechten unteren Viertel einen Adler, der auf sieben Buchseiten mit sieben Siegeln steht und sich mit geöffnetem Schnabel und ausgestreckten Flügeln fast trotzig den vier Unheilsboten zuwendet. Was könnte er den Vier zurufen?
Der König der Vögel galt stets als Sinnbild der Kraft und der Ausdauer, des Sieges und des Triumphes. Als Begleiter von Zeus galt er als himmlischer Vogel. Schon in der Antike wurde er zum Symbol Christi. Ähnlich einem Adler lässt sich Christus »im Fluge« zur Erde nieder, um sich die verlorenen Menschen als »Beute« zu holen und der Sonne, dem Licht, entgegenzutragen.
Der Adler und die versiegelten Buchblätter befinden sich auf einem Felsen, der aus den schäumenden Fluten ragt. Auf diesem sind zwei dürre Äste im Gras zu erkennen sowie ein weißer Baumstumpf. Sie könnten als Zeichen abgestorbener Hoffnung zu lesen sein. Hinzu kommen zwei Totenschädel mit Knochen, die Spuren des Todes. Auf dem Felsen ist eine Schrift zu erkennen, daneben eine Schreibfeder und ein umgestoßenes, ausfließendes Tintenfass mit (blut?-) roter Tinte. Auf den Sintflutwellen treibt ein Blatt mit dem Titel des Bildes, dem Namen des Künstlers und dem Entstehungsjahr.

Der Betrachter befindet sich auf der eher sicheren Seite, nämlich fast auf dem Fels und nimmt von außen und etwas von oben herab das Geschehen wahr.

Das Bild könnte Stimmen und eine Botschaft enthalten. Die Stimmen kämen zum einen von den weiblich wirkenden Reitern, dann den verzweifelt schreienden Menschen sowie der Taube mit dem Ölzweig und dem stolzen Adler. Die Botschaft steht unkenntlich auf dem Felsen, doch sie könnte mit eigenen Worten entschlüsselt werden. Vielleicht so: »Die Welt lebt in Angst und Schrecken, es gibt Feuer, Vertreibung, Naturkatastrophen und Tod. Doch der Glaube an den Christusadler lässt das Herz nicht ganz verzagen. Es gibt Hoffnung auf Überleben, so, wie Noah überlebt hat. Wer Gottes Wort vertraut, begegnet der Friedenstaube mit dem Ölzweig.«

33.5 Literatur

Jürgen Roloff, Die Offenbarung des Johannes, Zürich 1987
Elisabeth Schüssler-Fiorenza, Das Buch der Offenbarung, Stuttgart 1994
Carl Friedrich von Weizsäcker, Wohin gehen wir?, München 1997
Ders., Die Zeit drängt, München 1986

33.6 Unterrichtsideen

1. Bildbetrachtung
Sch betrachten die Teile des Bildes nacheinander: die obere Hälfte, das untere linke Viertel, das rechte untere Viertel. Was erkenne ich? Was fällt mir dazu sein? Sie geben dem Bild Worte (Reiter, Menschen, Taube, Adler) und erfinden den Felsentext als Gesamtbotschaft.

2. Bild-Text-Vergleich
Sch vergleichen Bibeltext und Bild. Was ist gleich? Was ist anders? Wie sieht Johannes die Welt? Was ist daran zutreffend? Was nicht? Gehen wir einer Katastrophe entgegen? Gibt es Hoffnung? Wenn es eine Katastrophe gibt – wer ist daran schuld? Die Menschen?

3. Information
L informiert über den konziliaren Prozess und die Rolle von Carl Friedrich von Weizsäcker.

4. Textarbeit
Sch erhalten in PA oder GA je einen der drei Textabschnitte und beantworten schriftlich die Fragen mit einer Begründung auf einem DIN A 3-Blatt (und zwar so, dass man die Meinung optisch schon erkennen kann).

5. Rundgespräch
Vergleich der einzelnen Positionen. Dabei wird darauf geachtet, mit welchen anthropologischen Konzepten geurteilt wird. Was würden Hobbes und Rousseau sagen? Was wäre von der Theologie her zu sagen?

6. Gedankenbild
Sch malen sich in Gedanken aus, worin sich ihr eigenes Welt- und Zukunftsbild von dem Vecenajs oder Offb 6,1–8 unterscheidet.

34 Grenzen der Vergebung?

34.1 Der Zusammenhang

Die Gewalttat eines Menschen gegen seinen Menschenbruder greift das Thema Gewalt, aber auch das Thema Vergebung auf und stellt die Fragen, wie es zu gewalttätigen Übergriffen zwischen Menschen kommt, wie mit Gewalttätern angemessen umgegangen werden kann und wie ein Mensch besser werden kann.
Das Arbeitsheft bietet dazu philosophische (vgl. S. 20–22), biblische (vgl. S. 36f.) und biologische (vgl. S. 55f.) Interpretationsmodelle an. Psychologische Erklärungsmodelle, wie die Frustrations-Aggressionstheorie oder Vorbild-lernen können hier einbezogen werden, (vgl. M 34.1).

34.2 Vermittlungsgespräch Gary und Tommy (S. 78)

Die Mediation geht in besonderer Weise von dem Opfer aus. Er will verstehen, warum die Tat geschehen ist. Warum ist diese Frage notwendig? Will Gary wissen, ob er irgendwie auch daran schuld ist? Dies könnte an die Freunde Hiobs erinnern. Er muss und will die Veränderung seines Lebens mit Sinn verstehen. Offenbar können Menschen mit unverständlichen, erratischen Ereignissen nicht leben. Menschen brauchen einen roten Faden oder ein einheitliches Lebensbild. Wie soll er jetzt die Geschichte deuten?

Das Verhalten von Tommy könnte gemäß der Frustrations-Aggressionstheorie erklärt werden. Die Wut läuft über. Doch könnte in der Abwendung eines solchen Erklärungsmodells auch eine Art Entschuldigung liegen. Werden hier unkontrollierbare Affekte verantwortlich gemacht? Handelt es sich um das Sündenbock-Spiel von Adam und Eva?
Tommy gelangt jedoch noch zu einer anderen Einsicht, dass die Tat und die Strafe vor einem frühen Tod bewahrt haben. Dies bestimmt sein Verhältnis zu seiner Tat. War da noch eine Art Fügung dabei? Lebt der Mensch in einem für ihn nicht mehr durchschaubaren Plan?

Die Mediation will beiden helfen, Opfer und Täter, mit ihren Erfahrungen klar zu kommen. Sie will gleichzeitig zur Versöhnung beitragen und den Riss zwischen Opfer und Täter verkleinern. Man darf annehmen, dass dies auch ein Beitrag zur Resozialisierung sein soll. Tommy soll die Empfindungen von Gary kennen lernen, um die Tragweite seines eigenen Handelns zu verstehen und nicht mit eigenen Phantasien verstehen zu können. Dies löst die Frage aus, was Menschen ändern kann. Wird Tommy durch Gefängnis und Mediation zu einem erneuerten Menschen?

Erklärungsmodelle von Gewalt sind deshalb auch daraufhin zu befragen, ob sie Handlungsanweisungen an die Hand geben, mit gefallenen Menschen umzugehen, aber auch den Opfern zu helfen, zu einer Art Abschluss zu kommen. Gewalttheoretiker wie Rousseau würde auf eine Veränderung der Umwelt setzen, Hobbes würde auf die Vernunft des einzelnen Menschen und auf Abschreckung setzen wollen. Eibl-Eibesfeldt dürfte die natürlichen Gegenspieler der Aggression stärken und Aggressionsabfuhr inszenieren wollen. Biblische Theologie dürfte auf Zeichen der Liebe Gottes setzen wollen. Ist die Mediation ein solches Zeichen?

34.3 Gen 4: Kain und Abel (S. 78)

Die Erzählung von Kain und Abel besteht aus drei Teilen, die in sich noch einmal gegliedert werden können.

1) Genealogie, V. 1–2

2) Der Mord, V. 2–8

V. 2:	Ausgangssituation
V. 3–5:	Anlass zur Tat
V. 6–7:	Das Wort an Kain
V. 8:	Der Mord

3) Die Bestrafung, V. 9–16

V. 9–10:	Das Verhör
V. 11–12:	Strafspruch
V. 13–14:	Einwand Kains
V. 15:	Antwort Gottes und Milderung der Strafe
V. 16:	Vertreibung

Auffallend ist das retardierende Moment von V. 6 und V. 7 sowie die offenkundige Parallelisierung von V. 9–16 mit Gen 3,9–24: In Gen 3 geht es um ein Urgeschehen (Westermann) bzw. Grundgeschehen (Liedke), das elementare Strukturen menschlicher Wirklichkeit aufdecken will. Kain ist jeder Mensch, und zum Mord ist jeder Mensch im Stande!
Gegenüber Gen 3 stellt Gen 4 keine Steigerung dar, wohl aber eine Differenzierung. Es geht um die soziale Gestalt der Sünde. Es geht um Sünde zwischen Menschenbrüdern.

Der Text lädt ein, eigene Erfahrungen wiederzuerkennen und zur Sprache zu bringen. Er enthält jedoch auch präskriptive Komponenten. Er will auf narrative Weise Handlungsanweisungen formulieren und einprägen. Ausgangspunkt des Mordes ist die Erfahrung, dass bei Kain der Segen ausbleibt. Gemeint dürfte das unerklärliche Phänomen sein, dass gleicher Arbeitseinsatz (V. 2 und 3) bei unterschiedlichen Tätigkeiten unterschiedlich erfolgreich ist. Während der eine mit Erfolg gesegnet ist, bleibt bei dem anderen der erwartete Erfolg aus. Dies sind menschliche Grunderfahrungen und zeigen Kain zunächst einmal ganz positiv. Dies löst bei Menschen offenkundig Neid aus (V. 5). Kain wird es innerlich ganz heiß. Auch dies dürfte den Menschen bekannt sein.

Das archaische Bild von der Sünde als wildes Tier oder Dämon vor der eigenen Haustür macht auf die Gefahr solcher Gefühle aufmerksam. Unterstellt wird (V. 7), dass Menschen sich beherrschen können. Wo solche Gefühle zugelassen werden, droht Gewalt, ja sogar Mord. Hier wird vollkommen undramatisch beschrieben: So ist der Mensch!

Die Strafszene macht auf diese naheliegende Flucht vor Verantwortung aufmerksam. Kain verweigert mit heroischen Worten das Eingeständnis seiner Schuld und damit seiner Verantwortung. So ein Mord hat Folgen: Ein unstetes Leben (Not, Land, unstetes Leben, V. 12–16), das Ausbleiben des Segens bei der Arbeit (V. 12), Angst um das eigene Leben (V. 14), Verlust einer elementaren Geborgenheit (V. 14). Man kann nicht mehr in dem bisherigen Lebensraum bleiben.
Strafe ist nicht einfach Rache (V. 13), sondern auch das Ernstnehmen des Täters. So wird der Mensch als verantwortungsfähiges Wesen angesehen.
Dennoch bleibt der Mörder ein Geschöpf Gottes. Wohl muss er die Folgen seiner Tat tragen und mit ihnen leben. Doch der Mord macht den Mörder nicht vogelfrei. Menschen können nicht machen, was sie wollen. Auch der Mörder bleibt unter dem Schutz Gottes. Die Erzählung von Kain macht im Blick auf Tommys Tat und die Mediation darauf aufmerksam, dass jeder zum Gewalttäter werden kann. Menschen können durch tiefsitzende Emotionen überflutet und dabei auch zum Mörder werden. Allerdings sind diese Emotionen nicht einfach Ursache, sie sind prinzipiell auch beherrschbar. Strafe sollte auch ein Zeichen von Respekt sein. Sie nimmt den Menschen als verantwortungsfähiges Wesen ernst. Strafe kann und darf deshalb Menschen nicht zum Freiwild machen. Gewalt zwischen Menschen hat Folgen, äußere und innere. Sie bedürfen der Interpretation und der Bejahung. Zu bedenken ist, dass man Menschen soweit bringen kann, dass sie ausrasten. Enttäuschung über eigene Misserfolge und Neid über den Erfolg eines anderen gehören offenbar dazu. Gen 4 enthält die Anregung, solche Erfahrungen als Teile des Lebens anzunehmen und nicht sofort als Infragestellung der eigenen Identität anzusehen. Im Sinne einer Sündenlehre, die Rechtfertigung zum Zentrum hat, wäre zu folgern: Wer begrenzt zum Leben gehörende Misserfolge nicht als Infragestellung seiner Anerkennung ansehen muss, der hat geringere Schwierigkeiten, der Sünde Herr zu werden. Wer sich vorrangig und unbedingt angenommen weiß, der ist fromm und kann den Blick auch bei Niederlagen frei erheben. Soll man Tommys Aussage »... haben Sie mir nicht geholfen. Und ich brauchte Hilfe. Und ich brauchte jemand, der mir sagte ...« als Wunsch nach Bejahung verstehen?

34.4 Bild: Georg Grosz, Kain (S. 79)

Das Hauptwerk von Georg Grosz, eigentlich Georg Ehrenfried Groß (1893–1959), besteht vor allem in satirischen, häufig stereotypen Zeichnungen, die in sozialistischen Zeitungen publiziert wurden. Generäle und Kapitalisten waren ein bevorzugtes Thema.
1914 tritt Grosz in die deutsche Armee ein, wird aber schon ein Jahr später ehrenvoll entlassen. Grosz schließt sich anschließend der Berliner Dada-Bewegung an. 1917 wird er erneut eingezogen, aber bald als untauglich entlassen. Grosz zwar unfähig, den Krieg zu ertragen. Dies alles machte ihn bitter und zynisch. Er wurde zum Menschenverachter. 1933 emigrierte Grosz in die USA, wo er seine Bitterkeit etwas verlor. Grosz scheint von diesem Land bezaubert gewesen zu sein.

Das Bild »Kain« entsteht 1944 in den USA. Es zeigt den »Mann, der sich gegen seinen Bruder erhob und ihn totschlug«. Kain zeigt Züge von Hitler. Kain/Hitler hockt auf einem Berg von Skeletten, die sich zu bewegen scheinen. Er wirkt erschöpft, er schwitzt und reibt sich mit einem Tuch das Gesicht ab. Im Hintergrund glühen Feuerstürme. Neben ihm könnte ein feuriger Fluss fließen. Auf einem Bergrücken scheinen Armeen gegeneinander zu kämpfen. Der Mond und die Sonne sind verdunkelt. Kain sitzt in der einen Bildhälfte, der Kopf und die Hand befinden sich im linken oberen Teil. Die rechte Seite ist voller Krieg und Tod. Oben erkennt man brennende Städte, unten einen Berg von Skeletten. Beide Teile werden verbunden durch eine nicht sofort erkennbare Gestalt, die auf dem Boden liegt mit dem Gesicht nach unten. Es ist Abel, der Vertreter aller Ermordeten und gewaltsam Getöteten.

Mit dem Bild wird Hitler als der Brudermörder Kain, Kain als der immer wiederkehrende Mörder gedeutet. Der Mord an dem Bruder wird mit mörderischem Krieg und dem Völkermord zusammengebracht. Abel ist jeder der Ermordeten. Der erschöpfte Kain könnte auf die biblische Szene hindeuten, in der Gott sagt: »Was hast du getan?« Ob hier Einsicht und das Eingeständnis von Schuld zur Darstellung kommt? Was mag Kain durch den Kopf gehen?

34.5 Literatur

Claus Westermann, Genesis, Biblischer Kommentar zum Alten Testament, Teil I, 1. Teilband, Neukirchen-Vluyn 1974, 381–467

34.6 Unterrichtsideen

1. Bildbetrachtung
Sch schneiden sich aus Papier eine Betrachtungslücke. Sie ist so groß wie das Bild und lässt ein Viertel des Bildes offen.

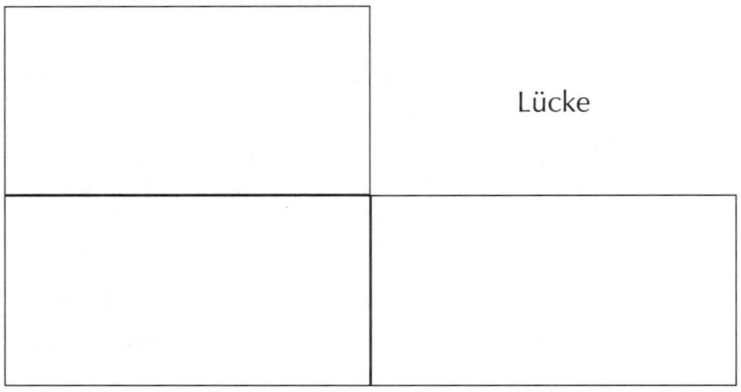

Die Lücke wird dann zum rechts oben über rechts unten nach links oben gedreht bzw. umgekehrt. Die Sch beschreiben dann, was sie sehen und betrachten schließlich das Bild als Ganzes. Was empfinde ich? Was sagt mir das Bild?

2. Text-Bild-Vergleich
Sch lesen Gen 4,1–16 mit verteilten Rollen (Erzähler, Kain, Gott) und stellen den Zusammenhang mit dem Bild her. Welche Szene kommt hier zum Ausdruck?
Sch schreiben entweder die Gedanken von Kain nieder oder sie verfassen ein Gedicht zum Thema »Kain«.

3. Gemeinsames Nachdenken und Textarbeit I
Wie muss man Völkermord und Kriege verstehen, wie verhält sich dies zur Tat gegen Tiere und den Menschen untereinander? Warum hat Kain Abel getötet? Dazu wird zunächst Gen 4,2–5 gelesen, dann mit V. 6–7 ergänzt. Welche Folgen hat die Tat in Gen 4,11–17? Ist es richtig, Kain zu schonen? Verdient Hitler Gnade?

6. Textarbeit II
Der Text »Grenzen der Vergebung« wird mit verteilten Rollen gelesen. Anschließend wird die Frage an die Klasse gestellt: Sollen die beiden sich die Hand geben?

7. Vergleichende Auseinandersetzung
Wie kann man Tommys Tat erklären und verstehen?
Sch beurteilen die Tat Tommys aus verschiedenen Perspektiven: Von der biologischen Aggressionsforschung (vgl. S. 55f.), von dem theologischen Verständnis der Sünde (vgl. Uwe Steffen S. 36), von der Entwicklungspsychologie (vgl. S. 62) sowie von der psychologischen Aggressionsforschung (M 34.1)und schließlich von der Arbeit mit dem Bibeltext. Bedacht werden die jeweiligen Vorschriften des Umgangs mit dem Gewalttäter. Anschl. Zusammenfassung im Tafelbild M 34.2.

35 Gott wollte den Menschen

35.1 Der Zusammenhang

Der Text und das Bild schließen das Heft ab. Sie wollen eine Glaubensvorstellung anbieten, die Schöpfung und Evolution, biblischen Glauben und moderne Naturwissenschaft integrieren. Der Text bietet eine Lösung von Fragen an, wie sie auf S. 70 aufgeworfen wurden und fordert die Schüler/-innen auf, die Ergebnisse unterschiedlicher Schulfächer und wissenschaftlicher Disziplinen zusammenzusehen und zusammenzubringen. Leitfrage ist, ob sich biologische und theologische Anthropologie miteinander verbinden lassen

35.2 Martin Fischer, Und Gott wollte den Menschen (S. 80)

Leitend für diese theologische Interpretation ist die Anthropologie Karl Barths, die die Erschaffung des Menschen als Bund Gottes mit den Menschen deutet und den Menschen als freies Gegenüber Gottes in diesem Bund bestimmt (vgl. Jüngel, Der Gott entsprechende Mensch S. 40; Fowler S. 64). Gottes Handeln bildet die Zweckursache der Evolution (causa finalis) sowie den Sinngrund menschlicher Existenz (causa formalis), die einer methodisch geleiteten Naturwissenschaft notwendigerweise verborgen bleiben.

Im Zuge einer prüfenden Auseinandersetzung ist zu fragen, ob sowohl die biologischen als auch die theologischen Erkenntnisse angemessen aufgenommen sind.
Biologisch wäre zu fragen, ob der »Egoismus« und damit die Konkurrenz innerhalb der Art Mensch und die genetischen Programmierungen zu recht außer Acht gelassen werden.
Theologisch wäre zu fragen, ob hier die Sünde des Menschen, die Erlösung durch Jesus Christus und die Perspektiven auf einen neuen Himmel und eine neue Erde unbedingt aufzunehmen sind. Ist der Text insgesamt zu »schön«?

35.3 Bild: Marc Chagall, Das Paradies (S. 80)

Der jüdische Maler und Grafiker Marc Chagall begann seine künstlerische Arbeit in Russland und setzte diese ab 1923 in Frankreich fort. Von 1941 bis 1948 arbeitete er in New York auf Einladung des Museum of Modern Art.
Chagall ist vom russischen Expressionismus beeinflusst, entwickelte jedoch bald den ihm eigentümlichen surrealistisch-poetischen Stil. Themen sind vor allem jüdisches Leben und die Bibel.
Das Bild »Paradies« (entstanden zwischen 1954 und 1967) ist der rechte Teil eines größeren Bildes, das in dem 1969 gegründeten Chagall Museum in Nizza zu finden ist. Das Museum beinhaltet ausschließlich Gemälde zur »Biblischen Botschaft«, die ursprünglich für eine Kapelle bestimmt waren.
Die Bildaussage erzählt von der Versuchungsgeschichte und der Szene, wie Eva Adam die Frucht vom leuchtend-farbigen Baum der Erkenntnis des Guten und des Bösen reicht. Die Schlange beobachtet das Geschehen sowie auch andere fabelhafte Paradiestiere (vgl. auch AND EVE S. 71). Der über dem Paar schwebende Cherubim breitet entsetzt oder überrascht die Arme aus. Schauen die Tiere hilfesuchend aus dem Bild heraus?
Am rechten Rand mag man Adam sehen, wie er die Arme ausbreitend vor Gott steht. Das Bild vermittelt die paradiesische Einheit, die partnerschaftliche Gemeinsamkeit und das spielerische Miteinander unter dem Schutz des Himmels. Es kündigt jedoch gleichzeitig den Riss an, der Gott und die Menschen, die Menschen und die Menschen sowie die Menschen und die Tiere zertrennen wird.

35.4 Unterrichtsideen

1. Texterarbeitung
Sch teilen sich in »Biologen« und »Theologen«. Ein Sch liest den Text, die anderen unterstreichen »ihre« Aussagen. Sch überlegen, ob der Text von einem Theologen oder von einem Biologen geschrieben wurde.

2. Prüfende Auseinandersetzung
Sch beurteilen den Text auf biologische und theologische »Richtigkeit« und prüfen, ob der Text insgesamt plausibel und akzeptabel ist.

3. Bildbetrachtung
Sch betrachten das Bild und erfinden zu ihm eine passende dramatische Geschichte. Sie klären anschließend den biblischen Bezug und bedenken, ob bei dem Gedicht Entscheidendes fehlt.
Evtl. Vergleich mit Lindner AND EVE S. 71. Was ist anders?

4. Vertiefung und Ergänzung
Sch arbeiten den Sündenfall in das Gedicht ein und suchen dazu Analogien in der Biologie.

M 1.1

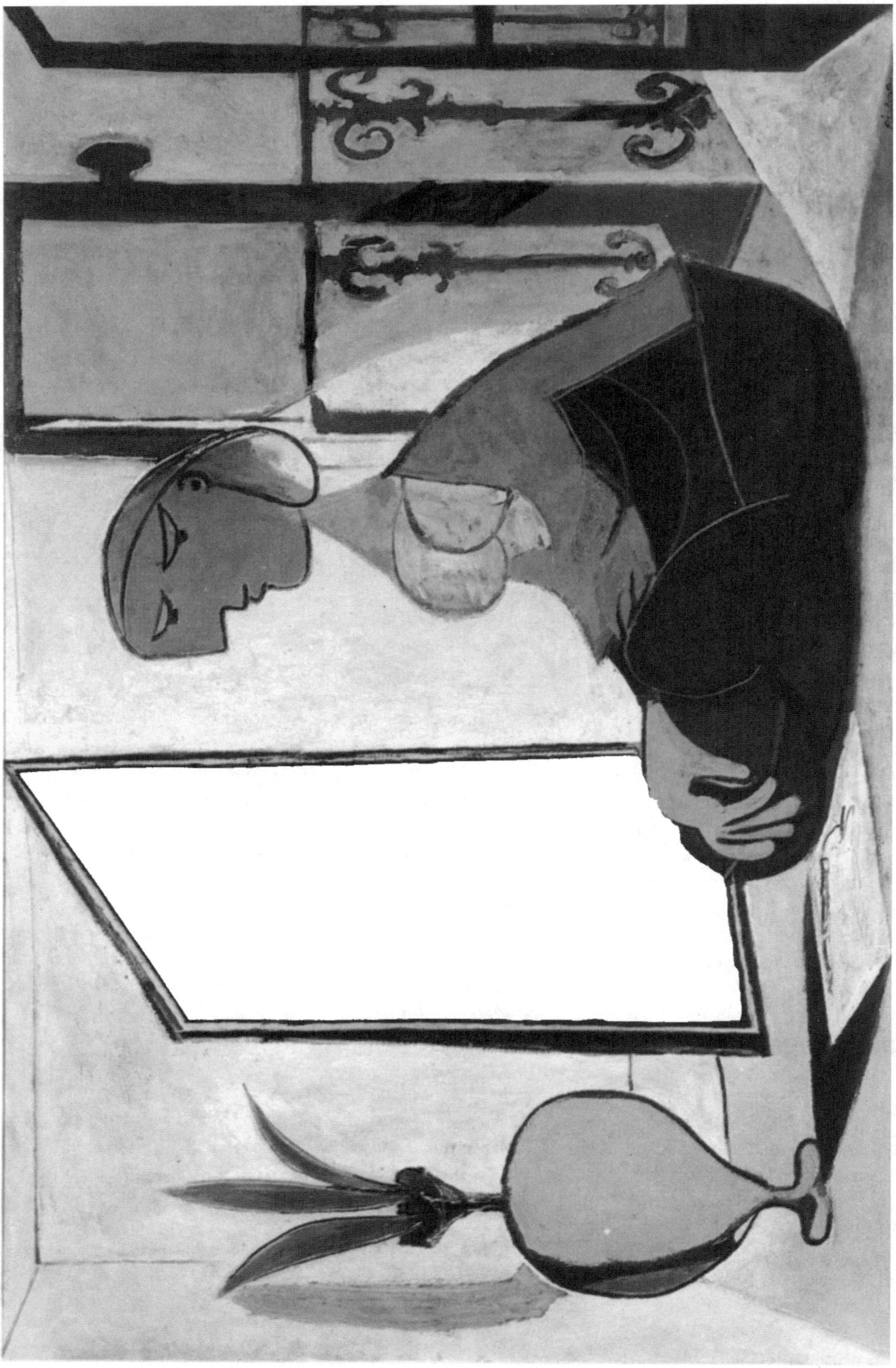

M 1.2

Die vier Elemente nach Hippokrates

Hippokrates (um 460–377 v.Chr.) unterscheidet in seinen medizinischen Schriften vier menschliche Charaktere, je nach dem Vorherrschen der vier Körpersäfte (Blut, Schleim, gelbe und schwarze Galle). Er nennt sie Sanguiniker, Phlegmatiker, Choleriker und Melancholiker. Jedem Typ fallen bestimmte Eigenschaften zu, die dann vier Termperamente charakterisieren, so der leichtblütige Sanguiniker, der schwerblütige Melancholiker, der warmblütige Choleriker und der kaltblütige Phlegmatiker.

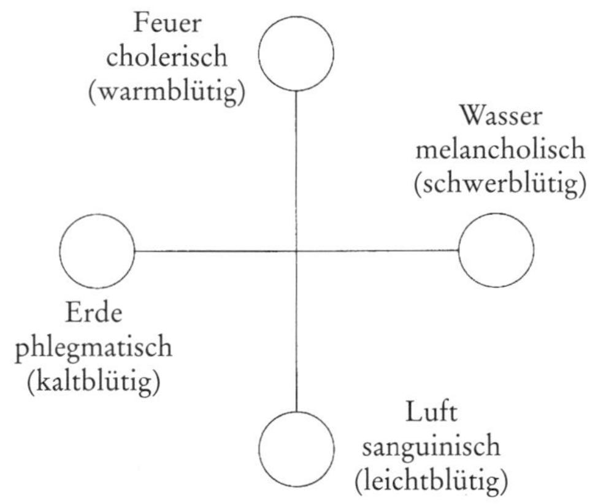

Die Typologie Kretschmers

Die Konstitutionstypologie Kretschmers stellt einen Zusammenhang zwischen körperlicher Erscheinung und Persönlichkeit her. Dabei werden Menschen mit leptosomem (schlankem), athletischem und pyknischem (untersetztem) Körperbau unterschieden. Interessant ist die Verbindung zwischen Körperbau und psychiatrischer Diagnose, wonach Pykniker auffällig häufig zu manisch-depressiven Störungen, Leptosome zu schizophrenen und Athletiker zu epileptischen Erkrankungen neigen.

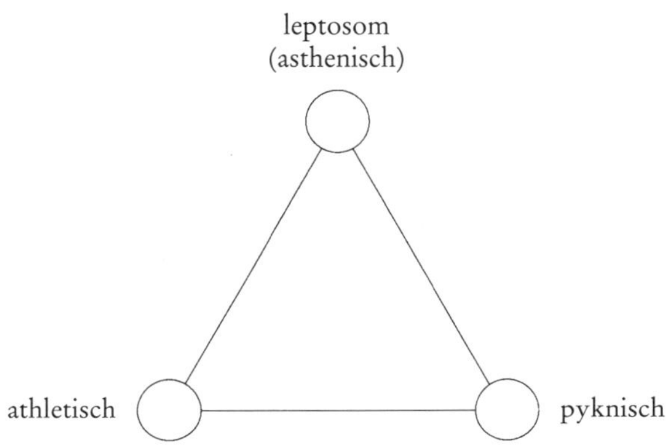

Riemanns Persönlichkeitsmodell

In seinem 1961 erschienenen Buch »Grundformen der Angst« entwickelt der von der Psychoanalyse herkommende Therapeut Fritz Riemann eine Typologie, die von vier Grundforderungen des Lebens ausgeht und die Ängste beschreibt, die bei Nichterfüllung dieser Forderungen entstehen. Den vier Grundängsten entsprechen die vier Persönlichkeitstypen schizoid und depressiv, zwanghaft und hysterisch.

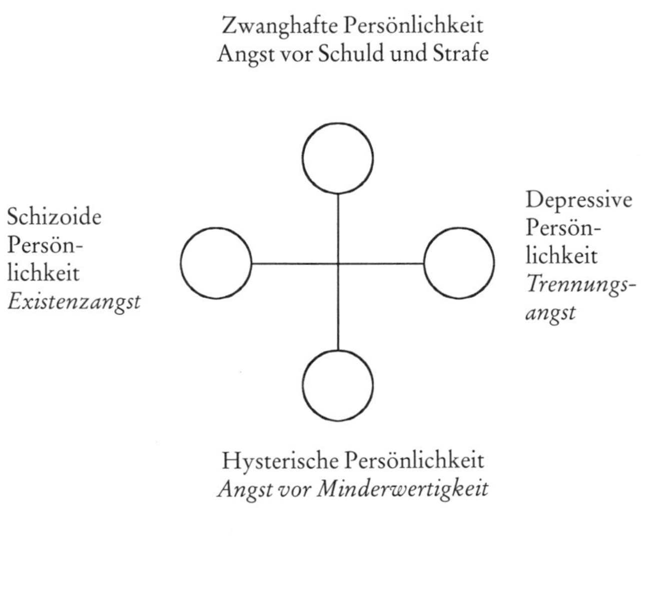

M 1.3 Enneagramm-Typen auf einen Blick

neun
a) Friedfertigkeit/Trägheit und Unschlüssigkeit
b) »Ich bin umgänglich«
c) Unschlüssigkeit
d) epische Erzählungen

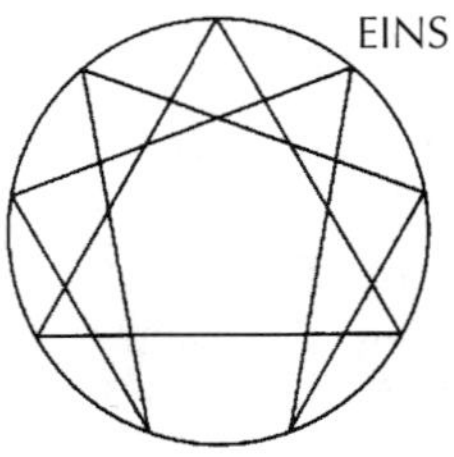

eins
a) Perfektion und Groll
b) »Ich habe recht, ich arbeite hart«
c) Perfektion
d) Predigen und Belehren

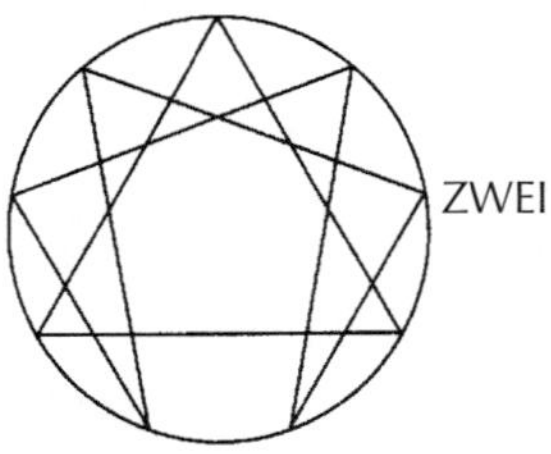

zwei
a) Hilfsbereitschaft und Manipulation
b) »Ich bin hilfsbereit«
c) Dienen
d) Rat und Hilfe

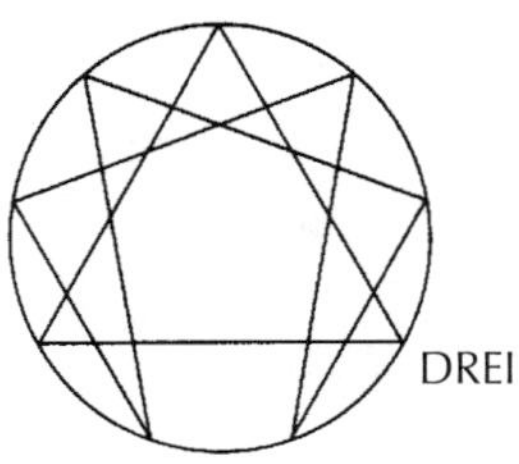

drei
a) Leistung und Image
b) »Ich bin hilfsbereit
c) Effizienz
d) Werbung für die eigene Person

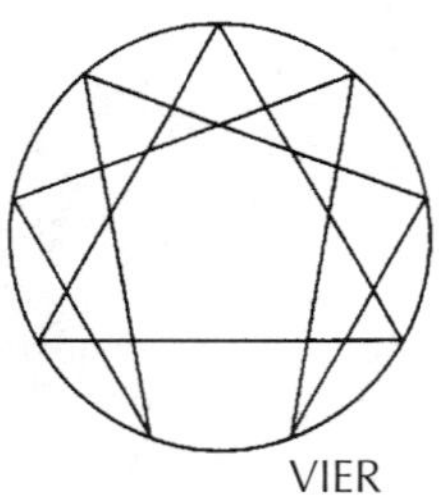

vier
a) Außergewöhnlichkeit und launische Nostalgie
b) »Ich bin einzigartig«
c) Elitäres Verhalten
d) Traurige Geschichten

fünf
a) Wissen und Rückzug
b) »Ich habe ein geschärftes Wahrnehmungsvermögen«
c) Wissen
d) Vorträge

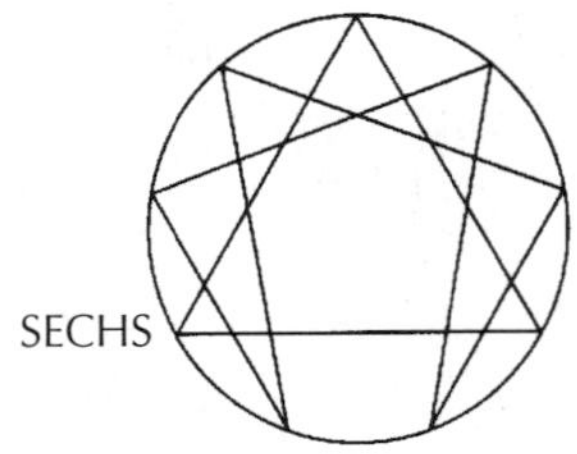

sechs
a) Sicherheit und ängstlicher Zweifel
b) »Ich bin treu«
c) Sicherheit
d) Gruppendenken

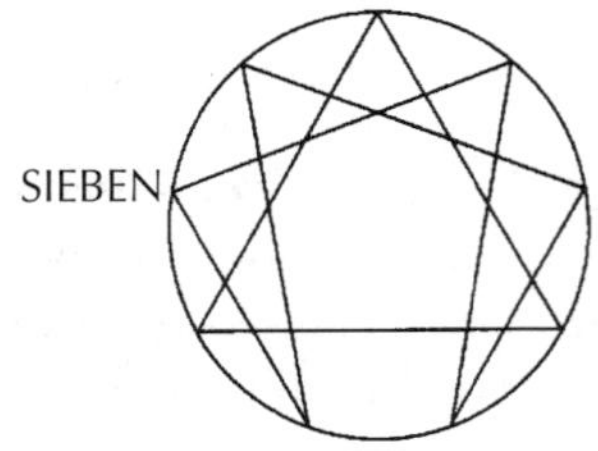

sieben
a) Unbekümmertheit Optimismus und nervöse Aktivität
b) »Ich sehe die Sonnenseite«
c) Idealismus
d) Anekdoten

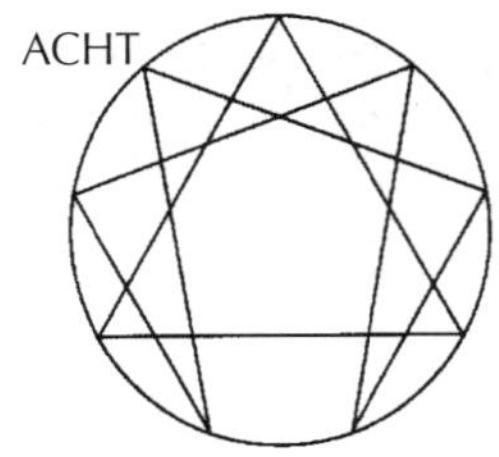

acht
a) Selbstgerechtigkeit
b) »Ich bin stark«
c) Arroganz/Rache
d) Imperative

Schlüssel:
a) Lebensskript-Programm
b) Selbstbeschreibung
c) Fehlbildung
d) Redeweise

M 1.4 Du sollst dir kein Bildnis machen

Es ist bemerkenswert, dass wir gerade von dem Menschen, den wir lieben, am mindesten aussagen können, wie er sei. Wir lieben ihn einfach. Eben darin besteht ja die Liebe, das Wunderbare an der Liebe, dass sie uns in der Schwebe des Lebendigen hält, in der Bereitschaft, einem Menschen zu folgen in allen seinen möglichen Entfaltungen. Wir wissen, dass jeder Mensch, wenn man ihn liebt, sich wie verwandelt fühlt, wie entfaltet, und dass auch dem Liebenden sich alles entfaltet, das Nächste, das lange Bekannte. Vieles sieht er wie zum ersten Male. Die Liebe befreit es aus jeglichem Bildnis. Das ist das Erregende, das Abenteuerliche, das eigentlich Spannende, dass wir mit den Menschen, die wir lieben, nicht fertigwerden: weil wir sie lieben; solang wir sie lieben. Man höre bloß die Dichter, wenn sie lieben; sie tappen nach Vergleichen, als wären sie betrunken, sie greifen nach allen Dingen im All, nach Blumen und Tieren, nach Wolken, nach Sternen und Meeren. Warum? So wie das All, wie Gottes unerschöpfliche Geräumigkeit, schrankenlos, alles Möglichen voll, aller Geheimnisse voll, unfassbar ist der Mensch, den man liebt – Nur die Liebe erträgt ihn so.

Max Frisch, aus: Tagebuch 1946–1949, S. 31.

M 2.1 Mind-map

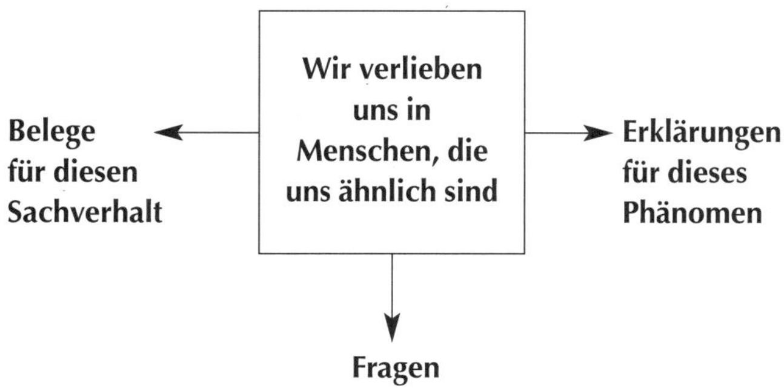

M 4.1a Mind-map

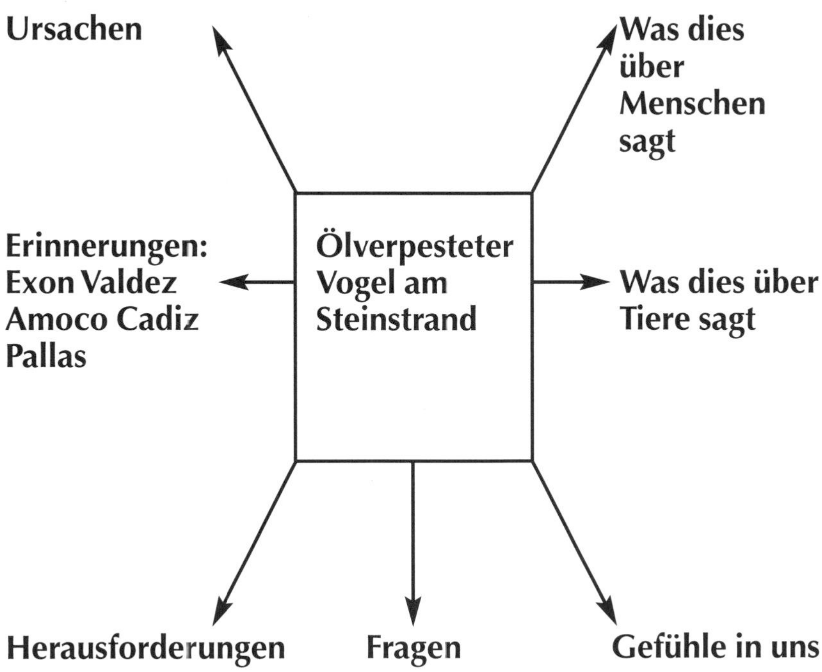

Mögliches Ergebnis

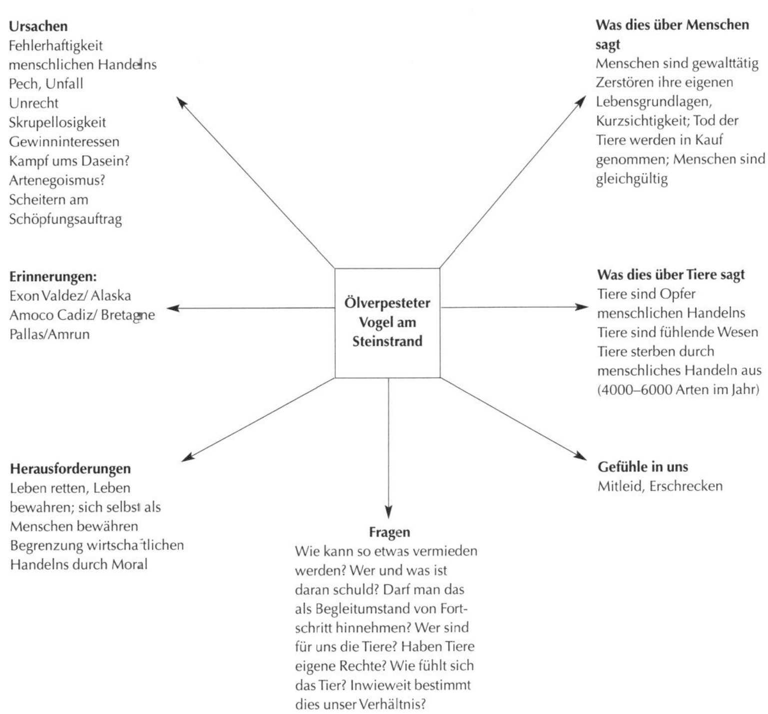

M 5.1 Mind-map

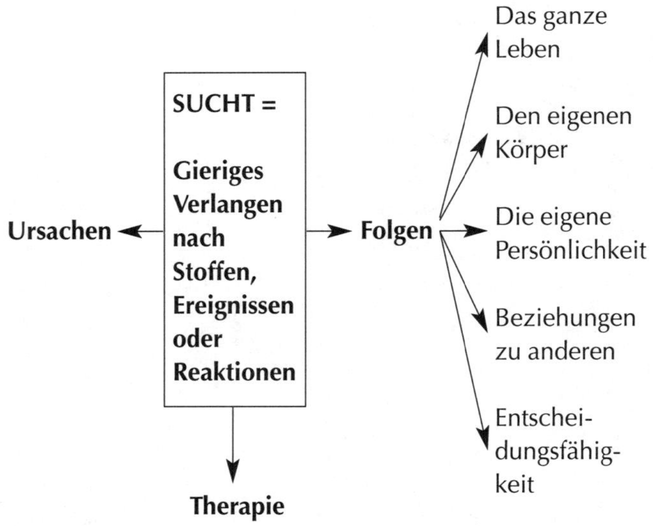

M 6.1 Zehn Gebote für das 21. Jahrhundert

1. Bleib nicht dauernd dran; schalt doch mal ab.
2. Jage nicht ständig schnelllebigen Trends hinterher.
3. Kauf nur das, was du wirklich willst und mach dein persönliches Wohlergehen zum wichtigsten Kaufkriterium.
4. Versuche nicht, permanent deinen Lebensstandard zu verbessern oder ihn gar mit Lebensqualität zu verwechseln.
5. Lerne, zu lassen, also Überflüssiges wegzulassen: Lieber einmal etwas verpassen als immer dabeisein.
6. Entdecke die Hängematte wieder. Lerne wieder, eine Sache zu einer Zeit zu tun.
7. Genieße mit Maß, damit du länger genießen kannst.
8. Mach nicht alle deine Träume wahr, heb dir noch unerfüllte Wünsche auf.
9. Tu nichts auf Kosten anderer oder zu Lasten nachwachsender Generationen: Sorge nachhaltig dafür, dass das Leben kommender Generationen lebenswert bleibt.
10. Verdiene dir deine Lebensqualität – durch Arbeit oder gute Werke.

Es gibt nichts Gutes; es sei denn, man tut es.

Prof. Dr. Horst Opaschowski (Freizeitforscher). Aus: Westfälische Rundschau, Ausgabe Schwerte 29.4.1999

M 8.1 Mind-map

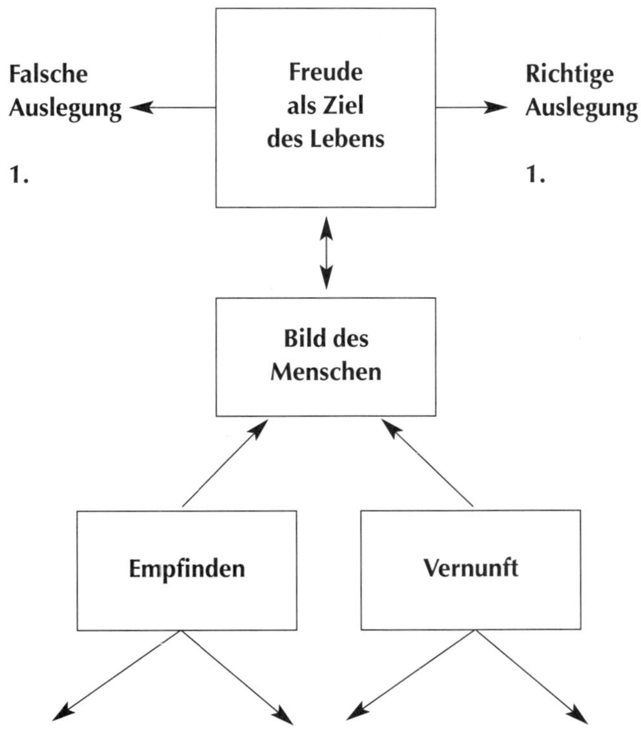

M 9.1 Tafelbild

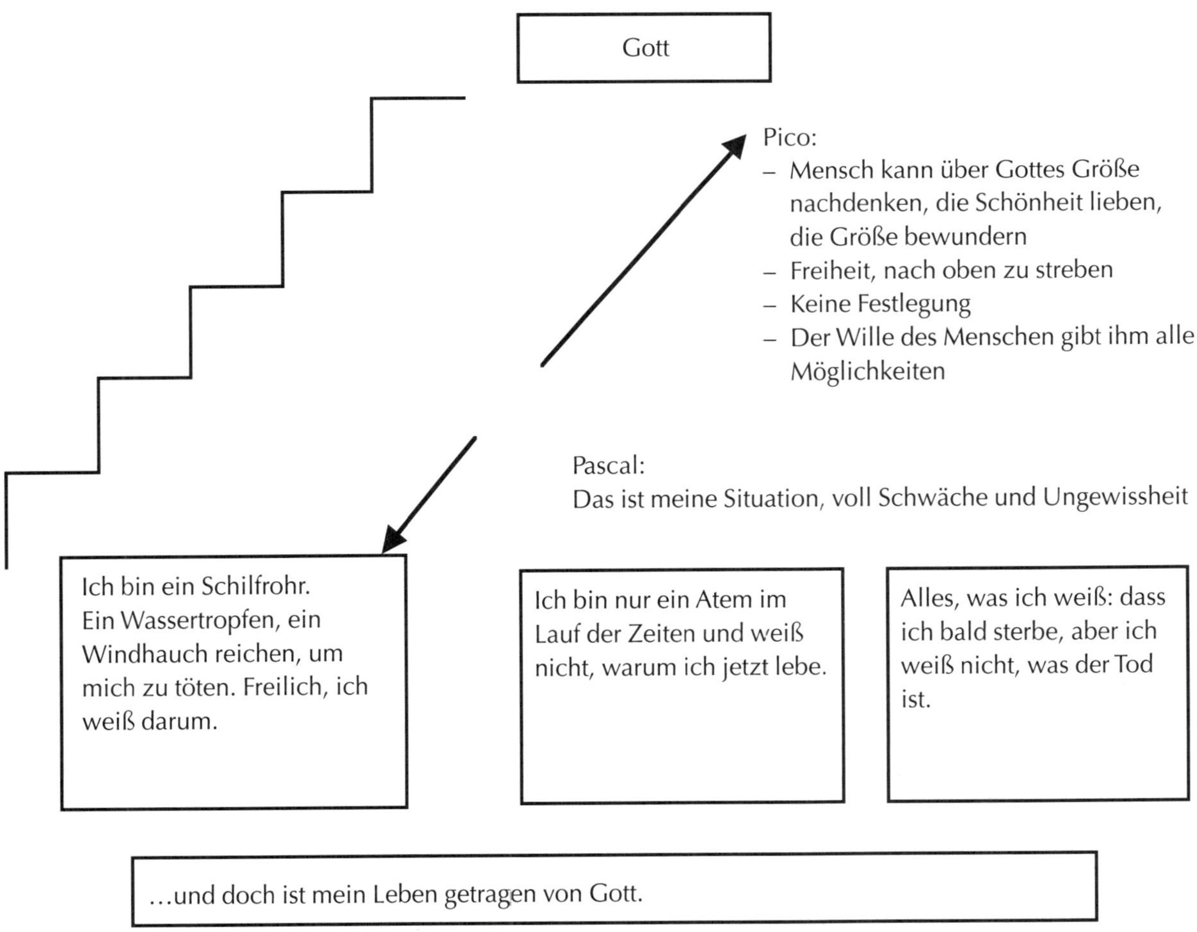

M 10.1

Leonardo (um 1510)	**Paré (um 1560)**	**Vaucansan (um 1750)**	**Industriepalast (1920)**	**Turing (1936/37)**
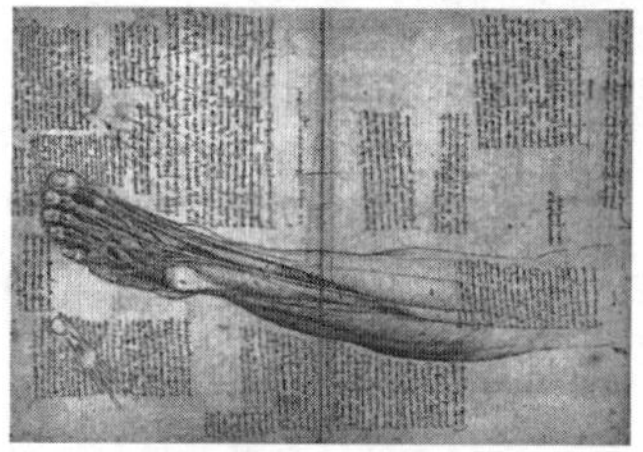 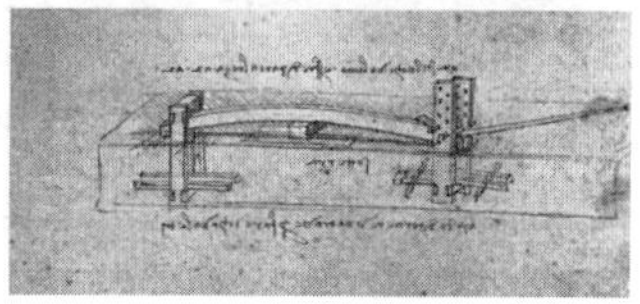	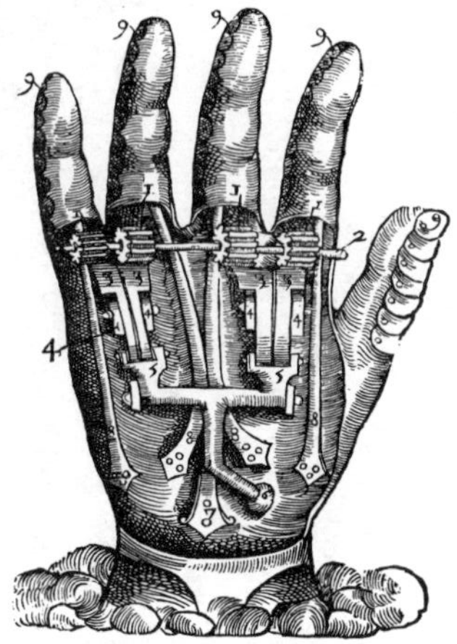	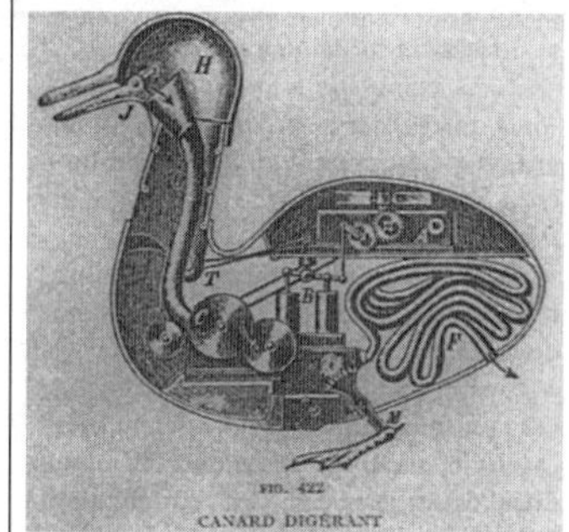	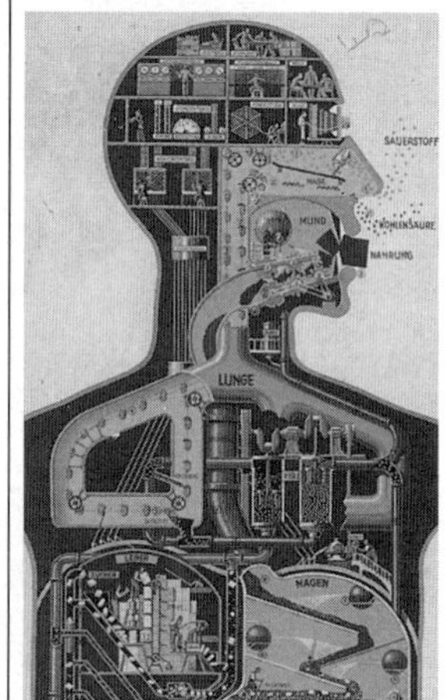	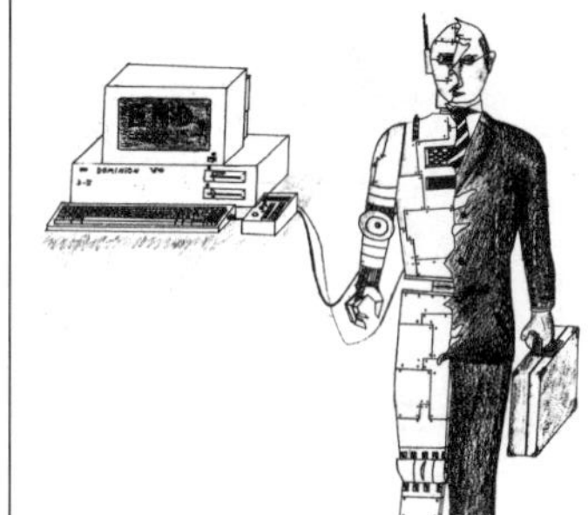
Maschine = Tier Gliedmaßen von Tieren (und Menschen) funktionieren nach den gleichen Gesetzen wie Maschinen	Maschinen ersetzen Körperteile Theoretisch sind Körperteile als Maschinen nachbaubar	Automaten (wie die künstliche Ente, die frisst und verdaut oder ein Flötenspieler, der Lieder spielt) bilden die Natur ab.	Auch biologische Vorgänge lassen sich mit dem Maschinen-Modell abbilden	Computer als »künstliche Intelligenz«: Sensomotorische Maschinen und begrifflich-sprachliche Systeme der Wissensverarbeitung
Der Bau von Maschinen orientiert sich an der Natur	Descartes: Der Körper von Tieren und Menschen ist nichts anderes als eine Maschine. Menschen unterscheiden sich durch den Geist-Besitz von Tieren und Maschinen	Lamettrie: Die menschliche Körper-Maschine ist nur komplexer als die von Tieren, aber Menschen sind prinzipiell nicht von Tieren unterscheidbar.	Pawlow und Behaviorismus: wie Maschinen lassen sich tierisches und menschliches Verhalten verändern, »manipulieren« Freud: seelische Prozesse stellen einen »Apparat« dar Lebende Systeme sind kybernetische »Maschinen«	Annäherung von Maschinen an den Menschen durch »Selbstreferenz« etwa bei Schachcomputern

M 10.2 René Descartes: Unterschied zwischen Menschen und Tieren

Es ist etwas recht Bemerkenswertes, dass es keine so stumpfsinnigen und dummen Menschen gibt, die nicht fähig wären, eine Reihe von Worten miteinander zu verbinden und daraus eine Rede zusammenzusetzen, durch die sie ihre Gedanken verständlich machen können, und dass es im Gegenteil kein anderes Geschöpf gibt, so vollkommen und so glücklich veranlagt es auch sein mag, das etwas Ähnliches tut. Es kommt das nicht daher, dass sie Mangel an Organen leiden; denn die Erfahrung lehrt, dass Elstern und Papageien ebensogut wie wir Worte von sich geben und dennoch nicht so wie wir sprechen können, d. h. indem sie bezeugen, dass sie ein Bewusstsein von dem haben, was sie sagen; während die Menschen, die taubstumm geboren und – ebenso oder mehr noch als die Tiere – der Organe beraubt sind, die den anderen zum Sprechen dienen, gewohnt sind, aus sich selbst bestimmte Zeichen zu erfinden, durch die sie sich denen verständlich machen, die gewöhnlich um sie sind und die Muße haben, ihre Sprache zu lernen.
Und zwar bezeugt dies nicht nur, dass die Tiere weniger Vernunft als die Menschen, sondern dass sie gar keine haben; denn, wie man sieht, braucht man nur ganz wenig, um sprechen zu können. Da man außerdem unter den Tieren einer und derselben Art ebenso wie unter den Menschen Ungleichheit bemerkt, und sieht, dass die einen leichter abzurichten sind als die anderen, so ist es nicht glaublich, dass ein Affe oder ein Papagei, der zu den vollkommensten seiner Art gehörte, darin nicht einem der stumpfsinnigsten Kinder oder zum wenigsten einem blödsinnigen gleichkäme, wenn ihre Seele nicht von einer von der unseren ganz verschiedenen Natur wäre. Auch darf man die Worte nicht mit den natürlichen Bewegungen verwechseln, die Kunde von den Leidenschaften geben und die durch Maschinen ebensogut wie durch die Tiere nachgeahmt werden können, noch auch, wie einige Alte, denken, die Tiere sprächen, wenngleich wir ihre Sprache nicht verstehen. Denn wenn dem so wäre, so könnten sie, da sie ja eine Reihe von Organen haben, die zu den unsrigen eine gewisse Entsprechung bilden, sich uns ebensogut wie den ihnen ähnlichen Tieren verständlich machen. Es ist auch recht bemerkenswert, dass, wenngleich es eine Reihe von Tieren gibt, die in einigen ihrer Handlungen mehr Geschicklichkeit bezeugen als wir, man trotzdem sieht, dass dieselben Tiere in vielen anderen gar keine bezeugen, so dass, was sie besser ausführen als wir, nicht beweist, dass sie Geist haben, denn alsdann hätten sie mehr als wir und würden auch in jeder anderen Sache uns überlegen sein. Vielmehr beweist dies nur, dass sie keinen haben, und dass es die Natur ist, die in ihnen je nach der Anordnung ihrer Organe handelt. So sieht man ja auch, dass eine Uhr, die nur aus Rädern und Federn zusammengesetzt ist, weit richtiger als wir mit all unserer Klugheit die Stunden zählen und die Zeit messen kann.

René Descartes, Abhandlung über die Methode, Ziffer 58b

M 10.3

Prof. Dr. med. Jores berichtet über einen tragischen Todesfall: Beim Entladen eines Kühlwagens wurde ein Arbeiter abends versehentlich eingeschlossen. Den Mann ergriff, wie hinterlassene Notizen erkennen ließen, panische Angst zu erfrieren. Am nächsten Morgen fand man ihn tot, sein Körper wies Merkmale von Erfrorenen auf, obgleich die Kühlaggregate abgestellt waren. Der Unglückliche war ein Opfer seiner Einbildung geworden.

Süddeutsche Zeitung

M 10.4 Seele und Bewusstsein

Die Auseinandersetzung zwischen Lamettrie und Descartes ist bis heute noch aktuell: In einem Austausch von Diskussionsbeiträgen in der ZEIT 3/99 und 4/99 streiten sich der Philosoph Thomas Menzinger und der Psychologe Dietrich Dörner, ob Begriffe wie »Seele« und »Bewusstsein« durch naturwissenschaftliche Beschreibungen hinreichend beschrieben werden können.

Thomas Menzinger: Vielleicht gilt, was Henrik Walter in seinem Buch Neurophilosophie der Willensfreiheit schreibt: Unsere Willenshandlungen sind zwar determiniert, aber dennoch authentisch.
Man kann eine Theorie über Regenbögen zurückführen auf eine einfachere Theorie, etwa über elektromagnetische Schwingungen. Der Regenbogen selbst aber bleibt davon unberührt. Er ist genauso ergreifend und schön, auch wenn die Physik sein Zustandekommen erklärt. Und auch wenn sich eine Theorie über die Seele, das Bewusstsein und die Liebe tatsächlich einmal in weiten Teilen auf eine neue Theorie der Informationsverarbeitung im Gehirn zurückführen ließe, wird der Fluss des subjektiven Erlebens dadurch nicht weniger ergreifend und nicht weniger schön.

Dietrich Dörner: Für Bewusstsein gibt es so viele verschiedene Begriffsbestimmungen, dass es fast nicht mehr möglich ist, darüber zu sprechen, ehe man sagt, wovon man denn da sprechen will. Der Schwerpunkt im Alltagsgebrauch des Wortes scheint mir darin zu liegen, dass man sagt, man sei bei Bewusstsein, wenn man sich selbst, sein Wahrnehmen, Denken, Tun, zum Objekt der Betrachtung machen kann.
Technisch läuft das darauf hinaus, dass man die Protokolle des vergangenen Verhaltens und der inneren Prozesse zum Objekt der Betrachtung macht. Man liest das eigene Logbuch. Daran ist nicht viel Geheimnisvolles. Und aus dieser Betrachtung des eigenen Logbuchs kann man auch Kenntnisse über sich selbst beziehen.
Auch die »Seele« ist ein Gefüge von Prozessen, die einander kausal beeinflussen. Es gibt keine Notwendigkeit dafür, bei Seelenprozessen irgend etwas wie »Indeterminiertheit« anzunehmen. Vielmehr fügt sich auch das Seelenleben vollständig der kausalen Determination.

M 10.5 Was passiert, wenn ich denke?

Im Radio beginnt ein neues Musikstück. Madonna »Frozen«. Ich erkenne es nach wenigen Takten, bevor Madonna ihre zarte Stimme erhebt. Ich überlege, wie ich »frozen« schreiben soll. Prompt habe ich mich vertippt. Cursor einfügen, DELETE-Taste drücken, schon verbessert. Meine Frau betritt das Zimmer. Sie fragt, was ich mache. Ich denke. An was denkst du? Ich überlege, was passiert, wenn ich denke. Geht das überhaupt? Ans Denken denken? Schlaue Bücher helfen mir weiter.

Mein Bewusstsein macht sich ein Bild von der Welt. Im Takt von etwa drei Sekunden entsteht ein jeweils neues Bild, das verbunden wird mit dem vorhergehenden Bewusstseinsinhalt. Mein Gehirn verfügt über einen zeitlich auf drei Sekunden begrenzten Integrationsmechanismus. Was innerhalb der drei Sekunden passiert, heißt »jetzt« Was zuvor geschah, verliert sich im »es war«. Was ich bei der Wahrnehmung aus 100.000 Aufnahmeelementen, die pro Sekunde auf meine Netzhaut prallen, auswähle, hängt von den Möglichkeiten ab, die mir mein Körper zur Verfügung stellt.

Wissenschaftler sprechen von phylogenetischen und ontogenetischen Voraussetzungen. Zu der Phylogenese gehört, dass mir die Gene zu folgenden Fähigkeiten mitgegeben wurden: Die Sinne wurden so ausgebildet, dass sie auf die Wirklichkeit passen. Die Möglichkeit zur Unterscheidung, Klassifizierung und Abstraktion von Reizen gehört ebenso zur biologischen Ausstattung meines Zentralnervensystems. Ich kann den Ton einer Querflöte von dem einer Klarinette unterscheiden, das kalte Neonlicht von dem warmen Schein einer Kerze. Die unterschiedlichen Sinne sind so miteinander verschachtelt, dass sie es mir erlauben, meine Außenwelt in mir zu repräsentieren, eine kleine Welt der wirklichen Welt in mir entstehen zu lassen. Doch nicht nur dies: Mir wurde die Möglichkeit geschenkt, mir die Welt vorzustellen, wie sie nicht ist, mich an einen Ort zu versetzen, an dem ich mich im Augenblick nicht befinde. Zu meinem genetischen Repertoire gehört auch die Fähigkeit zu sprechen und die Sprache anderer zu verstehen.

All das, was in meinen Möglichkeiten angelegt war, als ich zur Welt kam, musste ich mir ontogenetisch erwerben. Der Psychologe Jean Piaget beschrieb dies mit lateinischen Fremdwörtern so: mit Hilfe der Prinzipien der Assimilation und Akkomodation entsteht in meinem Bewusstsein die Äquilibration. Das ist zu schwierig? Nein. In mein ganz einfaches Denkschema wird etwas Neues eingepasst. Ich habe eine Vorstellung von einem Pferd. Ich sehe ein Tier, das dieser Vorstellung entspricht und denke: das ist ein Pferd. Das nennt Piaget Assimilation. Im Zoo sehe ich ein Tier, das nicht zu einem in mir gespeicherten Bild entspricht. Ich schaue auf die Tafel und sehe das Wort »Tapir«. Der Tapir kommt mir gefährlich nahe und fletscht die Zähne. Ich muss meine Handlungs- und Denkschemata dem neuen Phänomen Tapir anpassen. Das ist die Akkomodation. So entsteht ein Gleichgewicht zwischen meinen Denkstrukturen und den Erfordernissen der Welt. Was habe ich so nicht alles gelernt! Dass meine Mutter da ist, auch wenn sie aus meinem Gesichtsfeld entschwindet, dass es Zahlen gibt von eins bis 10 und bis ins Unendliche, dass man Zahlen verbinden, Wörter lernen und das Gerundiv begreifen kann.

Dabei ist meine Welt begrenzt. Kluge Menschen nennen dies die kognitive Nische des Menschen, und benennen sie als Mesokosmos. Zu meinem Mesokosmos gehört die Entfernung zwischen Millimetern und Kilometern, zwischen Gramm und Tonnen, dem Gefrier- und Siedepunkt des Wassers. Was darüber oder darunter liegt, wird schwierig zu denken, weil es unanschaulich und sogar teilweise nicht mehr vorstellbar ist.

In meinem Bauch meldet sich ein Hungergefühl. Das kann doch gar nicht sein, ich habe erst vor einer Stunde zwei Brötchen, dick mit Käse bestrichen, gefrühstückt. Wer ist eigentlich der Chef in dem Film meines Denkens? Läuft da eine Maschine in mir, unwillkürlich, ob ich will oder nicht? Oder bin ich selbst der Regisseur? Und wenn ja, wer ist »ich selbst«???

M 11.1 Tafelbild

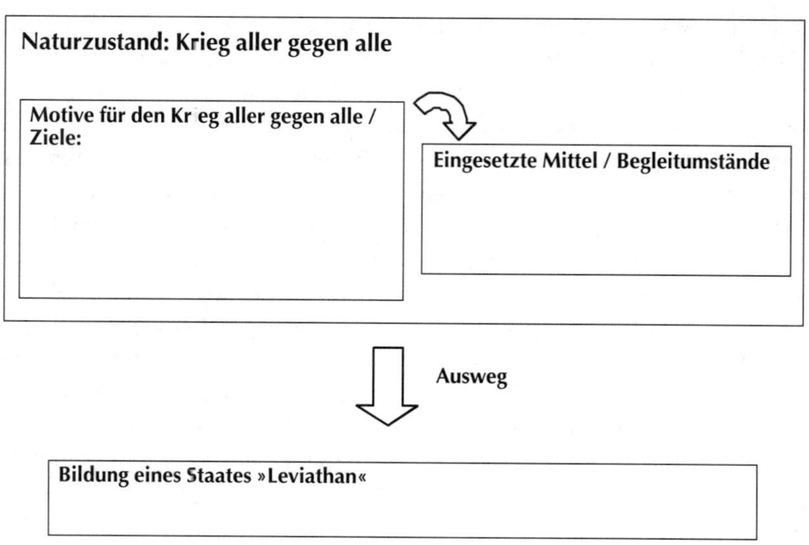

M 11.2 Thomas Hobbes, Leviathan, Titelbild der Erstauflage 1651

M 11.3 Tafelbild

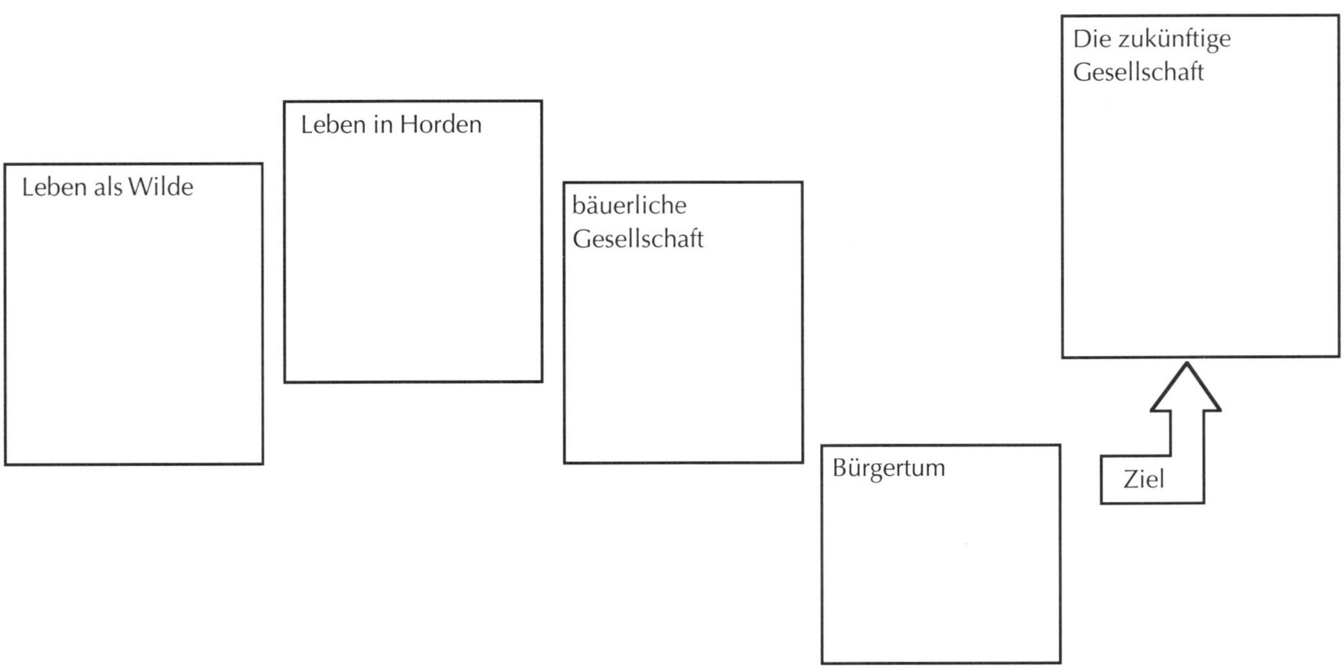

M 11.4 a Hobbes und Rousseau im Vergleich (Schülerblatt zum Ausfüllen)

	Hobbes	**Rousseau**
Am Anfang war ...		Naturzustand: der Mensch lebte als homme sauvage (Wilder) Ambivalente Deutung dieser Zeit: fehlende soziale Bezüge, es gibt noch keine Vernunft, keine Sprache, aber doch Sorge um den anderen aufgrund der Abneigung, jemand seinesgleichen leiden zu sehen
Gründe, weshalb der Urzustand nicht besteht	Das Zusammenleben im Staat gibt den Menschen Sicherheit. Die Vorteile, in Frieden zu leben, lassen den staatlichen Absolutismus mit einem Machtmonopol in Kauf nehmen	
Merkmale der jetzigen Situation der Menschen		Gesellschaftlicher Zustand geprägt durch wachsenden technisch-kulturellen Fortschritt, aber auch moralischen Zerfall: - Arbeitsteilung, - egoistisches Konkurrenzdenken, - Eigentum und Sorge um den Besitz, - Abhängigkeit von einer Regierung.
Traum von einer besseren Gesellschaft	Fehlanzeige: mehr als in diesem Frieden zu leben, der von oben gesichert wird, kann sich niemand wünschen	
Rolle des Staates		Das Zusammenleben im Staat fördert in der jetzigen Situation eine Kluft zwischen den sozialen Schichten, aber der Staat bietet auch die Chance zum gemeinsamen Vorgehen.
Sicht des Menschen	Menschen sind Einzelkämpfer. In allen schlummert die Bestie. Nur die Vernunft zwingt zur Rücksichtnahme, zum Einhalten eines von oben gesicherten sozialen Friedens.	

M 11.4 b Hobbes und Rousseau im Vergleich (Mögliches Ergebnis)

	Hobbes	Rousseau
Am Anfang war …	Hobbes geht von einem (unhistorischen) Urzustand aus, in den Menschen immer wieder »zurückfallen« können. Der Urzustand ist geprägt durch den Überlebenskampf der Menschen, bedingt durch eine Knappheit der Güter	Naturzustand: der Mensch lebte als homme sauvage (Wilder) Ambivalente Deutung dieser Zeit: fehlende soziale Bezüge, es gibt noch keine Vernunft, keine Sprache, aber doch Sorge um den anderen aufgrund der Abneigung, jemand seinesgleichen leiden zu sehen
Gründe, weshalb der Urzustand nicht besteht	Das Zusammenleben im Staat gibt den Menschen Sicherheit. Die Vorteile, in Frieden zu leben, lassen den staatlichen Absolutismus mit einem Machtmonopol in Kauf nehmen	»Sündenfall« der Vergesellschaftung: Zusammenschluss wird nötig durch Bevölkerungswachstum und Besiedlung unwirtlicher Gebiete; allerdings zunächst positive Phase des »Goldenen Zeitalters«. Durch die Arbeitsteilung und damit verbundene Konkurrenzsituation entstand der heutige Zustand
Merkmale der jetzigen Situation der Menschen	Der gerade herrschende Friede im absolutistischen Staat ist gefährdet, der Kampf aller gegen alle droht jederzeit. Durch eine zentralistische Staatsführung können die Aggressionen im Zaum gehalten werden, solange ein Mindestmaß an Gerechtigkeit herrscht und äußere Feinde abgewehrt werden	Gesellschaftlicher Zustand geprägt durch wachsenden technisch-kulturellen Fortschritt, aber auch moralischen Zerfall: - Arbeitsteilung, - egoistisches Konkurrenzdenken, - Eigentum und Sorge um den Besitz, - Abhängigkeit von einer Regierung.
Traum von einer besseren Gesellschaft	Fehlanzeige: mehr als in diesem Frieden zu leben, der von oben gesichert wird, kann sich niemand wünschen	In einem überschaubaren Kleinstaat (Rousseau wuchs in Genf auf!) kann der volonté general ermittelt werden, den alle als sinnvoll akzeptieren und hinter den sie ihre Privatinteressen zurückstellen. Im contrat sociale werden gemeinsame Ziele festgelegt
Rolle des Staates	Er stellt die Strukturen bereit, in denen ein Zusammenleben und ein äußerer Friede möglich werden. Die Gesetze definieren Rechte und Pflichten.	Das Zusammenleben im Staat fördert in der jetzigen Situation eine Kluft zwischen den sozialen Schichten, aber der Staat bietet auch die Chance zum gemeinsamen Vorgehen.
Sicht des Menschen	Menschen sind Einzelkämpfer. In allen schlummert die Bestie. Nur die Vernunft zwingt zur Rücksichtnahme, zum Einhalten eines von oben gesicherten sozialen Friedens.	Der Mensch ist von Natur aus gut. Das Böse geht nicht auf Gott zurück oder die Natur des Menschen, sondern auf gesellschaftliche Bedingungen. Menschen sind prinzipiell einsichtig, lernfähig und zu sozialem Zusammenleben fähig.

M 12.1 Mind-map

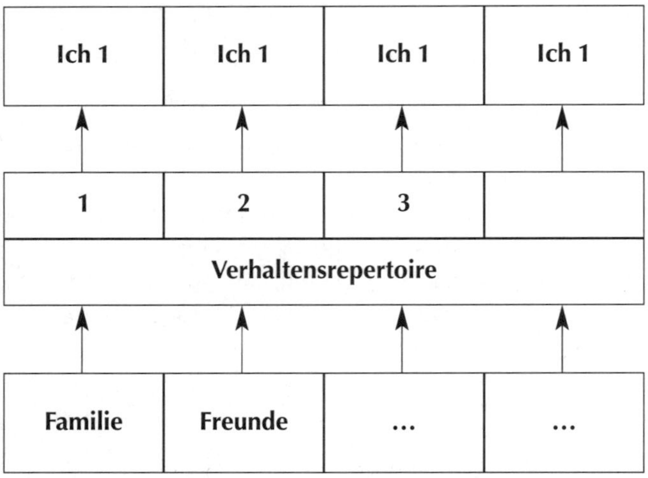

M 13.1 Calvin und Hobbes

Aus: Ursula Nuber, Die Egoismusfalle, Warum Selbstverwirklichung so oft einsam macht, Kreuz Verlag Zürich, 1993, S. 9. © Universal Press Syndicat

M 13.2 Der Persönlichkeitstyp der Neunzigerjahre: Der egoistische Narzisst

Der moderne Egoismus ist am deutlichsten verkörpert in einem vorherrschenden Persönlichkeitstyp der neunziger Jahre: dem »Yuppie«, wie er in der Trendsprache genannt wird. Für den »Yuppie«, so der Psychologe Siegfried Tonscheidt, zählt »Leistung und wirtschaftlicher Erfolg, zwischenmenschliche Beziehungen bleiben oberflächlich, werden funktionalisiert und geknüpft oder aufgegeben, wie es den eigenen Zwecken, dem beruflichen Fortkommen oder wirtschaftlichen Vorteil dient. Der Yuppie ist und bleibt auch in Beziehungen ein Single, Partnerschaften werden auf Distanz geführt, wobei jeder vordringlich den eigenen Beruf die Karriere vorantreibt.«

In der psychologischen Fachsprache werden Eigenschaften dieser Art als narzisstisch bezeichnet. Narzisstische Persönlichkeitsmerkmale sind in unserer Gesellschaft durchaus erwünscht, sie stabilisieren das System, und sie helfen, sich in einer auf Wettbewerb und Konsum ausgerichteten Gesellschaft zu behaupten.

Der Wirtschaftsberater Olaf K., 26, ist sicherlich kein untypischer Vertreter einer Generation, die die Werte der vorhergehenden Generation übernommen und perfektioniert hat. Er zeigt jene narzisstischen Persönlichkeitsmerkmale, die äußerst hilfreich sind, will man in unserer Gesellschaft Erfolg haben. Ihn unterscheidet von anderen, dass er sich dieser Eigenschaften voll bewusst und von deren Nutzen überzeugt ist. So bekennt er sich im Gespräch freimütig zu seinem Lebensmotto: »Erst komme ich, und dann kommt alles andere. Bevor ich bei mir Abstriche mache, bevor ich jemandem helfe, überlege ich. Das heißt nicht, dass ich um jeden Preis vorwärts gehe, aber ich achte schon darauf ›Wer kann mir helfen und wer kann mir nicht helfen, wer ist positiv und wer ist negativ‹. Die Negativen lasse ich schon mal beiseite. Ich beschäftige mich nur mit bestimmten Personen, von denen ich glaube, dass sie mir was bringen oder was geben können.«

Seinem Beruf hat Olaf K. oberste Priorität in seinem Leben eingeräumt, und diesem Beruf und dessen Anforderungen ordnet er alles andere unter.

»Durch meine berufliche Entwicklung muss ich lernen, Rückschläge so zu deuten, dass sie für mich kein Nachteil sind. Angenommen, die Freundin läuft weg, dann lege ich das für mich so aus, dass ich noch einen positiven Aspekt darin sehe. Ich sage, das und das hat es mir gebracht, also war die Zeit nicht umsonst, aber ich kann ohne ein seelisches Tief weitermachen. Das habe ich in meinem Beruf gelernt, dort muss ich ja auch hin und wieder Rückschläge hinnehmen – das kann ich mittlerweile im Privatleben auch.«

Was würde passieren, wenn es Ihnen nicht gelänge, Rückschläge auf diese Weise umzudenken?

»Ich würde durch private Probleme in meinem Beruf Probleme bekommen. Ich würde die Emotionen aus meinem Privatleben mit ins Geschäft nehmen und aggressiv sein, kurz angebunden, nicht richtig hinhören, was mir der

Kunde erzählt und dann vielleicht eine falsche Entscheidung treffen. Das wäre die Folge davon, wenn mich das Privatleben belastet.«

Sie können sich also keine tiefergehenden Emotionen leisten?

»Nein.«

Empfinden Sie das als Mangel?

»Nein, aber ich akzeptiere, wenn man mir vielleicht sagt, ich sei gefühlskalt.«

Hat das schon einmal jemand zu Ihnen gesagt?

»Ja.«

Weshalb hat derjenige das gesagt?

»Ich habe einen Beruf und Ziele, für die ich lebe und die mir eine Befriedigung geben. Für mein berufliches Ziel stecke ich gerne in meinem Privatleben zurück.«

Was ist das für ein Ziel?

»Mit 35 Jahren finanziell unabhängig zu sein. Mit 35 will ich sagen können, ich muss jetzt nicht mehr unbedingt arbeiten, ich arbeite, weil es mir Spass macht. Also, ich lebe mein eigenes Leben. Passt eine Partnerin dazu, gut. Wenn nicht, lebe ich lieber alleine.«

Sie sind mit Ihrem Beruf mittendrin in unserem Wirtschaftsleben und -denken, wonach nur der zählt, der es zu etwas gebracht hat.

»Da muss ich Ihnen widersprechen. Ich lebe vielleicht privat als Egoist. Ich lebe geschäftlich aber anders. Dort versuche ich, mit meinem Wissen den Kunden zu helfen, damit diese ihre Ziele erreichen. Dadurch habe ich vielleicht in meinem Privatleben das Problem, dass ich dort auslebe, was ich tagsüber nicht machen kann. Denn dort muss ich mich ja dem Willen der Kunden unterwerfen. Ich kann nicht sagen ›Wir machen das so oder so‹, sondern ich muss fragen ›Wie wollen Sie es denn gerne haben?‹ – und dann mache ich das. Ich muss auf Emotionen eingehen, auf Ziele und Wünsche der Kunden – und das bringt mir dann meinen gewünschten beruflichen Erfolg.

Ich bin aber nicht bereit, in meinem Privatleben Emotionen zu geben und mich anzupassen.«

Wenn Sie sagen, beruflich gehen Sie auf Emotionen ein, privat nicht – was sind denn das für Emotionen?

»Das sind Emotionen, die ich als Verkäufer beherrsche, zum Beispiel eine Frau dahingehend zu beeinflussen, dass sie auf mich steht. Ich kann aber auch genau das Gegenteil tun. Ich kann das manipulieren, weil ich ja ungefähr weiß, wie ein Mensch funktioniert.«

Sie geben zu, Menschen zu manipulieren, sie können Menschen dazu bringen, Sie sympathisch oder arrogant zu finden. Verkaufen Sie sich selbst?

»Ja. Ich verkaufe nur mich selbst. Das, was ich beruflich mache, ist nur ein Verkauf meiner Person und natürlich der Dienstleistung, die ich anbiete. Letztendlich werde ich als Person akzeptiert. Ich verkaufe mich überall. Das war bereits in der Schule so: Ich habe mir in Situationen, in denen ich etwas leisten und beweisen musste, immer Menschen gesucht, die das konnten, was ich nicht konnte. Ich habe denen aber das Gefühl gegeben, dass sie, wenn sie mir helfen, etwas Gutes tun. Ich muss also schon damals Verkäufer gewesen sein.

Ich habe immer Personen für bestimmte Bereiche gehabt, die mich dahin gebracht haben, wo ich hinwollte.«

Aber das waren nicht Ihre Freunde?

»Nein, das waren sie nicht. Ich hatte nur wenige richtige Freunde.«

Woran lag das?

»An meinem Egoismus. Ein Mensch wird von mir danach eingestuft, ob er mich weiterbringt. Wenn nicht, lasse ich ihn fallen.

Wer mich kennenlernt, der hält mich für arrogant. Ich stehe dazu; ich unterhalte mich nicht mit jedem, sondern nur mit denen, von denen ich glaube, es bringt mir etwas. Und sei es nur eine nette Unterhaltung. Wenn ich der Meinung bin, dass weder privat noch geschäftlich etwas für mich herausspringt, dann unterhalte ich mich mit den Leuten nicht.«

Können Sie von dieser Haltung überhaupt noch Abstand nehmen, können Sie eine Beziehung eingehen, ohne sich zu verkaufen?

»Für mich ist alles im Leben nur Verkauf. Die Wirtschaft würde ohne Verkauf nicht funktionieren. Jeder muss sich irgendwo verkaufen. Nehmen wir die Ehe: Sobald der Verkauf nicht mehr stattfindet, man nicht mehr ständig versucht, sich anzupreisen, gibt es eine Eintönigkeit, irgendwann kommt der Frust, irgendwann geht es auseinander. Meine Definition von Partnerschaft ist, dass ein ständiger Verkauf da sein muss. Wenn ich eine Freundin habe, die das nicht kann, dann passt sie auch nicht zu mir. Ich bin eine Maschine, mehr oder weniger, die ständig im Rhythmus gehalten wird, und es macht mir auch Spaß.«

Wenn Sie sich ständig verkaufen, können Sie dann andere Menschen überhaupt noch mit anderen als Verkäufer-Augen sehen? Gibt es dann noch spontane Gefühle, können Sie sich überhaupt noch unbelastet auf andere Menschen einlassen?

»Ja, wenn es mein Terminkalender erlaubt. Ich mache alles nach Terminplan, denn Zeit ist das wichtigste Gut, das es gibt, und man sollte sie so effizient wie möglich nutzen.«

Glauben Sie nicht, dass Ihnen dadurch auch etwas verloren geht?

»Ja, das mag sein. Doch wenn ich mein berufliches Ziel erreicht habe, kann ich das nachholen. Ich weiß, dass ich momentan Verzicht leisten muss, mich aber später vielleicht in meiner Persönlichkeit ändern kann. Dass ich vom Egoisten zu dem werden kann, was viele gerne wären, nämlich ein verlässlicher Familienvater, ein fairer Partner. Doch die meisten können das nicht sein, weil sie im Stress sind und sich gegenseitig auf die Nerven gehen.«

Glauben Sie, Sie könnten sich dann noch ändern, wenn Sie jetzt lange Jahre als Egoist leben?

»Ja, weil ich ja im Beruf schon anders reagiere.«

Ursula Nuber, Die Egoismusfalle, Warum Selbstverwirklichung so oft einsam macht, Kreuz Verlag Zürich, 1993, S. 25–32

M 14.1 Die Erschaffung des Menschen im babylonischen Mythos

Die Götter riefen die Göttin Mami zu sich und sprachen zu ihr: »Du weise Mami, du bist die Schönste unter den Göttern, du bist der göttliche Mutterschoß, bilde uns Lullu, den Menschen, damit er als das herrlichste Wesen der Schöpfung erscheine!« Mami antwortete: »So einfach geht das nicht; erst muss man eine Form schaffen, nach der der Mensch gebildet werden kann.« So wurde das Bild des zu schaffenden Menschen zunächst in Lehm geformt, und dann formte Mami aus diesem Lehm, der mit Götterblut gemischt war, den Menschen und machte ihn zu einem lebenden Wesen.

...

So wurden die Menschen aus Götterblut und Erde erschaffen, den Göttern zuliebe, und ihre vornehmsten Pflichten bestehen darin, die Hacke zu ergreifen, den Tragkorb auf die Schulter zu nehmen und Tempel zu erbauen, in denen die Götter verehrt werden. Ferner sollen sie den Boden kultivieren, Kanäle anlegen, Grenzsteine setzen und Kornspeicher erbauen. Sie sollen alles dies tun, um den Göttern zu huldigen, denn darin liegt ihre Lebensaufgabe und zugleich ihr Heil.

Hubertus Halbfas, Das Welthaus, 1983, 129f. © Calwer Verlag Stuttgart, Patmos Verlag Düsseldorf

M 14.2 Mind-map

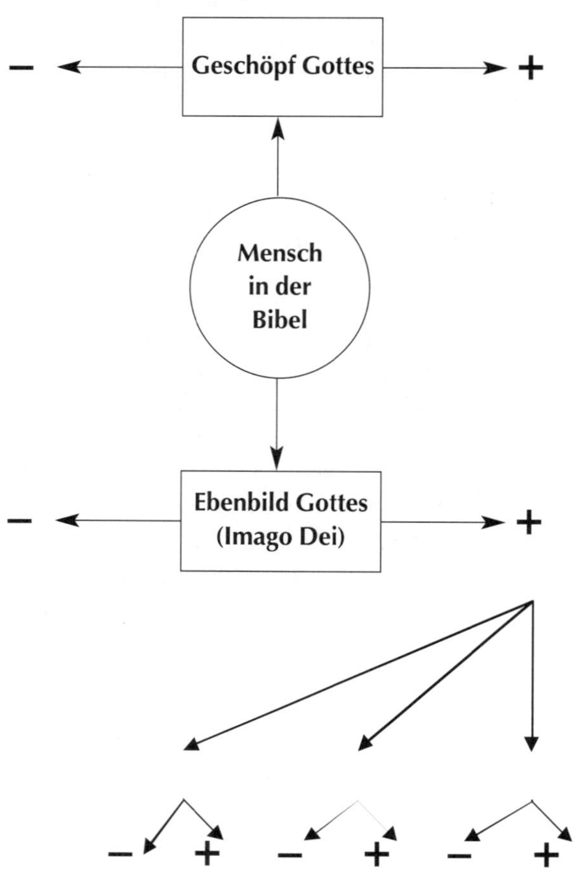

M 14.3 Die Erschaffung des Menschen im Koran

[30] Er ist es, der für euch alles auf Erden erschuf, der den Himmel weitete und sieben Himmel bildete: er, der Allkundige.

[31] Dann sprach dein Herr zu den Engeln: »Ich will auf Erden einen Statthalter (den Menschen) setzen.« Sie antworteten: »Willst du dort einen einsetzen, der zerstörend wütet und Blut vergießt? Wir aber singen dir Lob und heiligen dich.« Er aber erwiderte: »Ich weiß, was ihr nicht wisst.« [32] Daraufhin lehrte er Adam die Namen von allem Sein, zeigte alles den Engeln und sprach: »Nennet mir die Namen dieser Dinge, wenn ihr recht habt!« [33] Sie antworteten: »Lob dir! Wir wissen nur das, was du uns gelehrt hast, denn du nur bist der Allwissende und Allweise!« [34] Dann sprach er: »Adam, verkünde du ihnen die Namen!« Als dieser sie genannt hatte, fuhr er fort: »Habe ich euch nicht gesagt, dass ich die Geheimnisse der Himmel und der Erde kenne und weiß, was ihr bekennt und was ihr verheimlicht.« [35] Darauf sagten wir zu den Engeln: »Fallt vor Adam nieder!« Und sie taten es; nur Iblis, der hochmütige Teufel, weigerte sich: Er war einer der Ungläubigen.

[36] Wir sprachen sodann: »Adam, du und dein Weib, bewohnt den Garten des Paradieses und esst, was ihr wollt. Nur diesem Baume naht euch nicht, sonst werdet ihr Sünder!« [37] Doch der Satan verführte und vertrieb sie aus Eden; wir sprachen: »Hinweg von hier! Einer sei des anderen Feind, euer Wohnsitz sei nun die Erde, dort auch euer Unterhalt auf eine Weile.« [38] Dann lernte Adam von Allah Worte des Gebets, und Allah kehrte sich ihm in Gnaden wieder zu; denn er ist der oft Verzeihende und Barmherzige.

[39] Wir sprachen: »Entfernt euch alle von hier! Es wird euch von mir eine Weisung zukommen; wer dieser folgt, wird weder Furcht noch Trauer kennen.« [40] Die, welche nicht glauben und unsere Zeichen (den Koran) verleugnen, werden Bewohner des Höllenfeuers sein und darin verbleiben.

M 14.4a Der Mensch im Judentum

Ein Midrasch über die Erschaffung des Menschen.

In der Stunde, in der Gott den ersten Menschen erschaffen wollte, beriet er sich mit den Dienstengeln und sprach zu ihnen: »Lasset uns Menschen machen nach unserem Abbild, uns ähnlich.« »Wozu?« fragten die Engel. »Damit die Gerechten aus ihm erstehen.« Er offenbarte ihnen aber nicht, dass Frevler aus ihm erstehen werden. Denn hätte Er ihnen auch dieses offenbart, so würde das Maß der Gerechtigkeit die Erschaffung nicht zugelassen haben. Zu der Stunde sah Gott, dass Gerechte und Frevler aus dem Menschen hervorgehen werden. Da sprach Er: »Erschaffe ich ihn, so gehen Frevler aus ihm hervor; erschaffe ich ihn nicht, wie sollen die Gerechten aus ihm entstehen?« Was tat Gott? Er entfernte den Wandel der Frevler aus seinem Angesicht und verband sich mit dem Maße der Barmherzigkeit.

Die Liebe sprach, er soll erschaffen werden, denn er wird menschenfreundlich sein; die Wahrheit dagegen sprach, er

solle nicht erschaffen werden, denn es wird Lug und Trug geben; die Gerechtigkeit sagte, er soll erschaffen werden, denn er wird Wohltätigkeit üben; der Friede sprach, er soll nicht erschaffen werden, denn es wird Streit und Zank geben. Was tat Gott? Er nahm die Wahrheit und warf sie zur Erde. Die Dienstengel sprachen zu Gott: »Herr der Welten! Warum verachtest du die Ordnung und die hochgeschätzte Wahrheit? Lass die Wahrheit von der Erde aufsteigen.« Während die Dienstengel so miteinander stritten, erschuf Gott den Menschen. Er sagte ihnen: »Was streitet ihr noch? Der Mensch ist schon erschaffen worden.«
Als Gott den ersten Menschen schuf, war er ein bloßer Klumpen, und er reichte von einem Ende der Welt bis zum anderen; er erfüllte die ganze Welt vom Morgen bis zum Abend, vom Norden bis zum Süden. In der Stunde, da Gott ihn schuf, hatte er zwei Gesichter, Mann und Weib. Gott durchsägte ihn zu zwei Hälften und bildete zwei Rücken aus ihm, einen für den Mann und einen für die Frau.

Bereschit Rabba 8,26

M 14.4b

Gott sprach: Wir wollen Menschen machen in einer unser würdigen Höhe, wie es unserem Ebenbilde entspricht. Und sie sollen ihre Herrschaft üben an dem Fisch des Meeres und an dem Vogel des Himmels und dem Vieh und an der ganzen Erde und an allem Gewürm, das auf der Erde kriecht.
Zu diesem Satz schreibt der Midrasch: »Als Gott den Menschen erschaffen wollte, fingen die Engel untereinander an zu streiten. Eine Gruppe behauptete, der Mensch wird mit Sünde und Lüge behaftet sein, die zweite Gruppe sagte, der Mensch wird Wohlfahrt üben. Da nahm Gott sein Siegel – das göttliche Siegel ist die Wahrheit – und warf es zur Erde und sagte: Der Mensch ist besser, als ihr seid. Ihr seid nur Verstand und nur guter Trieb, darum seid ihr ohne Sünde, aber der Mensch wird auch seinen bösen Trieb haben. Wenn er trotzdem fromm ist, wird es wunderbarer sein, als es bei euch ist.«
Der Mensch ist mit Entscheidungsfreiheit beschenkt worden. Diese göttliche Gabe erlaubt dem Menschen nach eigener Wahl das Ebenbild Gottes zu sein. Er soll die Wahrheit, die Barmherzigkeit, das Recht und die Liebe, die Gottes Siegel in Wahrheit enthält, selbst nach eigener Wahl auf Erden vollziehen. So wird der Mensch – wie es die Weisen erklären – zum Mitschaffen an der Welt herangezogen. So wird der Mensch an der dauernd währenden Schöpfungsgeschichte beteiligt.

Baruch Graubard, Wort, das euer Leben ist. Aus der Glaubenserfahrung Israels, Freiburg 1974, S. 21.

M 14.4c

Der Mensch *ist be-Zelem-Elohim* im Ebenbilde Gottes geschaffen, das wird ausdrücklich in Gen 1,27 nochmals unterstrichen: »Und Gott schuf den Menschen in seinem Ebenbilde, im Ebenbilde Gottes schuf er ihn (diese Wiederholung ist zu beachten!), männlich und weiblich schuf er sie.«
... man muss sich einmal überlegen, was es bedeutet, im Ebenbild des bildlosen Gottes erschaffen zu sein. Wenn wir den Anthropomorphismus so weit treiben würden, dass wir uns Gott als Urbild des Menschen, also in menschlicher Gestalt, vorstellten, wäre damit ein heilloser Bruch mit der biblischen Glaubenswelt vollzogen.
Im Ebenbild des Bildlosen – welch eine Paradoxie des Glaubens!...
Aber ist *Zelem* denn wirklich Ebenbild? Das ist die Frage, die hier erörtert werden muss.
Nun ergibt sich die Möglichkeit, das Wort *Zelem* von Zel = Schatten abzuleiten. Der Schatten aber ist die dunkle Seite, die Nachtseite, so dass wir sagen können, der Mensch sei in der Nachtseite oder nach der Nachtseite Gottes hin erschaffen. Die Nachtseite des *Elohim* (= Gott) aber will ganz spezifische dämonische Erscheinungen Jahwes bezeichnen. So gesehen, müssten wir sagen, dass der Mensch nach der Nachtseite, der Schattenseite Gottes hin geschaffen ist, dass also das Dämonische im Menschen liegt, und das entspricht genau der pessimistischen Aussage: »Das Trachten des menschlichen Herzens ist böse von Jugend an« (Gen 8,21). Wenn die Ebenbildlichkeit des Menschen rein positiv aufzufassen wäre, stünde diese Aussage über den bösen Trieb des Menschen in unlösbarem Gegensatz zur Schöpfungskonzeption; interpretieren wir aber *Zelem* als Schatten- und Nachtseite, so wird uns die Charakterisierung des Menschen als von dämonischer Kraft beherrscht verständlich.

Schalom Ben-Chorin, Der dreidimensionale Mensch in Bibel und Moderne, Trier 1971, S. 12–19 (mit Auslassungen).

M 15.1 Atemübung

Setzt euch auf die Kante eurer Bank. Stellt eure Füße fest auf den Boden, mit einem kleinen Abstand. Richtet euren Oberkörper auf. Eure Wirbelsäule bildet ein Hohlkreuz. Füße, Unterschenkel, Oberschenkel und Oberkörper bilden jeweils einen rechten Winkel. Die Hände liegen flach auf dem Oberschenkel. Spürt die beiden Sitzbeinhöcker. Schließt die Augen. Genießt jetzt euren Atem, die Urbewegung des Lebens. Achtet darauf, wie der Atem durch die Nase einströmt und durch den Mund ausströmt. Achtet darauf, wie der Atem in euch fließt. Öffnet jetzt wieder die Augen, bewegt eure Hände. Kommt wieder zurück.

M 16.1 Garten aus dem Mittelalter

M 16.2 Das Lied vom Ingenieur

Dem Ingenieur ist nichts zu schwere
Er lacht und spricht:
Wenn dieses nicht, so geht doch das!
Er überbrückt die Flüsse und die Meere
Die Berge unverfroren zu durchbohren ist ihm Spaß.
Er türmt die Bögen in die Luft,
Er wühlt als Maulwurf in der Gruft
Kein Hindernis ist ihm zu groß
Er geht darauf los!

Den Riesen macht er sich zum Knechte
Des wilder Mut durch Feuersglut aus Wasserglut befreit
Zum Segen wird dem menschlichen Geschlechte
Und ruhelos schafft mit Riesenkraft
Am Werk der neuen Zeit.
Er fängt den Blitz und schickt ihn fort
Mit schnellem Wort von Ort zu Ort
Von Pol zu Pol im Augenblick am Eisenstrick.

Was heut sich regt mit hunderttausend Rädern
In Lüften schwebt und Grüften gräbt
Und stampft und dampft und glüht
Was sich bewegt mit Riemen und mit Federn
Und Lasten hebt, ohn Rasten webt
Und locht und pocht und sprüht
Was durch die Länder dauernd saust.
Das alles schafft und noch viel mehr
Der Ingenieur!

Die Ingenieure sollen leben!
In ihnen kreist der wahre Geist der allerneusten Zeit!
Dem Fortschritt ist ihr Herz ergeben,
Dem Frieden ist hienieden ihre Kraft und Zeit geweiht.
Der Arbeit Segen fort und fort ihn breitet aus
Von Meer zu Meer
Der Ingenieur!

Heinrich Seidel, 1871

M 16.3 Arbeitsblatt

	Descartes	Pico della Mirandola	Franz von Assisi	Christian Link
Mensch				
Natur				
Verhältnis Mensch – Natur				

M 17.1 Erschaffung von Mann und Frau im Koran

7,189a
Er ist es, der euch aus einem einzigen Wesen schuf und aus ihm das ihm entsprechende andere Wesen machte, damit er bei ihr Ruhe finde. Als er ihr dann beigewohnt hatte, wurde sie auf eine leichte Art schwanger. Dieser Zustand dauerte bei ihr eine Zeitlang an.

M 17.2 Platons Mythos vom Kugelmenschen

Als der Urmensch geschaffen war, gehörte ihm die ganze weite, menschenleere Welt. Die Natur lieferte ihm alles, was er brauchte. Als der erste Mensch einmal richtig glücklich unter einem Baum schlief, sah ihn einer der damaligen Götter, wurde eifersüchtig auf diesen Menschen und neidete ihm sein Glück. In seiner Erregung griff er nach seinem Schwert und spaltete ihn in zwei Teile, und zwar so geschickt, dass es seither nur noch weibliche und männliche Menschen gibt. Weil aber noch Erinnerungen vorhanden sind, ist es mit der glücklichen Ruhe des geteilten Urmenschen vorbei. Jeder von diesen »Teilmenschen« sucht seine zu ihm passende, aber fehlende Hälfte, weil sich jeder Teil – ob weiblich oder männlich – nicht mehr vollständig vorkommt. Die männlichen Teilmenschen suchen ihre weibliche Hälfte und die weiblichen ihre männliche Ergänzung. Vollständig und glücklich aber fühlen sich nur die, die wirklich zueinander passen und sich zu einem Ganzen zusammenfügen. Wo man sich nur mit irgendeiner gegengeschlechtlichen Hälfte vereint, obwohl die Teile sich nicht ganz zusammenfügen, bleibt ein Stück echte Menschlichkeit unerfüllt.

M 17.3 Mann und Frau in der katholischen Theologie

1606 Jeder Mensch erfährt in seiner Umgebung und in sich selbst das Böse. Diese Erfahrung zeigt sich auch in den Beziehungen zwischen Mann und Frau. Ihre Vereinigung war zu allen Zeiten durch Zwietracht, Herrschsucht, Untreue, Eifersucht und durch Konflikte bedroht, die bis zum Bruch gehen können. Diese Unordnung kann sich mehr oder weniger stark äußern; sie lässt sich je nach den Kulturen, Epochen und Individuen mehr oder weniger überwinden, scheint aber doch eine allgemeine zu sein.

1607 Wie der Glaube uns sagt, stammt diese Unordnung, die wir mit Schmerzen wahrnehmen, nicht aus der Natur des Mannes und auch nicht aus der Natur ihrer Beziehungen, sondern aus der Sünde. Als Bruch mit Gott zieht die Ursünde als erste Folge den Bruch der ursprünglichen Gemeinschaft zwischen Mann und Frau nach sich. Ihre werden durch gegenseitige Vorwürfe getrübt; ihre gegenseitige, vom Schöpfer eigens geschenkte Zuneigung entartet zu Herrschsucht und Begierde; die schöne Berufung von Mann und Frau, fruchtbar zu sein, sich zu vermehren und sich die Erde zu unterwerfen, wird durch die Schmerzen des Gebärens und durch die Mühe des Broterwerbs belastet.

1608 Und doch bleibt, wenn auch schwer gestört, die Schöpfungordnung bestehen. Um die durch die Sünde geschlagenen Wunden zu heilen, benötigen Mann und Frau der Gnade, die Gott in seiner unendlichen Barmherzigkeit ihnen nie verweigert hat. Ohne diese Hilfe kann es dem Mann und der Frau nie gelingen, die Lebenseinheit zustande zu bringen, zu der Gott sie »am Anfang« geschaffen hat.

Katechismus der katholischen Kirche

M 17.4 Die Erschaffung des Menschen im germanischen Mythos

Unter den warmen Strahlen der Sonne bedeckte sich Midgard im Laufe der Zeiten mit Gräsern und Kräutern, Blumen und rauschenden Wäldern. Große und kleine Tiere begannen es zu bevölkern. Allein noch fehlte darin der Mensch, das Ebenbild der Götter, dem diese das Land in der Mitte der Erde zur Heimstatt bestimmt hatten. Eines Tages gingen Odin, Hönir und Loki am Meeresstrande entlang und kamen zu zwei Bäumen, der Esche und der Ulme. ‚»Aus diesen beiden Bäumen«, sprach Odin zu seinen Brüdern, ‚»lasset uns Menschen machen, auf dass Midgard, die schöne fruchtbare Erde, von ihnen und ihren Nachkommen bewohnt und bebaut werde und wir an ihrem Tun und Treiben, Ringen und Streben, Blühen und Gedeihen Freude haben!« So sprach Odin, der Allvater, und sie schufen aus der Esche einen Mann und aus der Ulme ein Weib. Odin verlieh ihnen Geist und Leben, Hönir gab Verstand und Bewegung hinzu, Loki spendete ihnen die Sinne, Gefühle, blühende Farbe und Sprache. So stand das erste Menschenpaar vor den Göttern, und Odin streckte seine Hand aus über Midgard und sprach zu den Neuerschaffenen:
»Seht! Dies Land ist eure Heimat! Hier sollt ihr fortan wohnen, Tiere züchten und zähmen, das Land bebauen und die Früchte der Bäume und des Feldes essen, ihr und eure Kinder und Kindeskinder!« Da folgten sie seinem Gebot; und von ihnen stammen alle Völker germanischer Zunge, welche das weite Midgard bewohnen.

Aus der Edda nacherzählt

M 17.5 Zwei afrikanische Mythen von der Erschaffung des Menschen

Als Gott die Welt erschuf, gab es noch keine Menschen. Er griff in die Erde und formte daraus die ersten Menschen. Jedesmal, wenn er in die Erde griff, stöhnte diese laut auf und seufzte: »Ach, tut mir das weh!« Gott beschwichtigte sie und sagte: »Sei nur ruhig, sie sollen zu dir zurückkommen!« So machte er Mann und Frau. Als sie starben, legte man sie in die Erde, und sie wurden wieder zu Erde.

Der erste Mensch, Gugo, kam vom Himmel herunter und ging auf der Erde herum. Auch Gott lebte dort mit seiner Tochter. Als das Mädchen, das bis dahin allein gelebt hatte, den Gugo zum erstenmal sah, gebärdete sie sich wie eine junge Kuh, die nach dem Stier verlangt und hin und her läuft, ebenso rannte sie hierhin und dorthin, um ihn zu sehen. Er lebte östlich des Ganale in Girga und sie westlich des Flusses, bis sie das Wasser kreuzte, um ihn zu heiraten. Ihr Vater war nicht damit einverstanden und sagte ihr: »Der Gugo ist nichts wert – er isst nur die Knollen silinga und maroda und die Exkremente der Bienen (Honig) – das ist nicht der rechte Mann für dich!« Da sie jedoch den Menschen sehr liebte, lag sie ihrem Vater so lange in den Ohren, bis er ihr schließlich seine Einwilligung gab. Später schenkte er ihnen das Vieh, damit sie bessere Nahrung bekamen.

M 18.1 Die Legende vom Heiligen Georg

Der giftige Drache wohnt in einer Höhle, nahe der Stadt Silena in Lybia. Immer wieder kommt er in die Stadt und vergiftet alles mit seinem Gifthauch. Jeder Widerstand ist zwecklos, der Drache ist jedesmal stärker. Um ihn zu besänftigen, opfern ihm die Bürger der Stadt täglich zwei Schafe. Als die Schafe knapp werden, beschließt man, täglich ein Schaf und einen Menschen zu opfern. Als fast alle Töchter und Söhne der Stadt geopfert sind, fällt das Los auf die Tochter des Königs. Der König will dies verhindern, doch sein Widerstand scheitert. Er bittet um Bedenkzeit, muss aber erkennen, dass er seine Tochter nicht retten kann. Die Tochter fängt an zu weinen und zu klagen; da kommt der Ritter Georgos. Sie erzählt ihm alles und fordert Georg auf zu fliehen. Doch dieser entschließt sich, gegen den Drachen zu kämpfen. Er reitet gegen den Drachen und verwundet ihn mit seiner Lanze. Der Drache schlägt zu Boden. Georg fordert die Jungfrau auf, mit ihrem Gürtel den Drachen zu fesseln und diesen wie ein Hündlein in die Stadt zu führen. Als sie in die Stadt einziehen, erschrecken alle und wollen fliehen. Doch Georg sagt: Gott hat mich zu euch geschickt, damit ich euch von dem Drachen befreie. Glaubt an Christus, lasst euch taufen, dann werde ich den Drachen erschlagen. Als der König und sein Volk sich taufen lassen, zieht Georg sein Schwert und erschlägt das Ungetier.

M 18.2b Ergebnis »Giftpflanze Sünde«

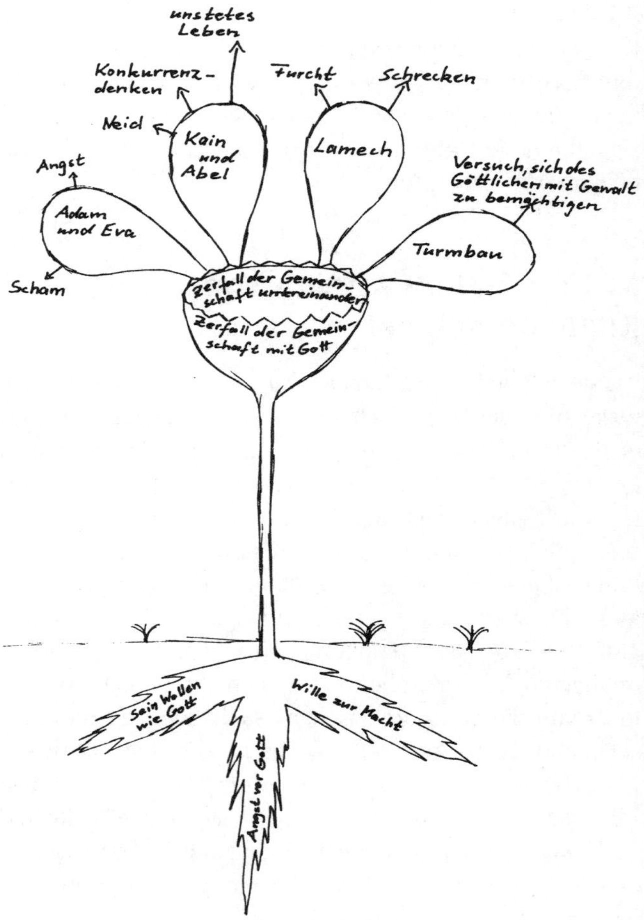

M 18.2 Die Giftpflanze »Sünde«

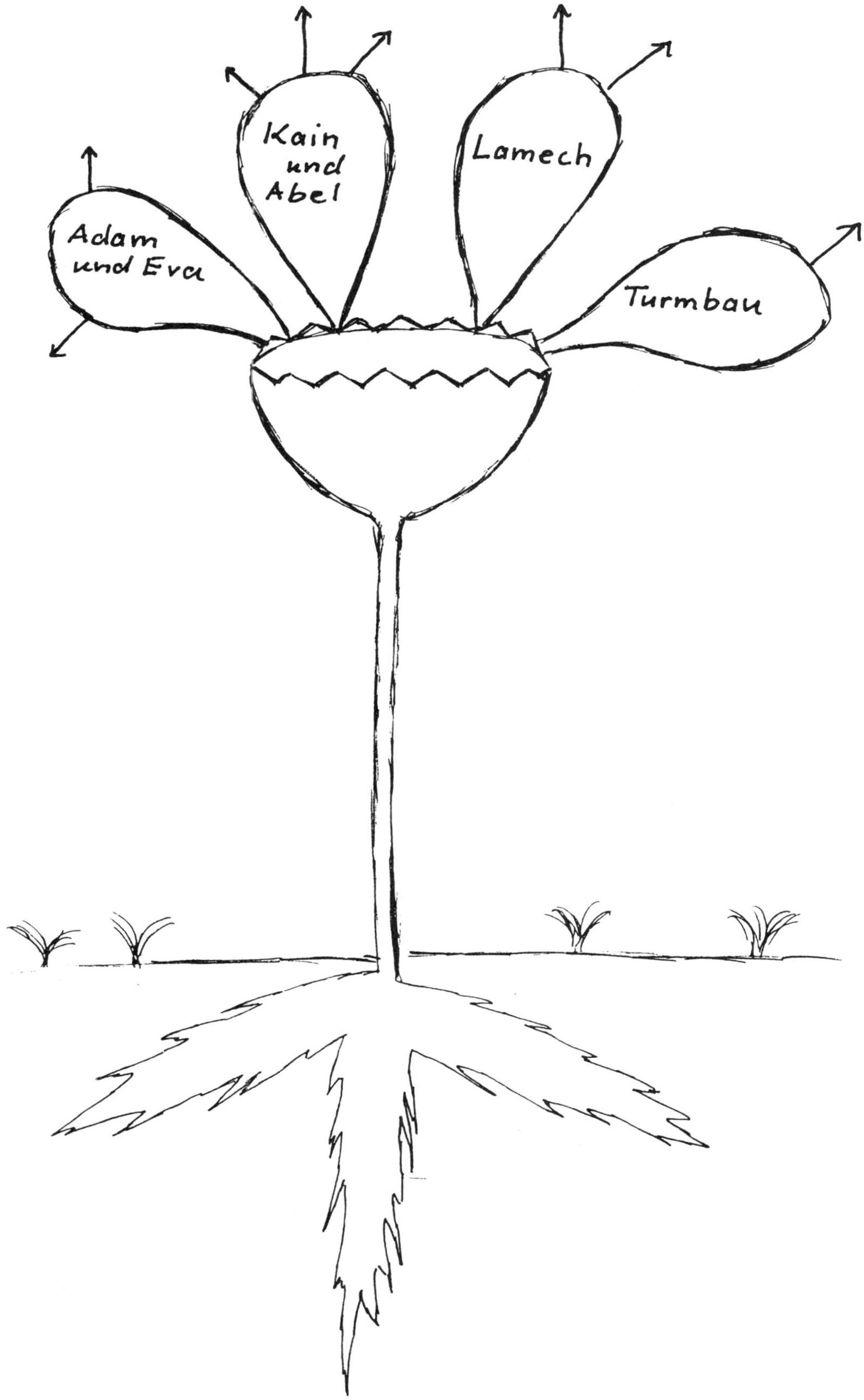

M 19.1 Martin Luther: Disputatio de Homine (1536)

1. Die Philosophie als eine menschliche Weisheit sagt über den Menschen aus, dass er ein Lebewesen mit Vernunft, Empfindung und Leib ist.
2. Und man muss nun nicht darüber streiten, ob der Mensch zu Recht oder Unrecht als Lebewesen bezeichnet wird.
3. Sondern das muss man wissen: Diese Aussage erfasst nur den sterblichen und diesseitigen Menschen.
4. Und es ist wahrhaftig zutreffend, dass die Vernunft die Hauptsache aller Sachen ist und das Beste vor den anderen Dingen dieses Lebens, ja etwas Göttliches.
5. Sie erfindet und leitet alle Künste, die Medizin, die Rechtswissenschaft, und was auch immer die Menschen in diesem Leben an Weisheit, Macht, Tüchtigkeit und Ruhm besitzen.
6. Mit Recht muss sie daher als der Wesensunterschied bezeichnet werden, durch den der Mensch zum Menschen wird und sich von Tieren und anderen Dingen unterscheidet.
7. Auch die Heilige Schrift hat sie zu solcher Herrin über die Erde, die Vögel, die Fische und das Vieh eingesetzt, mit den Worten: »Macht euch untertan!« usw.
8. Das heißt, sie sollte eine Sonne und gleichsam etwas Göttliches sein, in diesem Leben dazu eingesetzt, diese Bereiche zu leiten.
9. Und nicht einmal nach Adams Fall hat Gott der Vernunft diese Würde genommen, sondern vielmehr bestätigt.
10. Trotzdem hat die Vernunft dieses Wissen ihrer eigenen Würde nicht von vornherein aus sich selbst, sondern nur aus Erfahrung.
11. Vergleicht man deshalb die Philosophie oder die Vernunft selbst mit der Theologie, so wird sich zeigen, dass wir über den Menschen fast nichts wissen.
12. Kaum wissen wir etwas über seine Herkunft.
13. Denn die Philosophie kennt zweifellos weder seine Antriebe noch seine Zielbestimmung.
14. Als Zielbestimmung setzt sie nämlich keine andere fest als den irdischen Frieden, und sie weiß nicht, dass die Herkunft des Menschen Gott der Schöpfer ist.
15. Über das aber, was den Menschen Profil gibt, was sie Seele nennen, wurde nie und wird nie unter Philosophen Übereinstimmung erzielt.
16. Denn dass Aristoteles sie beschreibt als allererste Regung eines Körpers, der leben kann, damit wollte er ja Leser und Hörer verspotten.
17. Und es besteht keine Hoffnung, dass sich der Mensch in diesem Teil besonders klar erkennen könnte – als das, was er ist –, solange er sich nicht aus seiner Quelle, Gott selbst, versteht.
18. Und was erbärmlich ist: Nicht einmal seinen Entschluss und seine Gedanken hat er voll und sicher in seiner Gewalt, sondern darin ist er dem Zufall und der Banalität unterworfen.
19. Wie aber dieses Leben, so ist auch die Bestimmung und Erkenntnis des Menschen beschaffen: nämlich kümmerlich, schlüpfrig und viel zu geistlos.
20. Die Theologie aber beschreibt aus der Fülle ihrer Weisheit den ganzen und vollkommenen Menschen.
21. Nämlich: Der Mensch ist Gottes Geschöpf, er besteht aus Fleisch und lebendiger Seele, von Anfang an ohne Sünde zum Bilde Gottes geschaffen, damit er sich vermehrte, sich die Dinge untertan machte und niemals stürbe.
22. Nach Adams Fall aber ist er der Macht des Teufels unterworfen, der Sünde nämlich und dem Tode; beide Übel sind für seine Kräfte unüberwindlich und dauern ewig.
23. Nur durch den Sohn Gottes, Jesus Christus, ist dies Geschöpf zu befreien – wenn es an ihn glaubt – und mit dem ewigen Leben zu beschenken.
24. Unter diesen Umständen, so muss man schließen, ist jene wunderschöne und ausgezeichnete Hauptsache, welche die Vernunft nach dem Sündenfall geblieben ist, trotzdem unter der Macht des Teufels.
25. So dass der Mensch total und universal Schuldner der Sünde und des Todes ist und bleibt, weil er unter dem Teufel unterdrückt wird – er sei König, Herr, Knecht, weise, gerecht, und mit welchen Gütern dieses Lebens auch immer ausgezeichnet.
26. Deshalb philosophieren diejenigen gottlos gegen die Theologie, die da sagen, die Natur sei nach dem Fall unversehrt geblieben;
27. desgleichen die, die da sagen, der Mensch könne sich Gottes Gnade und das Leben dadurch verdienen, dass er realisiert, was er an Möglichkeiten in sich hat;
28. desgleichen diejenigen, die Aristoteles anführen (er wusste nämlich nichts vom theologisch gesehenen Menschen), dass sich die Vernunft auf das Beste ausrichtet;
29. desgleichen, dass im Menschen das Licht des Antlitzes Gottes sei, als ein Symbol über uns gesetzt, das heißt: freie Entscheidung zu rechter Vernunft und zu gutem Willen;
30. desgleichen, dass der Mensch wählen könne Gutes und Schlechtes oder Leben und Tod usw.
31. Alle, die so reden, verstehen weder, was der Mensch ist, noch wissen sie, worüber sie reden.
32. Paulus fasst Römer 3: »So halten wir nun dafür, dass der Mensch gerecht werde, ohne des Gesetzes Werke, allein durch den Glauben«, kurz die Beschreibung des Menschen zusammen, indem er sagt: Der Mensch wird durch den Glauben gerechtfertigt.
33. Gewiss, wer sagt, der Mensch müsse gerechtfertigt werden, der bekräftigt mit Gewissheit, dass er Sünder und Ungerechter und deshalb vor Gott schuldig ist, jedoch auch, dass er durch die Gnade zu retten ist.
34. Und Paulus versteht »den Menschen« unbegrenzt, das heißt universal, um die ganze Welt, oder was auch immer Mensch genannt wird, unter die Sünde zusammenzufassen.
35. Darum ist der irdische Mensch bloßer Werkstoff Gottes für das Leben seiner zukünftigen Gestalt.
36. So wie auch die gesamte Kreatur, die jetzt der Nichtigkeit unterworfen ist, für Gott Werkstoff ist zu ihrer herrlichen zukünftigen Gestalt.
37. Und wie Erde und Himmel im Anfang der Welt Werkstoff waren im Verhältnis zu der nach sechs Tagen vollendeten Schöpfung,
38. so ist es der Mensch in diesem Leben im Verhältnis zu seiner zukünftigen Gestalt, wenn das Ebenbild Gottes wiederhergestellt und vollkommen sein wird.
39. In der Zwischenzeit lebt der Mensch in Sünden und wird von Tag zu Tag entweder mehr gerechtfertigt oder befleckt.
40. Daher würdigt Paulus diese Herrschaftsgebiete der Vernunft nicht einmal der Bezeichnung »Welt«, sondern nennt sie vielmehr vergängliches Bild der Welt.

M 19.2 Fritz Riemann: Grundformen der Angst

I. Existenzangst
Die erste Forderung, die mit der Geburt einsetzt, ist die, dass wir uns der Welt und dem Leben vertrauend öffnen sollen, gleichsam »ja« sagen wollen zu unserem Dasein. Nie wieder in unserem Leben sind wir aber so total abhängig und hilflos der Umwelt ausgeliefert wie in den ersten Lebenswochen.
Dieses völlige Ausgeliefertsein, unsere hilflose und wehrlose Abhängigkeit, unsere Ungeborgenheit und das Überfremdetwerden unseres Eigenwesens durch die Umwelt sind die Grundlage unserer tiefsten und frühesten Angst, die wir die Existenzangst nennen wollen.
Es hängt ganz entscheidend von unserer früheren Umwelt ab, ob wir gegen diese Existenzangst im allmählich sich entwickelnden Vertrauen die erste Gegenkraft finden können. Dafür müssen wir die Verlässlichkeit, die Stabilität und die regelmäßige Wiederkehr von Menschen und Dingen erleben, durch die sie uns langsam vertraut werden. Vertrauenkönnen ist der wichtigste Schutz gegen die Existenzangst. Waren wir aber in dieser Zeit zu einem häufigen Wechsel unserer Bezugspersonen oder zu häufigem Ortswechsel ausgesetzt, wurden wir durch Sinneseindrücke überflutet, die wir nicht verarbeiten konnten, oder erlebten wir im Gegenteil durch zu viel Einsamkeit und Alleingelassenwerden die Welt als leer, weil sie uns zu wenig Reize und Eindrücke vermittelt, bleibt uns die Welt unheimlich, wir erleben sie als bedrohlich oder feindlich. Anstatt vertrauensvoll der Welt sich zuwenden zu können, entwickelt das Kind von früh an ein tiefes Misstrauen, das wir zur Grundgestimmtheit seines gesamten Lebensgefühls wird.

II. Trennungsangst
Nach jener frühesten Angst, der Existenzangst, werden wir bald mit einer neuen Angst konfrontiert; in dem Maße nämlich, in dem das Kind die Mutter als Quelle der Geborgenheit erkennt und in dem sie dadurch zum wichtigsten Bezugspunkt seines Daseins wird, wächst das Bewusstsein seiner Abhängigkeit von ihr. Es braucht und sucht ihre Nähe, und wenn sich die Mutter entfernt, bekommt es Angst. Mit diesem Wissen um unsere Abhängigkeit sind nun alle Ängste gegeben, die wir als Trennungsangst oder Verlustangst bezeichnen können.
Die Gegenkraft, die wir brauchen, um Trennungen zu ertragen, ist die Hoffnung. Aber auch unser Hoffenkönnen hat eine Geschichte und ist gebunden an die Erfahrung, dass unsere Hoffnungen sich in unserer Kindheit oft genug erfüllt haben. Erst dann können wir es lernen, zuversichtlich zu warten, wenn wir es als Kind erlebt haben, dass die Mutter, die uns eben verlassen hat, wiederkommt, und da ist, wenn wir sie brauchen. So erleben wir allmählich die Sicherheit, dass wir nicht im Stich gelassen werden und können die Abwesenheit der Mutter ohne Angst ertragen.
Waren wir indessen in jener Entwicklungsphase nicht in der Lage, solche glücklichen Erfahrungen zu machen, kann auch später noch die Trennungs- und Verlustangst ein äußerst quälendes Ausmaß annehmen und sich bis zur Panik steigern. Schon bei kurzfristigsten Trennungen kann dann die alte Angst vor dem Alleingelassen werden wieder aktiviert werden, die uns als Kind in hoffnungslose Verzweiflung stürzte.

III. Angst vor Schuld und Strafe
Mit zunehmender Eigenständigkeit des Kindes entwickelt es seinen Eigenwillen immer stärker, es lernt laufen und sprechen und wird damit immer selbständiger. Mit seinen neuen Fähigkeiten kann es nun erstmalig in Konflikt mit der Umwelt kommen, sein Wille kann mit dem der Eltern zusammenstoßen, die gewisse Ordnungen von ihm Verlangen, ihm Gebote und Verbote setzen. Aus den Reaktionen der Eltern auf sein Verhalten lernt das Kind nun, erlaubt und unerlaubt zu unterscheiden und kann sich im Gehorsam als gut, im Ungehorsam als böse erfahren. Damit erlebt es eine neue Angst: Die Angst vor Schuld und Strafe.
In einer Atmosphäre von lebendiger Ordnung und von Verständnis für das Kind, wo ihm notwendige Grenzen gesetzt werden, ohne es autoritär zu dressieren oder lieblos zu zwingen, kann es die Anfänge gesunder Selbstbeherrschung und in kritisch prüfender Auseinandersetzung mit der Autorität und deren Forderungen selbständig beurteilen und entscheiden lernen. Das wird ihm allmählich die Einsicht in die Notwendigkeit gewisser Ordnungen ermöglichen und zur Grundlage seines sittlichen Wertebewusstseins werden.
Unsere Angst vor Schuld und Strafe, die Gewissensangst, wie wir sie nennen können, ist nun in ihrer Intensität wieder entscheidend abhängig davon, wie wir sie als Kinder erlebten. Starre, prinzipielle und autoritäre Verhaltensweisen der Eltern, harte Strafen und schwer zu erringende Verzeihung schaffen im Kind eine Schuldgefühlsbereitschaft und Strafangst, die ihm den Mut zum Wagnis, zur selbstverantwortlichen Entscheidung völlig nehmen können.
Die Hilfe gegen die Angst des zwanghaften Menschen liegt im Wagnis selbstverantwortlicher Entscheidung, die nicht ungeprüft übernimmt, nur weil man es so gelernt hat.

IV. Angst vor Minderwertigkeit
Nach dieser Zeit, in der das Kind sich aus der engen Mutterbindung löst und selbständiger werden sollte, muss es nun lernen, mit der neu gewonnenen Selbständigkeit umzugehen. Mit dem Entdecken des Geschlechtsunterschiedes und dem rivalisierenden Sichmessen mit anderen werden neue Ängste in ihm wach: die Angst vor der Begrenztheit seines Wesens, die Angst, sich neben anderen bewähren zu müssen, die Angst vor der Zukunft als einem Felde zu erfüllender Forderungen und Erwartungen.
Für diese neuen Entwicklungsschritte braucht das Kind Vorbilder, mit denen es sich identifizieren kann, besonders auch Vorbilder für seine eigene Geschlechterrolle. Die Identifikation mit den elterlichen Vorbildern soll es dem Kind allmählich ermöglichen, ein Leitbild für sich selbst zu finden, das schließlich zur Identität mit sich selbst führt und zu einem gesunden Selbstwertgefühl.

Die zentrale Angst ist also hier die vor dem Erleben des eigenen Unwertes, die nicht als Abgelehntwerden wegen nicht erfüllter Forderungen oder Gebote erlebt wird, sondern als den gesamten Selbstwert betreffend, das ganze Sein in Frage stellend. Die Hilfe kann hier nur darin liegen, zur Identität mit sich selbst zu finden. Das hieße seine Rollen abzulegen, sich nicht mehr mit Vorbildern aus seiner Kindheit nachahmend zu identifizieren oder mit Wunschbildern von sich selbst, sondern wirklich mit sich selbst, mit seinem eigentlichen Wesen und dessen Möglichkeiten und Grenzen.

Fritz Riemann, Angst, in: Hans Jürgen Schulz (Hg.), Psychologie für Nichtpsychologen, Kreuz Verlag 1974, S. 62–66

M 19.3 Interaktionale Bibelauslegung

1) Sich mit einer Person im Gleichnis identifizieren. Wer ist mir am nächsten? Wer ist mir sympathisch?
2) Gruppenbildung: Je eine für den Vater, den älteren Sohn, den jüngeren Sohn.
3) Gespräch in der Gruppe in Ich-Form: Warum habe ich mich für diese Gruppe entschieden?
4) Veröffentlichung: die drei Personen bzw. die drei Gruppen artikulieren ihre Gefühle und Gedanken in den einzelnen Szenen des Gleichnisses. L ruft die Szenen auf. Die anderen sollen reagieren, so dass eine Interaktion entsteht.
5) Aussprache über den Verlauf: Was ist passiert? Warum habe ich mich so verhalten? Was beschäftigte mich am meisten?

M 21.1 Begriffe zu »Das Gute, das ich will, tue ich nicht«

Sünde	Heiliger Geist	Gutes	Schlechtes
Person	wählen	gut	schlecht
Befreiung	Tod	Wunsch, gut zu leben	täuschen
zerstörte Beziehungen	Sterben	Gutes Zureden	Sucht

M 21.2 Begriffe zum Katholischen Weltkatechismus

Gott	das Böse	Wahre Freiheit	Missbrauch der Freiheit
Selbstbestimmung	Verdienst	Schuld	das Gute
wachsen	Freiheit	Bewusste Handlung	Verstand
Willen	Gewalt	Unkenntnis	Affekte
Fortschritt in der Tugend	Erkenntnis des Guten	Askese	Verantwortung
sündigen			

M 21.3 Willensfreiheit im Judentum

Hier verläuft eine der unübersehbaren Demarkationslinien zwischen den beiden Glaubensweisen des Judentums und des Christentums. Soweit ich sehe, fährt von Paulus über Augustinus bis zu Luther und Calvin und in die moderne Theologie eine Linie, die die Freiheit des Willens weitgehend einschränkt. Man denke nur an den Artikel 18 der Augsburgischen Konfession vom 25. Juni 1530, die berühmte Formulierung Melanchthons: »Vom freien Willen wird gelehrt, dass der Mensch etlichermaßen einen freien Willen hat, äußerlich ehrbar zu leben und zu wählen unter den Dingen, so die Vernunft begreift. Aber ohne Gnade, Hilfe und Wirkung des heiligen Geistes vermag der Mensch nicht gottgefällig zu werden ...« Genau das Gegenteil lehrt das Judentum: »Alles ist in der Hand des Himmels, nur nicht die Gottesfurcht«. Gerade den Zugang zu Gott können wir uns in der Freiheit der Entscheidung des Glaubens selbst erschließen. Wir die Erkannten können durchstoßen, in einem Akt des freien Willens, der von der Liebe getrieben wird, zur Erkenntnis Gottes.

Shalom Ben-Chorin, Jüdischer Glaube, Mohr Siebeck, Tübingen 1975, S. 241–243.

M 21.4 Willensfreiheit im Islam

Wie bei der Natur so erklärt der Muslim sich auch beim Menschen Gottes Verhalten als Balance zwischen prinzipieller Möglichkeit jederzeitigen Eingreifens und normalem Gewährenlassen. Gott hilft mit beim Guten und lässt das Böse geschehen. Beides entspricht einem ewigen Plan, den er vorherweiß; aber Vorherwissen hat nicht unbedingt vorherbestimmenden Charakter. Es wird zwar nicht anders kommen; aber dem Menschen bleibt dennoch seine Entscheidung, und er wird rechtens belohnt und bestraft. Was der Mensch mit seinem Handeln an den Objekten seines Handelns, in der Natur zum Beispiel, bewirkt, dafür schafft nicht er, sondern Gott alle Voraussetzungen; aber das ist, wie wir sahen, allenfalls philosophisch, nicht mehr theologisch interessant. In der Theologie konzentrierten sich alle Überlegungen darauf, wie das Handeln im Menschen selber zustande kommt.

Da ist nun die Terminologie recht interessant. Man sprach nicht so vom freiem Willen, sondern von Wahl. Das heißt, der Rahmen, innerhalb dessen sich Freiheit vollzieht, ist vorgegeben; der Mensch wählt zwischen Gehorsam und Verweigerung. Er kann ein Gebot missachten, aber er kann sich nicht außerhalb des Systems stellen. Freiheit ist Entscheidungsfreiheit innerhalb der vom göttlichen Gesetz geschaffenen Alternativen; sie ist nicht Spontaneität und radikale Offenheit, und erst recht ist sie nicht Negation von Autorität und Bindung. Zwar gibt es im klassischen Arabisch ein Wort für »Freiheit«; aber es bezieht sich seinerseits auf etwas Gegebenes, Unumstößliches: auf den legalen Status des Freien gegenüber dem Sklaven. Der Sklave hat somit keine »Freiheit«. Aber er hat die »Wahl« vor Gott. Freiheit im Sinne der bürgerlichen Freiheit begegnete den Muslimen erst, als Napoleon, damals noch General Bonaparte, in Ägypten erschien. Aber es erstaunt nicht, dass sie die »liberté«, die ihnen da vorgeführt wurde, anfangs als Libertinismus und Anarchie verstanden; hier war unvermittelt Säkularisation in das überlieferte Bezugssystem eingedrungen. Ebensowenig, wie die islamischen Theologen direkt von Freiheit sprechen, sprechen sie direkt von Willen. Was sie interessiert, ist vielmehr, wieweit der Mensch überhaupt fähig ist, zu wollen und zu handeln. Da aber ist wichtig, dass sie diese Handlungsfähigkeit ebenso wie das Geschehen in der Natur, in jedem Augenblick prinzipiell auf Gott beziehen; Befähigung ist immer nur Befähigung zu einer einzigen Handlung, keine permanente Eigenschaft. Der Mensch hat keinen Willen, sondern er erhält ihn jedesmal von neuem, wenn er vor eine Wahl gestellt ist! Das ist in sich logisch; denn auch eine Wahl ist ja immer etwas Einmaliges, eine momentane Entscheidung – nur Freiheit wäre permanent. So ist zudem garantiert, dass Gott jede einzelne Handlung des Menschen unmittelbar wahrnimmt; Gott weiß nicht nur generell um die Entwicklung eines Menschen, sondern er kennt alle »particularia« seines Verhaltens. Nur: es fehlt damit dem Handeln prinzipiell an Kontinuität.

Dies hat Konsequenzen. Auch das Böse verwirklicht sich so immer nur punktuell; es gibt Sünden, aber es gibt nicht die Sünde, die in die Welt gekommen ist. Es gibt nur falsche Entscheidungen.

Hans Küng, Josef van Ess, aus: Christentum und Weltreligionen – Islam, S. 117–119. © Piper Verlag GmbH, München.

M 22.1 Begriffsbild Freiheit

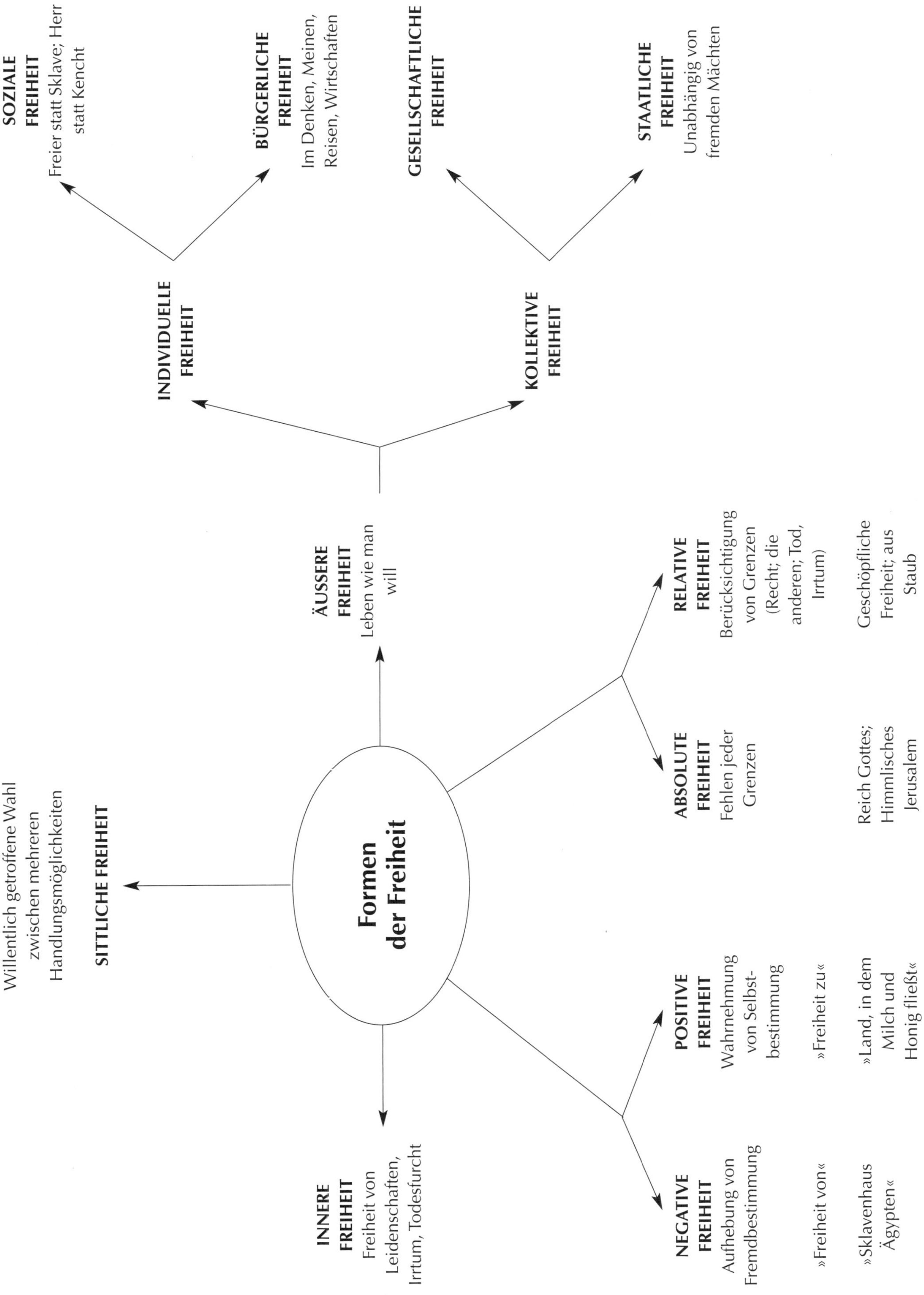

M 22.2 Ambivalenz des Freiheitsbegriffs

Einen Gefangenen nennen wir unfrei; und doch kann er in der Weise, wie er seine Strafe auf sich nimmt, ein hohes Maß von innerer Freiheit beweisen. Ähnliches gilt für den Kranken; er ist an das Bett gefesselt und also unfrei; aber er kann in freiem Entschluss sein Schicksal akzeptieren. Auch der Sklave, der seinem Begriff nach der Unfreie ist, kann doch, etwa im Bereich seines Denkens, frei sein. Einen Menschen, der nicht im Gefängnis sitzt, nennt man frei; dieser gleiche Mensch aber kann in der Art, wie er sich in seiner Mitwelt bewegt, einen höchst unfreien Eindruck erwecken.
Einem andern erlauben die Lebensumstände, in fast schrankenloser Willkür zu leben; er kann tun oder lassen, was er will; er kann jeder Leidenschaft, jedem Affekt hemmungslos nachgehen. Man mag geneigt sein, in solcher Libertinage das Wesen der Freiheit zu erblicken. Aber dann entdeckt man: Dieser Libertin ist in fataler Weise den Objekten seiner Leidenschaft hörig; seine Triebe sind Herr über ihn. Wenn einer schließlich nach mühsamer Arbeit an sich selber sagen kann, er sei von seinen Leidenschaften frei, dann wird man doch fragen, ob er nicht am Ende in eine noch strengere Knechtschaft geraten ist: in die Botmäßigkeit eines rigorosen oder gar eines tötenden Gesetzes. Die Freiheit trägt offenbar schon im Bereich der Sprache einen Januskopf; sooft man in das eine ihrer Gesichter blickt, kehrt sie uns das andere zu. Freiheit erscheint als Unfreiheit, Unfreiheit als Freiheit, je nachdem, aus welchem Gesichtspunkt und von welcher Situation her man sie betrachtet.

W. Weischedel, aus: Skeptische Ethik, 1980, 112f.

M 22.3 Grafik: Innerer und äußerer Mensch

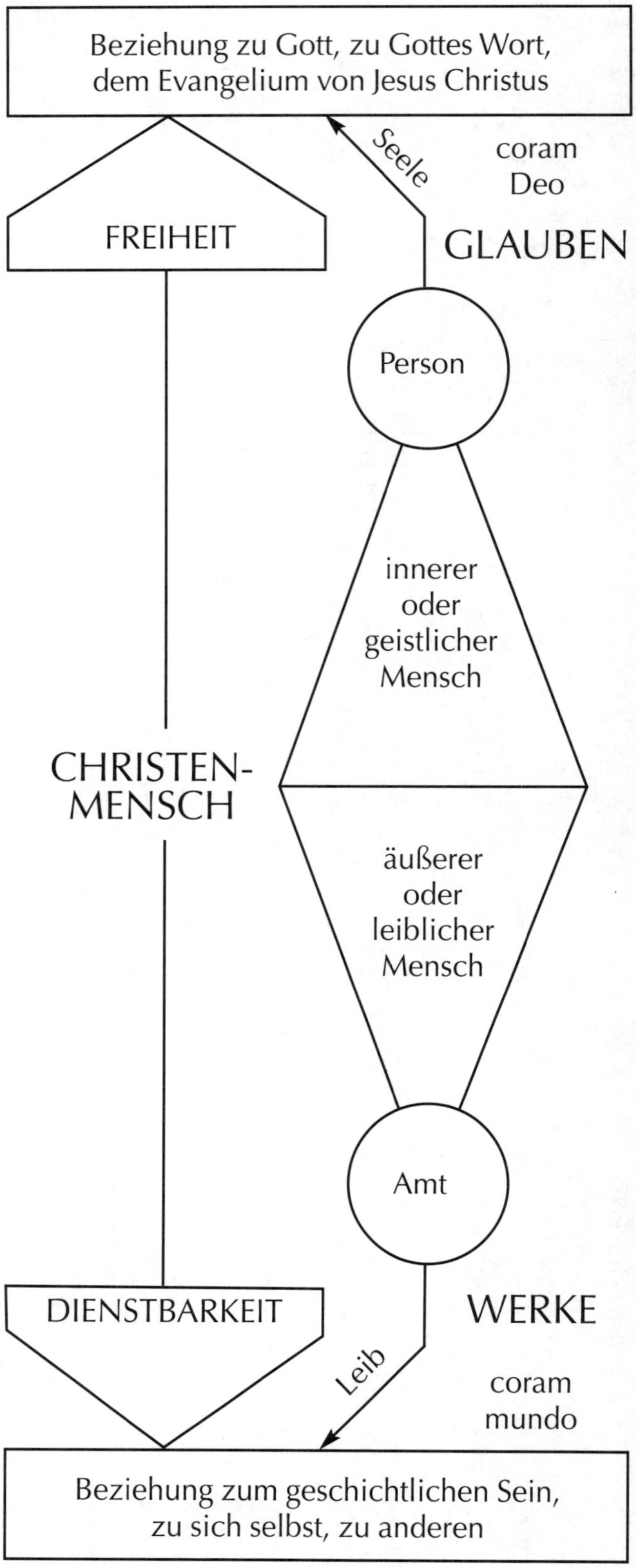

M 23.1 Die Überlegungen von H. E. Tödt

Gesichtspunkte zum Vergleich	**Menschenrechte**	**Christlicher Glaube**
A. Deutliche Analogien	Freiheit	
	Gleichheit	
	Teilhabe	
B. Entsprechungen in der christlichen und der menschenrechtlichen Sicht des Menschen		Kind Gottes ohne Vorbedingung
		Begründung liegt in der Zuwendung Gottes
C. Differenzen zwischen dem Menschenrechts-denken und dem christlichen Glauben Freiheit als kühle Distanzierung	Freiheit als kühle Distanzierung	
		Geschwisterliche Gleichheit in der Einheit und in der Gemeinsamkeit des Geistes
		Teilhabe als Anlass zum gemeinsamen Dank

Bitte die unausgefüllten Felder aufgrund des Textes von Tödt ausfüllen und die angefangenen ergänzen. Ist das Ergebnis nachvollziehbar?

M 24.1 Textkarten zu Eibl-Eibesfeldt »Bestie Mensch«

Muskelbänder	Lippen- und Zungenkuss	Pickel ausdrücken
sich gelassen geben	Beißkuss	»Mein Schätzchen«
Fußball	Lächeln und Lachen	Gruß mit der Faust
Weinen und Klagen	Sich kleiner machen	Händegeben
Familienfeste	Umarmung	Haare zerzausen

M 26.1 Synapsen

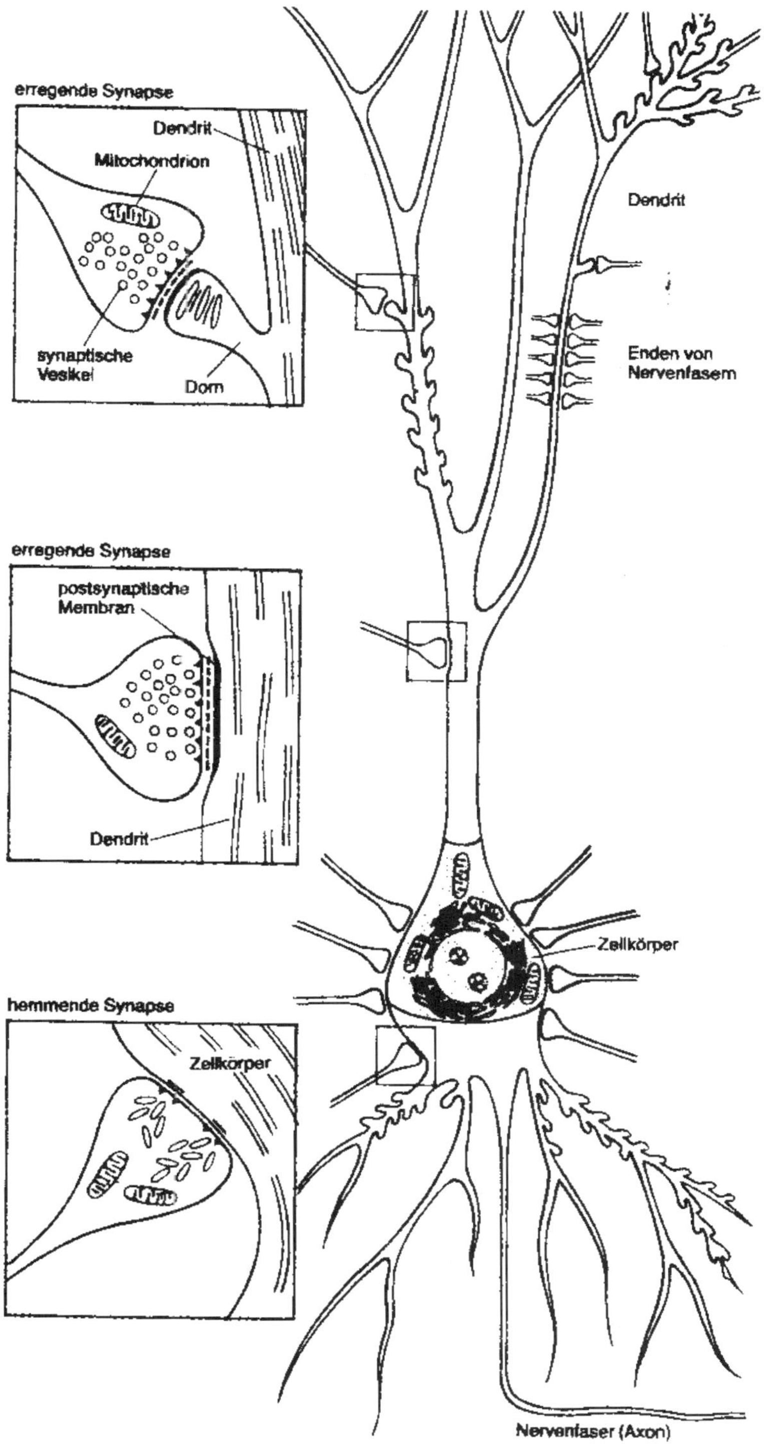

Aufbau einer idealisierten Nervenzelle und von Synapsen. Die Dendritten (oben) dienen der Erregungsaufnahme, das Axon (unten) ist mit der Erregungsweitergabe an andere Zellen (Nervenzellen, Muskelzellen usw.) befasst. Links sind in Vergrößerung drei verschiedene Synapsentypen gezeigt. (Aus: *Gehirn und Nervensystem* 1985, S. 22) Aus: Spektrum der Wissenschaft

M 26.2 Folienbild zur Glaubensentwicklung

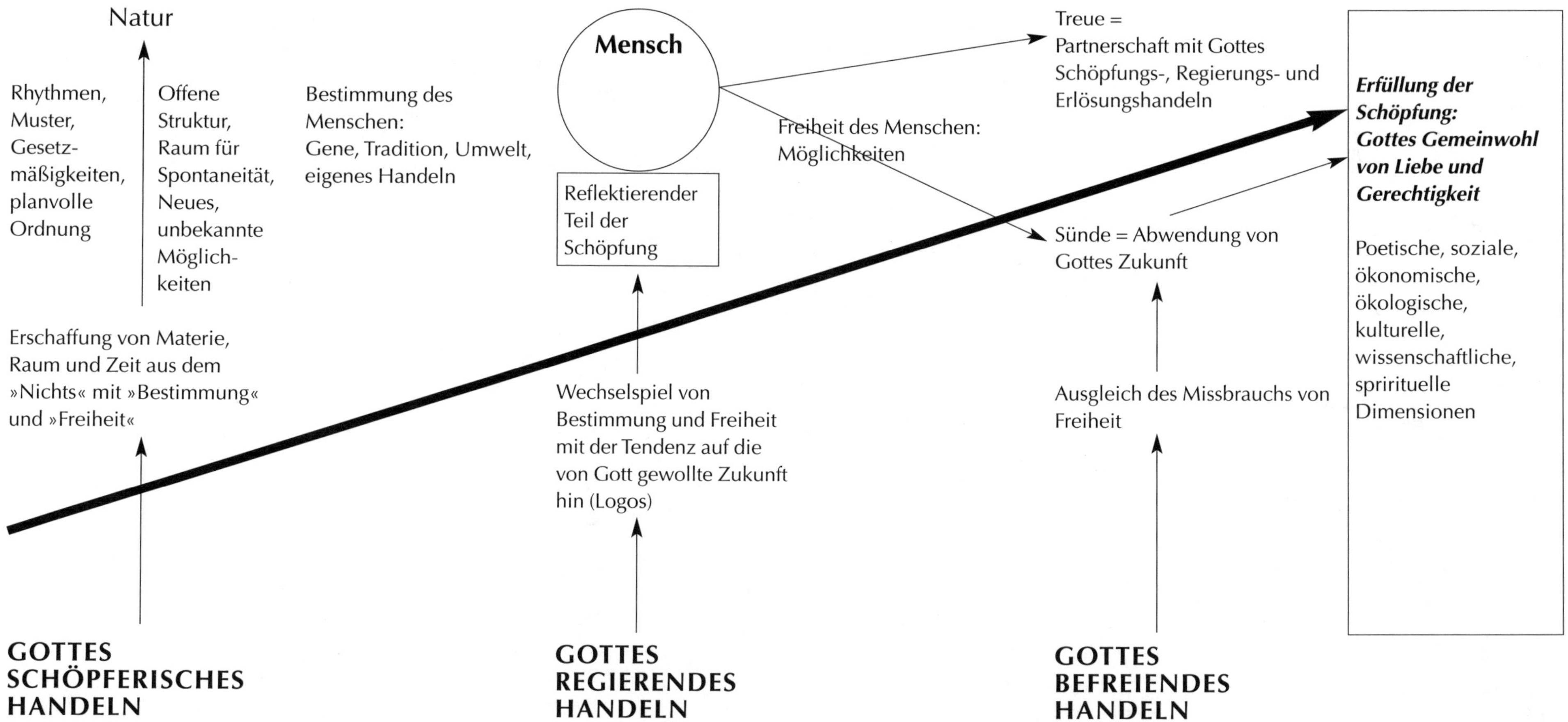

M 27.1 Arbeitsblatt: Wer ist Chef: Geist oder Gehirn?

Unter Gehirnforschern ist umstritten, ob es sinnvoll ist, neben den kausal ablaufenden Prozes-sen des Gehirns von einem freien, selbsttätigen Geist auszugehen. Sind unsere Gedanken frei oder unterliegen wir einer Selbsttäuschung, wenn wir glauben unser Bewusstsein steuern zu können?

Wie schaffen wir es Kippbilder zum Kippen zu bringen?	Wie schaffen wir es, aus Fragmenten Figuren zu erschließen?	Wie kann der Geist frei sein, wenn sich Veränderungen des Gehirns sich in geistigen Prozessen niederschlagen?	Wie schaffen wir es optische Täuschungen als Täuschungen zu erkennen?
			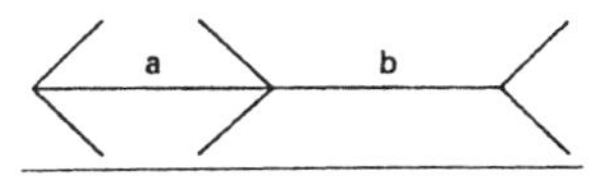
		Äußere Einflüsse (schlechte Luft, Schlafmangel), die auf mein Gehirn einwirken, schlagen sich auf meine geistigen Fähigkeiten nieder	
	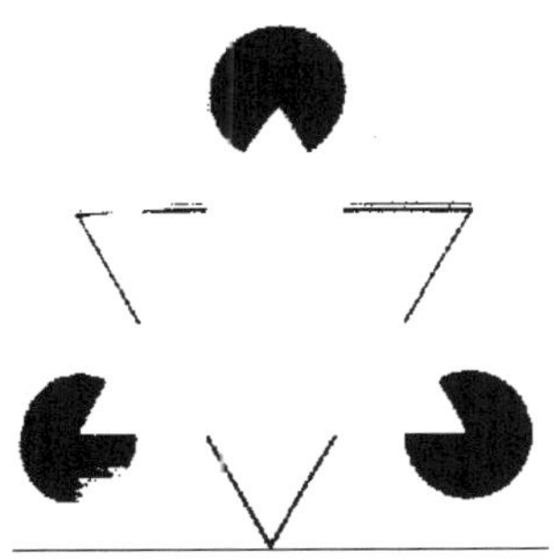	Alkohol macht viele Menschen depressiv oder aggressiv	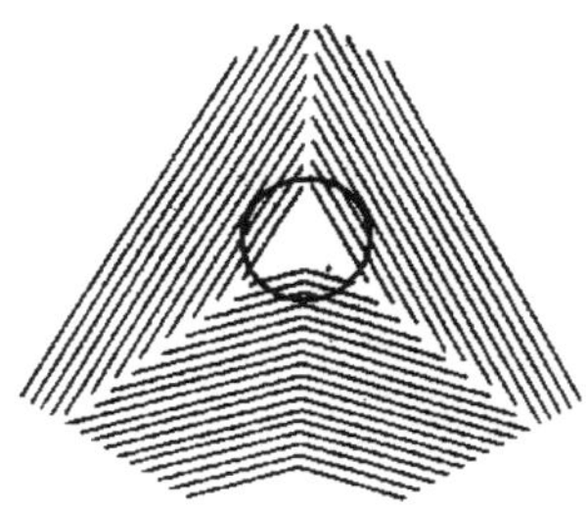

Ergänzt die Beispiele, die das Gegenüber von Geist und Gehirn belegen bzw. in Frage stellen. Diskutiert davon ausgehend die folgenden kontroversen Positionen. Was bedeuten die beiden Positionen für unser Menschsein?

Die Idee, dass wir in unseren Gedanken frei sind, rührt nur daher, dass wir die komplexen Prozesse unseres Gehirns nicht durchschauen.	Unser Geist benutzt das Gehirn wie ein Musiker, der auf seinem Instrument spielt.

M 27.2 Gespräch zwischen dem Philosophen Karl Popper und dem Gehirnforscher John C. Eccles aus dem Jahr 1974

E: Der selbstbewusste Geist ist nicht nur passiv damit beschäftigt, Operationen aus neuralen Ereignissen herauszulesen. Von Augenblick zu Augenblick entfaltet sich oder stellt sich vor ihm dar die Gesamtheit der komplexen neuralen Prozesse, und gemäß der Aufmerksamkeit und Wahl und des Interesses oder des Antriebes kann er aus dieser Repräsentation der Leistung im Liaison-Hirn auswählen, indem er einmal dies, einmal jenes aussucht und die Ergebnisse seines Herauslesens aus vielen verschiedenen Abschnitten im Liaison-Hirn miteinander verschmilzt. Auf diese Weise erreicht der selbstbewusste Geist eine einheitliche Erfahrung. Du siehst, dass diese Hypothese der Aktion des selbstbewussten Geistes eine vorrangige Rolle zuspricht, eine Aktion der Auswahl und des Suchens, der Entdeckung und der Integration. Die neurale Maschinerie fungiert dort als das Medium.
P: Noch etwas anderes möchte ich erwähnen, nämlich dass der seiner selbst bewusste Geist gewissermaßen eine Persönlichkeit hat, etwas wie ein Ethos oder einen moralischen Charakter, und dass diese Persönlichkeit teilweise selbst das Produkt vorangegangener Handlungen ist. Die Persönlichkeit formt sich bis zu einem gewissen Grade wirklich selbst aktiv. Teilweise ist sie wohl durch ihre genetische Anlage präformiert. Aber ich glaube, wir nehmen beide an, dass das noch nicht alles ist und dass ein großer Teil der Prägung tatsächlich durch freies Handeln der Person selbst vollbracht wird.
E: Karl, ich möchte dein Konzept nehmen, da die physische Welt an bestimmten Stellen offen ist, und meinen, dass wir behaupten können, dass man an bestimmten einzigartigen Stellen des Gehirns die physische Welt offen vor sich hat. Der selbstbewusste Geist empfängt und entwickelt seine Erfahrungen bei seinem gesamten weitreichenden Suchen und Auswählen aus dem Liaison-Hirn. Doch er wirkt auch zurück; und wie er empfängt, so gibt er. Auf diese Weise wird er Veränderungen in der Leistung des Gehirns hervorrufen. So könnte man sagen, dass der selbstbewusste Geist in der Tat mithilft, die Gedächtnisregelkreise, die Gedächtnisspeicher des Gehirns zu modellieren. Diese Gedächtnisspeicher stehen nicht einfach dem gesamten unmittelbaren Wahnehmungsinput zur Verfügung. Gleichzeitig stehen sie für die gesamte wahrgenommene Welt und die Welt des Denkens und der Imagination, die unser Selbst ist, die Welt des selbstbewussten Geistes, zur Verfügung.
Wir vermuten, dass all die intellektuellen, künstlerischen, kreativen und imaginativen Leistungen des selbstbewussten Geistes nicht nur passiv aus den Hirngeschehnissen herausgelesen werden. Der selbstbewusste Geist ist aktiv in der Operation, seinen herausgelesenen Text zu organisieren, auszuwählen und zu interpretieren, engagiert.
Der selbstbewusste Geist hat die Auswahl. Er wählt willkürlich, wie wir sagen können, aus dem gesamten Programm der neuralen Maschinerie von Augenblick zu Augenblick. Man mag denken, dass dies sehr verschwenderisch ist, dass eine ungeheure Menge von Aktion im Gehirn vor sich geht, die niemals dazu durchkommt, im Bewusstsein erfahren zu werden, und die nicht im Gedächtnis gespeichert wird. Sie ist unwiederbringlich verloren, doch das ist natürlich äußerst wichtig. Der selbstbewusste Geist muss auswählen. Wir wären mit Information überladen, wenn wir in irgendeinem Augenblick Notiz von allem nehmen müssten, das sich in alle unsere Sinne ergießt.
Eines der einfachsten Beispiele, das ich mir vorstellen kann, steht in Bezug zur Musik. Wenn man Musik hört, die man kennt, verschmilzt man nicht nur unmittelbar wahrgenommene Noten oder Harmonien mit dem Vergangenen, das noch in unserem Gedächtnis bewahrt wird, um einem eine einheitliche Melodie zu vermitteln, sondern man antizipiert auch die Zukunft, und all dies schenkt einem einzigartige Erlebnisse, die möglicherweise nicht auf der Grundlage der neuralen Maschinerie allein geschehen sein könnten.

Karl R. Popper/John C. Eccles, Das Ich und das Gehirn, Piper, München/Zürich, 1982, [9]1990, S. 559–563 (in Auszügen)

M 27.3 Können Computer denken? Der Turing-Test

Mit einer 1936 veröffentlichten Abhandlung führte Turing das Konzept einer abstrakten Rechenmaschine ein, die später als Turing-Maschine bekannt wurde. Das Konzept dieser Maschine, die theoretisch jede mathematische Berechnung bewältigen konnte, war bei der Entwicklung der Digitalrechner von Bedeutung.

»Können Maschinen denken?« ist eine Formulierung, die Alan Turing abgelehnt hat. Anstatt diese Frage mit ja oder nein zu beantworten, schlägt er ein Experiment vor, das »Imitationsspiel«, das auch als »Turing-Test« berühmt wurde. Der Grundgedanke dieses Experiments ist folgender: Wenn ein Computer hinter einem Vorhang Fragen beantworten kann, die von einem Menschen gestellt werden, und der Fragende anschließend nicht sagen kann, ob sein Gegenüber ein Mensch oder eine Maschine war, hat der Computer den Test bestanden. In diesem Fall könne man mit Recht von ihm behaupten, dass er »denkt«. Die Gretchenfrage ist also, ob man einen Digitalrechner konstruieren kann, der im »Imitationsspiel« nicht auffällt, wobei man die Maschine auch so programmieren kann, dass sie menschentypische Fehler macht. Wenn sie im Frage-und-Antwort-Spiel genau wie ein Mensch reagiert, hat sie sich als »Denkmaschine« qualifiziert.

Bruce Mazlish, Faustkeil und Elektronenrechner, 1996, S. 295.

M 27.4. Lösungsvorschläge für das Leib-Geist-Problem

Monistische Lösungen Für Leib und Seele gilt ein einheitliches Grundprinzip	**Dualistische Lösungen** Leib und Seele sind unterschiedliche Wesenheiten
Aspektdualismus 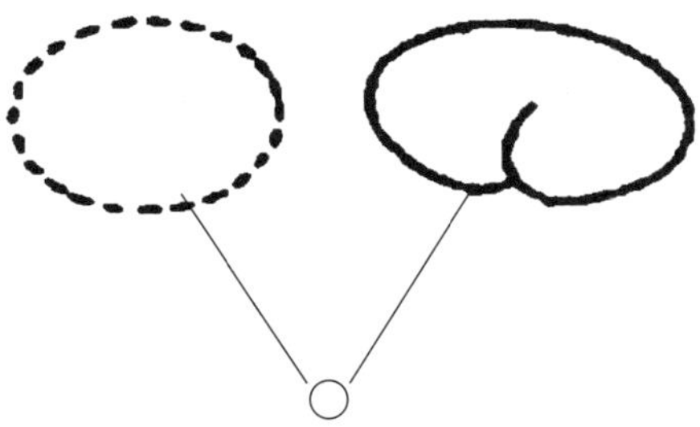 Geistiges und Physisches sind Äußerungen eines gemeinsamen Dritten, das nicht zu benennen ist. (Bunge)	**Autonomie** 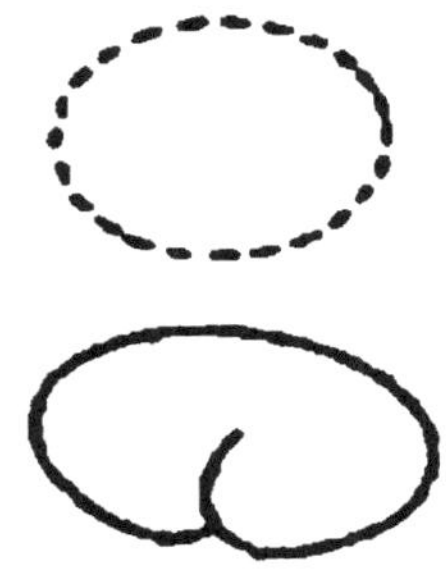 Geist und Gehirn sind zwei autonome Wesenheiten: das Gehirn besteht aus Materie, die Seele ist immateriell (Descartes)
Materialismus  Der Geist beruht lediglich auf körperlichen Zuständen	**Parallelismus**  Bewusstseinsvorgänge lassen sich als gleichzeitig ablaufende Potential-Schwankungen des Gehirns messen.
Emergenz  So wie sich Leben aus toter Materie und Bewusstsein aus Leben entwickelte, ist das Phänomen »Geist« als biologische Aktivität zu verstehen, die sich emergent aus dem Bewusstsein entwickelte.	**Geist als Epiphänomen** 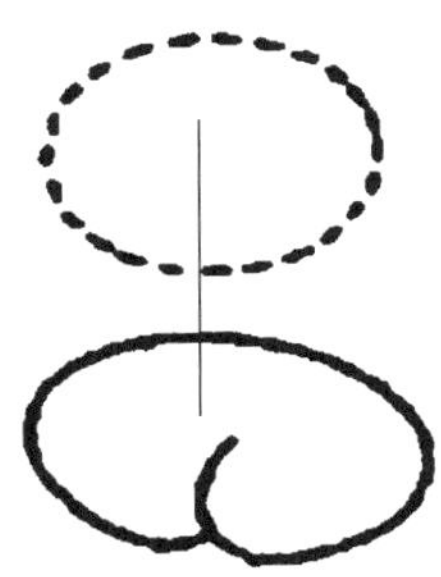 Wenn die Hirntätigkeit dem Gang einer Uhr gleicht, dann entsprechen die psychischen Vorgänge dem Schein einer Nachttischlampe, die das Zifferblatt erleuchtet. (Th. Ribot)
	Interaktionismus 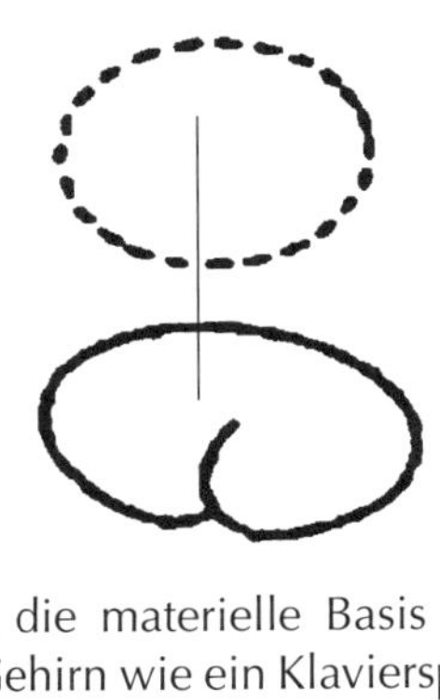 Das Gehirn bildet die materielle Basis des Geistes, der Geist benutzt das Gehirn wie ein Klavierspieler das Klavier. (Eccles)

Nach: Caspar Söling, Das Gehirn-Seele-Problem, Schöningh Verlag Paderborn, 1995, S. 87

M 29.1 Folienbild: Komplementaritätsmodell

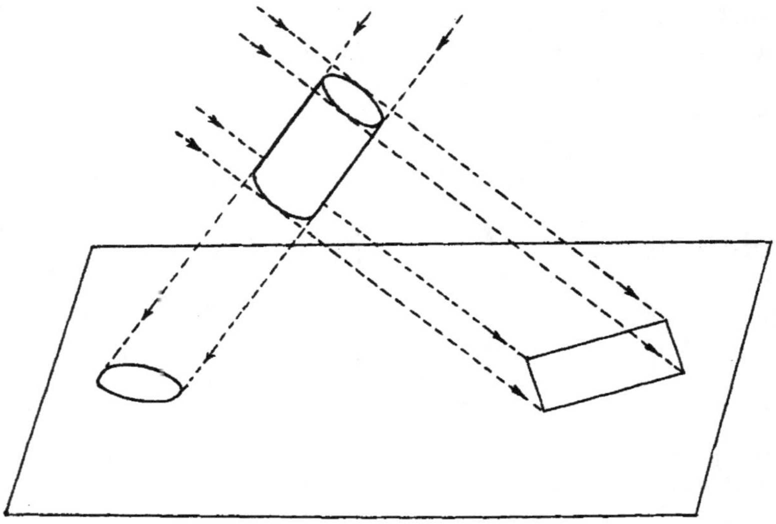

M 31.1 Folienbild: Stammbaum der Gentechnik

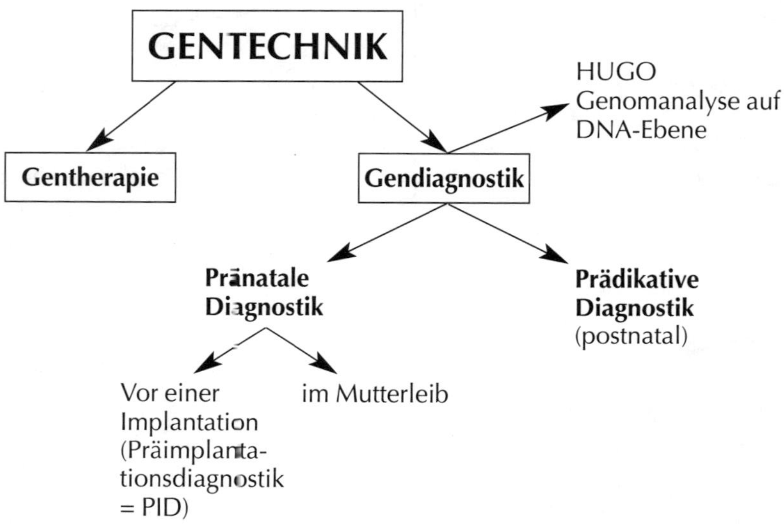

M 31.2 Mind-map

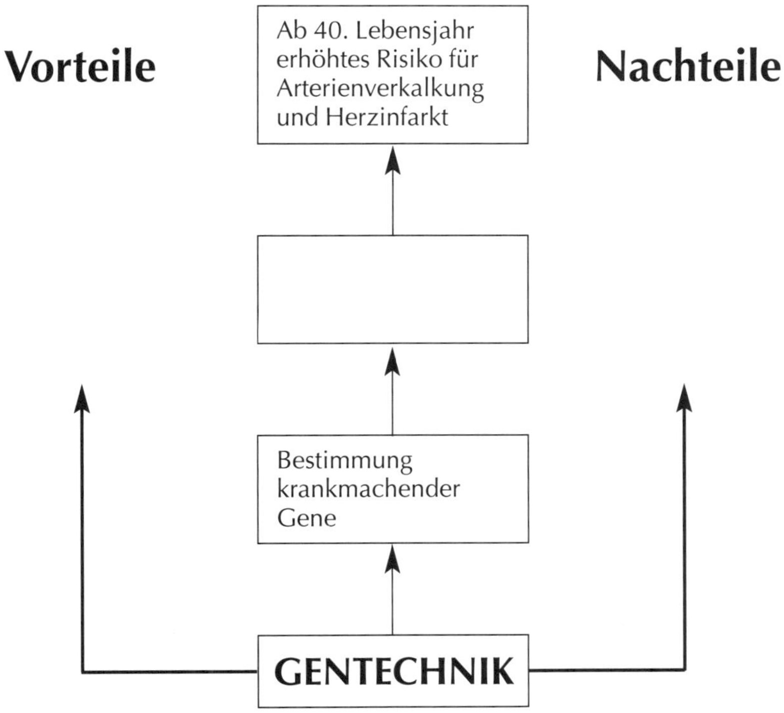

M 31.3 Mind-map

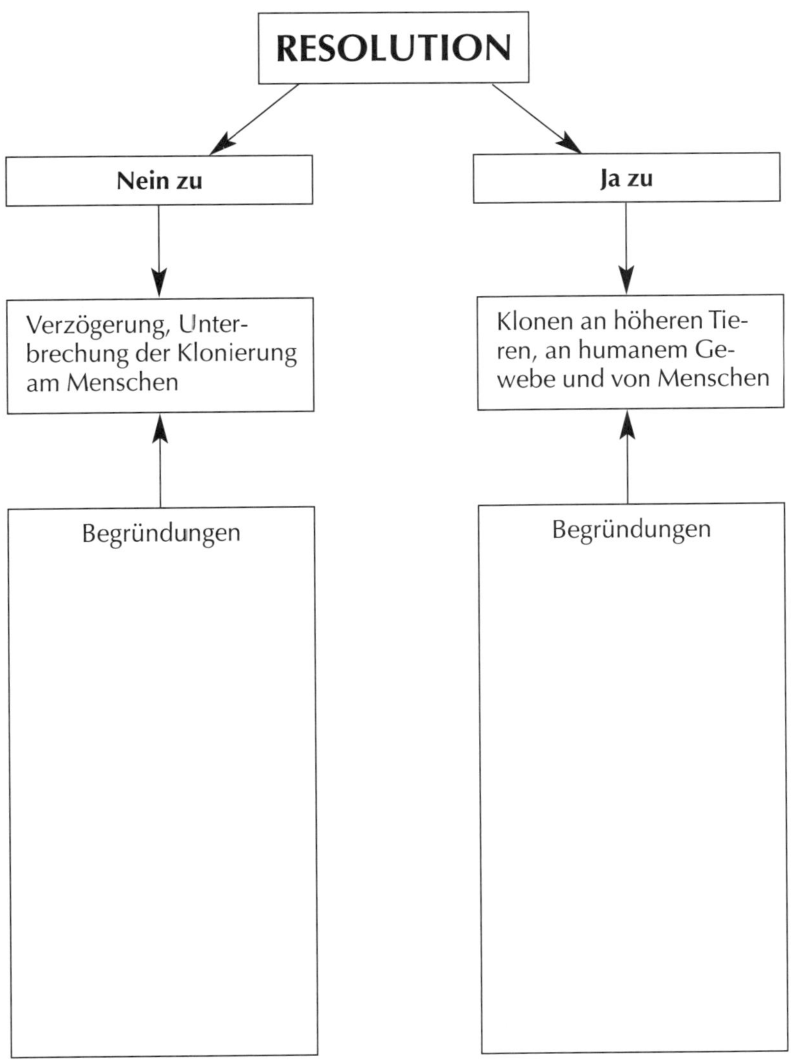

M 32.1 Folienbild: Grundüberzeugungen im Blick auf die Organentnahme

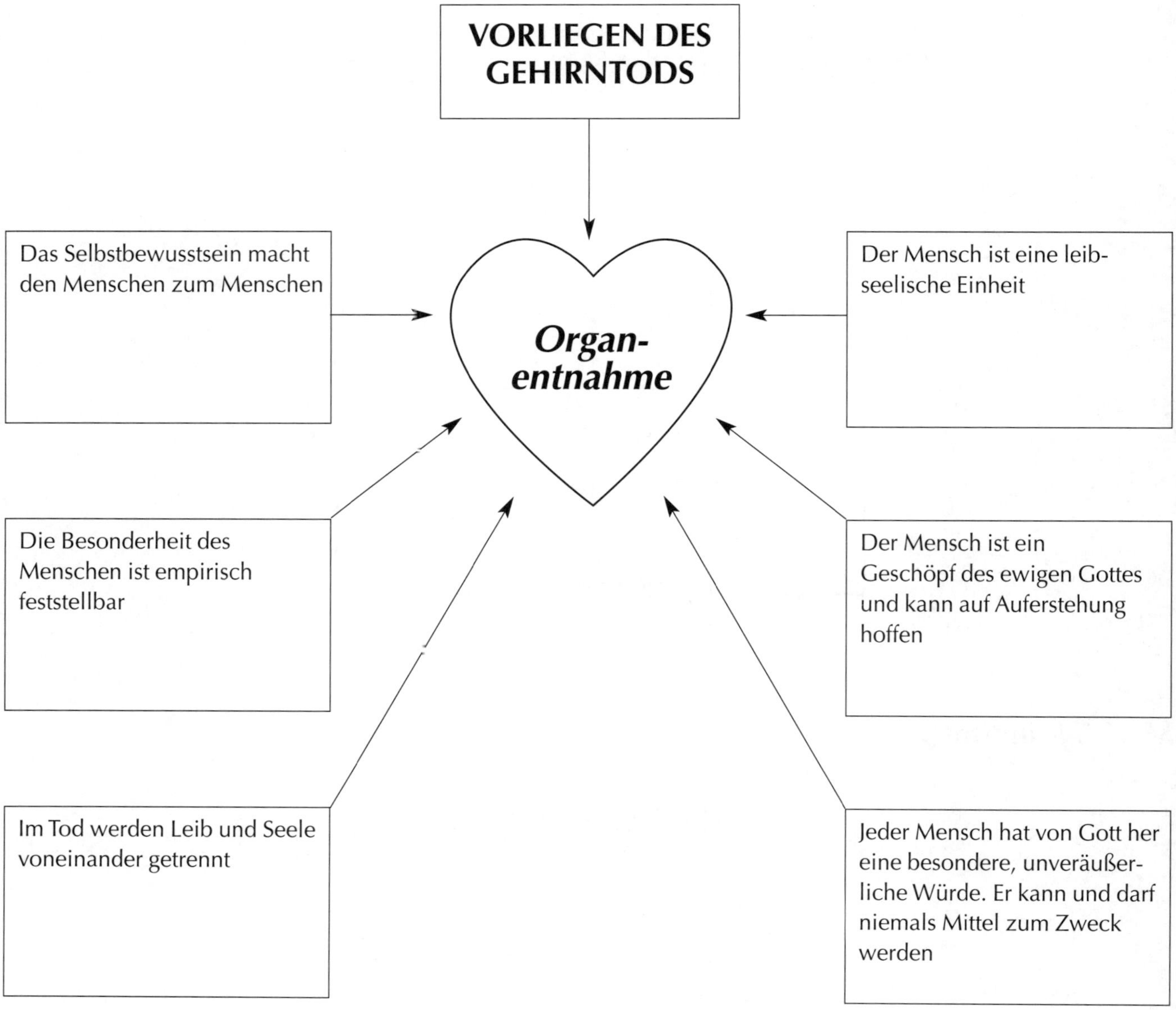

Was ändert sich, wenn ich die Organentnahme aus verschiedenen Blickwinkeln wahrnehme?

M 34.1 Theorien zur menschlichen Aggression

Triebtheoretische Ansätze

Warum wollen wir manchmal anderen Menschen schaden? Die ältesten diesbezüglichen Antworten sind Trieb- oder Instinkttheorien, wie sie etwa zu Beginn dieses Jahrhunderts von Sigmund Freud und in neuerer Zeit von Konrad Lorenz vertreten wurden.

Diese Positionen nehmen an, dass es einen Aggressionstrieb oder -instinkt gibt, der – in Analogie zu Hunger oder Sexualität – von Zeit zu Zeit durch entsprechende Handlungen befriedigt (reduziert) werden muss. Nach jeder Triebreduktion nimmt die Triebspannung jedoch wieder zu und muss wieder entladen werden. Man kann sich diese Annahme durch einen Dampfkessel veranschaulichen, bei dem durch ständige Wärmezufuhr der Dampfdruck immer mehr zunimmt, bis er so groß ist, dass Dampf durch ein Ventil abgelassen werden muss, damit der Kessel nicht platzt. Danach schließt sich das Ventil, der Dampfdruck steigt wieder.

Damit sind wir bei einer zentralen und sehr populären Hypothese dieser Theoriegruppe, nämlich der Katharsishypothese. Man kann drei Varianten dieser Hypothese unterscheiden. Die Hypothese der direkten Katharsis behauptet, dass die Häufigkeit aggressiven Verhaltens nach der Ausführung einer aggressiven Handlung abnimmt. Indirekte Katharsis bedeutet, dass die Häufigkeit aggressiven Verhaltens nach der Ausführung einer aggressionsähnlichen, spannungsreduzierenden Handlung (z.B. anstrengender Sportarten) abnimmt. Die Hypothese der symbolischen Katharsis besagt, dass die Häufigkeit aggressiven Verhaltens nach der Betrachtung aggressiver Handlungen abnimmt (etwa nach dem Anschauen eines brutalen Kinofilms).

Lerntheoretische Ansätze

Viele Psychologen bevorzugen lerntheoretische Ansätze gegenüber triebtheoretischen Aggressionserklärungen. Der lerntheoretische Ansatz betrachtet aggressive Handlungen als operantes Verhalten, dessen Häufigkeit durch Verstärkung zunimmt und durch Bestrafung sinkt. Dass auch aggressives Verhalten diesen Lerngesetzen gehorcht, wurde in vielen Untersuchungen gezeigt.

Dieser Ansatz kann erklären, warum auf der Verhaltensebene so oft das Gegenteil eines Katharsiseffekts gefunden wurde.

In einem sehr bekannten Experiment von Bandura sahen Kinder auf einem Fernsehschirm, wie eine erwachsene Modellperson eine große Puppe auf ungewöhnliche Weise misshandelte. In einer Versuchsbedingung wurde die Modellperson am Schluss des Films mit Süßigkeiten, Limonade und Lob belohnt. In einer zweiten Versuchsbedingung wurde das Modell durch Tadel und Drohungen bestraft. In einer dritten Versuchsbedingung gab es keine stellvertretenden Konsequenzen.

Nach dem Film wurden die Kinder (einzeln) in ein anderes Zimmer geführt, in dem sich viele Spielsachen befanden (darunter eine große Puppe). Die Kinder sollten auf die Rückkehr der Versuchsleiterin warten und durften während dieser Zeit tun, was sie wollten. Dabei wurden sie unbemerkt beobachtet. Die Kinder der ersten Bedingung imitierten spontan wesentlich mehr der beobachteten (neuen) Aggressionshandlungen als die der zweiten Bedingung.

Anschließend wurden den Kindern für jedes richtig imitierte Verhalten Belohnungen geboten, worauf die Unterschiede zwischen den Versuchsbedingungen verschwanden. Die Kinder hatten also gleich viel gelernt (gespeichert), imitierten aber zunächst aus verschieden oft.

Die Theorie von Bandura kann erklären, wie durch Beobachtung neue Verhaltensweisen gelernt werden; und sie liefert einen Beitrag zum Verständnis der Wirkung von Gewaltdarstellungen in den Medien.

Im Rahmen lerntheoretischer Ansätze wird auch die Bedeutung von Hinweisreizen betont. Das sind Reize, die im Gedächtnis mit aggressivem Verhalten assoziiert sind. Unter bestimmten Bedingungen (starke Erregung) erhöht bereits die Anwesenheit eines solchen Hinweisreizes die Wahrscheinlichkeit aggressiven Verhaltens.

Frustrations-Aggressions-Ansätze

In ihrer stärksten Form behauptet die Frustrations-Aggressions-Hypothese, dass Frustration immer zu Aggression führt und dass jede Aggression eine Folge von Frustration ist. In dieser Form ist die Hypothese nicht haltbar; denn aggressives Verhalten kann auch ohne jede Frustration auftreten (aufgrund von Belohnungserwartungen – man denke an einen bezahlten Mörder).

Außerdem zeigten viele Untersuchungen, dass Frustration nicht immer zu Aggression führt, sondern nur dann, wenn bestimmte Bedingungen erfüllt sind (besonders starke Erregung, Anwesenheit von Hinweisreizen oder Wahrnehmung der Frustration als willkürlich und ungerechtfertigt). Daher lässt sich nur eine schwächere Form der Frustrations-Aggressions-Hypothese vertreten: Frustration kann unter bestimmten Bedingungen die Wahrscheinlichkeit aggressiver Handlungen erhöhen.

Von Frustrations-Aggressions-Theoretikern wird die Möglichkeit der Verschiebung betont. Die Aggression muss sich nicht gegen den Urheber der Frustration richten, sondern kann auf ein Ersatzobjekt (einen Sündenbock) verschoben werden. Das ist besonders dann der Fall, wenn der Urheber – etwa infolge von Macht oder Körperkraft – starke Angst auslöst.

Viele Psychologen meinen, dass man zwei Arten von Aggression unterscheiden muss, wobei jeweils ein theoretischer Ansatz besser zur Erklärung geeignet ist als der andere. Auf der einen Seite gibt es »kalte« oder instrumentelle Aggression. Das sind Handlungen ohne große emotionale Beteiligung, bei denen die Schädigung des Opfers meistens nicht Selbstzweck, sondern nur Mittel zum Zweck ist – wie etwa bei einem Raubüberfall. Diese Art von Aggression kann man am besten lerntheoretisch erklären

Für die zweite Art von Aggression sind die Frustrations-Aggressions-Ansätze zuständig. Dabei handelt es sich um ärgerbedingte oder feindselige Aggression, deren Hauptabsicht die Schädigung des Opfers ist. Ein Großteil der alltäglichen aggressiven Handlungen sind Mischformen, bei denen die erste oder die zweite Aggressionsart überwiegen kann.

Nach: Psychologie. Eine Einführung, hg. von Jürgen Straub, Wilhelm Kempf, Hans Werbik, dtv 32506, S. 621–626

M 34.2

Der 17-jährige Tommy Brown überfällt den ihm unbekannten Lehrer Gary Smith		
	Erklärung bzw. Deutung der Tat	Handlungskonsequenzen
Biologische Agressionsforschung		
Psychologische Agressionsforschung		
Theologische Lehre von der Sünde		
Gen 4,1–16		

M Wh Fragekarten zum Einstimmen und Wiederholen

Warum suchen sich Menschen einen Partner? Was sagen Partnerschaft und Partnerwahl über das Wesen des Menschen?	Warum gibt es zwei Geschlechter?	Was ist eigentlich Liebe?
Was macht einen Menschen zu einem Partner?	Wie beeinflussen Geschlechtsunterschiede das Leben?	Wie passen Liebe und das Streben nach effektiver Fortpflanzung zusammen?
Warum gibt es Menschen als Mann und Frau?	Warum ist das Leben der Frau so belastet?	Warum werden Frauen älter als Männer?
Wie ist die Herrschaft von Männern über Frauen zu verstehen und abzubauen?	Was meint Gleichberechtigung der Geschlechter, und wie ist diese zu erzielen?	Ist Ehebruch ein absoluter Scheidungsgrund?
Sind Menschen von Natur aus monogam oder polygam?	Wie finden sich Menschen, die einander entsprechen?	Kann man nach einem Ehebruch neu anfangen?
Können Männer und Frauen treu sein?	Ist lebenslange Treue Illusion?	Woran erkennt man, dass eine Beziehung unwiderruflich zu Ende ist?
Welche Konsequenzen haben die körperlichen Unterschiede für das Zusammenleben von Mann und Frau?	Wie kommt es eigentlich zu Fehlern in der Partnerwahl?	Brauchen Menschen für sich selbst und für ihr Zusammenleben gesellschaftliche Institutionen und staatliche Regelungen?
Ist Partnerschaft auch unter Gleichgeschlechtlichen möglich?	Warum begehen Menschen Ehebruch?	Brauchen Ehe und Familie einen besonderen Schutz?
Wann sind Menschen wirklich glücklich?	Was veranlasst uns, neben den naturgesetzlich ablaufenden Prozessen im Gehirn von einem subjektiv erlebten Bewusstsein zu sprechen?	Braucht Partnerschaft Kinder

Warum gibt es Gewalt?	Warum werden vor allem Männer gewalttätig?	Warum erdulden Frauen oft zu lange die Gewalttätigkeiten des Partners?
Warum gibt es Völkermord und Kriege?	Aus was besteht der Mensch?	Haben Menschen eine Seele – und was ist darunter zu verstehen?
Warum können Menschen sich selbst, anderen und sogar den Menschen, die sie einst geliebt haben, Gewalt antun?	Wer ist der Mensch und wozu ist er da?	Wie sieht es aus, wenn ein Mensch seiner Bestimmung gemäß lebt?
Wie ist mit Gewalttätern umzugehen?	Wie kann ein Mensch besser werden?	Menschen tun Dinge, die sie nicht wollten (z. B. die Umwelt zerstören). Wie muss man so etwas verstehen?
Was sind eigentlich Tiere? Personen, Maschinen, Mittel für den Menschen, Geschöpfe Gottes, Kreaturen mit eigener Würde?	Was bedeutet es für den Menschen und für sein Verhältnis zu den Tieren, dass er in der Lage ist, die Schmerzen von Tieren nachzuempfinden?	Was darf der Mensch? Was darf er nicht? Wann wird sein Handeln »unmenschlich«?
Haben Tiere Rechte?	Was dürfen Menschen den Tieren antun? Was nicht?	Ist die Rede von Freiheit nur ein Trugschluss, ein Ignorieren von biologischen, psychischen, sozialen und rechtlichen Faktoren, die uns bestimmen, ohne dass wir es merken?
Warum feiern und spielen Menschen?	Warum werden Menschen süchtig?	Was gibt Menschen die Kraft, mit Drogen aufzuhören und ihr eigenes Leben mit Einsicht und Willen zu steuern?
Kann man auch ohne Arbeit gut leben?	Sind Menschen und auch Generationen von Natur aus egoistisch?	Warum werden Menschen krank? Was ist Krankheit? Was ist Gesundheit? Was ist Krebs? Kann der Wille darauf einwirken?
Haben alle Menschen irgendwie Angst?	Warum müssen Menschen sterben?	Was geschieht im Tod? Wie kann man damit fertig werden?

Wenn der Mensch eine Seele hat, wo ist sie zu lokalisieren?	Warum müssen manche Menschen so früh sterben?	Was ist spezifisch »menschlich«?
Ist Krankheit ein persönliches Risiko?	Warum gibt es Krankenhäuser?	Sind Menschen ihrem Wesen nach frei und nehmen sie bedingende Faktoren lediglich als Ausrede?
Warum sind Menschen zerstörerisch? Wie kommt der Mensch dazu, Böses zu tun?	Warum fällt es den Menschen so schwer, in Frieden miteinander zu leben?	Sind biologische und theologische Anthropologie ein Gegensatz?
Wann ist der Mensch »echt frei«?	Sind alle Menschen Sünder?	Was kennzeichnet das christliche Menschenbild?
Sind alle Menschen Egoisten?	Ist der Mensch ein Einzelgänger oder ein Gemeinschaftswesen?	Sind Menschen für alles alleine verantwortlich oder dürfen sie auf Hilfe rechnen?
Ist menschliches Verhalten genetisch programmiert oder wird es durch die Umwelt bestimmt?	Was macht einen Menschen zu einer »Person«?	Was begründet die Menschenwürde?
Unterliegen unsere persönlichen Überzeugungen einer lebensgeschichtlichen Entwicklung?	Sind Menschen manipulierbar?	Sind Menschen so, dass Weltfrieden entstehen kann?
Inwieweit ist das menschliche Leben durch genetische Programme determiniert?	Was darf man mit dem menschlichen Erbgut machen, was nicht? Warum?	Können Menschen es schaffen, ihre Neigung zu Egoismus und Konkurrenz mit Hilfe von Ethik und Politik zu steuern?
Haben andere das Recht, über mich Informationen zu sammeln?	Darf man Menschen klonen?	Sind Menschen von Natur aus zur Nächstenliebe verpflichtet?

Wie gleichförmig sind wir?	Ist der Gehirntod das Ende der menschlichen Person?	Sollen Menschen für andere Menschen ihre Organe freiwillig zur Verfügung stellen?
Was macht den Menschen menschlich – im Gegensatz zum Computer?	Und was bedeutet das Wissen um den eigenen Tod für das Leben vor dem Tod?	Was passiert mit den Menschen im Tod?
Trennt sich die unsterbliche Seele vom Leib und existiert weiter?	Ist auch die Seele der Menschen sterblich?	Was macht einen Menschen zu einer »Person«?
Welcher Platz steht den Menschen in der Welt zu?	Wird das Wesen des Menschen bestimmt durch seine unendlichen Möglichkeiten oder seine Grenzen?	Sind Menschen von Natur aus zur Nächstenliebe verpflichtet?
Haben ungeborene Babys schon eine eigene Menschenwürde?	Haben Hitler und Kain ihre Menschenwürde verloren?	Ist der Gehirntod das Ende der menschlichen Person?
Warum haben Menschen eine eigene unverletzliche Würde?		
Dürfen Menschen andere Menschen um des Rechts willen töten?	Wann ist eine Hinrichtung gerechtfertigt?	Braucht menschliches Zusammenleben abschreckende Strafen wie Hinrichtungen?
Können Menschen so böse sein, dass sie ihr Leben verwirkt haben?	Welchen Sinn haben Strafen für den Einzelnen und das menschliche Zusammenleben?	Sind alle Menschen Sünder?
Wann ist der Mensch »echt frei«?	Wie wird man frei?	Worin besteht das Wesen der Freiheit?